权威·前沿·原创

皮书系列为
“十二五”“十三五”国家重点图书出版规划项目

BLUE BOOK

智库成果出版与传播平台

四川蓝皮书

BLUE BOOK OF SICHUAN

四川文化产业发展报告（2020）

ANNUAL REPORT ON CULTURAL DEVELOPMENT OF SICHUAN (2020)

主　编／向宝云
副主编／张立伟　彭　剑

社会科学文献出版社
SOCIAL SCIENCES ACADEMIC PRESS (CHINA)

图书在版编目(CIP)数据

四川文化产业发展报告. 2020 / 向宝云主编. --北京：社会科学文献出版社，2020. 10
（四川蓝皮书）
ISBN 978-7-5201-7151-9

Ⅰ. ①四… Ⅱ. ①向… Ⅲ. ①文化产业-产业发展-研究报告-四川-2020 Ⅳ. ①G127. 71

中国版本图书馆 CIP 数据核字（2020）第 159892 号

四川蓝皮书
四川文化产业发展报告（2020）

主　　编 / 向宝云
副 主 编 / 张立伟　彭　剑

出 版 人 / 谢寿光
责任编辑 / 王　展

出　　版 / 社会科学文献出版社 · 皮书出版分社（010）59367127
地址：北京市北三环中路甲 29 号院华龙大厦　邮编：100029
网址：www. ssap. com. cn
发　　行 / 市场营销中心（010）59367081　59367083
印　　装 / 天津千鹤文化传播有限公司

规　　格 / 开　本：787mm × 1092mm　1/16
印　张：23. 75　字　数：353 千字
版　　次 / 2020 年 10 月第 1 版　2020 年 10 月第 1 次印刷
书　　号 / ISBN 978-7-5201-7151-9
定　　价 / 128. 00 元

主编、副主编简介

主　编　向宝云

副主编　张立伟　彭　剑

向宝云　四川省社会科学院院长，研究员，文学博士。主要研究方向为文艺学、中国现当代文学、文化产业。在《新华文摘》《学术月刊》《光明日报》等报刊上发表学术论文80余篇，出版著作有《曹禺悲剧美学思想研究》等。多项成果获四川省哲学社会科学优秀成果奖二等奖、三等奖，四川省文学奖，四川省文艺评论一等奖、二等奖，四川省"五个一工程"理论文章奖等。

张立伟　四川省社会科学院四川省网络舆情研究中心主任，研究员。曾在西南师范学院、重庆师范学院任教。近年来重点研究新闻宣传、媒体竞争、文化产业。有独立专著5部，学术论文两百余篇。两次获中国新闻奖论文二等奖，六次获四川新闻奖论文一等奖，五次获四川省哲学社会科学优秀成果奖。

彭　剑　四川省社会科学院新闻传播研究所所长，研究员，四川省学术技术带头人后备人选。主要研究方向为新闻学、新媒体和文化创意产业等。主持两项国家社科基金课题。在《人民日报》《社会科学研究》《中华文化论坛》《当代传播》等发表论文60余篇。获四川省第十六次哲学社会科学优秀成果奖二等奖一项。

摘　要

《四川文化产业发展报告（2020）》整合学术研究机构与文化管理部门的力量，是年鉴与研究的结合，既有年鉴的事实和数据，又有研究的理论与智力支撑。立足四川、放眼世界，既总结四川文化产业的前沿发展，又对全球文化产业的重要问题有独到研究。

本报告共六部分。一是总报告——《文旅融合：开启四川文化产业新蓝海》。二是发展前沿，分析四川文化“走出去”的战略选择及实现路径、微视频产业、文化扶贫、冰雪运动产业等。三是聚焦文旅融合，分析四川古镇文化产业、街头艺术表演、文旅消费市场分众影响力、三星堆及古蜀文化的文创开发等。四是行业报告，分析了四川体育赛事产业、网球产业、音乐酒吧产业、演艺产业及电影产业等的发展情况。五是区域报告，关注四川长征文化以及安岳石刻的保护利用和开发、绵竹年画产业发展等。六是附录，收录了2019年四川文化产业大事件。以上六部分，总分结合、纵横交错，有助于读者了解四川文化产业发展的总体态势与前沿变化，认清存在的问题与困难，努力从经验的探索走向规律的把握。

关键词： 四川　文化产业　文旅融合

Abstract

Sichuan Cultural Industry Development Report (*2020*) integrates the power of academic research and cultural sector. It is the combination of yearbook and research, which involves not only the facts and data of yearbook, but also the theory and intellectual support of study. It stands on the basis of Sichuan and takes a broad view at the world, both summarizes the frontier development of Sichuan cultural industry, and has a unique study on the important problem in global culture industry.

This report includes six parts. Part One is the general report: culture and tourism integration—opening the new blue sea of Sichuan cultural industry. Part Two is the development frontier, which analyzes Sichuan snow and ice sports industry, micro video industry, the strategic choice and implementation path of Sichuan culture's go out, etc. Part Three focus on culture and tourism integration, which analyzes Sichuan ancient town cultural industry, street art performance, the demassification influence of Sichuan culture and tourism consumer market, the cultural and creative development of Sanxingdui and Ancient Shu Culture, etc. Part Four is the industrial report, which analyzes the development of Sichuan sports competition industry, tennis industry, musical bar industry, performing idustry and film industry, etc. Part Five is the regional report, which analyzes Sichuan Long March cultural resources, the protection and development of Sichuan Anyue stone carvings, the development of Sichuan Mianzhu lunar newyear pictures industry, etc. Part Six is the appendix: the 2019 chronicle of Sichuan cultural industry events.

In summary, the above six parts include both generality and monograph, combine with vertical analysis and horizontal comparison. It will contribute for readers to understand the overall situation and detail venation of Sichuan culture industry development, recognizes existing problems and difficulties, and thensublimates from the empirical explore to the grasp the regularity.

Keywords: Sichuan; Cultural Industry; Culture and Tourism Integration

目 录

Ⅰ 总报告

Ⅱ 发展前沿

Ⅲ 聚焦：文旅融合

Ⅳ　行业报告

Ⅴ　区域报告

Ⅵ　附　录

皮书数据库阅读**使用指南**

CONTENTS

I General Report

II Development Frontier

III Focus: Culture and Tourism Integration

Ⅳ Industrial Reports

Ⅴ Regional Reports

Ⅵ Appendix

总 报 告

General Report

B.1

文旅融合：开启四川文化产业新蓝海

向宝云 蹇 莉 余 婷 陈玉霞*

摘 要： 本报告聚焦四川文化与旅游融合发展。一是从国内外文化旅游的融合发展趋势入手，探讨文旅融合的概念、内涵及动力机制，进而分析四川文化旅游融合发展战略及布局。二是聚焦四川文化旅游融合发展进程中取得的成绩和成就，并分析四川文化旅游融合发展的现状及问题。三是针对四川省情，提出加快文化与旅游融合发展的对策建议，包括：高质量开发世界级旅游资源、推动历史名人文化传承与旅游深度融合、催生文化旅游新业态、发挥文旅融合在县域经济中的作用、

* 向宝云，博士，四川省社会科学院院长、研究员，研究方向为文艺学、中国现当代文学、文化产业；蹇莉，硕士，四川省社会科学院新闻传播研究所副所长、研究员，研究方向为新媒体、文化产业；陈玉霞，硕士，四川省社会科学院新闻传播研究所研究员，研究方向为新媒体与文化创意产业；余婷，博士，四川省社会科学院新闻传播研究所副研究员，研究方向为新媒体、文化产业。

大力提升和优化旅游环境、运用人工智能促进文旅应用场景升级、强化品牌宣传树立文旅强省新形象等。

关键词： 文旅融合　文化强省　文化产业　四川省

在世界产业融合的浪潮下，中国文化与旅游产业也呈现出融合的特征和趋势。早在 2009 年，文化部和国家旅游局联合出台 41 号文件《关于促进文化与旅游结合发展的指导意见》，提出要“丰富旅游的文化内涵”，“推动文化和旅游的融合发展”，并提出了十项措施。2014 年，国务院 31 号文件又提到要“创新发展文化旅游产品”。2016 年出台的《关于推动特色文化产业发展的指导意见》提出“加快特色文化产业与旅游等相关产业融合发展”。经过十余年的努力，文旅融合在市场层面已取得一定成效，并渐成共识，但在实践层面还需要找到二者融合的发力点。为了进一步推动文化和旅游两大产业深度融合，2018 年 3 月，国家从机构改革入手，组建了文化和旅游部，各省、市、县也在不断推进文化旅游融合发展的机构改革和机制建设。两大产业的深度融合，意义有三点。

一是激发经济活力。首先，文化与旅游资源的融合有利于推动经济增长方式由粗放型向集约型转变。中国的经济增长长期以来主要靠资本和能源等要素驱动，成本高、污染大、能耗多，已不适应新时代的发展需求，亟须向低能耗、低成本、低污染的集约型增长方式转变。旅游和文化的融合，将推动旅游产业的品质提升，满足人民日益增长的文化需求，促进增长方式的转换。其次，文化与旅游的融合有利于推动经济结构优化。游客的出行，不仅会涉及旅游观光、交通、住宿、饮食、娱乐、购物等一系列消费，带动目的地消费经济和产业链发展，催生新的消费模式，培育新的消费热点，还会带动新兴产业的繁荣与新产品的开发。如基于 5G、VR、AR、人工智能等新技术的沉浸式体验型产品的推出，生态文化、民俗文化、乡村文化、传统文化与革命文化旅游等旅游业态的创新，会激发投资活力，带动当地群众就业，促进业务形态调整和产业结构优化，推动发展模式由依靠工业化、自动化的第二产业向依靠生态化、智能化的第三产业转变。

二是满足人们不断升级的美好生活需要。随着我国国民财富的增长，人民对精神层面的需求高涨，而旅游和文化消费成为人民追求精神需求的必然选择。在2019年8月23日举行的国务院政策例行吹风会上，文化和旅游部党组成员王晓峰指出，2019年上半年全国居民人均教育文化娱乐消费支出1033元，比上年同期增长10.9%；预计国内旅游30.8亿人次，收入2.78万亿元，分别增长8.8%和13.5%。文化和旅游消费十分活跃，是最能释放消费潜力的领域之一①。在忙碌生活之余，人们希望通过旅游释放压力，寻找心灵的栖息地，因此，有人把文化比作“诗”，而把旅游喻为“远方”。“诗”和“远方”是一体的，但文化与旅游各自为政的发展模式无法同时满足人们对“诗”与“远方”的追求。而旅游和文化的融合，不仅可以使文化走向“远方”，使旅游更有“诗意”，二者融合产生的创新，还会给人们带来更加多样、高层次的产品和服务，正好满足人们的精神需求和个性化要求，使其获得更好的审美体验，从而增强人们的愉悦感、幸福感。

三是夯实产业基础。文化和旅游产业都是绿色朝阳产业，已由国民经济的重要产业上升为国民经济战略性支柱产业。文化和旅游的深度融合，是一个双赢局面，会产生1+1>2的效益。一方面，文化具有创新性、渗透性、延展性等特点，文化可以赋予旅游更多的文化内涵和更高的品质特性，提升旅游产品层次和附加价值，推动旅游产业转型升级。另一方面，旅游具有开放性，是文化交流和体验的有效平台，通过其吸附效应，可以推动文化的产业化和文化消费的增长。还可以辐射带动其他相关产业，推动产业融合和产业结构优化。如借助互联网等信息技术，实现景点、住宿、餐饮与交通等一体化发展模式和宣传推广方式的创新，壮大产业规模，夯实产业基础。

2019年4月，四川省委、省人民政府印发《关于大力发展文旅经济加

---

① 《国务院政策例行吹风会》，http://www.gov.cn/xinwen/2019zccfh/58/index.htm，中国政府网，2019年8月23日。

快建设文化强省旅游强省的意见》，提出把四川建设成社会主义核心价值观广泛践行、文化事业繁荣发展、文旅产业深度融合的文化高地和世界重要旅游目的地，标志着四川文化与旅游融合发展进入新阶段。

一　文旅融合的特点及趋势

（一）文旅融合的概念与内涵

要弄清楚文旅融合的概念和内涵，首先必须厘清二者的内在关系。因为两个产业能够融合的前提是它们之间要有一定的关联性。关于文化和旅游产业的关系，一种观点是“文化是旅游的灵魂，旅游是文化的载体”；另一种观点是“文化是诗，旅游是远方”；还有一种观点认为，“文化是旅游最好的资源，旅游是文化最大的市场”。这几种观点尽管角度不同，但表达了一个基本的意思，就是文化和旅游的关系十分密切。文化与旅游具有伴生性，二者互相依存、密不可分。著名经济学家于光远曾提出“旅游是经济性很强的文化事业，又是文化性很强的经济事业”，这表明了二者的交融性和天然的耦合性。2017 年，联合国世界旅游组织重新定义“文化旅游”概念，认为“文化旅游”的基本动机是学习、发现、体验和消费旅游目的地的物质和非物质文化景点。

虽然二者的关联度很高，但它们又有各自不同的属性特点，文化的事业属性强，产业属性弱，而旅游则是产业属性强，事业属性弱。在价值取向上，文化更关注社会效益，而旅游则更关注经济效益。两者的融合，必然要兼顾社会效益和经济效益，处理好事业和产业的关系，实现二者的优势互补和相互促进。

至于文旅融合的概念，中国还没有十分明确的界定。但可以明确的是，文化和旅游产业的融合，既有技术进步的推动，也有产业发展、市场需求的驱动，还有政府管制放松的原因，是多种因素综合的结果。所以，文旅融合我们可以将其界定为：技术进步、市场需求、政策等因素推动文化和旅游产业边界模糊或消失，使文化和旅游产业相互渗透、相互交叉并最终形成新产业的动态发展过程。

在当前，地方政府对文旅融合的积极性很高，但到底什么是文旅融合，该融什么，不该融什么，有些地方还没搞清楚，所以融合还停留在表面。首先，文旅融合要协调好产业和事业的关系。既要考虑文旅融合天然的耦合性，又要尊重文化产业和旅游产业各自不同的产业属性和发展规律，坚持做到“有所融、有所不融”，“宜融则融、能融则融”。其次，文旅融合要明确价值取向。过去，文化和旅游的融合在价值取向上可能倾向于经济效益，而随着经济发展水平的提高，文化和旅游的融合会更倾向于社会效益，更加注重文化的保护和适度开发，更加强调生态和人民幸福的问题。最后，文旅融合要遵从产业融合规律。产业融合是一个循序渐进的过程，每个阶段都有其特点。产业融合初期是各个环节之间的融合，只有通过空间、市场、功能、技术、产品和资源融合的相互加成，才能突破融合壁垒，实现产业结构的优化升级。产业融合中期是业务市场的融合，这一阶段的目标是增大市场需求，扩大融合产业的影响力。产业融合的后期是巩固市场的阶段，重点是把融合成熟的产业与地理空间、文化空间进行整合，形成产业集群，达到一体化。

（二）文旅融合的动力机制

文化和旅游的融合是世界产业融合浪潮的一个部分。文旅融合的动因与产业融合相似，可以从文化产业和旅游产业系统的内部和外部来分析。有学者提出，“产业融合的动力系统由拉力、推力、支持力以及阻力四个子系统构成，其中拉力和推力是产业融合的核心动力，支持力和阻力是产业融合的外部辅助与干扰因素”。“产业融合的发生是四个向量构成的合力引发的行业间经营要素重组并生成新的增长点的产业过程。”① 文化产业和旅游产业

① 赵蕾、余汝艺：《旅游产业与文化产业融合的动力系统研究》，《安徽农业大学学报》（社会科学版）2015 年第 1 期。

融合的动力系统和机制，也可以从拉力、推力、支持力和阻力四个方面进行分析。

1. 文化和旅游产业融合的推力来自产业的激烈竞争

传统旅游业经过多年发展，已趋于成熟，产品市场接近饱和，行业竞争激烈，利润减少，企业希望通过融合创新获得新的利润，拓宽市场空间，减少竞争压力。而文化和旅游融合产生的新资源、新品类、新渠道确实可以为企业带来更高的产业附加值、更低的经营成本、更高效的组织管理，因此，企业对利润的追求推动着文化旅游产业不断整合发展。

2. 旅游产业与文化产业融合的拉力来自旅游者的消费升级

随着人们生活水平的提高，游客的消费需求发生变化，从原来单纯的游览观光向更加多元、更高层次的文化娱乐转变，如欣赏音乐、舞蹈表演，参观博物馆、艺术展，参加民族风情活动、传统祭祀活动。他们在旅游中更加注重体验当地的文化、风俗，旅游消费逐渐走向理性，向更高层次发展。游客消费需求的变化促使旅游企业以及投资商对文化旅游产生了兴趣，不断探索把文化资源融入旅游产业中进行创新性的开发利用，推动着文化旅游产业深入融合。

3. 旅游产业与文化产业融合的支持力来自政府

支持力主要“体现为政府放松产业进入、投资等限制，破除产业壁垒，推动产业间经营资源的流动和重组。”① 政府的支持对文化和旅游产业的融合会产生重要影响。其一，政府可以为文旅融合提供资金支持。文化和旅游产业的发展和升级，都需要基础设施的支撑，而基础设施建设往往投入大、回报周期长，社会资本一般不愿意投入这样的项目，这时候就需要政府率先投入一定的资金进行先期的建设，并给予一定的优惠政策引导其他资本跟进。其二，政府可以为文旅融合提供政策保护。由于文旅融合对区域经济具有拉动效应，地方政府一般都愿意通过政策工具保护其健康发展，比如通过

① 赵蕾、余汝艺：《旅游产业与文化产业融合的动力系统研究》，《安徽农业大学学报》（社会科学版）2015 年第 1 期。

制定相关的法律法规，为文旅融合项目提供专项资金、专门土地，对文化旅游产品的知识产权进行保护等。

4. 旅游产业与文化产业融合的阻力来自传统制度制约

阻力主要体现为制度限制、行业因素构筑的产业壁垒，阻断了产业间经营要素的流动和重组。[①] 文旅融合的阻力来自两个方面：一是顶层制度设计和管理对旅游产业的束缚。具体体现为计划体制过密、管理部门职能分散、多头管理等；二是文化的二元属性对文化产业的束缚。文化既有社会属性，又有经济属性，其功能也有社会功能和经济功能。保持文化的公共服务、民族传承等社会属性和功能，往往会抑制文化的经济属性和功能。因此，就出现了分类和分业管制、对国有文化企业保护而产生的垄断等一系列阻碍文化产业释放活力的阻力。

但由于拉力和推力是文旅产业融合的核心动力，阻力只是来自外部的干扰因素，而且这些干扰因素随着文旅融合上升为国家战略以及各省市的积极变革而逐渐减少，因此，总体上看，文旅融合的动力系统正在推动着文化和旅游产业向着期待的方向发展。

（三）国内外文旅融合趋势

从整体上看，中国的文化旅游融合尚处于比较初级的阶段，尽管涌现了一批成功的案例，但还不同程度地存在着这样一些问题。一是文化旅游建设缺少总体规划和完善合理的开发体系，忽略了当地独有文化资源特色的挖掘，古城镇打造、演艺产品开发跟风现象明显，同质化严重。二是追求短时经济利益，对当地文化资源盲目开发，使民俗风情和民族文化过度商业化。三是文化和旅游的融合度不高，创新力度不足，有代表性的文旅品牌较少。

而从国内外文旅融合的实践看，融合的类型非常多样，大致可以概括为六种类型。一是体验型文旅融合，如巴西狂欢节，日本清水寺舞龙游行，非洲莫

① 赵蕾、余汝艺：《旅游产业与文化产业融合的动力系统研究》，《安徽农业大学学报》（社会科学版）2015 年第 1 期。

桑比克、纳米比亚等国的土风舞，毛里求斯的塞卡舞等都属于这种类型。在这类旅游活动中，游客的参与性极强，可以比较深入地体验当地的文化习俗，因而很受游客欢迎。二是活化型文旅融合，就是将留存的物质文化遗产进行改造，用以发展旅游。如把历史建筑改造成博物馆、餐厅、酒店等。三是保护型文旅融合，就是对一些列入世界文化遗产名录的文化线路进行旅游开发，如丝绸之路、越南吴哥窟、日本纪伊朝圣之路、立陶宛琥珀之路等，既可以增强游客对文化遗产的认识和保护意识，又可以促进区域旅游的合作。四是创意型文旅融合，就是通过创意设计，延长旅游产业链，增加产业附加值。比如中国台北故宫博物院设计的一款康熙手书复制品“朕知道了”纸胶带，曾风靡一时。五是重组型文旅融合，就是旅游产业和文化产业融合后形成的新产业链，如日本的动漫旅游、韩国的影视旅游、塞尔维亚的世界音乐节等就属于这种类型。六是延伸型文旅融合，如文化产业向旅游产业延伸形成的美国好莱坞影视基地、浙江横店影视城、东京海贼王主题乐园等①。

总之，从世界范围来看，文化和旅游融合发展的时代已经到来，这是经济发展到一定阶段后的社会变革。在政府产业政策和市场的双重作用下，这个新兴的产业正在突破传统行业的限制，从要素驱动向创新驱动转型，从劳动密集型产业向资本和技术密集型转变，并与新型工业化、城镇化、信息化和农业现代化紧密结合，不断催生新业态、新产品。

二　四川文化旅游融合的现状

（一）四川文化强省战略中的文旅融合发展

2012 年，四川省人民政府在《关于加快推进文化产业发展的意见》中提到，要坚持以“文化强省”和“旅游强省”为基调，以四川省丰富的文

① 《浅谈“诗和远方”——发展文旅融合的现实意义》，华清集团，http：//www. hqcg1984. com/news/0000607 433. aspx，2019 年 3 月 15 日。

化资源和旅游资源为依托，把文化旅游作为重点发展的对象，开发具有特色的文化旅游产品，大力发展文化旅游活动、特色旅游产业和文博旅游产业等，不断延伸文化旅游产业的产业链①。这标志着四川正在进入从文化旅游大省向文化旅游强省转变的新阶段。随着文旅融合上升为国家战略，四川也在积极推进文旅融合的体制机制建设。2019 年，四川省出台了《关于大力发展文旅经济加快建设文化强省旅游强省的意见》（以下简称《意见》），提出了四川文化和旅游融合的发展战略和产业布局，指出了未来 5 年四川省文旅发展的总体目标和具体路径，为四川的文旅融合提供了政策保障。

《意见》指出，“四川将围绕全省‘一干多支，五区协同’、‘四向拓展，全域开放’战略，完善‘一核五带’的文旅发展布局”，“目标是经过五年努力，通过‘一核五带’实现‘四力’提升，使四川成为文旅产业深度融合的文化高地和世界重要旅游目的地”②。所谓的“一核”，是指把成都发展为文旅经济核心区。因为成都在四川的文旅经济中占据着核心地位，是四川文旅经济的“主干”。围绕这个核心区，则是以大熊猫文化、古蜀文明、天府文化为代表的环成都文旅经济带，以长江文化、民俗文化为代表的川南文旅经济带，以巴文化、三国文化、蜀道文化为代表的川东北文旅经济带，以彝文化、“三线”文化、康养文化为代表的攀西文旅经济带，以高原生态文化、藏羌民族文化、长征文化为代表的川西北文旅经济带。“一核五带”的目标，是实现巴蜀文化影响力、四川旅游吸引力、文化旅游供给力、文旅产业竞争力等“四力”提升，最终实现文化旅游的深度融合，使四川成为世界重要的旅游目的地。

要建设四川文化旅游强省，既要有强有力的主体支撑，也需要强有力的保障措施。对此，四川省明确提出必须做强五个发展主体，发展软硬件的六大措施，强化文旅发展的两大机制和三大政策保障。五个发展主体分别是县域文旅经济、文化旅游企业、精品景区、艺术团体、文旅融合示范园区，它

① 黄耘慧：《四川文化旅游产业融合发展对策研究》，硕士学位论文，西南石油大学，2017。

② 《关于大力发展文旅经济加快建设文化强省旅游强省的意见》，《四川日报》2019 年 4 月 30 日。

们代表着区域工作主体、市场主体和核心产品主体。六大措施则是加强文旅标准化建设、提升公共文化服务水平、提升旅游公共服务水平、完善交通等基础设施、推动文旅便民惠民利民、加强文化和旅游市场培育监管。还提出了健全领导机制、考核激励机制以及在财政金融、人才科技以及建设用地等方面的政策保障。

为配合四川文旅融合发展进入新阶段，四川提出了新的文旅宣传口号——“天府三九大，安逸走四川”，还发布了新的文旅形象 Logo。宣传口号中的“三”是指三星堆，“九”是指九寨沟，“大”是指大熊猫，分别代表了四川的历史文化、自然风光和珍稀动物，是四川独特的文化旅游资源，也是区别于其他地方的四川元素。

（二）四川文旅融合的现状

文化旅游产业的融合，不仅有利于促进当地的经济发展、提升人民的生活品质，还有利于提高一个地区和城市的识别度。据联合国世界旅游组织的统计，“全球旅游活动中约有 37% 涉及文化因素，文化旅游者以每年 15% 的幅度增长”①。四川文化和旅游资源丰富，文化和旅游融合的基础较好——包含了汉、藏、彝、羌和纳西等 15 个民族，形成了以巴蜀文化为主、融合少数民族文化特色的文化旅游体系。2018 年，四川旅游总收入达到 1.01 万亿元，增长 13.4%；文化产业增加值达 1500 亿元，增长 16.1%②。特别值得一提的是，四川省的娱乐演艺产业发展势头良好，全省有将近 17000 多家演艺公司，从业人员达 16 万人，市场规模在中西部地区排名第一，在全国排名第二③。随着文化旅游的深度融合，文旅产业将成为四川高质量发展的新引擎。目前，四川具有代表性的融合模式主要有以下几种。

① 《四川日报》评论员：《推动文旅融合发展是大势所趋——论贯彻落实四川省文化和旅游发展大会精神》，《四川戏剧》2019 年第 5 期。

② 《未来 5 年四川文旅融合这样干》，《领导决策信息》2019 年第 23 期。

③ 黄耘慧：《四川文化旅游产业融合发展对策研究》，西南石油大学硕士学位论文，2017。

1. 博物馆文化旅游

近十年来，四川的博物馆文化旅游发展快速，据四川省文物局博物馆与社会文物处处长李蓓介绍，“全省博物馆总数已达 258 家，国家一级博物馆 8 家。其中，四川博物院院藏文物数量已达 30 余万件①”。除综合性博物馆外，四川还拥有一系列辨识度极高的专题博物馆，如以巴蜀文化为代表的成都金沙遗址博物馆、广汉三星堆博物馆，以名人文化为代表的成都杜甫草堂、武侯祠，以川菜文化为代表的成都川菜博物馆，以恐龙文化为代表的自贡恐龙博物馆。其中，金沙遗址博物馆、广汉三星堆博物馆、成都杜甫草堂、武侯祠等主要是静态展示文博遗产，以文化熏陶、教育为主，参与性、互动性较少。而川菜博物馆设有互动演示馆和老川菜馆一条街，游客可以在首席烹饪师的指导下亲手制作几道经典川菜菜品，还可以在参观游览完博物馆后到老川菜馆一条街的独立私密包间体验正宗川菜。自贡恐龙博物馆则通过在节庆日举办文化主题活动，与游客产生互动，调动参与性。如 2019 年，自贡恐龙博物馆借助“四川国际文化旅游节暨第二届自贡国际恐龙灯光节”的时机，开展了“探索侏罗纪奇妙之旅”主题活动，活动内容十分丰富，分为现场活动、市内活动、线上活动和巡展活动四大类，包括穿越侏罗纪·恐龙奇妙夜、夜游恐龙馆、《恐龙去哪儿了》人偶剧演出、飞向蓝天的恐龙——带羽毛的恐龙化石特展、网红采风活动——“恐龙奇妙夜”探秘直播、“我有一个恐龙梦”征集活动、自贡恐龙巡展——广州站和浙江嘉兴站等 11 项活动②，获得了很高的关注度。尽管当前四川博物馆文化旅游发展迅速，也有一定特色，但其产品比较单一，对馆藏产品、文化名人的开发利用还比较少。而英国作为博物馆文化旅游的典范，其做法值得四川借鉴。在挖掘名人价值上，英国依托莎士比亚，建成了莎士比亚博物馆、皇家歌剧院、研究中心，同时还设计了有关莎士比亚的旅游产品进行售卖，在莎士比

① 《四川文物“活”起来博物馆成为文化新客厅》，《四川日报》2018 年 7 月 25 日。

② 《自贡恐龙博物馆 2019 四川国际文化旅游节暨第二届自贡国际恐龙灯光节“探索侏罗纪奇妙之旅”主题活动安排》，自贡网，http：//www. zgm. cn/html/a/2019/0809/180694. html，2019 - 08 - 09。

亚故居旁建立商场，促进旅游经济的发展。在对文化藏品进行开发方面，大英博物馆以罗塞塔石碑为原型，开发了60多种不同的衍生产品，还结合节日设计节日主题产品，既烘托节日气氛，又推动产品售卖[①]。

2. 文化主题公园

文化主题公园是以特定文化主题为中心的新型旅游形态，其典型特征是以文化创意作为其核心竞争力，吸引旅游群体。美国迪士尼乐园是世界上第一个文化主题公园，建成后受到游客的热捧，现在世界各国都在建设各种类型的文化主题公园。如四川成都的“东郊记忆”，它把曾经的工业用地以文化创意的形式保留下来，将摄影、音乐和动漫等流行元素整合到一起，形成一个新的文化主题公园，这是一种类型。还有一种就是成都欢乐谷这样的大型游乐园，它是目前西部地区规模最大的现代主题文化乐园，由深圳华侨城投资，包含130余项体验观赏项目、43项娱乐设备设施、58处人文生态景观、10项艺术表演、20项主题游戏和商业辅助性项目。为了让游客保持新鲜感，文化主题公园经常会加入新项目、新元素。成都欢乐谷在建成后不断创新升级，已相继建成第二期、第三期，还随时把四川的文化、民俗等新元素融入娱乐。四川主题公园的快速发展不仅吸引了国内投资商，还吸引了世界顶级主题乐园乐高乐园落户天府新区仁寿，并于2019年9月16日举行了签约仪式，这是国内第一座乐高乐园，建成后四川天府新区将成为拥有世界顶级主题公园的地方。此外，四川还将依托丰富的革命文物资源，高标准建设长征文化主题公园，打造中国红色旅游景区。届时，四川的主题文化公园无论是在规模上还是在类型上都将得到极大提升和丰富。

3. 古城镇文化旅游

近几年，古城镇开发成为文旅融合的一种典型模式，四川的古城镇资源非常丰富，位列全国第二，拥有大大小小古镇200多个[②]，比较有名的有成

---

① 童清艳、Liang Tao Shan：《英国文化旅游传播及其保护机制研究》，《西南民族大学学报》（人文社科版）2018年第5期。

② 杨燕：《“互联网+”背景下的四川古镇旅游品牌塑造的现状研究》，《现代商业》2019年第31期。

都锦里古镇、黄龙溪古镇、安仁古镇、洛带古镇、街子古镇、平乐古镇、昭化古城、柳江古镇、李庄古镇等。以成都锦里古镇为例，其产品以民间传统工艺、地方特产为主，包含蜀锦、蜀绣、张飞牛肉、竹编、漆器等160多种产品，游客参与度、接受度很高①，在游客量和旅游收入上都居四川古镇前列。此外，安仁古镇的民国风情文化、洛带古镇的客家文化、黄龙溪古镇的川西文化、李庄的抗战文化、昭化古城的三国文化等因为各具特色而在游客心中的认同度也比较高。不过，从总体上看，四川古镇虽然数目众多，但在知名度上，与乌镇、周庄等全国著名古镇品牌相比还有不小差距。而且，四川对古镇的文化开发也不够，多数仍停留在观光拍照的粗浅层次，缺乏高层次的旅游策划和创意产品，也没有深度的文化体验，只是千篇一律的古街、古巷和古建筑，导致影响力不够，重游率不高。

4. 旅游文化演艺打造

旅游文化演艺是文旅融合的特色产品和创新形式，让游客在白天游览实景后晚上观看演出，体验不同的夜间生活，因而成为很多地方创新旅游形态的一种方式。四川有影响力的文化演艺节目有二十多个，其中以九寨沟的《藏谜》《九寨千古情》两个大型原生态歌舞剧最为有名，二者各具特色。《藏谜》由著名舞蹈家杨丽萍和藏族歌唱家容中尔甲共同打造，艺术水准很高。《九寨千古情》则融合了科技的力量，在全球首创的5D剧院实景演出，是目前四川省投资规模最大、科技含量最高的旅游演艺剧目。全剧共分五个部分，用优美的藏羌歌舞展现了九寨传说、文成公主汉藏和亲壮举，用5D技术再现了阿坝州“5·12汶川大地震”的惨烈场景，全剧场面气势恢宏，极具震撼力，自2014年上演以来，至今依然一票难求。此外，成都金沙遗址博物馆的《金沙》、都江堰风景区的《道解都江堰》等文化演艺节目也为游客提供了具有四川特色的旅游剧目。这些文化演艺节目依托景区带来的客源，创造了独具竞争优势的演艺活动，拓展了旅游景区价值链新的增长点。

① 黄耘慧：《四川文化旅游产业融合发展对策研究》，西南石油大学硕士学位论文，2017。

5. 影视文化旅游

影视文化旅游是依托电影电视的传播，使观众对电影电视中展现的特定对象产生广泛关注而发展出的旅游活动。如韩国就因为韩剧的世界影响力而吸引了大量游客前往旅游，特别是某些流行影视剧的拍摄地，已成为游客的网红打卡地，如韩国的首尔塔、爱宝乐园和南怡岛。四川虽然没有像浙江横店、上海影视乐园这样的大型影视基地，但四川的很多风景名胜也曾吸引大量影视剧前往取景，如章子怡主演的电影《卧虎藏龙》是在蜀南竹海拍摄的，郭涛、高圆圆、谭维维等主演的《成都，我爱你》是在成都拍摄的，央视版的《西游记》、张纪中版的电视剧《神雕侠侣》、成龙主演的《神话》都曾在九寨沟拍摄取景，此外，青城山、峨眉山、乐山大佛、康定的跑马山等地也因为影视剧的拍摄而更加声名远扬。这些地方本来就是旅游景区，可依托影视拍摄地、影视人物、影视场景、影视歌曲、动漫等 IP 元素，形成特定的引流效应，促进四川文化旅游产业的融合发展。不过，大型影视基地的缺乏也让四川的影视旅游难以形成规模效益。

（三）四川推进文旅融合的重要价值

四川一直以来就是旅游和文化大省，推进文旅融合不仅在宏观上有利于促进全省的经济发展、提升人民的幸福感，在微观上对产业内部也有极其重要的价值。

1. 可以延长产业生命周期

在过去，四川的旅游产品比较单一，以依赖自然资源的观光旅游为主，顾客已经产生审美疲劳，需要加入新的元素，发展新的品类。而文化与旅游产业的融合，使文化渗透旅游产业，可以促进产品的创新，增强游客的文化体验，给游客带来不一样的旅行感受，从而延长产业的生命周期。比如四川的都江堰，以前主要因道教发源地和著名的水利景点而被游客熟知，以观光旅游为主。如果用文旅融合的思维去重新打造，则可以在观光旅游中注入道教的文化讲解，如开办道教养生讲坛；开创体验性的项目，如让游客参与放水大典、拜道祈福、悟道静修；开发衍生产品，如养生美食产品、医疗保健产品、休闲度假产品等；创编实景演艺节目，如《道解都江堰》《李冰治水》等，通过融合与创新，创造出有文化内涵的新的旅游产品，从而丰富都江堰旅游产品，提高游客重游率，延长产品生命周期。

2. 延伸产业链价值和降低发展成本

文化产业是一个创意性的行业，而当前四川的文化产业创造性不够，尚处于低水平的“制造型”阶段，旅游产业也主要依赖资源，收入靠食宿和门票支撑，所以，两个产业都需要价值增值。要实现价值增值，有两个办法，一个是延长产业链价值，另一个是降低发展成本。而文化和旅游的融合，不仅可以增加新的价值链，扩大产业利润空间，还可以节约交易成本和组织管理成本。因为产业的融合必然会使两个产业的技术、资源、渠道等发生共享，成本自然降低。比如成都的锦里古镇，是四川有名的特色文化体验区，形成了包含食、住、行、游、购、娱等旅游六大要素的全产业链条，业态丰富，无论是对本地还是外地游客都有很大的吸引力。据成都市旅游局的统计数据，2018 年国庆黄金周，锦里古镇的游客达到了 53.79 万人次，超过了宽窄巷子、黄龙溪旅游区、青城山 - 都江堰景区、大熊猫繁育研究基地等知名景点。文化和旅游的融合，延伸了锦里古镇的产业链，同时也降低了其发展的成本。而金沙遗址与锦里古镇的知名度相当，但由于文化和旅游融合度不够，业态比较单一，以文化展览为主，没有形成完整的旅游产业链，对游客的吸引力大大降低。从旅游人次和收入来看，2007 ~ 2010 年，金沙遗址共接待游客 300 余万人次，总收入约 6000 万元，锦里古镇仅 2010 年就接待游客达 580 万人次，一年的收入过亿元①。

3. 促进企业组织和管理创新

企业是产业的市场主体，在产业的融合过程中，企业的经营管理会发生改变。为了顺应文化旅游产业融合带来的多元化经营，文化和旅游企业必须进行组织和管理创新，以提升自己的资源整合能力和市场反应能力。首先，必须改造企业的组织结构，使其更加高效灵活，即减少组织层级，向扁平化

① 黄耘慧：《四川文化旅游产业融合发展对策研究》，西南石油大学硕士学位论文，2017。

的组织结构转变。其次，要改变企业的管理，使其更加柔性，能够与更多的企业共享合作。最后，企业还要不断创新业务和产品，以满足顾客更加多元和个性化的消费需求，以及实现融合带来的协同效益和范围经济。

三　四川文化旅游融合再出发

（一）政策引导：省委省政府高度重视

2019 年，四川省文化旅游融合正式迎来新的发展阶段，四川省委省政府针对新的发展形势，做出大抓文旅融合发展的决策部署，多次开展主题讲座和召开会议，先后出台一系列相关的政策措施，为推动文化和旅游高质量融合发展提供了根本方向，在全省上下形成了积极探索文化和旅游深度融合发展的良好局面。

1. 研究咨询、重点部署

在开展系列行动之前，省委省政府、四川省文旅厅等部门组织座谈会共同探讨文旅融合发展的对策，深入调研各区域实际情况，鼓励全社会建言献策，制定并出台一系列相关意见，重点部署文旅融合发展工作。2019 年 1 月发布的政府工作报告将发展文化旅游经济作为年度重点工作安排，对文化旅游产业优秀品牌打造、乡村旅游建设、文化旅游龙头企业培育以及大力发展入境旅游等方面都做出了重点部署。

2. 会议召开、勾画蓝图

2019 年 4 月 29 日，四川省文化和旅游发展大会在成都举行，会上整合全省资源，听取各方意见，勾画出了未来 5 年全省文旅融合发展蓝图，明确要求具体到每个地级市、每个涉及文旅融合发展的行业领域，都要根据自身实际情况领会会议精神，从而在接下来的发展中找准自身定位，充分发挥出资源优势、人才优势，共同建设世界级文化旅游胜地。

3. 政策出台、保障实施

为保障文旅融合发展，省委省政府发布一系列政策文件，为文旅融合真正实现落地提供依据，如《关于加强文物保护利用改革的实施意见》《关于开展天府旅游名县建设的实施意见》《关于进一步促进民营文化旅游企业健康发展的实施意见》等。这些政策意见的出台，确保政府一系列决策部署能够落到实处，表明了政府保障文旅融合发展的决心和斗志，对于文旅融合发展有积极的导向作用以及规范引领效果。

（二）主体培育：四川文化旅游企业逐步壮大

文化旅游企业作为文化旅游的主体部分，是文化旅游融合发展的生力军，在其中起到重要的经济支撑作用。发展壮大一批文化旅游企业是促进文化旅游融合发展的必然要求。四川省文化旅游企业也在稳步发展之后呈现出逐渐壮大的趋势。

1. 文化旅游企业快速发展

过去几年，四川省积极培育壮大文化旅游企业，支持企业通过资源整合、技术创新等方式不断发展壮大。2019 年 3 月，四川省第一批文化旅游产业优秀龙头企业名单公布，包括四川省旅游投资集团有限责任公司等 8 家企业；4 月，省政府命名成都市青羊区等 10 个区县为首批天府旅游名县，命名成都市邛崃市平乐镇等 21 个镇为首批文化旅游特色小镇。随后，四川省文化旅游优秀企业联盟、天府旅游名县文旅发展联盟、四川省文化旅游特色小镇文旅发展联盟先后成立，搭建互联互通、共享合作新平台，探索协同创新发展新模式。文旅企业是文化旅游融合发展的主体企业，在文化旅游的发展中占据重要地位，优秀企业的公布既是对企业过往发展的认可，也激励更多的企业快速发展、力争上游，在良性竞争中壮大。

2. 文博产业发展壮大

截至目前，四川省博物馆总数达 258 家，其中国家一级博物馆 8 家，国家二级博物馆 6 家，国家三级博物馆 18 家。成都·中国皮影博物馆、攀枝花·中国三线建设博物馆两个“国字号”博物馆落户四川。2016 年 12 月，成都博物馆“丝路之魂”大展开幕，在 3 个多月的时间里，来自全国的游客突破100万人次，这场高规格展览已然成为影响成都乃至四川的文化大事件。除此之外，四川藏羌彝数字文化长廊建设正式启动，成都市文物信息中心正在进行文物数字展示系统的研发。

3. 动漫产业成果显著

四川自2005年以来，大力促进动漫产业发展，曾发布五年发展规划扶持动漫产业发展。经过十余年的发展，四川动漫数量和质量有所提升，从数量上看，据成都市动漫协会统计，全省从事动漫及相关产业的企业有近千家，仅在成都就有约200家，从业者超过2万人，是可与北京、上海、杭州相比的城市。从产业来看，四川动漫行业产业链趋于完善，涌现出一批优秀企业，是我国动漫产业最齐全、最完善的省份之一。在动漫作品方面，成都近两年的发展更是成绩斐然，2018年成都动漫游戏企业达到400多家，产值超过300亿元，还打造出了一些现象级作品，如《哪吒之魔童降世》。

（三）市场开发：四川文化旅游市场高速发展

1. 区域旅游发展向好

四川省利用区域旅游发展带动作用，支持各地因地制宜发展，指导28个市（州）、县全域旅游示范区创建，取得良好效果。在宜宾，兴文县积极推进全域旅游建设，旅游开发作为兴文县经济发展的支柱产业之一，近年来成为招商引资的重要项目。与此同时，兴文县通过“文化+旅游”“旅游+扶贫”等重要举措，促进旅游业与其他产业深度融合发展。2018年全市共实现旅游项目签约额721亿元，其中正式签约投资达365亿元，同比增长148%①，落地了仙峰休闲旅游度假区项目、兴文县清凉洞综合旅游开发项目等重大项目。

2. 多元产品拉动消费

四川是文化旅游资源大省，具有丰富优越的文化和自然资源，古蜀

① 《2018年宜宾全年实现旅游总收入687亿元》，宜宾新闻网，http://www.ybxww.com/ybly/html/2019/0215/359444.shtml，2019年2月15日。

文化、三国文化、民族文化、红色文化在四川交流融合，峨眉山、青城山、九寨沟等美名也远播海内外，这也是四川文旅融合能够打造多元产品的基础。2019 年春节假期期间，四川利用全省丰富的文化和旅游资源，共计为游客推出 1300 多场文化和旅游惠民活动。这些文化和旅游活动形式多样，覆盖多个领域，充分满足消费者的需求，不仅包括单一模式的观光游览，还包括文艺演出、文博展览、非遗活动、温泉康养游、冰雪主题游、民俗文化体验游等 323 个特色旅游节庆活动和 3 个营业性演出。

3. “文化 +”“旅游 +”打造新业态

通过“文化 +”“旅游 +”打造新业态，是四川文化旅游产业发展新动能。以 5A 级红色文化景区邓小平故里为例，作为邓小平同志的故乡，广安区在传承红色精神的同时，积极培育红色文旅融合发展新业态。2018 年，广安区接待游客 1572.38 万人次，实现旅游收入 157.56 亿元，同比增长 27.4%，其中省外境外游客达 507.9 万人次，占比达 32.3%①。广安区一方面打造红色文化旅游目的地，另一方面注重以旅游产业链条为基准，增强旅游产业对其他产业的辐射力，从而带动其他产业发展。与此同时，广安区大力推进“文化 +”“旅游 +”发展，挖掘伟人故里的历史文化，围绕文化遗迹打造系列景点，建设一个红色旅游产业集聚区，将红色旅游商品的带动效应发挥到极致。

4. 境内外文旅互动显成效

2013 年以来，四川省在积极推动境外旅游营销和大力开发入境旅游市场方面取得显著成效。一方面，积极布局旅游营销，依托直航航线，在莫斯科、布拉格、首尔等多个国外城市实施“驻地营销”，真正贴近当地实际，开展相应旅游营销活动。另一方面，四川省先后多次开展文化艺术全球推广活动，以“巴蜀文化艺术全球推广计划”活动为例，积极在全球各个国家

---

① 《广安市广安区：品味红色旅游，走进小平故里》，新华网，http://m.xinhuanet.com/sc/2019-05/22/c_1124528018.htm，2019 年 5 月 22 日。

举办演出、展览、论坛等，让国外了解四川文化和旅游资源，建立国际“朋友圈”，提升国际影响力。数据显示，四川省2013～2018年六年间，接待入境游客从209万人次提升到369万人次，实现“百万级增长”[①]；2018年入境游客每日消费达到193.82美元。

（四）新发展：推动文旅与农业、科技、教育、工业等融合发展

1. 推动文旅与农业、林业、水利、气象等融合发展

四川省创造性建设一批农业示范园、森林公园、特色小镇，如新都区花香果居、自贡贡井区花香田园、攀枝花米易县松林农业园、江油市新安农业公园、旺苍县三合生态黄茶观光园等省级示范农业主题公园，海螺沟国家森林公园、鸡冠山国家森林公园、瓦屋山国家森林公园等数十个国家级森林公园，大邑县安仁古镇、崇州街子古镇、德阳白马关镇、宜宾李庄镇等数百个川内特色小镇。

2. 推动文旅与科技、教育、卫生、体育等融合发展

推动文化旅游产业与科技、教育等项目融合发展，四川省已打造一批科技旅游综合体、中医药旅游示范基地、体育旅游线路。如，成都大熊猫繁育研究基地、成都市植物园、泸州老窖旅游区、绵阳科技馆、北川县维斯特示范园、四川嘉阳国家矿山公园、川茶集团科技园、汶川映秀防灾减灾科普基地、邛海湿地公园等四川省科技旅游示范基地；成都市宝山旅游景区、新义水乡康养中心、绵阳市药王谷景区、雅安市大园包中药材种植园、洪雅－峨眉半山七里坪等中医药健康旅游示范基地[②]；四川黄龙—牟尼沟—九寨沟茶马古道、金堂国家登山健身步道、攀枝花登山健身步道等户外体育旅游路线，以“四川特色资源＋体育运动”，打

① 《6年间四川入境游客人次实现“百万级”增长》，《四川日报》，http://www.sc.gov.cn/10462/10464/10797/2019/4/24/cb0071b05efb4311be6c9d72503fb835.shtml，2019年4月24日。

② 《四川省中医药管理局、四川省文化和旅游厅关于开展2019年四川省中医药健康旅游示范基地、示范项目申报与认定工作的通知》，四川中医药管理局网站，http://sctcm.sc.gov.cn/get/news/scszyyglj/gggs/2019－06/11590.html，2019年6月24日。

造川内文旅品牌特色。

3. 推动文旅与交通、工业、商贸等融合发展

G248 线、S301 线九寨沟机场至红原机场公路，G318 线康定至雅江段，G318 线雅江县城至竹巴龙（西藏界）段，G317 线汶川至马尔康红旗桥段，G317 线炉霍至德格段，G227 线理塘至稻城亚丁，G348 线、S221 线西昌至泸沽湖段，G350 线映秀至卧龙段，G213 线汶川至郎木寺（甘肃界）段 9 个“交通＋旅游”示范试点项目，既串联起沿途九寨沟、黄龙、康定、马尔康等景区，又带动沿途旅游产业的发展，提供新的交通旅游线路。利用金鑫、冶轴等工业遗址，建成一工业遗址公园、文化创意园区和体育运动综合体。建成包含堂文博创意创业园区、峨影·1958 国际影视创意孵化园、蓝顶艺术区、红星路文创产业园、东湖音乐创客荟、“红创空间”文创产业园等 31 个文化创意园区。

（五）战略布局：四川五大经济区文旅特色发展

1. 培育壮大成都平原经济区

成都平原经济区以成都为中心，囊括了德阳、绵阳、乐山、眉山、资阳等 8 个市，是四川五大经济区之一。2019 年四川省政府印发《成都平原经济区“十三五”发展规划（2018 年修订）》，规划指出要打造成都平原经济区，构建“一核一圈、两轴三区”的空间发展格局。四川文化旅游产业也在此基础上充分发挥和有效整合各地的比较优势，协同促进成都平原经济区一体化发展。第一，维持成都的核心区位，发挥好、建设好成都作为全省旅游“出入口”的集散地作用，充分利用成都平原经济区的交通运输优势。第二，推动德阳、眉山、资阳等环成都经济圈文化旅游建设，着重打造德阳、资阳、眉山的休闲旅游基地，建设西部宜居山水园林城市。第三，突出成渝发展中轴的文旅资源建设，积极推动大熊猫生态文化、茶马古道等精品文化旅游线路。第四，加强成德绵眉乐等区域的文化旅游产业建设，打造成乐环线、峨眉山等文化旅游资源，整合古蜀文明、道教、佛教、峨眉武术等区域特色文化。组建成都平原经济区文化旅游联盟，推广竹编、年画等特色

文化旅游产品，在文化旅游宣传营销、线路开发、商品销售、联合执法等领域开展全面合作①。

2. 打造川东北生态文化旅游区

川东北指四川省东北部，包括广安、南充、广元等六个地级市。川东北境内有着丰富的自然生态旅游资源，历史文化悠久，民俗风情资源丰富。中国四大古城之一的阆中古城、仪陇县朱德故居、蓬安县司马相如故乡……众多历史名人使得南充历史文化旅游资源极为丰富。除此之外，南充还拥有得天独厚的自然风景资源，除了嘉陵江景之外，南充还拥有金城山、凌云山、太蓬山等国家森林公园。川东北广安境内，几千年的历史文化积淀形成了多姿多彩的人文、自然旅游资源，如伟人小平故里、国家重点文化保护单位南宋安丙墓群、八大佛教圣地之一宝鼎。此外，广安特色的红色遗迹，也是该区域旅游资源发展另一大特色。以古蜀文化闻名的广元市，是四川三国文化旅游资源最为丰富的城市，现剑门关留存有大量的三国文化遗迹，是自然风光、红色文化、三国文化交融的著名观光旅游区。位于遂宁境内的中国死海，距成都 100 多公里，中国死海旅游度假区依托死海资源，是结合了水上运动、疗养、保健等于一体的特色型旅游度假胜地。

3. 整合发展川南经济区文化旅游产业

川南地辖五市，包括宜宾、内江、泸州、乐山、自贡。川南自然生态环境优越，特色文化产业发达。在自然旅游资源方面，位于四川宜宾的蜀南竹海是有名的避暑消夏胜地；位于泸县东部的玉龙湖环境优美、气候宜人，旅游资源丰富，现已开发出了米市古街等历史遗迹；位于玉龙湖南部，长达 1 公里的“地下龙宫”是著名的钟乳石景区，玉龙湖更是被誉为“川南第一湖”；富顺县五条沟自然风景区山清水秀、景色宜人，是休闲观光、消暑旅游胜地。在特色文化产业方面，川南经济区也有着独特的发展

① 《成都平原经济区共绘文旅发展新图景》，《乐山日报数字版》，http：//115. 236. 76. 50/lsrb/html/2019 - 08/16/content_ 4_ 1. htm，2019 年 8 月 16 日。

要素。一是特色古城文化资源丰富，位于宜宾的南溪古镇是拥有1400多年历史的万里长江第一县城；资中城北的罗泉镇是四川首批历史文化古城；位于“千年盐都”自贡市的仙市古城，历史悠久，城内古建筑、各种遗迹至今仍保存完整。二是川南地区得天独厚的文化产业资源、特色产业带动特色旅游发展。位于泸州的中国酒庄，是依托“泸州老窖”酒文化发展出来的集旅游观光、休闲娱乐、餐饮、商务于一体的体验式酒文化主题景区。此外，还有中国甜文化体验第一城甜源、宜宾老城等特色文化旅游区。

4. 打造国际知名生态和文化旅游目的地的川西北经济区

川西北生态旅游区涵盖了甘孜州和阿坝州，是四川境内海拔最高的区域，拥有川内一半以上的世界级风景旅游胜地。位于四川稻城县的稻城亚丁，拥有世界佛教二十四神山之一；国家4A级风景区四姑娘山风景区，是著名的大熊猫栖息地，该旅游区凭借着独特的风景被誉为“东方圣山”；位于西北边界上的若尔盖草原，是我国三大湿地之一，有着丰富的动植物资源，著名的“黄河九曲第一弯”就位于若尔盖境内；泸定县磨西镇的海螺沟、四姑娘山、九寨沟等诸多自然旅游景区正在加大开发力度。川西自然景区开发始终坚持以保护为主，促进观光和体验、文化相结合的方式，统筹推进工、农、服务等行业的发展。除了自然生态风景旅游区以外，川西北也蕴藏丰富的特色文化旅游资源，例如位于康定的木雅金塔、德格印经院、色达等著名的藏传佛教圣地。川西北特有的羌族文化、藏族文化等民族文化资源也在开发当中。多元化的旅游产品、特色旅游风景区、多体系的旅游线路，川西北借助其特有的历史和地理位置，正在成为国际知名生态和文化旅游胜地。

5. 打造全国知名阳光康养旅游度假胜地的攀西经济区

攀西经济区位于川、滇两大旅游区要冲，其独特的地理位置使得攀西旅游资源独具特色。攀西阳光度假区包括了攀枝花盐边县、米易县，凉山西昌市、盐源县等地区。这里是全国最大的彝族聚居区，依托独特的亚热带光热资源，攀西经济区具有独特的民族文化和自然风光，是西南地区重要的阳光康养旅游度假胜地。攀枝花旅游度假区包括了攀枝花钢铁之都文化区、彝族生态风情文化区、红格温泉阳光旅游度假区等。位于西昌境内的邛海，是有名的天然渔场和水上运动场；卫星城西昌更是因其自然风光、民族风情，发展成为西部有名的旅游度假区。大力推进乡村旅游、红色旅游、生态旅游、研学旅游、水上旅游，打造形成多层次多种类的旅游产品体系。全力建设智慧旅游城市，大力促进旅游基础设施升级改造，攀西经济区正在打造全国知名阳光康养旅游度假胜地。

（六）文旅新经济：乡村振兴、新型城镇化、县域经济中的文旅产业

随着农村农业的发展建设，文化旅游业与乡村振兴、新型城市化、县域经济的联系也越来越紧密，推动文旅与乡村振兴、新型城镇化、县域经济等融合发展，能够有效发展农村文旅新经济。在此基础上，四川省各个乡村、城镇，大力发展精品民宿，推动乡村酒店提档升级，丰富美丽乡村建设文化内涵，实施四川乡村文化振兴、乡村旅游提升行动计划，着力推动农家乐向精品民宿、乡村酒店等方向转型升级。打造乡村文旅示范村、精品农家乐专业村，丰富美丽乡村建设文化内涵。目前省内已建成绵阳柚香园休闲山庄、德阳中江县祥云休闲山庄、遂宁市万象农庄、涪城区兰庭生态园、都江堰西院农家乐、郫都区竹里湾乡村酒店、岳池县水帘洞天、彭州妙杏生态农庄等品牌农家乐；北川羌王竹海、德阳罗江区略坪镇新庙农家乐、德昌县贤氏山庄、北川县云贯羌寨、格桑美朵休闲部落等四川特色风情农家乐。围绕新型城镇化，建设特色小镇，推动文旅经济发展，在四川阆中、彭州等旅游特色城市，实现以旅游为导向的新型城镇建设。

加快文旅融合发展，实现经济高质量发展。四川阆中以文旅产业带动经济发展，以文旅产品为基础，“文旅 + 工农”带动三产一体，“文旅 + 城市”带动景城一体，“文旅 + 扶贫”带动城乡一体。2018 年 4 月，阆中市被省

委、省政府命名为全省首批天府旅游名县；7 月，被省委、省政府命名为全省 2018 年度县域经济发展强县①。

四　四川文化旅游融合面临的挑战分析

（一）体制机制障碍

一是制约事业与产业的有效融合。文化与旅游各有事业与产业属性，但文化重事业，旅游重产业，二者服务对象不同，发展思路各异，边界不清，条块分割，资源难以有效融合，比如公共文化服务设施闲置浪费与旅游公共服务设施不足就是一对突出矛盾。随着周边游、短途游的逐渐升温，部分三、四线城市在接待能力上日渐乏力，酒店、餐饮、交通等基础设施承受着较大压力。用户出行的消费心理逐渐由购买产品向购买体验转化，因此硬件条件不足，对旅游目的地的美誉度和城市形象都会造成影响。

二是制约资源创造转化。部分拥有丰富文博资源的事业单位如博物馆等，受到经营政策限制，制约了资源的创新转化和市场转化。博物馆等文化单位大多依靠政府拨款，在文化创意的孵化和落实上欠缺相应的激励制度。以四川博物院为例，虽然其周边产品的销售模式涵盖了线上淘宝店铺和线下实体店铺，但形式上以书签、冰箱贴、记事本等小物件为主，缺乏创新意识和差异化特色，难以对游客产生消费吸引力。

三是制约整合打造。部分文化旅游资源隶属不同行政管理辖区，管理层级不同，给整合打造带来极大阻碍。如三星堆与金沙同属一脉，三国文化遗存散布全川，由于分属不同行政辖区，管理层级不同，在资源整合与利用层面困难重重。部分县域景区与地方政府之间还存在重合职能多、相互扯皮的情况。以峨眉山、乐山大佛、九寨沟、稻城亚丁为例，这些景点均有专属的

① 《文旅融合打造南充高质量发展引擎》，四川新闻网，http：//nc. newssc. org/system/20190930/002768436. html，2019 年 9 月 30 日。

景区管理机构，全面负责景区的开发利用、日常维护与经营管理。然而，部分景区与政府之间的关系逐渐演变为“景区主导，政府配合”，甚至是“各唱各调”。在文旅融合的大背景下，这种各自为政的模式严重阻碍了以旅游业为主导的县域经济转型发展①。

（二）创新创意不足

一是新技术、新手段应用不足。四川省在低空飞行器、房车、登山、露营等高端旅游装备方面缺少创意研发与设计制造。其中，露营目的地整体水平较低，与周边设施难以配套使用。旅游服务和消费信息技术方面，目前国内 10 家在线旅游公司、13 家文化独角兽企业，无一家四川企业。

二是新产品、新业态开发不足。四川旅游以观光产品为主，带强 IP 属性的旅游品牌匮乏，地域特色不鲜明，游客认知度不高。三星堆、九寨沟和大熊猫三张四川名片中，仅三星堆以古蜀文化为内核，带有鲜明的文化特色。四川为多民族聚居地，民俗旅游方面有待开发，文旅融合形态与各少数民族特色的结合深度不足。此外，四川对商务旅游、康养旅游、工业旅游、科技旅游、研学旅游等新业态开发不足，2017 年四川在康养、体育、低空旅游等新业态的投资占比分别约为 8.1%、6.8%、0.9%，远低于旅游景区总投资的 46%。

三是创新人才与创新治理不足。从业人员素质偏低，特别缺乏国际化高端旅游人才和乡村旅游高素质创意型人才。县级层面文旅部门缺乏来自旅游、文化或者营销等领域的专业人现象很普遍②。创新治理方面，四川在精准施策、分类分层治理和发挥多元主体合作共治等方面尚需要探索与实践。

四是文旅产业智库引领作用不足。现有的战略咨询机构松散，难以发挥智力支撑与决策咨询作用。同时，文旅产业在实地调研方面经验匮乏，策略层面侧重理论化。

---

① 《文旅大县现状如何？景区和城区有无形的“墙”》，《川报观察》，https://cbgc.scol.com.cn/place/131637，2019 年 4 月 17 日。

② 《县域文旅产业调查一：四川逾六成县区“靠山吃山”》，《川报观察》，https://cbgc.scol.com.cn/news/130551，2019 年 4 月 15 日。

（三）文旅产业运营水平低、企业竞争力不强

一是当前四川文化旅游业运营水平较低。四川 12 个 5A 级景区针对游客多元需求的市场运营活动缺乏，没有形成科学的产品体系与管理服务体系。2019 年 8 月，文旅部通报批评全国 7 家 5A 级景区，其中包括峨眉山景区。省文旅厅相关负责人介绍称："从暗访检查情况来看，全省 A 级景区主要存在景区产品供给不能有效满足游客需求、景区旅游服务质量下降严重、景区分级监管缺失、部分景区市场竞争力不强等问题①。"以海螺沟景区带为例，其中红石滩公园开发不足，湍急河流沿途道路无围栏，危险系数较大。

二是四川文旅产业投资"小、少、散"现象十分明显，缺乏大资本、大项目、大企业支撑，企业竞争力普遍不强。四川文化产业股权投资基金、四川旅投集团与国内其他省份省属旅游国企相比存在较大差距。四川旅投总资产约为 60.48 亿元，仅为北京首旅集团的 6%，约为广西旅发集团的 8.5%。四川大型文旅企业数量偏少，文旅板块上市公司仅有新华文轩、博瑞传播、四川迅游和峨眉山乐山大佛旅游股份公司，文旅产业的格局尚未成型。

（四）文旅营商环境有差距

一是基础设施制约。部分景点以高铁、高速公路为主的交通基础设施建设滞后，旅游目的地可进入性差，增加了游客时间和精力成本。旅游目的地的基础设施也不够完善。目的地的市民生活是当地城市的软实力。任何自然环境与历史文化事件，在没有当地居民的日常生活作为空间背景的情况下，将难以在旅游市场上获得充分的竞争力②。

二是市场培育不足。缺乏孵化文旅公司上市的配套政策，缺少大企业大

---

① 《峨眉山景区被通报批评相关部门：立行立改、限期完成》，新华网，http：//www.xinhuanet.com/local/2019-08/02/c_1124828711.htm，2019 年 8 月 2 日。

② 《对话中国旅游研究院院长戴斌：四川靠什么在全球文旅产业竞争中胜出》，新华网，http：//www.sc.xinhuanet.com/content/2019-05/09/c_1124469796.htm，2019 年 5 月 9 日。

项目引领，对文旅中小微企业的支持和扶持力度不够。文化产业生产结构与市场需求结构不适应，低端供给过剩与中高端供给不足并存，文化产品有数量、缺质量，有“高原”缺“高峰”①。

三是市场意识较差。一些地区只重文旅资源，不讲文旅运营，“等靠要”思想严重，缺乏到市场去拼搏的积极性和主动性。以古镇运营为例，四川不少古镇属于重资产经营类型，它们在建设初期需要资本的大力介入，而在后期担负着管理、维护以及营运等多重成本。因此，开发商和经营主体既承担着高额的市场风险，又面临投资回报周期较长的严峻考验②。在这种情况下，如果还缺乏运营的主动性和积极性，就会增加投资商损失的风险，破坏自身口碑，影响新一轮的招商引资。

（五）品牌宣传效果欠佳

一是内容提炼不够。四川文旅宣传内容还未提炼出核心价值，缺乏对自然和历史文化的深度挖掘。2019 年 10 月 10 日，四川省文化和旅游厅召开四川省“十大”文化旅游品牌建设工作新闻通气会，宣布四川将打造“十大”文化旅游品牌，分别是大峨眉、大香格里拉、大贡嘎、大熊猫、大竹海、大遗址、大灌区、大九寨、茶马古道、大蜀道，覆盖全省 21 个市州和大部分文化旅游资源丰富的县（市、区）。此次品牌形象定位的确立是四川文旅融合前进的一大步，但自然与文化的深度结合尚待加强。

二是宣传途径不够。传统宣传方式占据主流，海内外展会推介、节庆活动等仍是四川文旅产业外宣主要方式。活动类的宣传方式如音乐节、网红节、世警会主要集中在成都及其周边区域，难以提升整个四川省的对外形象。城市宣传片在内容上难出新意，多以“美景＋美食”的组合呈现；在视角上以俯拍视角为主，配合快速转场，故事的连贯性不足。

三是宣传方法不当。未充分认识新媒体特性，如仓促使用微信公众号、

---

① 《雒树刚谈文化产业发展：高质量文化供给不足》，《新京报》2019 年 6 月 26 日。

② 《四川县域文旅产业发展调查：古镇游在新旧之间找突破》，《四川日报》2019 年 4 月 20 日。

抖音、快手等平台，后续管理跟不上导致出现“僵尸平台”，既不利于景区的形象提升，又抬高了维护成本。宣传文本的选题和话语不够接地气，以照搬会议记录、活动通讯稿为主，难以与读者形成实质性互动。

五　文旅融合：开启四川文化产业新蓝海的建议

2018 年四川实现旅游总收入 10112.75 亿元，同比增长 13.3%，旅游业迈入“万亿级”产业集群。2019 年 4 月 29 日，四川省文化和旅游发展大会上，省委省政府提出，经过 5 年努力，把四川建设成为文化旅游产业深度融合的文化高地和世界重要旅游目的地。在当前文化旅游进一步融合背景下，实现文化旅游两大产业转型升级、提质增效，推动文化和旅游形成共同发展新格局，开启四川文化产业新蓝海，时不我待，大有可为。

（一）高质量开发四川省世界级旅游资源

四川是我国自然景观最丰富的地区，有“从盆地到天庭”的美誉，拥有众多世界自然奇观。神奇景观带中华对角线和北纬 30 度线在这里交会，是中国地理第三阶梯到第一阶梯的过渡地带，中国最大的南北向山地横断山脉主体就在四川。从海拔 203 米到 7556 米的巨大落差，形成从亚热带到永久冰雪带的各类自然旅游资源，造就了瑰丽险峻的巴蜀风光和世界珍稀生物的栖息地。四川拥有绚丽多姿的自然景观和人文景观，很多景区都有国家重点风景名胜区的荣誉，目前有国家 5A 级旅游景区 12 处、4A 级景区 185 处。国家 5A 级旅游景区分别是九寨沟旅游景区、成都市青城山—都江堰旅游景区、乐山市峨眉山景区、乐山市乐山大佛景区、阿坝州黄龙景区、广安市邓小平故里旅游区、南充市阆中古城旅游区、绵阳市北川羌城旅游区、阿坝州汶川特别旅游区、广元市剑门蜀道剑门关旅游区、南充市仪陇朱德故里景区、甘孜州海螺沟景区。

四川是中华文明的重要发祥地之一，历史悠久，文化源远流长。三星堆、金沙等古蜀文明见证了华夏文明的发展。东西融合、南北过渡的民族走廊在这里形成。四川有全国第二大藏族聚居区、最大的彝族聚居区和唯一的羌族聚居区。巴蜀文化灿若星河，少数民族文化异彩纷呈，三国文化影响广泛，红色文化彪炳史册，宗教文化资源富集。四川具有独特的“川派”文旅资源。川菜、川酒、川茶、川药、蜀山、蜀水孕育了富有魅力的安逸生活，是支撑“安逸四川”的重要体验性旅游资源。

四川将围绕大九寨、大熊猫、大香格里拉、三星堆等世界级的文旅资源，建设三星堆国家大遗址保护利用示范区、长征主题国家文化公园、藏羌彝文化产业走廊，举办中国（四川）大熊猫国际文化旅游周，全力打造大九寨、大峨眉、大熊猫、大香格里拉、大贡嘎等十大知名文旅精品。

深入阐发以三星堆为代表的古蜀文化独特内涵，以九寨沟为代表的绝美风光，以大熊猫为代表的珍稀动植物及其生态文明内涵，以长征精神为代表的红色文化内涵，以藏羌彝风情为代表的民族文化资源，以川菜、川酒、川茶为代表的世俗生活价值内涵，以四川故事、四川精神为载体和核心，聘请世界知名文创团队，实施世界级 IP 打造工程。划拨专项资金，编制《四川省世界级文旅 IP 的专项孵化计划》，建设世界级文旅 IP 品牌运营中心、营销传播中心。以打造四川世界级文旅资源为抓手，坚持高质量发展要求，争取在 5 年之内，将四川建设成为文化旅游产业深度融合的文化高地和世界重要旅游目的地。

（二）推动历史名人文化传承与旅游深度融合

四川人文荟萃、英才辈出，拥有不少叱咤风云的千古帝王、政治领袖、军事将帅、思想宗师、文学泰斗、科学骄子、发明大师等，历史名人群星灿烂，他们创造的功绩和成果，已经成为中华民族最基本的文化基因。历史名人文化是四川文旅融合发展的宝贵资源，推动历史名人文化传承与旅游深度融合十分必要。

一是全面梳理四川历史名人文化资源。站在中华文明发展进程的大时空、历史名人功绩贡献的全领域、适应现实社会发展的广角度上统筹考虑四川历史名人主体。充分考虑其时代、领域等因素，有故居、遗迹、遗址等历史遗存，在历史上有重要影响，在全国有一定影响力，其思想著作或功绩具有当代价值：按照这些标准，四川已经明确了首批历史名人。

表 1　首批四川历史名人领域、时期、地域分布情况

历史名人	领域	时期	地域
大　禹	政治家	先秦时期	川西北、成都平原
李　冰	水利专家	秦汉时期	成都平原
扬　雄	思想家、文学家	秦汉时期	成都平原
落下闳	科学家	秦汉时期	川东北
诸葛亮	政治家、军事家	秦汉时期	成都平原
武则天	政治家	唐宋时期	川东北
李　白	文学家	唐宋时期	成都平原
杜　甫	文学家	唐宋时期	成都平原
苏　轼	文学家	唐宋时期	成都平原
杨　慎	文学家	明清时期	成都平原、川南、攀西

二是深入挖掘四川历史名人文化资源。深入挖掘四川历史名人思想文化资源的当代价值，不断赋予其新的时代内涵和现代表现形式。着力从与当代文化相适应、与现代社会相协调的角度研究阐释和传承发展历史名人文化优秀基因，确保把跨越历史时空、富有永恒魅力、具有当代价值的文化精神弘扬出去，阐发历史名人文化精髓，弘扬优秀文化精神，融入社会经济发展。

表 2　首批四川历史名人承载的文化基因对照情况

主要方向	首批四川历史名人承载的文化基因
思想理念	以民为本、天下为公的理念，开拓进取、与时俱进的思想，自强不息、求真务实的精神等
传统美德	力挽狂澜、功在社稷的担当精神，舍身为国、忠厚传家的家国情怀，廉洁清正、克己奉公的自律品格，隆师重道、崇德向善的社会风尚，和睦乡邻、慈爱孝悌的处世之道，刚正不阿、威武不屈的浩然正气等
人文精神	人与自然和谐相处的生存智慧，精益求精的工匠精神，敢为天下先的胆识魄力，不拘一格、富有理想的浪漫情怀，身处逆境却安之若素的乐观豁达，博学慎思、明辨笃行的学术追求，巾帼不让须眉的豪迈气概等

三是打造一批主题旅游线路。深入挖掘保护四川历史名人遗址、遗迹等资源，依托博物馆、纪念馆、传习基地等，打造四川文化旅游新地标。积极发展休闲度假旅游、文化旅游、美食旅游、研学旅游等，打造一批国家级旅游景区、中国度假乡村、国家（省）级旅游度假区、国家（省）级生态旅游示范区，把四川历史名人文化研学游等主题旅游线路纳入各种国内国际旅游节庆与交流活动。

四是结合地方民俗，组织开展一批主题突出、特色鲜明、文化醇厚、广接地气的四川历史名人主题文化节庆活动，打造形成有影响力的文化品牌活动项目。如中国·都江堰放水节、落下闳春节文化博览会、成都大庙会、广元女儿节、大禹文化旅游节等。通过传统节庆活动对历史名人的功绩著作、传统美德、人文精神等进行深入浅出的讲述阐释，生动活泼地展现优秀传统文化的厚重积淀与时代意义，既饱含历史名人深厚的文化内涵，又采取生动轻松的文化娱乐形式，让优秀传统文化进一步融入当下、服务今人。

（三）催生文化旅游新业态

实现文旅深度融合，需要运用技术和创意，通过旅游产业化、市场化手段，催生文化旅游新业态，丰富文化产品和服务的供给类型和方式。

一是打造旅游新场景。四川目前各类文化遗址、书店、博物馆、美术馆等文化空间正在现代文艺及生活美学的引领下发生改变。故宫文创、方所、三联书店等文化场所持续走红，传统文化空间和文创、策展深度融合，转化为城市中极具吸引力的旅游资源。推动历史文化、民俗文化、时尚文化等集体文化记忆转化为场景、故事、体验项目等，面向家庭型、学习型、休闲型的度假需求，将文化内容和创意设计结合起来，如IFS、太古里等各种时尚秀场、文化场所、购物商店、休闲空间都是吸引着新一代消费人群的重要旅游资源。打造一批高端旅行居住类度假村、田园综合体，组织提供符合各地民俗特点的各类民居建筑样图，统筹引导扶贫统建、拆迁统建、居民自建，形成一批高端精品民宿聚集地，出台相关配套政策及服务措施。

二是积极利用新技术。随着科技进步，四川新的工业奇观不断涌现成为新的旅游资源。例如雅西高速公路、雅康高速公路中的各种特大桥、双曲螺旋隧道，如大渡河、雅砻江、金沙江上开发的各类大型水坝，如西昌卫星发射基地、绵阳科技城等工业旅游资源，都将成为知识经济时代的旅游资源。时代要求我们运用现代技术将过去难以开发利用的资源转化为旅游产品。如四川独特的气象资源，过去由于条件限制很难开发为旅游产品，但随着基础设施的不断完善和建筑技术的发展，现在已经有条件依托云海、日出、星空等独特的气象奇观进行深度的资源开发。如浮云牧场、亚丁村这样的高山旅游目的地，游客不仅能像过去一样在野外观赏，还可以在云海之上的观景餐厅、观景民宿中愉快舒适地领略这些自然奇观。充分运用科技和科幻的元素，实现虚拟和现实良好互动，利用四川现有价值较高的三星堆文化 IP、三国文化 IP、熊猫文化 IP 打造实体主题公园，保持主题公园内容持续更新，逐步完善产业链，打造一体化服务。

三是不断拓展旅游新功能。四川阳光、温泉、森林等康养旅游资源丰富，有发展康养旅游的良好基础。随着基础设施和远程诊疗技术的逐渐普及，即使在远离大城市的康养旅游地，也能通过远程技术和人工智能享受和大都市里同步的医疗和健康服务。四川丰富的植物物种、特有的珍稀动物、天府之国的乡村田园、各类高科技的工业成果，以及独有的美食、音乐、会展、体育、动漫、游戏等都可以作为新的旅游资源推向市场。不断拓展旅游新功能，做好传统文化的现代表达、厚重文化的轻松表达、中国文化的国际表达。

四是大力开发夜间经济。充分利用四川丰富的文旅资源，按照多功能复合、场景营造、产业融合的思路，开发一批文化演艺、美食品鉴、夜间观光等夜间文旅体验项目，打造如锦里、宽窄巷子等文创、文旅特色街区，举办“夜游锦江光影秀”“主题文创市集”“锦江游船体验”“自贡恐龙庙会”“成都大庙会”“成都金沙太阳节”等系列活动。着力塑造一批夜间旅游、视听、文鉴、亲子、医美、乐动、学习、购物、餐饮和风情街区消费场景，提高其生活性、生产性和渗透性，点亮夜间经济，拉动内需，进一步增强四川经济社会发展活力。

（四）发挥文旅融合在县域经济中的作用

文旅产业开放性强、关联度高，加快文旅融合，更要推动文化产业、旅游产业与其他相关领域的深度融合，推动文旅融合在县域经济发展中发挥重要作用。

一是主动融入全省“一核五带”文旅发展布局。在全省“一干多支，五区协同”战略部署下，四川提出了“一核五带”文旅发展布局。各县应根据自身资源禀赋和特色，融入全省文旅发展布局，将自身发展优势与全省文旅发展的总体规划结合起来，找准自身特色和定位，提升文化创新力和核心竞争力，增强旅游吸引力和影响力，以发展文旅经济为抓手，推动县域经济发展。

二是推动文旅产业与一、二、三产融合，推动文商旅体融合发展，带动乡村振兴、新型城镇化建设。遵循“宜融则融、能融尽融，以文促旅、以旅彰文”的原则，在文旅融合发展中促进产业、城乡互动共融，文旅领唱，百业合唱。打造特色乡村旅游线路、特色民宿、乡村旅游精品，发展旅游扶贫，以文旅经济为载体，针对康养、婚礼、亲子、农业采摘及加工等旅游业态需求，发展现代城市生活所需的各种外延性休闲娱乐新形态。拉动养殖业、中药材、现代农业、特色农业等快速发展，夯实县域经济的底部基础。在文旅融合发展中，利用当地文化资源保护利用、旧城改造、特色小镇建设等，深入挖掘本地文化资源、结合第二、第三产业发展，推动新型城镇化建设提档升级。

三是以创建天府旅游名县为抓手，拉动县域经济发展。2019 年 2 月，四川出台《关于开展天府旅游名县建设的实施意见》，提出 5 年内建成 50 个旅游特色鲜明、产业实力雄厚、发展环境优良、服务设施完善、综合效应突出、在国内外具有较高知名度和美誉度的天府旅游名县，推动县域旅游支柱产业地位进一步提升，促进县域旅游经济加速发展。4 月，首批天府旅游名县名单出炉。在天府旅游名县建设示范引领过程中，全省各地应对照差距，加快行动，目前还不符合创建标准的县（区、市）应积极对标，补齐短板，形成比学赶超、创先争优的局面，进一步彰显天府旅游名县建设对县域经济的撬动作用。

四是大力推进旅游扶贫。本着“文旅融合、扶贫扶智”的原则，针对深度贫困地区发展观念落后、资金匮乏、人才短缺和市场开发不足等问题，把生态旅游、红色旅游、休闲旅游、应急救援、公益慈善等工作整合起来，通过旅游投资促进乡村振兴和脱贫攻坚，提高当地民众的生活质量和水准。本着共商、共建、共享的原则，通过乡村民宿、旅游小镇、田园综合体等项目，务实有效地推进全域旅游发展和乡村发展。

（五）大力提升和优化旅游环境

文化旅游融合是一种路径、一个方向、一种旅游发展新格局，需要完善的社会配套设施及良好的服务水平支撑，需要提升和优化文化旅游的发展环境。

一是加强交通基础设施建设。推进机场、高铁、高速公路的网络化建设，实施大型旅游景区无缝对接交通管理模式，实现交通先行到哪里，文化旅游跟进到哪里，使旅游目的地更方便到达，旅游方式更舒适，旅游内容更接地气。尤其是加强甘孜、阿坝、凉山等民族地区交通基础设施的建设，打通断头路，畅通出行“最后一公里”。开发体验性旅游项目，方便游客走进村庄，走进农家乐品尝特色餐饮，体验当地百姓的生活方式，感受淳朴的民风民俗。

二是提升旅游服务质量。贯彻落实好以人民为中心的发展理念，遵循游客至上、服务至诚的国家旅游业核心价值观，持续提高人民群众的文化和旅游获得感。坚持创新为要，以人民对美好生活的需求为导向，以文化为引领，以科技、教育和人才为支撑，在新旧动能转换的过程中不断提升微观市场主体活力，稳步推进旅游业高质量发展。目前，旅游方式已从相对单一浅层次的观光旅游升级为产品个性化、主题化，服务人性化的休闲度假、科考研学等，需要瞄准多元化和定制化旅游需求，充分考虑年轻族群和银色群体。深入推进特色化、本地化微景观打造，细化全域旅游氛围营造，以高质量服务提升游客的满意度和愉悦感。

三是加强旅游管理和市场监管。理顺管理体制机制，从顶层设计上引导门票经济向综合运营转化发展。针对旅游服务质量突出问题，拿出切实的措施，既治标也治本。创新联合执法监管体制，多部门联动，齐抓共管，组建综合执法队伍，大力推进旅游市场监管，努力消除真空地带，维护游客的消费权益，增强游客的安全感，改善游客的游赏体验，不断提升旅游服务品质，提高游客的幸福感。

（六）运用人工智能促进文旅应用场景升级

随着数字化技术的进步，互联网、虚拟现实、增强现实、人工智能等技术的广泛应用为文化旅游的发展带来了新活力。人工智能、数字技术的飞速发展和应用为四川文旅产业提供了新的技术机遇。要充分发挥科技、教育、资本、智库在旅游业改革创新中的作用，特别是要用好大数据、人工智能、移动通信等新手段，在深度和广度两个方面推动智慧旅游向纵深发展。

一是制订“四川省推进人工智能的文旅场景应用计划”，大力开发有地域特色的文旅 IP。四川拥有很多独特的 IP 资源，如大熊猫、蜀山剑派等，为了激发原创活力，政府要以表彰、奖励、宣传、推荐等多种方式，鼓励企业投入研发，推出更多原创产品。

二是把文旅经济纳入人工智能专项发展计划中，突出大数据智能、跨媒体智能、混合增强智能等，驱动人工智能在文旅景区、大型商场、产业园区、学校、地铁、餐厅等聚落空间的应用，构建无死角的文旅消费应用场景体系。推动地域文化和现代时尚相结合、创意内容与数字科技相结合，丰富四川文旅的表现形式、传播方式。

三是利用5G 网络推进文旅场景更加信息化、智能化。5G 已经成为驱动人工智能的新动力，在大数据、云数据、人工智能等技术推动下，移动智能感知、用户行为识别、增强现实等科技场景将变为现实。5G 技术可极大地丰富旅游内容、提升游客体验。随着数字化建设的不断深入，5G 网络资源将和水、电、路一样，成为景区运营必备的基础设施之一。在 5G 网络条件下，“短视频 + 社交 + 用户定位 + 内容”的功能定位，AI 人工智能、人脸识别、大数据等技术的应用，将极大地丰富定制化内容输出，方便游客拍摄以自己为主角的旅行游记微视频，具备强烈的社交化属性，易于分享传播，将极大地提升景区的知名度和影响力。

四是筹建举办以“新经济、新场景、新应用”为主题的中国（四川）文旅经济论坛及中国（四川）智能文旅博览交易会（暂名），邀请国内外研发企业、金融投资机构、专家学者为人工智能等高新科技在四川文旅经济中的投资应用群策群力、建言献策。通过一系列青少年喜闻乐见的 COSPLAY 文化节、动漫声优大赛、汉服节等活动，吸纳更多人参与数字化文旅活动，营造浓厚的文化旅游融合的时尚氛围。

（七）强化品牌宣传树立文旅强省新形象

站在时代的高度，精准挖掘阐发四川文化旅游蕴含的历史之美、自然之美和生态之美，打造四川文旅品牌形象，树立四川文旅强省新形象。

一是打造四川旅游品牌新标识。凸显“锦绣天府，安逸四川”的特质，完美融合四川自然与历史文化资源，凝聚四川独特的文化人格和核心价值，凸显四川旅游最大的差异化优势和高辨识度，突出独特性与不可复制性。研究提炼“四川精神”，突出“天道酬勤、俯仰无愧”的人文内涵及四川文化和谐包容、兼容并蓄的特征。从促进四川文旅经济跨越式发展的角度来进行谋划和布局。大熊猫是四川最具有国际化基础的旅游标志和符号，在打造四川旅游品牌新标识时，应该将大熊猫作为重点和突破口，以大熊猫品牌的全球推广来提升四川形象。同时，深挖三星堆、九寨沟的品牌文化和内涵，体现四川独特的历史文化资源和自然生态美景，将大熊猫的自然生态、历史文化特征与三星堆、九寨沟的品牌内涵结合起来，采用丰富多彩、人们喜闻乐见的营销方式，既突出重点，又均衡发力，共同带动提高四川的知名度、美誉度和影响力。

二是打造立体传播平台。建立与国内外高端媒体深度宣传合作机制，拓展四川文化旅游外宣阵地。精准定位传播对象，精心打造传播内容，实施效果评估反馈机制。开展四川文化旅游形象推广，打造“一带一路”沿线国家媒体联盟和“媒体访友城”等外宣品牌。大力开展“大熊猫与世界”等重大活动，组织媒体互动、跨境采访，提升四川文化旅游的国际辐射力、影响力、传播力。充分利用新媒体、自媒体等媒体形态，全面深入实施四川文旅品牌宣传。借助国际会展、赛事、非遗节庆类活动项目认证和举办，联动四川文化旅游精品 IP 加强海外宣传推广。通过抖音线上挑战赛等深受年轻用户喜爱的形式，积极推动四川文旅品牌形象在抖音、快手等短视频平台上广泛而迅速地传播。充分利用网络直播平台，与二次元深度融合，强调四川文旅品牌推广中 UGC 和 PGC 的结合，强调发挥更多用户参与创意的过程，吸引用户形成粉丝经济，撬动产业链条，呈现全方位、立体式的发展。

三是拓宽渠道，建立四川文旅品牌营销全球网络。完善四川旅游资讯网络体系，重视社交媒体互动分享进行旅游营销。优化四川旅游官方微博微信，充分利用综合类国际社交媒体鼓励旅游者进行自媒体播报或分享四川旅游经历。拓宽新媒体旅游营销平台，加强搜索引擎旅游营销推广。加强跨区域旅游营销合作，增设境内外旅游营销中心（主题馆），积极开展跨境旅游外交。拓展与重点国家旅游交流，实施国际旅游合作项目，充分利用“一带一路”国际合作高峰论坛和高级别会议、联合国世界旅游组织全体大会等各类国际高峰论坛，以及博览会、体育赛事、节庆活动等节会旅游营销平台，加强“四川文旅”品牌全球营销推广。

四是整合力量，构建四川文旅品牌营销传播体系。强化组织领导。明确要求将四川文旅品牌营销工作纳入全省文化旅游发展总体规划和具体项目，纳入相关部门目标考核评价体系。加强综合协调。制订工作计划、激励机制，建立由文旅厅牵头，各部门共同参与的协调机制，搭建沟通、学习、交流、互鉴的平台，充分调动文化旅游、新闻出版广电、文物、工商等相关部门（单位）的积极性，形成品牌营销的合力。积极发挥社会力量。引导激励全省企事业单位、社会组织、个人宣传推广四川文化旅游资源产品。充分调动各方资源优势和主观能动性，形成全社会共同参与的良好氛围。

发展前沿

Development Frontier

B.2

四川文化“走出去”的战略选择及实现路径

姚星　颜杰　黄载曦*

摘　要： 近年来，四川总体上实现了由文旅资源大省向文旅经济大省的跨越，但仍存在文化资源配置效率偏低、文化产业发展质量不高以及文化产品缺乏国际竞争力等问题。本报告基于四川文化产业的发展现状，首先围绕对外文化贸易的目标市场、文化产业发展、文化企业培育、对外贸易人才培养和信息平台构建五个方面，全面深入地构建了未来五年内四川省文化“走出去”的战略目标和战略框架。其次，针对战略总体思路、框架和目标，提出推动四川省文化“走出去”需要明确

* 姚星，西南财经大学国际商学院教授，研究方向为服务经济、服务外包、产业结构与政策；颜杰，西南财经大学国际商学院博士，研究方向为服务外包与价值链升级；黄载曦，西南财经大学国际商学院教授，研究方向为国际贸易理论、国际企业治理。

海外目标市场，优化文化产业的海外市场部署，坚持行业分类施策，推进文化企业内涵式发展，提升四川省文化贸易企业的整体国际竞争力。并且，在原有成功举办国际展览会经验的基础上，打造知名文化品牌、创新开发文化产品，提高文化企业出口质量。同时，通过国际展览平台和文化“走出去”综合服务平台建设，进一步优化四川文化“走出去”外部支撑环境。

关键词： 四川省　文化产业　文化贸易

随着经济全球化的深入推进和我国改革开放的全面深化，我国已成为全球第一贸易大国。截至2018年底，我国对外贸易规模达到4.62万亿美元，其中，货物贸易顺差3517.6亿美元，服务贸易则存在较大逆差，尤其是对外文化贸易长期处于严重入超状态。在当前中美贸易摩擦引发全球经济形势剧变的背景下，如何加快推动文化服务贸易“走出去”，成为一项重要的研究议题。

党的十八大以来，以习近平同志为核心的党中央高度重视文化发展。党的十九大报告强调，“健全现代文化产业体系和市场体系，创新生产经营机制，完善文化经济政策，培育新型文化业态”。四川省地处内陆，文化旅游资源丰富。为深入贯彻党中央、国务院加快发展对外文化贸易的要求，积极响应四川省委大力推动文化旅游融合发展，加快建设文化强省、旅游强省的号召，四川省全面推动文化产业、贸易大繁荣、大发展，为治蜀兴川再上新台阶提供强劲动能。2014年6月，《四川省人民政府关于加快发展对外文化贸易的实施意见》。在省委、省政府的大力支持下，四川对外文化贸易取得了长足的发展。据海关统计，2017年，四川对外文化贸易总额突破10亿美元，达到10.65亿美元，同比增长6.5%。

在此背景下研究如何推动四川省文化“走出去”，对于四川省优势文化企业拓展海外市场，对外文化贸易高质量发展，全面提升四川文化品牌的知名度、影响力有着重要的战略意义。

一　四川省文化“走出去”的发展现状

近年来，四川文化“走出去”取得了一定的成绩，总体上实现了由文旅资源大省向文旅经济大省的跨越。全省文化旅游事业迎来了黄金发展期，面临政策环境更加优化、大市场加速形成、要素驱动更加多元、“走出去”前景更加广阔的重大机遇。但长久以来四川省在文化资源配置效率、文化产业发展质量以及文化产品竞争力方面存在的诸多问题仍然制约着四川省文化“走出去”。

（一）文化资源配置效率偏低

1. 文化资源丰富，但开发利用不足

四川省处于连接东西、沟通南北的特殊地理位置，既是长江上游文明的发祥地，也是中原文明、南亚文明等的交会点。四川有丰富的文化资源，一直是文化大省，拥有三星堆、金沙遗址、民族歌舞、民族文学、民族节日等民族历史文化资源，以及川酒文化、川茶文化、川菜文化、民俗文化等地方特色文化资源，但是四川文化资源的开发利用不足，产业转化率仍然不高，并且没有较好地形成“走出去”氛围。

2. 生产要素不足，基础建设滞后

（1）人力资源转化困难

目前四川省人力资源转化存在一定的矛盾，表现为丰富的人力资源和对外文化产业发展缺乏智力和劳动力支持这一现实状况之间的矛盾。根据国家统计局数据，四川省常住人口数量位居全国第四，但是在四川省发展对外文化产业的过程中，充沛的人力资源并未得到有效的利用。统计表明，目前四川省第三产业从业人数占劳动人口总数的比例低于全国平均水平，丰富的人力资源没能在服务业上面得到释放。其中对外文化产业较于其他服务业，对从业人员的文化素质要求相对更高，较高的劳动力准入门槛是目前四川省对外文化产业从业人员相对不足的重要原因。

（2）面临较大融资约束

中国经济进入新常态，经济面临较大下行压力。在供给侧结构性改革和防范化解金融风险的背景下，四川文化企业面临着不利的融资环境。由于不良贷款率上升和国家多次降低贷款利率，四川省各大商业银行对于资金投放总量及结构愈加谨慎，信贷规模不断缩小。此外，四川上市企业总体数量较少，资本市场发展有待加强，这制约了企业直接融资，加大了四川省对外文化企业融资难度，制约文化企业发展壮大。

（3）基础设施建设滞后

单个文化产品价值大，对生产、包装、运输和保存的要求极高，其交易网络包括信息共享平台、文化产品物流、文化产品仓储、贸易通关办理等四大模块。目前四川省在发展对外文化贸易的过程中存在相关基础设施建设相对落后的问题，除成都艺术品保税仓库外，信息共享平台、物流和仓储这三个模块的发展均较为滞后。信息共享平台方面，目前四川省尚未为从事对外文化贸易的企业搭建起一个统一的信息平台，导致四川省对外文化贸易企业不能及时有效地获取目标市场信息和行业态势。文化产品物流方面，四川省地处西南内陆，地理位置上与周边国家相距甚远，增加了四川省发展对外文化贸易的困难。

3. 市场需求较弱，产业结构不佳

（1）经济发展水平相对较低，消费需求疲软

据中国经济发展统计数据库统计数据，四川经济发展水平与东部省份还有较大差距。2019 年，广东省和江苏省人均地区生产总值分别约为 9.5 万元和 11.72 万元，远高于四川省（人均地区生产总值 5.6 万元）。四川较低的经济发展水平，导致四川省文化需求相对低迷，文化贸易的发展程度也远不及其他省份。

（2）第三产业占比较低，对文化产业的支撑较弱

文化创意和设计服务作为第三产业的一部分，也是我国当前及未来经济增长的新动力、新空间，但是 2019 年四川省第三产业增加值为 24443.25 亿

元，占 GDP 的比重仅为 52.4%，低于全国平均水平（53.9%）。四川省经济结构优化调整不足，对文化产业的支撑力度弱，甚至在一定程度上抑制了文化贸易的发展。

（二）文化产业发展总体质量不高

1. 文化贸易重载体，轻内涵

四川省文化产业当前的“走出去”战略暴露出重载体、轻内涵的问题，即强调文化载体而非文化内涵“走出去”。比如，自贡彩灯等在“走出去”的过程中局限于文化载体本身，极少发掘和宣传其背后的文化价值。一方面，自贡灯展因“气势之磅礴，灯组之奇巧，工艺之精湛，地方风情之浓烈”而不是其本身携带的中华文化获得“天下第一灯”的美誉；另一方面，自贡灯展荟萃千光万彩，砌就玉宇琼楼，却没有特定的与“民族精神、传统文化、时代特征、华夏智慧”交相辉映的主题，映射出当前四川文化发展过程中文化载体重于内在价值的事实。

2. 文化跨界融合发展不足

文化贸易所传达的文化价值远远超过了它的经济价值，对消费者会产生潜移默化的影响，而这样的影响是不以区域和国家为界线的，并且作用的方式应该多样化的。除了将文化产品带到国外，呈现在消费者面前这一途径外，还可以通过引进消费者，让国外消费者走进四川，走进三星堆和金沙遗址，感受原汁原味的古巴蜀文化。当前四川省古文化“走出去”战略忽略了文化产品的渗透性和影响的潜在性，过度强调文化产品走出国门，未重视引入海外消费者这一途径。

3. 核心资源整合尚显不足

四川省文化产业资源丰富，分布在各市州（见表 1）。然而，四川文化资源整合存在一定的问题。综合分析《2017～2018 年度国家文化出口重点企业公示名单》中四川省文化重点发展企业可知，在自贡灯贸有限公司、遂宁市春苗杂技艺术团、自贡亘古龙腾科技有限公司以及成都索贝数码科技股份有限公司等企业的带领下，自贡彩灯、杂技、电视多媒体、动漫影视等已得到相应的整合与出口，但是三星堆、金沙遗址、十二桥遗址等重点资源分别隶属于成都和德阳，由于行政区划的原因，这些品牌的打造还各自为政，没能作为古蜀文化的整体加工打包推出。

表 1　四川省的重点产品和地区分布

资料	产品	分布
演艺资源	川剧 杂技 木偶、皮影 民族民间歌舞、民乐 话剧 曲艺 藏戏	以四川省川剧院和成都市川剧院为代表(除甘孜、阿坝、凉山各市) 成都、德阳、自贡、宜宾、遂宁、南充、资阳 成都、南充 四川各地 四川人民艺术剧院和成都艺术剧院 大部分市州 甘孜、阿坝
民间工艺资源	自贡彩灯 青神竹编 绵竹年画	自贡 青神 绵竹
美术书法资源	现代艺术 中国画、书法	成都地区，主要包括蓝顶艺术中心和画家村 全省范围
川菜川茶资源	川菜、川茶	全省范围
文物古迹展览	三星堆、金沙 遂宁宋瓷 凉山彝族漆器 三国文物 张大千绘画	成都、广汉 遂宁 凉山 成都、广元 四川博物院
网络文化资源	动漫游戏等	

4. 贸易人才储备相对不足

四川省由于处于内陆地区，国际化程度远低于发达地区，人才吸引力相对不足。在调研中，文轩国际文化传播有限公司、新华发行集团、立方国际等公司纷纷表示文化产业缺乏文化贸易人才。调研数据显示，四川省文化产业的职工学历结构失衡，其中研究生、本科生、高中生、初中生及以下占比依次为 5.33%、33.50%、39.30%、21.87%。此外，人才供给在空间与数量上的供求不平衡一直是四川省文化贸易的短板，严重制约着文化贸易的发展。

（三）文化产品缺乏国际竞争力

1. 产品结构单一，创新不足

虽然四川省有着内容丰富、种类多样的文化资源，但调研发现，目前接受调研的20家四川省文化企业在“走出去”过程中，一方面，缺乏对多样文化资源的有效整合；另一方面，也没有结合实际对文化资源的特点以及国外目标市场的受众情况开展有效的调研。

（1）出口文化产品结构单一

大多数受访企业在“走出去”的过程中没有对自己经营行业中四川省现有的文化资源加以拓展和深挖。如，德阳市杂技团，2014年文化服务出口总额为128万元，但全部集中在杂技表演上面，没有在杂技产业链上进行出口文化产品和服务的拓展和延伸。

四川省对外文化企业数量众多，行业分布广，导致四川文化产业仍然存在着出口产品种类和形式单一、重合率高，有特色且能够吸引国外目标市场消费者的产品少等问题。随着目标市场消费者的新鲜感消退和审美疲劳的产生，在后期的贸易中四川省对外文化产业将面临销量减少、利润下滑的可能。因此，单一结构的产业链不利于对外文化贸易可持续发展。

（2）文化产品创新力度仍需加大

缺少对即将进入的目标市场的文化特色、消费者偏好和市场状况的全面调研，是目前四川省对外文化贸易企业在“走出去”过程中存在的普遍问题。虽然四川天煜文化传播有限公司、乐山市歌舞剧团等少数企业主动在海外市场创新运营模式，但目前四川省大多数文化企业在“走出去”的过程中基本上是将国内的产品直接搬到国外目标市场，缺乏在双方文化有机结合基础上的再创新，影响了国际市场开拓能力。

2. 企业分布集中，竞争无序

（1）出口文化行业分布集中

目前四川省文化企业在分布上呈现的总体特点是地域分布广、行业分布广。但对外文化出口企业的分布却呈现与整体相反的特点，即地域分布集中、行业分布集中。

一方面，目前四川省重点文化出口企业在地域上基本分布在成都和自贡。成都是省会城市，经济发展水平居全省首位，也是政策重点扶持的地区。自贡一直以彩灯闻名全国，自贡彩灯业经过了长期的发展也形成了相当的规模和品牌知名度。另一方面，对外文化出口企业从事的行业主要分布在数字游戏、彩灯展览、图书出版、专业设计和设备制造等5个方面。

（2）出口文化企业竞争失序

目前四川省绝大部分对外文化企业在“走出去”的过程中，直接将国内竞争策略应用于对外文化贸易上。首先，四川省对外文化企业没有对自己“走出去”有一个长远的规划，更多地注重每一次文化贸易上市场的占有和利润获取。其次，目标市场集中和缺少长远战略规划也导致了有重叠业务的企业之间不但没有在“走出去”的过程中合作，反而短视地采取了在国内相互竞争的方式，不仅压缩了企业利润空间，也损害了四川文化企业国际形象。

在这种背景下，四川省有业务重叠的对外文化企业首先应该合作，采取抱团“走出去”的方法在对外文化贸易初期赢得竞争优势，然后在竞争优势的框架下，根据各自产品的差异性来分配利益。

3. 文化产品粗糙，附加值低

（1）对外文化产品附加值偏低

根据产品在省内市场的发展情况，目前四川省重点出口的文化产品大多处于成熟期，部分甚至已经处于衰退期，这些产品体现出来的共同特点是附加值和边际收益较低。

调研发现，从产品在国外的产出形式来看，目前四川省绝大多数出口文化企业无论是在产品的制作上还是在产品的服务上都缺少与高新技术的结合。依赖传统制作形式，影响了文化产品和服务定价，限制了利润增长空间。

（2）对外文化产品自身竞争力有待提高

在庞大的消费群体和市场规模面前，大多数四川省对外文化贸易企业满足于眼前的蝇头小利，缺乏对消费需求的持续关注，甚至产品的设计和质量不尽如人意，导致产品核心竞争力不足。

调研发现，目前相当一部分受访企业在出口文化产品和服务的过程中，沿用国内标准，产品的做工设计较为粗糙，在制作工程中也不注重细节的雕琢，服务流程存在漏洞，语言交流存在障碍，影响了目标市场消费者忠诚度的培养。

4. 战略意识薄弱，合作度低

进入一个目标市场之前，企业首先要对目标市场的经济发展状况、文化特色、消费者偏好有一个较为全面的了解，并在此基础上制定相应的技术战略。在这种情况下，如果企业与当地企业开展一定形式的战略合作，不仅有助于企业快速了解国外目标市场的相关情况，也可以借助合作伙伴的市场地位让当地的消费者迅速了解企业以及企业提供的产品或服务。

调研发现，四川省在发展对外文化贸易的过程中虽然有像乐山市歌舞剧团这样与境外加强合作，“按需打造”文化贸易消费品，从而获得境外消费者高度认可的企业，但是，绝大多数文化企业在“走出去”的过程中，与目标市场政府或目标市场企业接触甚少，不仅增加了企业进入目标市场的成本，也不利于其产品或服务的推广。

二　推动四川省文化“走出去”的战略选择

（一）海外目标市场发展战略框架

“一带一路”倡议的提出给四川省文化“走出去”带来前所未有的重大机遇。四川文化企业依托“一带一路”倡议的总体规划，结合四川省发布的“一带一路”倡议“251 三年行动计划”，找准机遇，抓准方向。针对文化企业“走出去”以及进一步在海外目标市场进行开拓遇到的问题，四川文化“走出去”可围绕海外目标市场发展做如下选择：①针对我国国际经济合作和外交开展情况确定四川文化“走出去”的目标市场分类；②阶段化开展文化贸易往来，实现与不同级别目标市场的合作；③紧抓国际合作发展机遇，找准文化贸易突破口。

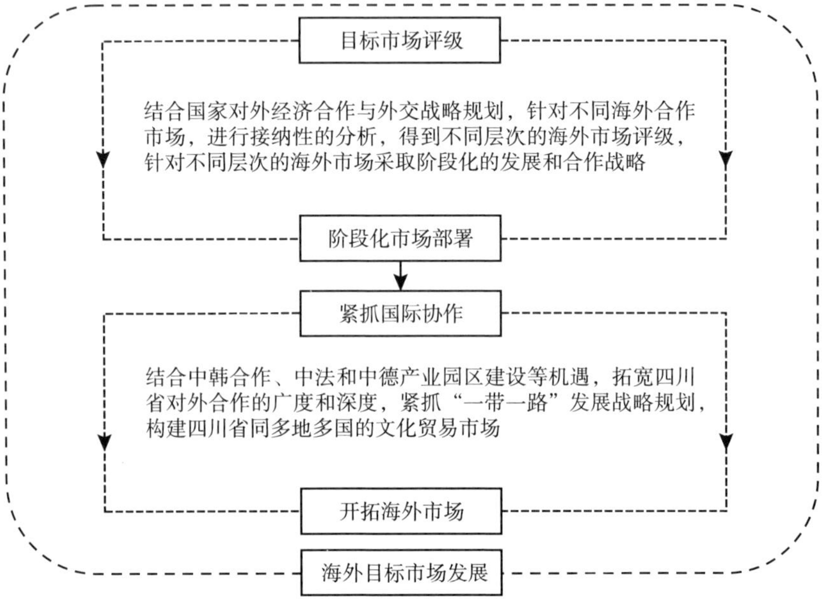

图1　四川省海外目标市场发展战略框架

（二）文化产业发展战略框架

根据国家加快推进文化贸易发展的相关要求，为加快四川省文化产业发展，推动文化"走出去"战略的实施，提出如下建议。首先，根据政府报告中提出的文化产业发展目标，力争到2020年将四川省文化产业打造为具有稳定增长能力的支柱型产业。其次，四川省文化产业做大做强对帮助四川省实施文化"走出去"战略有着极其重要的作用。在这之中，需要夯实创新设计与音乐产业、灯贸灯展产业和国际化美食文旅产业三大主导产业地位，并壮大互联网音乐平台和高科技音乐产业；延伸文创产业链和文化旅游产业链，做粗做长优势产业链；发挥四川省灯贸灯展和数字产业的优势，打造四川省文化产业集群，着力发挥产业集群效应。最后，加快打造四川文化

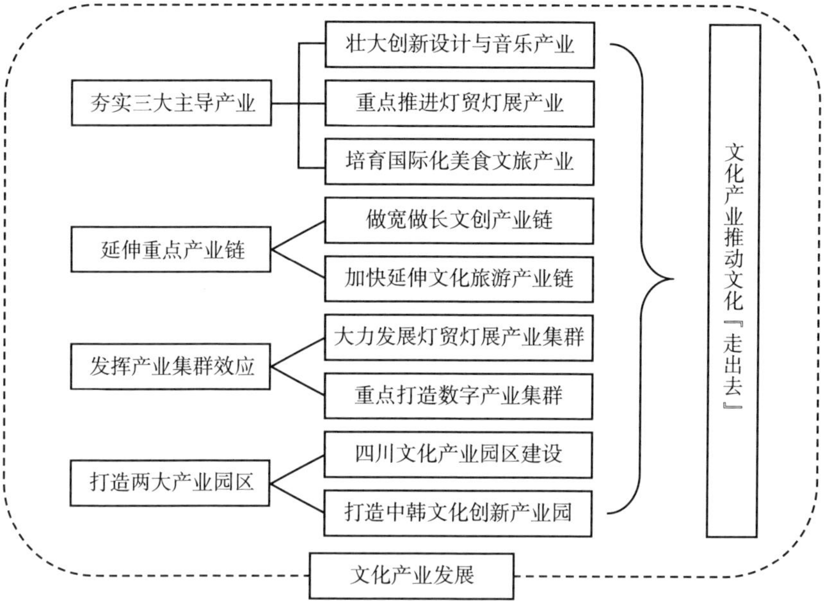

图2　四川省文化产业基础发展框架

产业园区和中韩文化创新产业园区，力争打造省级重点园区或保税区，带动文化产业“走出去”。

（三）文化企业发展战略框架

根据《国务院关于加快发展对外文化贸易的意见》，对文化“走出去”战略的企业层面提出如下建议：①大力提升国有文化企业出口贸易能力，推动国有文化企业改革，同时坚持对国有和民营企业“两手抓”，依据市场化、法制化要求为国有和民营企业营造平等市场环境；②抓住展会平台推广机遇，加快文化品牌打造；③推进文化企业的国内、国外双认证体系建设，配合梯度企业评级，构建示范性企业发展管理机制，针对性地扶持重点企业发展；④大力扶持企业境外宣传和先进技术引进；⑤配合文化“走出去”战略，培育和打造四川省文化龙头企业。根据“企业主体，市场引导，政策扶持”的原则，通过打造四川省文化企业的龙头并且抓好国企民营的发展改革，以政府信用体系担保帮助企业以响亮的品牌走向国际市场，结合国外先进技术和有效的境外宣传，真正实现四川省文化“走出去”。

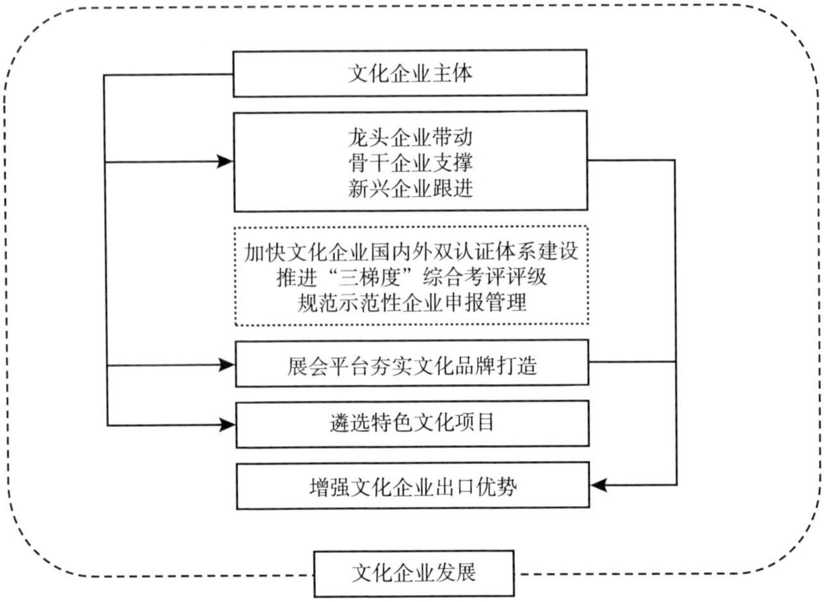

图3 四川省文化企业发展战略框架

（四）核心人才队伍培育战略框架

文化贸易人才队伍建设是实现对外文化贸易发展和扩大的重要基石。四川省实施文化“走出去”战略的基础就是培育“新一代”文化贸易核心人才队伍，打造一批具有国际化视野、国际管理能力、国际沟通技能的创新型复合人才。具体的战略实施建议如下：①培育对外文化贸易服务人才，增强文化服务从业或领域内人才的文化素养和服务能力；②培育文化贸易管理人才，提升企业管理效率，促进企业与国际接轨；③培育文化贸易创新型人才，增强文化创新能力，打造四川省特色文化产品，通过产学研一体化和人才扶持战略的实施，为四川省文化“走出去”战略打造出一支具有新视野、新技能、新知识的“新一代”核心文化贸易人才队伍；④结合“产学研政企”协同中心，发挥文化贸易精英人才项目的培训功能，从企业整体能力素质和竞争力入手，配合协同中心各项特色服务，完善人才培育战略。

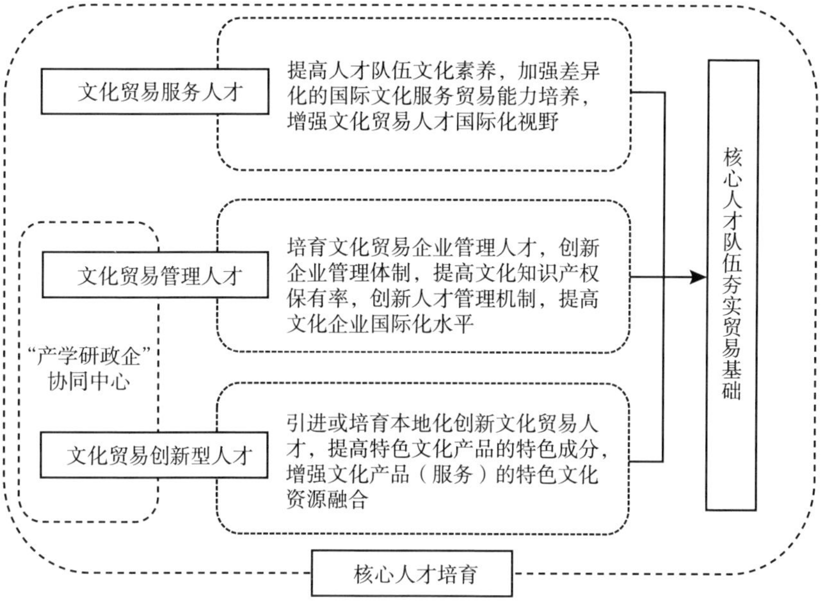

图 4　四川省文化贸易核心人才培育战略框架

（五）文化贸易信息服务平台构建框架

加快四川文化“走出去”信息服务平台的建设和完善。主要以文化产品（服务）跨境贸易和文化贸易技术援助为核心，充分利用云计算、大数据、物联网与移动互联等新一代信息技术，为国际国内文化市场构建快速安全的跨境电子商务云，实现跨境电子商务展示体验、交易撮合、跨境支付、关检税汇、仓储物流、国际金融、研发培育、产权投资、语言翻译、知识产权保护等全流程服务。平台建设分为短期、中期、长期三个发展阶段，平台架构和功能的规划如图 5 所示。

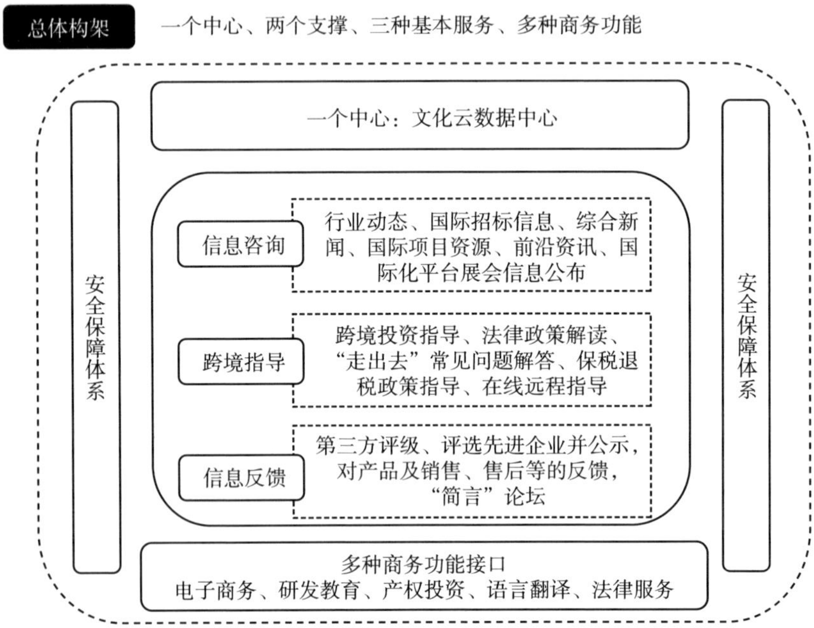

图5　信息服务平台构建框架

三　四川省文化“走出去”的实现路径

（一）优化文化产业的海外市场部署

1. 明确海外目标市场

综合相关分析，得到四川省文化产业的三大目标市场。

第一大市场：美国、加拿大、澳大利亚、法国、英国、新加坡、日本、韩国等。这些国家对中国文化产品的需求极大，开拓这些市场能形成切切实实的影响力。

第二大市场：墨西哥、意大利、西班牙、葡萄牙、越南、马来西亚等。欧盟和东盟也是我国文化产品的主要贸易市场，且我国文化产品23%流向欧盟，仅次于美国。

第三大市场：俄罗斯、朝鲜、印度尼西亚、印度、巴基斯坦等。这些国家拥有较大的华人社群，虽然经济自由度、富裕程度等不及美国、欧盟等地区，但仍享有一定的文化市场。

在当前快速演变的世界格局中，日益成长壮大的新兴市场国家和发展中国家发挥着越来越重要的影响①。继续深化文化出口企业与第一大市场的贸易联系，积极推动与第二市场贸易往来。充分发挥本省经济发展比较优势，有效结合“一带一路”沿线国家的要素禀赋、产业结构和发展诉求，锁定俄罗斯、新加坡、捷克、沙特等20个国家集中开拓、精耕细作②。

2. 推进国际区域合作

（1）深度融入“一带一路”倡议，紧跟“251三年行动计划”步伐

积极开拓“一带一路”沿线国家文化产业市场，依托四川省文化出口服务平台，整合高校、社会文化贸易人才资源，提升企业自身竞争能力。创新文化产品，结合四川省特色文化资源，打造在新兴市场中的国际品牌优势。

（2）加强国际文化交流合作

加强文化走廊的建设，打造国际“丝绸之路”文化带的重要典范。依托孟中印缅、中巴、中俄“两河流域”以及中东欧4条战略经济走廊，逐步构建点线结合、以线带面的对外开放格局，增强区域辐射带动能力。

发挥国家产业合作园区示范推广作用。逐步探索以国家产业合作园区和创新示范城为抓手的对外开放平台。具有创新发展潜力的文化创意企业和挖掘创新文化资源的文化产品企业都能够以此合作平台为契机，加入创新园区的规划，利用园区合作平台实现文化“走出去”的重大战略。

（二）构建文化产业对外贸易新体系

1. 夯实三大主导产业

（1）壮大创新设计与音乐产业

深挖四川核心文化资源，融入数字产品设计。四川省先天具有多样核心文

① 张志元、彭亮：《新时代中华文化“走出去”的路径选择》，《辽宁省社会主义学院学报》2019年第2期，第107～113页。

② 姚星、张永忠、姜玉梅：《深化四川省与“一带一路”沿线国家的经贸合作》，《国际贸易》2017年第11期，第47～51页。

化资源，目前对于资源的挖掘和利用程度不够。在动漫、电影的创造方面，应充分利用四川省特有的金沙遗址、三星堆、三国文化元素；在音乐创作和生产方面，挖掘民族音乐的创意内涵与发展潜力，将四川省特有的民族乐器如竹琴、羌笛等音乐元素融合到创作中，输出带有四川省特色文化的数字制品。

依托政府专项资金，积极引进先进技术，开展对外文化投资。从调研结果来看，文化创意与设计服务产业技术匮乏，仍处在模仿、创新阶段。因此，开展技术引进和企业并购等方式的投资可以实现产业的进一步发展和技术创新提高。数字产业可以抓住文化产业发展专项资金①申报工作机遇，通过政府的资金扶持来引进创新技术，提高文化产业服务能力。

（2）重点推进灯贸灯展产业

进一步做大彩灯产业规模，融入四川特色文化。虽然自贡市有4家灯贸企业名列国家文化出口重点企业，但是总体上企业规模小，出口国家分散。因此灯贸产业可以大力发展彩灯贸易配套产业，除灯贸展览服务、彩灯制作租赁外，做大平台，并购川内其他实物文化制成品企业，如川菜、川茶、川酒等四川特色文化制成品企业，实现“白天贸易，晚上灯展”的新型贸易模式，打造具有四川文化特色的彩灯贸易体。

做大国际化产业品牌，提高国际市场影响力。调研发现，彩灯产业的海外市场分散，集中度低，难以形成点－线－面的带动效应，市场分割严重。因此考虑将彩灯产业积极纳入四川省融入“一带一路”倡议发展规划中，着力培育优势企业，提高在“一带一路”沿线国家的影响力和品牌力。立足战略经济走廊，向文化认同度高的巴基斯坦、俄罗斯和中东国家挺进。以邻国为点，以成熟市场为连线，形成彩灯出口的文化影响面，在产业规模扩大的基础上，实现四川彩灯文化的进一步输出。

（3）培育国际美食文旅产业

以国际化旅游平台——成都为支撑核心，带动四川省文化旅游向海外辐

① 资料来源：四川省财政厅、中共四川省委宣传部印发的《四川省省级宣传文化产业发展专项资金管理办法》。

射。充分利用宽窄巷子、锦里、杜甫草堂、武侯祠等文化旅游景点，依靠中国四川国际文化旅游节、中国国际自驾游交易博览会等国际交流合作平台，以成都为核心，以南充、德阳、凉山等生态、文化旅游富集地为辐射点，发挥四川文化在港澳台、美国、德国、法国、意大利和东南亚等国家和地区的品牌影响力，以“一核心三辐射点”的蓝图打造古镇文化旅游、生态文化旅游的新文旅品牌，发挥四川文化国际影响力。

结合美食之都的发展优势和品牌基础，助推美食文旅产业深度融合。结合国际美食旅游节这一国际化推广平台，将美食之旅与文化体验旅游和文化观光融合。引导与发展一批美食文化旅游体验项目，形成“传统为魂，文化为根，美食体验，旅游观光”的核心产业链。借助川菜美食体验特色街区和郫县豆瓣传统工艺展示区等特色美食文化旅游景点的打造，实现现代文旅与传统美食文化的深度融合，并且以成都为国际化推广的辐射中心，逐渐向川东、川西、川南和川北传递，形成“一核多元”的美食文化旅游发展布局。

2. 加快延伸两条重点产业链

（1）做宽做长文创产业链

激发下游产业合作新模式。加强营销承包、广告策划、商贸流通等环节与创意设计服务的融合发展，将四川省的优势文化要素、地区特色要素作为文化内涵附加于产品和服务之中，打造一批综合实力强的自主品牌，提高整体出口效益和国际竞争力。

拓宽产业内协同产业链。四川省内重点出口企业主要集中于数字产业，且主要分布在专业设计、数字设计、影视制作、动漫设计、游戏制作等行业，随着市场中竞争主体的不断扩大，市场趋向无序竞争。发挥创意与设计行业特有的创新能力，带动电子出版物的特色化、地区化①。

（2）加快延伸文化旅游产业链

上游寻找文创与设计产业融合路径。首先，针对省内文创与设计产业营

① 曲慧敏：《以文化产业化模式推动中华文化走出去的思考》，《山东师范大学学报》（人文社会科学版）2012 年第 3 期，第 123 ~ 128 页。

销服务尚不成熟的现状，可以借助省内组织的全球旅游网络营运商合作交流会等类似平台，将境外网络营运商的国际营销与省内数字产业结合，以“省内设计，境外推广”为主要模式，加强四川文化旅游的整合力。其次，围绕“中国创造”的发展目标，举办“四川国际文旅创意设计推广周”活动，会聚国内外创意行业英才，打造上游设计与国际化营销相结合的文化旅游营销新体系。

下游推动文化旅游出版和文化旅游演艺产业融合。四川省文化旅游“走出去”可以将文化出版制品的国际化推广作为下游，形成“文化先行，文旅后进”的良好国际推广态势，壮大文化旅游的下游供应。引入德阳市杂技团有限责任公司、遂宁市春苗杂技艺术团和四川省歌舞剧院有限责任公司，在国内提供文化旅游配套服务的同时，融入国际化推广和营销体系中，扩大其境外市场。

3. 发挥两大产业集群效应

（1）大力发展灯贸灯展产业集群

彩灯产业主要业务包含彩灯制作、彩灯租赁和灯展策划等，但是产业内企业竞争激烈，灯展缺少彩灯制作的下游产业支持，利润率较低，且多数出现巨额亏损现象。因此应当大力促进彩灯制造产业内产品互补，并且加大彩灯研发力度，积极引入新型彩灯控制电路设计，应用数字集成化控制电路实现更多绚丽的灯光展览和新视觉化展览，形成以自贡市为集群基地的灯贸灯展产业特色集群。

（2）重点打造数字产业集群

积极鼓励动漫游戏产品原创研发。集聚人才、资本、技术等关键要素，形成一批具有自主知识产权和市场竞争力的品牌产品，保持动漫游戏业在全国的领先地位。留住动漫制作团队，继续通过动漫制作的优势产业影响力，打造集合电影、后期、游戏制作和动漫设计的视觉系数字产业集群，实现四川文化数字产业的集聚效应，助推四川文化“走出去”。

积极助推原创音乐和民族音乐创作与互联网平台推广的协同发展。扶持具有区域特色、民族特色的原创民乐创作和发行，推动互联网音乐平台和无线音乐平台发展，将平台建设和推广作为音乐文化“走出去”的重要载体和先驱媒介，实现音乐创作、发行与海外推广的一体化，助推四川文化全面“走出去”。

（三）实施文化企业强基固本战略

1. 坚持文化企业发展“两手抓”

（1）一手抓国有文化企业发展转型

发挥四川新华发行集团、自贡市龙盛世纪仿真模型制造有限公司、四川辞书出版有限公司等国有企业自身资源优势，提高国有资本运作效率，提升文化软实力，充分发挥国有企业的示范和带头作用。遵循“产权清晰、权责明确、政企分开、管理科学”的原则，稳步推进产权制度改革，有效推进经营性文化单位转企改制和国有独资、国有控股文化企业实施股份制改造工作，推动跨区域整合。一方面，要不断开发有意义、有品位、有特色、有市场的文化产品和服务，在满足国内文化市场需求和群众精神文化需求的同时，积极参与对外文化贸易。另一方面，通过对具备较强发展潜力的特色文化企业进行投资，促进资源层面的优势分配。

（2）一手抓民营企业优势扩大、特色升级

尼毕鲁科技、遂宁市春苗杂技团等一批具有一定国际影响力的四川民营文化贸易企业正在迅速崛起。同时，对贸易国文化环境不了解、对文化贸易规则不精通等诸多问题，一定程度上制约民营企业进一步扩大出口。因此，政府应当积极配合民营文化企业开拓境外市场，在财政、税收上给予民营企业更多优惠，落实配套政策；同时针对对外贸易中可能存在的诸多壁垒，加快建设四川省对外文化贸易企业服务平台，疏通出口通道，优化“走出去”公共服务环境。

2. 坚持行业分类施策

（1）整合演艺企业，凸显巴蜀特色

深化文艺院团的体制改革和资产重组，引入战略投资者，积极培育具有市场竞争力的新型演艺市场主体。创新体制机制，加大对创作主体、经纪中介主体、营销推广主体的扶持力度。鼓励社会资本投资演艺娱乐市场，支持民营演出企业和团体做大做强，培育壮大一批巴蜀文化骨干企业。支持杂技、彩灯、皮影、民族歌舞等文艺演出团体和剧目“走出去”，重点打造一批具有中国气派、巴蜀风格、四川特色的影视、舞台艺术等文化品牌与特色产品。

（2）“五化”合一，推动出版传媒“走出去”并可持续发展

探索市场化、商业化、产业化、社会化、本土化“五化”合一的新闻出版产品运作方式。推动以新华文轩为代表的出版传媒企业主动走出国门，探索商业化、社会化运作模式，提高海外分支机构的运营实效，打造一批融通中外、具有自主知识产权和核心竞争力的国际知名产品品牌，进而全面实现四川省出版传媒“走出去”的产业化运作，带动四川省文化出版传媒业剩余企业的文化出口，使出版传媒“走出去”并可持续发展，从而增强四川省文化国际竞争力和影响力。

（3）大力推动文化创意等新兴业态蓬勃发展

依托藏羌彝文化产业走廊人文、自然资源，开展国际性摄影活动，建设世界级摄影基地。促进艺术设计创意向相关行业渗透与融合，延伸艺术创意设计产业链，力争把四川培育成为西部艺术设计创意高地和艺术品市场中心。

3. 推进文化企业内涵式发展

（1）积极打造文化贸易企业评级和出口考核体系

文化企业参与国际市场竞争一定程度上需要依托政府提供的信用支持，而目前四川省文化出口企业自主性强、无序性高，导致出口零散，未能得到有效的规划。同时企业向政府报备的信息存在不对称问题，因此评级体系和考核体系迟迟无法制订。

因此，为更好地支持文化企业“走出去”，必须发挥政府的主导作用，打造有效、科学、合理的文化贸易企业评级体系，同时激发企业提高自身管理能力、出口能力和产品竞争力的内生动力。政企合作协调相关评价办法和评价指标，做到科学评价、质量优先、奖惩分明。通过政府构建的评级体系激励企业提高自身发展水平，同时以四川省政府的信用影响力为文化企业出

口提供质量担保和品牌担保，为企业在国际市场上竞争提供帮助和保障。通过对文化出口企业进行科学、有效的评级，帮助一批资质优良、国际竞争力强的企业开拓国际市场，增强国际影响力，进一步实现四川省文化“走出去”战略。

（2）有序开展四川省文化企业国际化认证

文化企业的国际化认证种类繁多，但大多对企业资质要求较高。政府可以通过一系列整改意见的实施帮助企业治理，达到相关国际化认证的要求。因此，政府应当大力加强企业的质量审查和考核，推动文化企业提高生产质量和管理质量，加快国际化认证进程，扩大国际竞争力和影响力，带动一批企业实现走出国门的发展目标。

（3）健全评级考核体系，加强示范性文化企业评定管理

通过对四川省文化贸易企业进行初步评级与梯度分类，可以更加清楚地认识到各企业目前的发展状况，并采取个性化扶持政策。在对四川省文化企业评级管理工作的基础上，为发展潜力较佳、出口能力较强，且符合相关管理办法的文化企业授予“省级示范性企业”称号，同时为获得称号的企业提供一次性奖励，并提供财政补贴和税收优惠等优先扶持。

（四）完善四川文化“走出去”外部支撑环境

1. 立足展会平台，提升品牌影响力

在原有成功举办国际展览经验的基础上，积极利用文化旅游产业的优势地位，配合“251 三年行动计划”提出的“一带一路”专项资金和四川省文化产业专项资金，扩大四川省文化旅游的国际交流和合作，多层次、多场次地开展如中国四川国际文化旅游节等平台活动，通过办好平台和展览，提升川蜀文化的国际知名度和影响力。

2. 打造知名文化品牌，创新开发文化衍生品

一方面，利用差异性资源，发掘独特、悠久的历史文化资源及当代文化资源，更多以当代文化为视角，确定和支持展示当今社会核心价值和普通古蜀百姓真实生活的特色文化产品，同时采用本土化与国际化相结合的产品生

产策略降低独特性文化产品的文化折扣。另一方面，四川省应充分借助现有的非文化名牌产品，积极开发其衍生文化产品，提升品牌文化价值。

3. 搭建文化“走出去”综合服务平台

充分发挥四川文化资源优势，建立和完善有利于扩大文化贸易跨境电商平台的政策环境，打造西南地区具有全球影响力的最大跨境电子商务云服务平台。搭建工业设计通用技术平台，搭建信息咨询、人才培养、展示交易、行业交流等平台，促进设计成果转化。扶持本地重点企业和知名设计机构，发挥龙头企业和领军人物的行业引领和带动作用，培育本土设计品牌。组织开展创意设计推广活动，举办“太阳神鸟”杯创意设计大赛、创意设计精品展、创意设计论坛等交流活动。鼓励本地设计企业参加国内外设计展览、学术交流、项目合作和设计创意类奖项的评选，支持具有本土文化特色的自主品牌设计产品的市场推广。

4. 构建“产学研政企”协同中心

结合文化贸易行业发展诉求，加强资源整合，组织文化企业中高层管理人员进行文化贸易人才专项培训，并且通过“产学研政企”联动的方式，打造智囊协同中心，不仅为文化企业人才培育提供服务，同时开展文化贸易专项研究和社会咨询服务，为文化贸易企业提供全方位、一体化的服务。此外，鼓励“产学研”体系加强合作，促进资源整合和有效配置，发挥各自优势，重点培养创新型人才。

B.3
四川微视频产业发展报告

孙 婧*

摘 要： 微视频源于电影诞生之初的短片，但在新世纪的中国经历了多次建构。在微视频与微电影短片等媒介体裁的概念讨论中，其边际与内核逐渐明确。此外，微视频的大众性，在市场化的今天逐步凸显为商品属性，成为资本市场逐鹿的新蓝海。但由于四川微视频的产业链条、盈利模式等均尚不明晰，四川仅有资本市场经验性的尝试，缺乏研究者提供的理论性指导。本研究报告将在对四川微视频的行业现状与其产业发展脉络进行系统梳理的基础上，从政策和市场角度对四川微视频的发展进行详细分析，为四川微视频的变现之路提供理论参考。

关键词： 微视频 内容变现 四川省

一 四川微视频行业现状

整体来看，四川微视频行业发展一方面是政府层面引导结果，另一方面是企业自主行为。

2015年，时任四川省委常委、宣传部部长的尹力同志亲自策划推动文

* 孙婧，博士，成都理工大学传播科学与艺术学院副研究员，硕士生导师，研究方向为文化研究与艺术批评。

艺创新项目“百部看四川”微视工程。“百部看四川”是首个推出的全国各省市宣传部系列宣传当地文化、展示中国精神的对外形象宣传片。2016年1月，“百部看四川”微视工程正式启动。之后连续推出22批96部作品，微视作品和创意方案达1000多个。人民网、新华网等国内一线视频网站、互联网移动终端和新媒体专区（包括微信公众号、新浪微博等）总点击率突破5000万次大关。在传统媒体和新媒体平台的总播放量超过2亿次，互联网点击率超过9000万次。除此之外，在新兴新媒体平台如楼宇电视、户外电视、移动电视等平台，观看人次超过5亿。“百部看四川”微视工程的设立，使得微视频在学术与社会两个层面的关注度都迅速提升，可以算是重要的里程碑式事件。2016年度“百部看四川”获得网络视听节目内容建设扶持项目——2016“中国梦”原创网络视听节目推选活动优秀作品（非剧情类作品）奖，也让四川“微视频热”成为重要的文化现象和社会现象。除此之外，《人民日报》也启动微视频《四川一分钟》，还有一些县级行政区，凭借微视频宣传自然风光，以文旅微视频的方式吸引大批游客。如助力扶贫的四川省甘孜州稻城县抖音微视频，其播放量超过17亿次，在热度十强县中排名第二。仅2018年上半年，当地就接待游客约70万人次，同比增长55%。

2017年，一部展现办公室花样美食的微视频《饮水机煮火锅》受到广泛关注，其制作者办公室小野因此获得金秒奖最佳女主角，同时斩获第二季秒拍金栗子最佳创意奖。在网络人气不断上升的同时，办公室小野系列微视频也得到了官方媒体的认可。办公室小野同年8月接受《中国日报》专访，9月，受邀参加湖南卫视《快乐大本营》节目，并作为唯一获邀的中国内地YouTuber，参加在香港举办的YouTube FANFEST，获得金色百万粉丝奖，更因其展现办公室生存技能的烹饪画风轻松撬走“第一网红”的头衔。

从图1可见，被媒体定义为“办公室狂人文化”的微视频作品带来了10位数的播放流量。“办公室小野”系列微视频因个人IP含金量和品牌价值得到市场认可，实现了非常可观的广告收益。

伴随着“百部看四川”“办公室小野”等微视频的大热，微视频的内涵

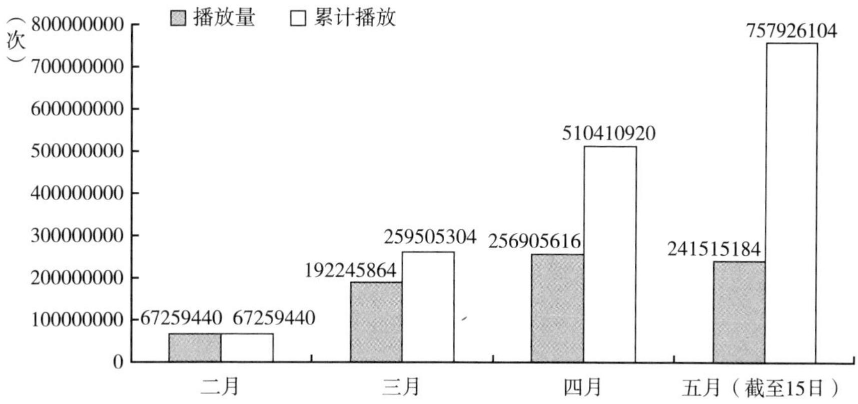

图1　2018年“办公室小野”系列微视频月播放、累计播放量

和外延得以在全媒体时代被再建构。微视频之所以具有如此实践上的可能，主要是因为其符合大众的消费心理，而非在艺术性上的超然地位。“百部看四川”等微视频作品在市场的潜力，使理论界不得不注意到这一现象，并加以实证性的追踪和理论性的阐释。在市场化的大背景下，四川微视频的发展方向也难以完全逃脱市场的影响。

二　四川微视频产业全行业分析

本章从四川微视频行业与微视频平台两方面着手，从行业全景、生产方式、用户画像、商业模式四个角度展开分析，总结各自特点，以明晰四川微视频平台区别于主流影视行业的市场特征，明确微视频的平台现状。

（一）行业全景：发展趋势向好，行业资源逐渐向四川微视频倾斜

2010年以来，四川微视频行业保持高速增长，各种微视频大赛让四川微视频处于发展的黄金时期，生产思维从传播者本位转向受众本位，广告收入也从无到有，并成为微视频市场化的主要营收来源。

如2012年，“乐活·温江光华”首届成都城市微视频大赛以短、精、

快的微视频在互联网中逐渐成为一种流行文化，最大限度的自我展现、自由表达和自由交流，正是其魅力所在。成都微视频大赛借助产业化运作，集结30家媒体、7所高等院校，合力为梦想者打造一个圆梦的舞台，架构起具有成都本土特色的“视界”文化。

体现“一带一路”沿线城市风土人情和自然风光的《爱，在四川》系列微视频，2012年2月由《中国国家旅游》杂志盛大推出。该系列微视频以四川美食、熊猫、温江、汶川等风情为主题，将四川好吃好玩的旅游时尚与动感影像相结合，引导人们以微视频走近四川。《爱，在四川》系列四川旅游微视频，以“爱”为主题，巧妙地融合四川的自然风光、人文风情等旅游资源，以互联网、微博为主要的传播渠道，宣传四川，树立“天府四川，熊猫故乡”商业概念，迅速引起热议。《爱，在四川》掀起了四川旅游微视频的潮流，使四川旅游形象更加深入人心。

2014年，在四川省旅游协会指导下，CCTV－西部旅游频道和四川省广播影视高等教育学会联合主办了四川首届微视频（微电影）智慧旅游节。旅游节以“服务于游客的信息化才是真正的智慧旅游”为指导思想，运用移动互联网技术，结合传统旅游信息，针对旅游散客化趋势发起了一次大规模的智慧体验、大众参与的文化旅游活动。旅游节旨在创新智慧旅游营销模式，促进四川旅游产业发展，充分展示四川的人文历史与自然风貌。该活动以四川各高校师生为参与主体，以“大美四川、生态四川、文明四川、幸福四川、平安四川”为主旨，分别到大邑安仁古镇、刘氏庄园、建川博物馆、花水湾、新场古镇等景区景点开展拍摄活动。以“我的微世界”为主题，运用旅游短视频反映当代大学生读万卷书、行万里路的心路历程。

2015年，四川移动4G举办微视频创意大赛征集活动。

2016年，“百部看四川”微视工程正式获批启动，成为四川微视频产业化进程中被官方认可的标志性事件，四川微视频由此进入蓬勃发展期。成都米粒映画文化传播有限公司、成都中唐盛视文化传媒有限公司、成都市平行文化传播有限公司等成为行业翘楚。

2017年由四川省禁毒办联合省教育厅、省公安厅、省新闻出版广电局、省总工会、团省委、省妇联举办的首届全省禁毒微视频摄影大赛颁奖仪式在省公安厅举行。该大赛历时3个月，共计收到微视频作品135部。

同年，乐山市展开2017年“法律七进·四川法治微视频、微电影”大赛。

四川大学通过面向新生征集原创微视频影像作品，以“8秒正能量”第二课堂主题教学活动，创新社会主义核心价值观培育模式。

上述繁多的各类比赛、征集活动等表达出以下几方面的信息。

（1）资本资源

2002年以后，中国政府大力鼓励文化产业发展，同时四川省政府也出台了相应的政策扶持影视文化产业，如此一来，生产微视频同时也成为一种投资，资金开始大量注入四川微视频产业。

（2）制作者资源

四川微视频的作者群主体，最初为草根个体，多为非专业的影像爱好者，在生产实践上，很少接受电影制作的相关训练，在艺术观念上也以拼凑、剪贴、记录等娱乐形式为主。随着移动互联网浪潮的席卷，微视频行业人才不断增加，成为媒体关注的话题。尤其是专业化高素质的人才为行业注入了许多新鲜血液，主要包括以影视专业学生为主的制作群体（四川省内各高校影视传媒专业都有微视频制作课程或课程作业），也包括刚刚进入影视创作场的一批新人。相比之下，他们的专业化程度较高，使得四川微视频行业整合得以展开。

（3）接受者资源

国家新闻出版广电总局局长聂辰席指出：“中国网络视频用户数量已经超过网络文学、网络音乐、网络游戏，跃居首位。以网络剧、网络电影为代表的网络原创视听节目创作生产高速增长，也印证了网络视听市场需求日益旺盛。”大数据时代，越来越多的受众倾向于通过新媒体获取新闻信息，依然维持传统媒介使用习惯的用户仅占14.9%，而主要使用新媒体的用户占比高达62.3%[①]。新媒体分为PC端与移动端，PC端用户红利已过，用户覆盖量及用户渗透率均日趋稳定，而移动端用户覆盖量及渗透率均平稳上升，四川微视频行业仍有一定发展空间。

（二）生产方式：媒体“去边界化”，传播“去中心化”

从“百部看四川”的制作流程来看，为确保微视工程专业化、规范化和深入持久推进，有关部门专门抽调电视、网络、杂志社等专业人员组建微视工程办公室，邀请腾讯公司高管、新媒体传播专家组成评审小组，对题材选取、创意策划、拍摄指导、制作发布进行全流程把控，摸索出了策划创意、拍摄制作、成片发布的“四步走”程序。①月初组织召开“百部看四川”文案会，主要对上个月28日前各公司上报的文案进行讨论，公司根据评审反馈意见进行修改。②两天后微视办收集修改后的文案报送评审，由评审进行投票，过半后通知公司拍摄视频。③每月25日左右，组织召开“百部看四川”视频评审会，一是对本月拍摄出的视频进行讨论，公司根据评审意见进行修改，二是组织评审对上个月的上线视频根据视频点击率等指标给出支付费用建议。④月底收集公司精修后的视频于下月月初在各大平台上线。在这一过程中，微视频生产的边界已经被打破，它更是多方合作的结果和产物。

进入自媒体时代，人人都可以是信息的生产者和传播者。移动互联网的普及与新媒体的兴起使得新闻信息的采编权与撰写权迅速平民化，微视频制作的门槛降到历史新低。一方面，四川微视频的传播摆脱了对媒体从业者的依赖，在场者能够最快获得最贴近真实的信息，并加以传播，提高了微视频流通的效率。另一方面，人们不再依赖专业媒体的信息供应，微博、朋友圈等成为草根微视频发布者的传播阵地，一些内容质量低下的视频制作者与标题党趁机涌入大潮之中。

同时，信息源数量的膨胀与微视频的泛滥使得受众在择取上发生变动：

---

① 葛丽莎、张国良：《全媒体环境下新闻受众类型研究》，《河南社会科学》2016年第5期。

信息可靠性依然是信息爆炸时代受众的首要追求，因此来自官方媒体、专业媒体等具有权威的资源、健全的生产机制、可靠的专业能力的机构的微视频，在咨询获取环节，共占到一半以上的份额（以目前调研的结果来看，观众择取四川微视频的主要品牌来源是四川省委宣传部主创的“百部看四川”）。四川微视频的自媒体生产虽拿下了近1/5的市场，但仍然没有取代专业媒体的权威地位。

将权威媒体PGC模式与自媒体UGC模式相结合的“PGC + UGC”模式，或能成为四川微视频行业生产方式的未来方向。

（三）用户画像：用户体系成熟，基于数据分析技术的算法分发兴起

就全行业而言，因微视频的公共性，全民皆是微视频行业的受众。而就一个成熟的市场生态而言，微视频媒体内部又就受众进行了基于阶层、职业、年龄、兴趣等因素的细分，其中较为显著的是两大趋势。一方面，不同年龄层次的用户在媒介使用习惯上的分野日益突出，“80后”“90后”在媒体使用习惯上更倾向于使用新媒体，而“50后”“60后”更倾向于使用传统媒体等。另一方面，媒体“去边界化”与传播“去中心化”导致的信息碎片化急剧增加，刺激着受众对个性化、垂直化微视频的需求（如四川微视频用户多为四川人，因此对四川本土内容更为关注）。

根据用户媒介使用习惯的差异，不同的微视频制作采取针对性的措施：2016年，“百部看四川”打造的标准就是大众化、接地气、时尚多元、群众喜闻乐见，旨在为以四川“90后”“00后”为代表的年轻人群体提供包含趣闻、二次元、科技、娱乐等好玩且具有正能量的微视频内容。

借助日益进步的大数据和分析技术，四川微视频行业在满足受众个性化与垂直化内容需求方面付出了不懈的努力。2016年，“百部看四川”利用浏览器推出“百部看四川”微视平台，尝试算法与人工运营相结合的方式。而微信则推出公众号功能，利用后台数据进行精准推荐，传统的编辑分发模

式逐渐被算法分法模式替代。但目前的算法分法仍处于初级阶段，提高精准度、内容质量、话题广度等都是未来四川微视频发展的方向。

三　四川微视频产业平台发展特点

（一）平台全景：圈内透明、圈外模糊

“微视频”这一说法被引至四川市场，更多的原因是业界对内容细分的需要，因此，微视频在四川市场虽不属于新鲜概念，但微视频平台的宽度和广度挖掘还不充分。作为非典型朝阳产业，四川微视频平台还未被大多数人所认知，相应的研究少之又少。加之主要的微视频平台有限，“百部看四川”主要依托的微信公众号平台只有“百部看四川”和“文明四川”。出于对平台的信息保密，外界对微视频平台内部的了解程度相当低。而各主要微视频平台之间的了解则不像外界对微视频的了解一样模糊不清。各主要微视频平台对彼此同级产业链的基本情况都较为了解。因此，四川微视频平台构成了一个相对封闭的新生小众圈子——圈内透明、圈外模糊。

（二）内容生产：PGC、“PGC + UGC”与UGC孵化

四川微视频平台内容生产的主要方向为深度创作，如“百部看四川”强调川人、川事、川景、川菜、川茶、川酒等四川元素的大众化表达，强调多角度展示四川良好形象，传播美丽四川、筑梦中国等正能量的作品。前者对创作者的地域文化了解程度有一定的要求，后者则要求创作者具有寓思想性于娱乐性的能力，因此尽管许多用户有丰富而细节化的故事素材，但能力的软门槛拦住了以用户生产为主的UGC（User Generated Content）即内容原创模式的推广。

目前，PGC与“PGC + UGC”是四川微视频平台内容生产的主要模式。

PGC（Professional Generated Content），意指专业生产内容。以成都鹰科文化传播有限公司为代表，其团队由6名视频拍摄者、3名设计和美术编

辑、1名场地负责人及1名新媒体编辑组成。视频拍摄者与编辑皆有专业媒体从业经历或出身科班，如公司总经理孟微曾供职于巴蜀广告公司。成都鹰科文化传播有限公司的微视频，由拍摄者团队独立完成立项、拍摄过程，再由编辑进行后期剪辑制作。虽然出品相对较慢，但质量得到保证。

PGC、UGC相结合是应对目前四川微视频创作平均水平不高的内容模式，即在用户原创内容的基础上，加入从业者的专业指导。“百部看四川”的剧本和拍摄流程，就是采取定制和常规相结合的模式。定制提前2～3个月就放出选题，让比较熟悉的公司进行认领，给予比较长的时间打磨，走优先通道，在专家意见和审核上给予更多的帮助。采用原创故事核，经由专业团队择选，再由专业编辑修改与指导，最终完成达标作品的方式开展微视频内容创作——个人或团队进行内容初创，后台进行艺术与商业双领域的优化。

UGC是Web2.0时代用户自主生产网络内容以彰显个性的互联网内容生产行为。虽然以目前四川的社会文化状况来看，UGC模式推进的难度很大，但四川微视频平台正着力孵化UGC模式的未来生产群体。以“百部看四川”为主的微视频平台，征集对象就包括有微视频创作生产实力的团队或个人。在这一过程中，通过微视频创作课程分享创作技巧并且带动 参与者培养影像表达的习惯，有望改善四川UGC模式推广环境。

（三）波特五力分析

波特五力模型是20世纪80年代由Michael Porter提出的用于分析一个行业的基本竞争态势的理论模型。它将大量不同的因素归结为五种力量，这五种力量综合起来，影响着中心产业的现行状态、发展潜力以及其中小企业的竞争战略决策。五种力量分别为行业内供应商的议价能力、购买者的议价能力、行业内现有竞争者的竞争能力、潜在竞争者的进入能力、替代品的替代能力。聚焦四川微视频创作的行业具体语境，若将“百部看四川”微视频创作平台作为讨论的中心企业，其供应商主要为微视频创作者；购买者更为多元，根据购买“产品”的不同可包括观众、广告商、微视频投资方；

现有竞争者可按媒介特征划分为传统媒体、新媒体和跨媒介（媒介的不同有时会导致决策的不同）；潜在竞争者的进入能力与所处平台、资本支持密切相关，故分为初创公司、大公司旗下子团队两大类；替代品指可以为观众提供观看享受的其他类型作品，在这里我们重点讨论微视频。

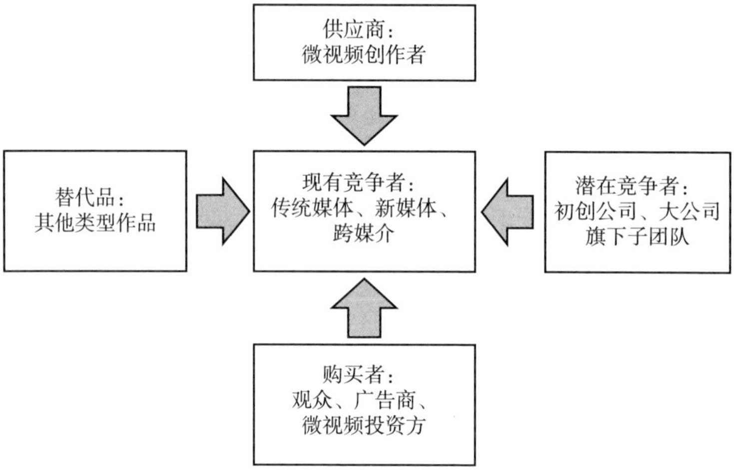

图2 “百部看四川”微视频的波特五力模型示意

得注意的是，四川微视频制作并不类似其他文化产业，内容本身尚未拥有广大的受众群体，行业目前也未形成成熟的价值开发链条，整体行业规模、结构、参与者之间的关系尚处于发展变化的不稳定阶段。以下主要是针对五种力量的现有状态进行定性分析。

1. 供应商议价能力

截至2017年6月30日，2017年“百部看四川”上线视频共6批25部作品，支出经费总计98.4万元。

四川微视频创作的独特性，首先来源于其创作内容的真实性（“百部看四川”重点围绕川人、川事、川景、川菜、川茶、川酒等四川元素，多角度讲述四川故事）。目前四川微视频创作平台生产的主要模式为PGC、“PGC+UGC”两种，在第三章全行业分析中已详细说明，这里只讨论不同生产模式的供应商的议价能力。

表 1　2017 年以来“百部看四川”部分上线视频情况

作品	主办单位	承制单位	经费
春节老人	“百部看四川”微视工程办公室	成都米粒映画文化传播有限公司	6 万元
熏出来的年味	“百部看四川”微视工程办公室	成都米粒映画文化传播有限公司	6 万元
龙宫探秘	“百部看四川”微视工程办公室	中共宜宾市委宣传部、中共兴文县委宣传部、兴文县全媒体中心	宜宾付款
过年还是腊肉香	“百部看四川”微视工程办公室	四川雷视文化传媒有限公司	5 万元
点燃春晚最惊艳的“一把火”	“百部看四川”微视工程办公室	凉山文化广播影视传媒集团有限公司、成都米粒映画文化传播有限公司	0.8 万元
新年贺岁　盼达回家过年	“百部看四川”微视工程办公室	四川三叶集影视传媒有限公司	5.5 万元
老板,数签签	“百部看四川”微视工程办公室	成都米粒映画文化传播有限公司	7.5 万元
恐龙博物馆奇妙夜	“百部看四川”微视工程办公室	中共自贡市委宣传部、成都唯优文化传播有限公司	自贡支付 6.9 万元　微视办支付 1.1 万元
我为杜甫修草堂	“百部看四川”微视工程办公室	成都米粒映画文化传播有限公司	6.5 万元
好“呲皮”的四川竹琴	“百部看四川”微视工程办公室	成都雅途视界文化传播有限公司	6 万元
乡愁里的牛灯舞	“百部看四川”微视工程办公室	成都一凡众妙文化传媒有限公司	5 万元
响当当的三大炮	“百部看四川”微视工程办公室	成都中唐盛视文化传媒有限公司	5 万元
去绸都,看丝妹儿	“百部看四川”微视工程办公室	中共南充市委宣传部、南充市文化教育交流中心、南充恒石文化创意有限公司	南充支付
叶儿粑——橘子叶中的甜与咸	“百部看四川”微视工程办公室	成都中唐盛视文化传媒有限公司	4 万元
一茶一故事	“百部看四川”微视工程办公室	成都米粒映画文化传播有限公司	6 万元

续表

作品	主办单位	承制单位	经费
十里桃花来“圈粉”	“百部看四川”微视工程办公室	成都米粒映画文化传播有限公司	5.5 万元
幸福像花儿一样	“百部看四川”微视工程办公室	成都米粒映画文化传播有限公司	5.5 万元
东坡菜里看东坡	“百部看四川”微视工程办公室	成都市平行文化传播有限公司	7 万元
跟着李白游四方	“百部看四川”微视工程办公室	成都米粒映画文化传播有限公司	7 万元
千年都江堰之“保养”秘籍	“百部看四川”微视工程办公室	成都君栢文化传媒有限公司、四方桌工作室	5 万元
我的三国男神诸葛亮	“百部看四川”微视工程办公室	成都中唐盛视文化传媒有限公司	6 万元

PGC 指专业生产内容。专业微视频创作者主要通过具有四川特色选题获取第一手的创作素材，经过专业细致的打磨，不断挖掘、调动素材提供者，丰富故事细节。在拍摄方案确定后，创作者多会与素材提供者签署授权协议，独占这一故事内容，要求素材提供者不再向他人讲述，不再授权其他形式的拍摄。以先到先得的方式获取第一手素材后，微视频创作者将展开写作拍摄，随后将作品提供给微视频平台进行发布。专业微视频创作者多直接受平台雇用，通过日常拍摄获取持续稳定的收入。同时，随着资本的介入，越来越多的作品内容开始投入衍生开发，版权得到开发商如广告投资方的收购，其价值的提升最终回馈作者，即使微视频平台会从中抽成，作者仍得到该收入的绝大部分，微视频创作者的议价能力因此越来越高。

另外一种生产方式为“PGC + UGC”，拍摄方案或剧本提供者直接参与创作，之后通过微视频平台进行发布。对于微视频平台来讲，视频节目多为主动供稿，故事核丰富，但 UGC 内容质量层次、格式欠缺规范，此时平台会对拍摄方案进行筛选和编辑，修改甚至主导打磨。通过这样一个内容生产的标准流程，稳定输出 UGC。如“百部看四川”的征集程序就是首先报送选题拍摄方案，然后再拍摄制作视频。由于加工为创作平台所主导，素材提供者在后期收入分成中不具有主导地位，议价能力偏低。但同样，如涉及版权收购，创作者仍具有较大话语权。

综上两种生产方式，四川微视频内容生产者的议价能力一定程度上受作品价值的影响。创作内容本身便具有独特性、原创性、归属性，受资本加持的作品其价值迅速上升，掌握优质稀缺资源的微视频创作者议价能力随之上升。

2. 购买者议价能力

（1）观众：惯于免费观看

迅速崛起的新媒体，一方面提供了内容生产、传播的新方式，另一方面也迫使传统媒体面对不可逆转的颓势做出改变或退出。但是，一直以来，互联网用户已经习惯于免费接收信息，对于微视频的内容生产者来讲，受众这样的迁移习惯大大影响了购买者的议价能力。是否要面对受众流失的风险采取内容付费，如何说服受众接受内容付费，成为许多内容生产者在运营过程中考虑的重点问题。对此，有学界研究者指出，内容生产者必须将特定利基市场（niche market）作为靶心，生产与目标受众高度相关的内容，建立特定读者群，并对此人群的区隔领域进行有针对性的收费。当然，内容质量的好坏也是能否盈利的重要影响因素。具体到四川微视频创作，其内容应多注重质感、深度、真实性，满足公众深层次的观看需求。产品差异化可以带来溢价，四川微视频也正在全国市场逐渐赢得忠实受众。如“百部看四川”网络点击率超过 9000 万次。在省内的电视台、机场、车站、公共交通工具、户外大屏幕、楼宇视频等播放，已超过 5 亿人次收看。伴随着内容平台对原创内容的保护意识逐渐增强，互联网用户在视频网站等其他平台逐渐接受付费内容，预计未来观众议价能力会逐渐下降。

（2）广告商：双向选择

广告一直是内容生产平台收入的一个主要来源，尤其是当内容平台尚缺少成熟 IP 产生衍生现金流时。然而，四川微视频创作平台上视频类型的专一、受众的细分，决定其不能像传统综合媒体一样广泛接触各行业的广告主。如《爱，在四川》和“百部看四川”更多倾向于旅游行业或政府旅游宣传推广。目前四川微视频创作平台对于承接广告的选择较为慎重，多选择与自身平台气质、内容相符的企业、产品进行宣传，例如户外活动、茶、酒等品牌。同时，伴随着媒体的发展，广告主对于内容平台品牌宣传的需求也在不断升级，包括形式多样化、内容定制、深度合作等，这些对于内容平台自身的运营能力都提出了更多的要求。综上所述，广告主与内容生产者之间的双向选择关系，赋予内容生产者一定的主动权。另外，广告投放成本在行业间多有已经确立的平均水平，但考虑到内容生产者收入来源方面对广告的依赖性，广告主仍具有一定的议价能力。

3. 微视频投资方：内容为王，竞价获取

微视频作品一经入选，“百部看四川”栏目即根据作品质量和发布后的社会反响，参照市场价位，拨付制作方片酬。

2017 年，成都米粒映画文化传播有限公司制作的《熏出来的年味》微视频被“百部看四川”微视办以 6 万元购买，随后，《春节老人》这一集又被其买下。这在四川微视频领域开行业风气之先。微视频创作内容得到高回报，成了不断膨胀的微视频市场的猎物。微视频《熏出来的年味》讲述了四川阿坝州汶川县水磨古镇的一户人家为即将到来的春节准备制作腊肉，故事内容本身具有直接、真实的特点，搬上荧幕后冲击力得到加强。对于四川制作腊肉和香肠场景、动作等细节的刻画（腊肉外表颜色金黄，内里红白分明、颜色鲜亮；香肠外表充满红油油的色泽感，切开后红白相间，激发食欲）更便于作为影视或纪录片改编的原始素材。最重要的一点，微视频故事将现实的真实性与创作的艺术性结合在一起，为微视频剧本提供了源源不断的创新动力，避免流于俗套。基于以上因素，同时参考国外短片创作的众多成功案例，投资方手中大量寻求运作的资本对优秀内容题材的饥渴和内容提供者本身的稀缺，共同指向四川微视频“内容为王，竞价获取”的行业现象。

（1）进入者威胁

由于微视频创作本身对创作者的专业素养、技能有诸多要求，从业人员多来自媒体行业，科班出身。这也就导致多数微视频创作平台（如《看四川》杂志的新媒体部）脱胎于杂志、媒体，或成为旗下一独立单元增加品牌价值，或自立门户成为新的内容提供者。这两类进入者的差异，除在于是否保持与既有品牌的关系，更在于是否有持续的资本支持。大公司旗下的独立单元或子团队，常常不具有经济约束，并且能够依托现有平台获取大量的受众作为基础，快速切入微视频领域。而初创公司，在缺少资本支持的情况下，需要更多的收入来维持其日常运营，但从另一个角度，平台的独立性同样有利于品牌的塑造。

目前，四川微视频领域并未形成稳定的市场格局，很容易有新进入者。从需求方考虑，观众极易在不同内容平台之间进行切换，这对内容平台维持用户黏性提出了挑战，同时降低了新进入者的门槛。然而，在进入之后，如何稳定输出具有差异化的微视频优质内容，如何维持平台日常财务的正常运营，是这些新进入者更应该考虑的问题。

（2）竞争者威胁

微视频作为影像的阵地，满足了人们对于内容广度、视觉观看习惯、碎片化信息等多方面的需求。然而，微视频创作正面临着前所未有的挑战，许多微视频企业被动或主动地选择转型，将内容向线上迁移。新媒体相比传统媒体的优势较为突出，包括时效性、信息量、便携性、互动性，这些优势反映出受众在接收内容的同时其他需求也在日益增长。除去满足受众的需求，微视频应同样加强内容的传播速度和传播范围，一个视频从发布到获得十万次以上的点击率，历时常不超过一天。

跨媒介，是指信息在平面媒介和立体媒介之间的流布与互动，目前最具有代表力的当数向下游延伸的影视公司。与收购 IP 相比，这类影视公司更倾向于选择自主参与内容的开发，并将微视频作品储备为自己未来的拍摄资源。若与微视频创作平台进行对比，这类影视公司具有突出的优势，拥有很好的向上游输送内容资源的通道。

（3）替代品威胁

谈到微视频创作，很容易让人联想到相对应的类型：微电影。这两者虽然在诸多方面存在不同，但从流量吸引、发布平台、资本捕猎等角度看，存在一定的竞争关系，因此我们在这里将微电影作为微视频创作的替代品进行分析。

微电影与微视频作品最突出的不同便是内容虚构，而非取材并忠实于现实。首先，作者有充分的发挥空间，内容上无绝对约束。而微视频创作较大程度依赖于作者自身经历及现实，内容易陷于俗套，如近两年大行其道的街拍、直播等视频题材，极大程度地迎合观众诉求，同时又难以在同类作品中独树一帜，内容市场同质化产品较多，竞争激烈。从创作者这一角度来讲，微电影作为替代品威胁较大。

其次，微视频创作对于专业技能、从业经验等要求低，人人都可以通过网络平台发布作品。这导致创作者来源、背景更为多样，最终生产的内容覆盖群体、目标受众群基数也就远远大于微电影。相比之下，微电影瞄准的往往是更为小众、更加细分的受众市场，其观看诉求层次更高，观看习惯也有所不同。从观众这一角度来讲，微电影作为替代品威胁较小。

最后，从变现角度来说，四川微电影商业化模式更为成熟，系列剧集、广告、游戏、动漫等都是目前被证明可行的商业方向，可延伸、拓展方向众多。与四川微电影相比，四川微视频难以在同类作品中脱颖而出（“百部看四川”受追捧和传播多为地域观众迁移），因此，从变现角度来说，四川微电影的威胁较大。

当然，近两年众多热门题材已出现微电影过度挖掘的态势，四川微视频在未来将面对更大的替代品威胁。

（四）实现产业链闭环

微视频的核心是微视频创作者、微视频平台和用户。微视频创作者如“百部看四川”将内容提供给微视频平台如乐视、爱奇艺、优酷、搜狐、PPTV、暴风影音等多家国内一线视频网站，微视频平台再将内容输送给其用户。

在传统媒体时代，产品的商业模式是传统发行和广告营收，与平台互动的主要是广告主，投资机构则提供资金后援。随着新媒体时代的到来，整个产业结构也变得复杂和精细起来，贯通产业链上下游的新模式在快速崛起。这一套模式冲击了传统发行和广告营收，微视频创作平台和更多数字平台对接进行内容分发，通过付费阅读的方式赢利。和广告主的合作也趋于跨界融合、开放共享，视频广告、内容营销等方式开始占领广告市场。

根据我们的调研，目前四川微视频产业链主要通过以下三种方式进行价值挖掘。第一种是利用品牌的强大影响力运营电商，并对接电商供应链，如“百部看四川”目前已经形成品牌影响力。第二种是借助优质内容产品吸引用户，形成社群经济（同一社群内部因为理念和价值观的趋同，又会相互影响）。社群创作培训等方式会使一部分用户孵化成为微视频创作者，为上游的内容制作领域输送人才。第三种是将版权卖出或和大的影视公司合作，如凉山文化广播影视传媒集团有限公司、成都米粒映画文化传播有限公司等，将微视频产品搬上互联网或大屏幕。

四　四川微视频产业发展差距

（一）商业模式：传统发行赢利为主，市场变现方式单一

传统媒体的盈利来自发行收入、广告收入、增值服务收入、版权输出收入，其中以广告收入为主。因与传统媒体相较更为灵活自由，新闻媒体行业的商业模式创新多发生在新媒体领域。2015 年，新媒体的广告创收超过传统媒体的收入总和，基于大数据和算法技术的新媒体广告投放能够更好地满足广告主对精准投放的要求。

就四川微视频而言，广告收入总量正处于负增长。以“百部看四川”为例，本应作为主要收入方式的广告投放和接受度日益提升的内容付费，都划入腾讯视频、爱奇艺、优酷、搜狐视频、暴风影音、PPTV、芒果 TV 等国内视频网站囊中。“百部看四川”微视平台尚未借助海量用户数据通过为广告主和媒体机构提供数据服务获得变现价值。数据、内容解决方案等周边服务未跟进，未来可通过提供辅助性的内容解决方案增加用户黏性。电子商

务、本地O2O服务待开发。截至目前，“百部看四川”尚未联通电子商务，内容生态单一。未来可以考虑打通下游支付，导流到本地O2O服务或电商平台，拓展内容生态，加入游戏、轻应用分发等。以苹果和华为手机程序应用搜索为例，“百部看四川”并未开发手机客户端，未打开跨界合作模式。未来可以利用视频客户端与手机厂商开展战略合作，通过渠道占位扩大用户资源，帮助客户端平台扩大用户体量。同时对于厂商而言，依靠硬件打造软件生态，延长了用户使用周期，增强了用户黏性。

（二）跨媒介创收可观，行业规制有待确立

据业内采访资料，四川微视频平台就盈利状况可分为两类：一类是有资金或兼有资金与平台资源的大公司旗下子团队，这类平台往往盈利压力较小，盈利成为可尝试探索的道路，如“百部看四川”；另一类则是缺乏资金且无平台资源的创业团队，如成都鹰科文化传播有限公司，依靠融资维系运转，盈利压力较大且财政收支情况不容乐观。

随着新媒体时代的来临，四川微视频产业链逐渐明晰，产业环节精细化与复杂化程度提高，上下游打通的产业链基本搭建成型。尽管如此，各条产业通道创收能力差距悬殊。传统媒体借助垂直分化出的新媒体实现更便捷的用户交互，联合商家形成“（广告+）新媒体+合作方+活动”的产业闭环。但这种微视频创收模式对品牌价值的依赖性过强，难以推广，对多数缺乏文化产业支撑的四川微视频团队来说并无借鉴意义。由于起步不久，大多数四川微视频平台的流量并不能变现为广告收入。另外，内容付费刚刚兴起，内容直接变现也无法提供支柱收入，而与内容改编、IP创收关联的版权收入的折现能力还是未知数。

对于四川微视频平台来说，有商业价值的IP才具备更大的变现价值。商业价值受到IP本身影响力范围和市场热点左右。持有全版权的“百部看四川”掀起舆论关注的浪潮，成都米粒映画文化传播有限公司及其微视频团队更是以7.5万元的价格卖出了《老板，数签签》微视频版权。可预见的是，具有品牌价值的微视频IP将成为四川微视频平台未来致力于打造的

内容产品。而版权的定价主要通过竞价的方式决定。业界对版权定价与变现后的分成没有行业标准，因此版权价格由创作者在参与竞价的公司中，根据企业的实力、品牌影响力等多维因素定夺，而创作者与投资人可能存在的变现分成也由私下协议决定。

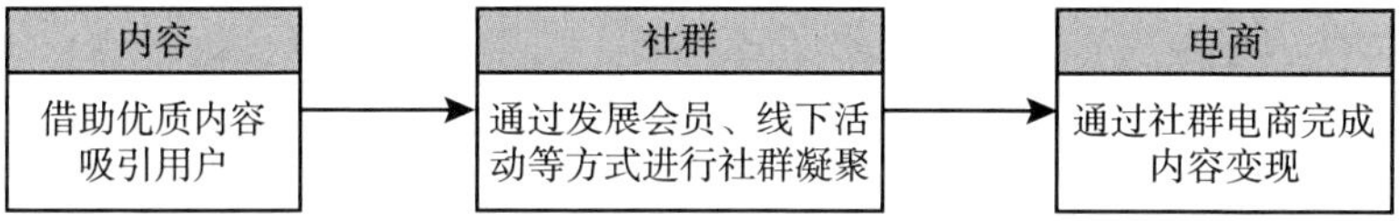

图 3　社群电商内容变现过程

（三）社群经济动作迟缓

对微视频创作者来说，一个好消息是，观众越来越习惯在数字平台上为优质内容付费了。2016 年被称为“知识付费的爆发年”。新媒体平台以“分答”“付费问”“偷听”等现象级应用的方式，进行数字推广和发行。如音频平台喜马拉雅 FM 也推出了付费收听产品，吴晓波推出音频节目《每天听见吴晓波》，还有李翔商业内参、罗辑思维等知识付费平台。

四川微视频“百部看四川”的新媒体推广平台包括“百部看四川”微信公众号、新浪微博、Facebook、Twitter、YouTube 等国际流行社交媒体和视频播放平台。但在四川微视频创作领域，四川微视频的社群经济在很大程度上动作迟缓，完全不敌四川微电影。四川省微电影艺术协会借鉴使用了社群经济的经营模式。它成立于 2013 年，宣称“四川省微电影艺术协会要完成三大任务：让更多的人支持四川微电影事业是第一项任务；规范四川微电影健康有序发展是第二项任务；向全社会推荐、推广优秀的微电影，这是第三项任务”，该协会也是倡导微电影人进行微电影行业艺术作品实践的社交平台。

四川省微电影艺术协会成立后，聚集了一大批志同道合的四川“微影人”，使用会员制进行管理，相较而言是一种更平等沟通、交流、合作的模式。通过线上线下活动，四川省微电影艺术协会形成了许多不同地区或不同主题的社群，聚拢了大量目标受众。对于社群的维护，四川省微电影艺术协会力求达到自然有机的目的，群里不会发红包发广告，社群也主要是成员自己互动。这些资源为四川省微电影艺术协会展开线上培训和线下拍摄打下了很好的基础。

（四）内容营销用户累积不足

2016年起，“百部看四川”在全国主流视频媒体上线，系列微视频也成为腾讯视频等利润率较高的项目之一，视频推广广告也在各大网络媒体上取得了很大的影响力。如腾讯视频60秒广告冠名的品牌都是国际知名的大品牌：肯德基、潘婷、玉兰油、京东等。以2017年3月3日发布的“百部看四川”之《我为杜甫修草堂》为例，截至2017年10月23日，该微视频累计播放量为873.3万次，积累了一定的用户黏性和品牌美誉度。

《2017内容创业白皮书》所调查的品牌广告在消费者端的接受度显示，有25.6%的用户会选择直接忽略广告，只有24.1%的用户会记得自身熟悉的品牌，而这与广告的内容并没有关系。剩余的与内容匹配度高的广告会被50.3%的用户记住。以四川元素创作见长的“百部看四川”尚未突破这一点。在其与腾讯等的合作中，除了常规的广告宣传，尚未尝试川茶、川酒、四川旅游等形式的广告营销，时尚新媒体的营销新模式还有待开启，包括官方微博和官方微信，话题阅读量、用户互动累计不够。内容营销趋势来临，四川微视频平台需要跟上大势，提升营销策划能力，为广告主实现品效合一。也就是说，如果内容所传达的知识信息、情感属性及价值观与品牌正好匹配，既可以满足消费者的需求，又能够巧妙传达出品牌调性，达到内容营销的效果。

五　四川微视频产业发展战略

（一）微视频行业发展现状及其借鉴意义

国外微视频行业中，电影短片仍然十分热门，但是对于那些篇幅更短的微视频作品来说，展示他们的平台并没有形成规模。整个美国的媒体业都面临着巨大的挑战和压力，因此微视频行业也在寻找更好的出路。

美国最为有名的公司 YouTube，是一家视频网站，成立于 2005 年，用户下载、分发、展示、观看及分享影视短片是其视频运营的主要内容。仅以 2012 年计算，YouTube 就获得至少 24 亿美元的净收入。我们希望通过了解 YouTube 进一步反思四川微视频行业的发展状况。

YouTube 主要运营模式是在线下征集视频和短片，寻找普通人的不平凡的故事。市场调查公司 ComScore 所公布的统计数据显示，YouTube 是美国主要的视频提供网站，其市场占有率约为 43%，且到 2010 年 5 月止有超过 140 亿人次的视频浏览量。YouTube 则表示每一分钟约有合计 24 小时的新视频，会被上传至网站，且其中的 3/4 来自美国以外的国家。根据 Alexa 的排名，YouTube 为网络上第三大的网站，仅次于 Google 和 Facebook。

和四川的微视频公司一样，国外视频制作公司的日子也不好过。经济危机的后遗症仍然困扰着美国的各行各业。在视频业，一方面是经济低迷，另一方面是移动端碎片化信息对用户的强大吸引力。公司体量也很小，对它们来说，首先是要存活下来，然后才是进一步发展。就像 Gefen，依靠商业合作能维持公司经营。明确公司的定位和方向，但同时又要有随着市场灵活变化的弹性，是它们给我们的另一个启示。4kids 娱乐公司就是在不断地转型和改变，但是仍然没能适应这个市场，2012 年倒闭。4kids 的倒闭跟视频的版权有着密不可分的关系。虽然很快成立了 4K 媒体公司，渡过了他们第一次危机，但是其仍然处在一个十分模糊的边界。2012 年，美国 4K 公司制作新剧场版视频。一个曾经在 4K 公司工作的员工说，他们希望能感受到公司有一个方向，而 4K 媒体公司副总裁克里斯汀·格雷透露，他们试图寻找一个可以维持公司的方法，但显然，他们原来所采取的都不是正确的方法。因此，如何找到正确的定位和发展方向，不仅是一家公司的生存法则，也是整个四川微视频行业所面临的危机和挑战。

（二）国内同类企业对微视频创作的借鉴意义

2017 年，国内微视频行业现象级产品爆发。而在国内众多微视频企业中，一条（今日头条）、二更（视频平台）和三感故事（文化传媒公司）逐渐成为三大巨头企业。一条、二更和三感故事左右了微视频行业的走向，其独立拍摄的获得投行认可的产品建构和传播了其理解的新时代和中国。这些现象级的企业和产品，成功地捕捉了以内容消费为主导的新年轻用户。

一条的营业收入主要来自内容广告收入，这与掌门人徐沪生曾在杂志社任职有着重要的关系。一条将视频内容聚焦于生活，所涉及的内容均体现了与生活有强关联性的发展进步。所以，一条也顺利成为在商业层面进行内容消费的电商微视频。精准的用户区分，场景化、超前的流量入口、传播力和渗透力，使得一条成功实现了电商导流购买。

二更与一条不同，文化、娱乐、生活和财经是其内容分布的四个板块。“二更食堂”“二更”“一千零一种生活”“隐藏菜单”“更财经”“一阵剧风”“小堂妹漫画”“Fun 音馆”“mol 摩尔时尚”“微综艺”，以及“更城市”系列“娱乐 Fun”等20 多个子品牌形成了二更的产品矩阵和品牌集群。二更逐渐从以人文微视频方式获取流量的平台转型成为扩大和完善地方号矩阵品牌所形成各地的广告平台。

这一时期，与一条和二更形成对比的是三感故事。三感故事以故事微视频为主，情感音乐是其切入点。一个故事、一首歌、一种情感以及一段记忆，唤起了陷入“年轻化焦虑”的品牌的自信心。“感知、感悟和感动”——感情记忆的“场景化”是其持续不断创造的内容 IP。对于“90后”年轻用户群体的生活、生存和生命状态的深切关切，引发了用户强烈的共鸣反馈，起到了意想不到的自发传播的效果。在短短两个月时间内，三感故事微视频就占据了各大微视频榜单第一名。2017 年，三感故事微视频宣布完成2000 万元的 A 轮融资。

在国内视频行业的比较和差异中，我们发现“有利可图”“红利博弈期”成为微视频发展至今吸引大批人才涌入的重要因素。然而获取用户价值和内容探索差异化却始终没能成为大多数企业的认知。在与一条和二更“物象化”内容的比较中，三感故事力图以打动观众的感情来传播生活的真实，正如三感故事的 CEO 阿当所说，“希望打造情感依托的理想国，为用户带来内容依托

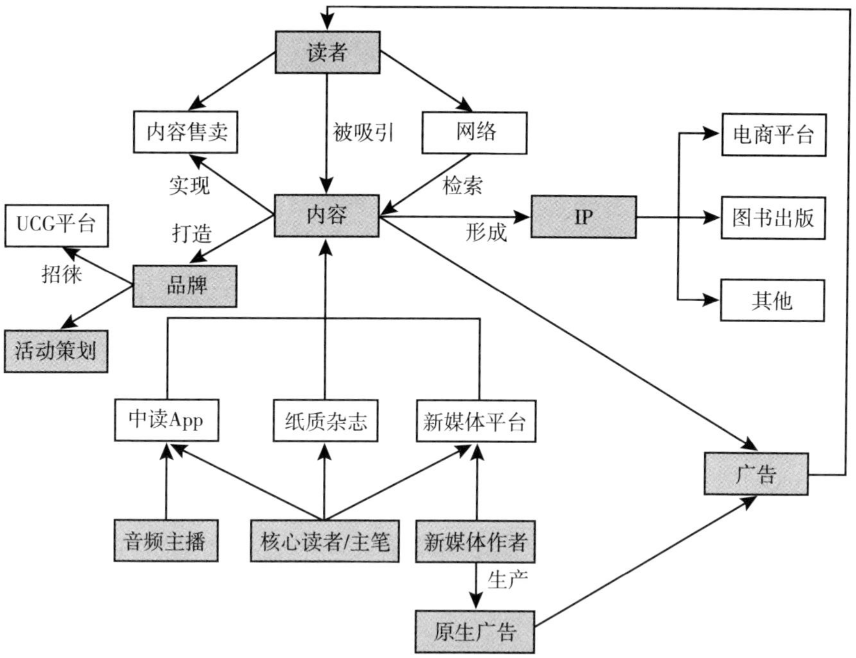

图4　一条、二更和三感故事产业链

与陪伴，产生共鸣”。显然“走心派”的三感故事以其内容的丰富性和生命力击中了多媒体用户的痛点，让观众找到自我、发现自我，意识到微视频不是“扮演”的性质。三感故事的情感诉求得到了观众的认同，用户当然愿意买单。

优秀的微视频，具有雅俗共赏、情感共鸣和快捷传播的特点。从三感故事的用户增长速度来看，鲜明真实的人物内容较好地实现了传播效果，流量增长和突破也是必然。真实人物故事引发的微视频也形成了品牌 IP 矩阵，使内容 IP 影视化。强大的 IP 光环也越来越吸引品牌商的关注。内容分发、视频定制、线下延伸、渠道合作等不断汇集成不言而喻的商业价值。这也是三感故事迅速在国内微视频行业脱颖而出的重要原因。

一条、二更和三感故事所创造的用户价值和商业价值，就如同最初阐释的概念一样，IP 价值衡量化、内容差异化、商业价值最大化建构了对当下社会转型时期的现实的认识和思考，展现了中国崛起的历程，确立了民间表达的话语权。

（三）四川微电影对微视频创作的借鉴意义

四川微电影经过十年的发展已形成了成熟的产业链，吸引资本竞相逐猎，使整个行业蓬勃发展。而当前，四川微视频行业的变现机制尚不明晰，产业链也并未打通，不少微视频媒体公司处于IP价值评价的五级“金字塔模型”的观望阶段。此时如果能抓住时机，制定一套四川微视频创作者认可、资本市场接受的变现机制，或许能推动四川微视频创作行业迅猛发展。细化来看，四川微电影IP变现的成功实践可以成为四川微视频IP变现的蓝本。四川微视频创作机构（传统媒体与新媒体平台）可与影视公司或政府、企业达成版权改编协议，拍摄基于真实故事改编的微视频。另外，四川微视频创作机构可先行试水制作成本低、制作周期短的系列微视频，积累经验，并吸引资本注入。四川微视频可以借鉴四川微电影对IP建立评价体系。如，将强调个性与故事性的IP命名为“特异－故事型IP”，将基于常见物件与话题、与品牌绑定的IP命名为“常规－品牌型IP”。对后者的评价体系，可以沿用四川微电影IP的五级“金字塔模型”，并将各级内容修改为价值观、品牌性、生活关联性、多元的演绎方式和商业实现。

其中，品牌性指IP的品牌背景，是IP特异性的展现。如“百部看四川”可以通过持续性的专题微视频，将茶、酒与四川精致、高雅的品牌结合。生活关联性则指IP与某一部分垂直人群或某一段特定时段的生活关联程度。同样，承上启下是IP的生命力所在，如“百部看四川”的四川年货微视频剧集即与春节时期的百姓生活形成强关联。

另外，四川微视频的变现也会使四川微视频剧本创作者的待遇得到极大提升，这也是四川微视频创作未来应当努力的方向。当前四川微视频剧本创作者的待遇普遍不高，在访谈中笔者得知，目前四川传统媒体公司尚未建立微视频IP变现与剧本创作者的薪资挂钩机制。如果这一机制得以建构，或将深切改变四川微视频剧本创作者的生存现状。

（四）推动四川微视频繁荣发展的建议

1. 内容变现：从地理路线到内容主题，任重而道远

四川作为中国西部重要的多民族省份，是“一带一路”地理路线中的重要标志点，在历史文化领域也是代表中国现代化、实现中华民族伟大复兴的核心地区。作为一片未被开发的蓝海，四川微视频将持续受到资本市场的关注与逐猎，并将深切改变现有的媒介形态和商业模式。微视频作品的核心竞争力在于其作为知识盈余的虚拟价值，一方面应发掘更多与企业合作的可能性，例如定制创作、线下活动，以品牌价值的提升换取投资方资金的注入；另一方面扩大目标群体，通过跨媒介传播等方式提升高曝光度，并反向引流。同时，四川微视频需要防止过度商业化，在文学、艺术理想与商业诉求间找到平衡点。

2. 多维面向：加强微视频对四川优秀传统文化的传播

数字化时代是一个受众居于大众文化传播主导地位的时代。碎片化时间消费使微视频呈现出影像网络传播的色彩。微视频中微审美影像①的切换交替、短小快捷的传播魅力和微视野下的多维讲述效果，使微视频成为四川优秀传统文化传播的重要载体。四川微视频以影像手法记录、诠释、传播四川文化中的文化、历史、人物及社会活动，会产生融汇古今的多维面向。

四川文化是中华优秀传统文化的重要组成部分，也是“一带一路”文化的重要内容之一，可以说是一体两面，相互促进，相互融合。四川优秀传统文化微视频，可以更好地使互联网时代的网民理解中华优秀传统文化与当代社会多元文化的和谐共存。

---

① 因为内容时长容量等的限制，微视频往往从一个小物品、小人物、小时空切入，以独立的小情小事组接画面与镜头，拓展了民主精神的审美空间。

B.4

四川文化扶贫调研报告

王素珍*

摘　要： 文化是中国特色社会主义事业“五位一体”总布局中的重要组成部分，是精神文明不可或缺的源泉。文化扶贫是从根源上摒弃贫困文化，解决文化贫困的重要手段。通过文化扶贫，可改变贫困人群落后消极的贫困思想，提升贫困人群的文化素质及技能，丰富贫困人群的精神生活，从而激发其脱贫致富的内生动力，防止返贫及促进脱贫成效可持续发展。四川省政府十分重视文化扶贫工作，出台了从文化专项扶贫到文化精准扶贫，加大公共文化基础设施建设及配套建设，开展形式多样的文化扶贫等一系列政策措施，取得了不错的成效。四川贫困人口多、贫困地区发展不平衡。面对打赢脱贫攻坚战的压力及乡村振兴对文化提升的迫切需求，四川文化扶贫任重道远。

关键词： 文化扶贫　脱贫攻坚　文化惠民

一　文化扶贫对四川脱贫攻坚工作的重要意义

2015年11月，《中共中央国务院关于打赢脱贫攻坚战的决定》专门指

* 王素珍，法学博士，四川省社会科学院法学研究所助理研究员，研究方向为行政法、诉讼法、地方立法。

出“扶贫先扶智，增强贫困人口自我发展能力”，正式将文化扶贫纳入政策的中心议题，充分肯定了文化扶贫的重要意义。文化扶贫工作不仅在全面小康决胜期具有重要的推动作用，更将在乡村振兴阶段发挥支柱性作用。四川是贫困人口大省，贫困人口主要在三州，三州少数民族居多，贫困原因复杂，脱贫任务更艰巨。文化扶贫对四川脱贫攻坚更具有重要意义。

（一）文化扶贫是四川打赢脱贫攻坚战的保障

文化扶贫旨在提高贫困人口的思想文化素质和科学技术水平，转变他们消极落后的传统文化观念，激发其内生动力，促进其自身的可持续发展。文化扶贫是改造贫困文化、改善文化贫困、阻止贫困代际传递、提高其自身素质、增强其自我发展能力的关键和根本。四川脱贫攻坚战的难中之难就是解放贫困人群的思想。贫困文化一直是脱贫攻坚的“拦路虎”。文化扶贫有助于扫清脱贫攻坚障碍、根除贫困文化、促进经济发展、巩固扶贫成果，为四川打赢脱贫攻坚战提供有力保障。

（二）文化扶贫有助于从根本上解决贫困人口的思想贫困问题

贫困地区人口的思想水平、文化素质、价值观念、思维方式等都发展相对缓慢。贫困文化容易形成恶性循环，在家庭代际长期传承①。贫困文化在少数民族地区一般表现在居住环境、生活习惯及习俗等方面。“科学文化知识的传播和普及，以及素质教育的驱动，使少数民族居民能够认识到贫困文化的落后以及对自身的束缚和禁锢，从而能够理解、认可、接受并自觉摒弃贫困文化，为少数民族地区文化的良性化开发提供坚实的精神基础和文化基础。②”

（三）文化扶贫有助于树立贫困人群的文化自信

文化是精神需求，文化扶贫更重要的是改变贫困人群的传统思想观念，

① 饶蕊、耿达：《文化扶贫的内涵、困境与进路》，《图书馆》2017 年第 10 期。

② 张欣：《少数民族地区文化扶贫中的政府作为》，《理论探索》2013 年第 6 期。

提高人民群众思想觉悟、道德水准、文明素养，树立公民的文化自信，发挥“扶志”“扶智”的重要作用。“文化扶贫激发贫困地区群众干事创业的热情和勇气。深植于人民灵魂深处的文化自信对于弘扬社会正义、塑造社会风气、增强群众爱岗敬业精神等方面大有裨益。”① 贫困地区的发展受制于当地恶劣的地理条件及落后的经济水平，而贫困人群缺乏文化自信也是重要受制因素之一。文化扶贫有助于从认识上帮助贫困人群树立文化自信，增强其自力更生摆脱贫困的信心和能力。

（四）文化扶贫有助于激发贫困人口的内生动力

文化扶贫有助于实现四川贫困地区的可持续发展。据调查，农民收入与农民文化生活富裕程度呈现明显的正相关，即收入越高其文化生活越丰富②。文化的贫困限制了贫困人群的认识能力、分析能力、创新能力，导致贫困人群固守贫困文化③。在贫困地区，文化建设往往存在空白和缺位，公共文化服务体系不够完善，人民群众的精神文化需求得不到满足。文化扶贫通过文化供给能够满足贫困人口对文化的需求，提升贫困人口的科学文化素养，激发其内生动力，进而帮助其摆脱贫困，实现贫困地区的可持续发展。

（五）文化扶贫有助于脱贫攻坚与乡村振兴的有机衔接

文化扶贫是改善乡村相对落后状态的内生动力、实现乡村振兴的必然要求。乡村振兴需要发展现代农业和开拓农村的第二产业和第三产业，而开展这些工作需要依靠科技进步和提高劳动者素质。文化扶贫能为劳动者的科学教育素质提升提供基础。乡村振兴对文化、科技、教育等有更高的要求。文化扶贫一方面提升人的精神素质，另一方面为科技、教育提升提供基础。文

---

① 张祝平：《我国贫困地区文化贫困因素及文化扶贫对策》，《行政管理改革》2018 年第 6 期。

② 谈国新、文立杰、张杰等：《文化精准扶贫的对象识别与路径选择——从“文化贫困”的逻辑前提出发》，《图书馆》2019 年第 3 期。

③ 张欣：《少数民族地区文化扶贫中的政府作为》，《理论探索》2013 年第 6 期。

化扶贫是乡村振兴的必然要求。文化扶贫是彻底的扶贫，是预防返贫的根源性举措，是乡村振兴的前提。

二　四川文化扶贫实践

近年来，中央持续出台了一系列与文化扶贫相关的指导性文件和政策，对推动文化扶贫起到了促进作用。四川省作为贫困人口众多的省份之一，在脱贫攻坚工作中更加重视文化扶贫。自2015年以来，四川省接连出台了有关文化扶贫的各项政策，不断完善公共文化基础设施及配套设施，开展了文化开发模式全方位探索。省级层面有关脱贫攻坚的政策均将文化扶贫列为重点，并将文化扶贫列为专项扶贫。四川省政府制订了目标和一系列切实可行的措施，开展了一系列文化扶贫活动，取得了不错的成绩，加速了脱贫攻坚进程。

（一）构建文化扶贫制度体系——完善文化扶贫政策

1. 国家层面的政策文件

四川文化扶贫离不开国家层面的政策支持。自改革开放以来国家对文化扶贫一直比较重视。1984年9月，中共中央、国务院联合发出的《关于帮助贫困地区尽快改变面貌的通知》最早提出了对贫困地区智力扶贫。1993年12月文化部文化扶贫委员会的成立，标志着文化扶贫已成为扶贫工作的重要内容。1994年的《国家八七扶贫攻坚计划》将文化扶贫作为扶贫重点。自精准扶贫方略提出后，有关文化扶贫的一系列具体措施出台，文化扶贫也更加制度化、体系化。国家层面的文化扶贫政策是随着扶贫工作的深入推进而逐渐具体化和精细化的。文化扶贫在脱贫攻坚工作中的重要性也逐渐凸显。改革开放后国家层面关于文化扶贫的政策见表1。

表1　改革开放后国家层面关于文化扶贫的政策

时间	文件名称	涉及文化扶贫的主要内容	发文主体
1984.9	《关于帮助贫困地区尽快改变面貌的通知》	要重视贫困地区的教育，增加智力投资。有计划地发展和普及初等教育，重点发展农业职业教育，加速培养适应山区开发的各种人才	中共中央、国务院
1994.4	《国家八七扶贫攻坚计划》	改变教育文化卫生的落后状况。基本普及初等教育，积极扫除青壮年文盲；开展成人职业技术教育和技术培训，使多数青壮年劳力掌握一两门实用技术	国务院
2011.10	《中共中央关于深化文化体制改革推动社会主义文化大发展大繁荣若干重大问题的决定》	大力发展公益文化，保障人民基本文化权益。构建公共文化服务体系，加快城乡文化一体化。增加农村文化服务总量，缩小城乡文化发展差距	中共中央
2015.1	《关于加快构建现代公共文化服务体系的意见》	公共文化服务标准化、均等化。到2020年，公共文化设施网络全覆盖，内容和手段更加丰富，质量显著提升；体制机制进一步完善，基本公共文化服务均等化水平稳步提高	中共中央办公厅、国务院办公厅
2015.12	《"十三五"时期贫困地区公共文化服务体系建设规划纲要》	从八个方面提出具体要求：完善设施网络、均衡发展、增强活力、服务效能、数字文化、队伍建设、文化帮扶、推动脱贫致富。重点突出"保障基本、促进均等；增强活力、提高效能；科技提速、人才支撑；加大帮扶、推动发展"四个方面。进一步加大对贫困地区文化扶贫力度	文化部等七部委
2016.5	《贫困地区发展特色产业促进精准脱贫指导意见》	深化文化扶贫，增强产业支撑保障能力。大力发展电子商务，积极培育特色产品品牌。加快有关科研成果转化应用，推进信息进村入户。加强贫困地区新型职业农民培育和农村实用人才带头人培养	农业部等九部门
2017.5	《"十三五"时期文化扶贫工作实施方案》	到2020年，贫困地区文化发展总体水平接近或达到全国平均水平，文化的"扶志""扶智"作用充分体现。贫困地区现代公共文化服务体系基本建成，文化遗产保护、文化产业发展、文化市场体系建设、文化交流及文化人才队伍等体制机制进一步健全完善	文化部

2. 省级层面的政策文件

随着国家对文化扶贫的重视，四川省在文化扶贫上狠下功夫，除了将文化扶贫纳入规划外，还将文化扶贫列为脱贫攻坚专项工作，主要政策如下（见表2）。

表2　四川省省级层面有关文化扶贫的政策

时间	文件名称	主要内容
2015.7	《中共四川省委关于集中力量打赢扶贫开发攻坚战确保同步全面建成小康社会的决定》	实施文化惠民扶贫行动。深入开展社会主义核心价值观宣传教育，拓展群众性精神文明创建，通过“新家园、新生活、新风尚”活动，倡导现代文明理念和生活习惯
2015.10	《四川省文化惠民扶贫专项方案》	提出文化精准扶贫及“三步走”方案。到2020年，实现人民群众基本文化权益保障基础夯实，精神文化需求有效满足，公民文明素质和社会文明程度显著提升
2016.12	《四川省“十三五”脱贫攻坚规划》	提出“完善文化基础设施建设，丰富群众文化生活，扶持文化产业发展，宣传文化队伍建设”以及相关的一系列具体措施
2018.8	《关于打赢脱贫攻坚战三年行动的实施意见》	深入实施“千村文化扶贫行动”，扎实开展“文化扶贫示范村”创建

从上述政策内容来看，四川省文化扶贫注重顶层设计，输血与造血并重。四川文化扶贫目标更明确，内容更具体，措施更精准。从关于脱贫攻坚的工作整体来看，四川文化扶贫更体现在“扶志”“扶智”的层次逻辑上。另外，四川省将文化惠民扶贫与科技扶贫、教育扶贫区分开来，分别作为专项扶贫。

（二）加强贫困地区公共文化基础设施及配套建设——夯实文化扶贫“硬实力”

1. 顶层设计精准帮扶

文化扶贫是四川脱贫攻坚工作的重要抓手。公共文化配套设施是文化扶贫的阵地，是文化活动得以开展的保障。根据中央及四川省的各项政策文件，公共文化基础设施建设包括县级文化馆和图书馆、乡镇综合文化站、村文化室、文化坝子（或民俗活动坝子）、广播电视等，相应的配套设施包括文化信息资源共享、农村电影放映、农家书屋等。四川省为完成上述文化基础设施及配套建设，2015 年 10 月出台了《四川省文化惠民扶贫专项方案》，提出了“文化精准扶贫”方案，将完善公共文化基础设施及配套设施分两个阶段。第一阶段，到 2017 年，完成贫困地区文化基础设施建设任务 60% 以上，公共文化服务供给能力明显增强；第二阶段，到 2019 年，贫困地区文化基础设施建设任务全部完成，现代公共文化服务体系建设达到国家规定标准[①]。随后，2016 年的《“十三五”脱贫攻坚规划》提出了公共文化基础设施及配套建设的具体目标，要求到 2020 年，88 个贫困县完成数字电影院标准化建设工程、手机报全覆盖、应急广播平台建设和 79 个贫困县广播电视节目无线数字化覆盖，实现 99. 98 万户广播电视户户通，完成贫困地区基层综合文化服务中心（文化院坝）建设，完成贫困县 24305 个农家书屋出版物补充更新，在贫困村放映公益电影 10. 9 万场，完善 88 个贫困县全民健身配套设施，建设藏羌彝文化产业走廊重点项目 20 个，打造藏羌彝文化产业走廊特色文化品牌 50 个[②]。2018 年 8 月，四川省《关于打赢脱贫攻坚战三年行动的实施意见》进一步明确文化扶贫基础设施及配套建设的目标，要求 2019 年底实现贫困村文化室全部达标，每年建设广播“村村响”项目 1933 个、电视“户户通”项目 25 万个，放映农村公益电影 10 万场，组织各级文艺院团开展惠民演出不少于 3300 场[③]。

2. 实际行动效果显著

为实现 2020 年文化扶贫目标，四川省主要依托“千村文化扶贫行动”及“文化扶贫示范村”创建活动完善文化扶贫基础设施及配套建设。

“千村文化扶贫行动”。“千村文化扶贫行动”具体包括支持建设 3700

---

① 参见《四川省文化惠民扶贫专项方案》，2015 年 10 月。

② 参见《四川省“十三五”脱贫攻坚规划》，2016 年 12 月。

③ 参见《关于打赢脱贫攻坚战三年行动的实施意见》，2018 年 8 月。

个贫困村综合文化服务中心，支持建设2500个贫困村文化室，新建1933个贫困村村级广播系统、2000个贫困村阅报栏，建成1000个村级农民健身工程等。2017年初，四川省启动“千村文化扶贫行动”，推动贫困地区文化活动真正实现有阵地、有队伍、有经费、有活动、有效果、有机制，完善贫困地区公共文化体系建设，促进全省文化均衡发展。

“文化扶贫示范村”。四川省“文化扶贫示范村”于2017年6月正式启动。“文化扶贫示范村”是为配合“千村文化扶贫行动”而开创的一种活动，旨在加强文化精准扶贫，创新管理运行机制，充分发挥先进示范引领作用，推动文化在脱贫攻坚工作中的积极作用，促进树立文明乡风，切实增强群众获得感。文化扶贫示范村基本实现了文化扶贫有阵地、有队伍、有经费、有活动、有效果和有机制的“六有”目标，为文化扶贫深入推进提供基本保障。目前四川已创建文化扶贫示范村511个，“结合贫困村脱贫摘帽进度，每年将集中推进3000个左右贫困村的文化基础设施建设”①。

“千村文化扶贫行动”“文化扶贫示范村”项目的持续推进，大大夯实了文化扶贫的阵地基础，使文化活动载体不断得到创新、体制机制不断完善，收到良好成效。2016年至2018年初，四川累计投入文化扶贫资金近20亿元，建成文化院坝6000余个，完成48万余户贫困家庭电视“户户通”、3900个行政村广播“村村响”建设，改造贫困县数字影院27个，建成县级应急广播平台22个，年均放映农村公益电影10万余场，年均建设农民健身工程1000个②，使贫困村村村建有农家书屋。到2020年，“四川88个贫困县、11501个贫困村公共文化设施将整体提升，实现县县有图书馆、文化馆，村村有综合文化服务中心，户户通电视、村村有广播、月月有电影”③。

---

① 《我省着力补齐贫困地区文化基础设施“短板”》，人民网，http：//sc. people. com. cn/n2/2019/1202/c345509-33595785. html，2019年12月10日访问。

② 《扶志又扶智脱贫干劲足：四川文化扶贫惠及千村万户》，《经济日报》2018年2月9日。

③ 《扶志又扶智脱贫干劲足：四川文化扶贫惠及千村万户》《经济日报》2018年2月9日；参见尹力《坚持精准施策推进文化惠民扶贫》，《四川党的建设》（农村版）2015年第10期。

（三）文化扶贫模式多——提升文化扶贫“软实力”

为积极开展文化扶贫，发挥文化扶贫在脱贫攻坚中的作用，四川在完善公共文化基础设施建设及配套工程外，还开展多种形式的文化扶贫，综合多方力量提升文化扶贫“软实力”。各地因地制宜，走出了自己独特的文化扶贫之路。

1. 注重人才培养，提升文化扶贫“软实力”

一是开展“千名文化站长培训工程”。为建立乡镇文化站服务效能长效机制，提高乡镇文化站长业务能力，切实打通公共文化服务“最后一公里”，2019 年 10 月 24 日，四川省启动了“千名文化站长培训工程”，力争用 4 年时间完成对全省乡镇文化站长的系统性、专业化、全覆盖轮训。这是四川省近年来规模最大、覆盖范围最广的一次乡镇文化站长培训，将为基层文化扶贫的可持续开展和效能提升提供人才保障。二是开展文化志愿者行动，补充文化扶贫人力资源。2017 年以来，四川发动文化志愿者行动，招募 46240 名文化志愿者开展“帮村行动”。广元市出台《广元市文化志愿者管理办法》，对文化志愿者服务坚持立足本土“招”、创新举措“管”、聚焦重点“干”、营造环境“促”，有效加快当地文化脱贫奔小康步伐。

2. 因地制宜，“农民夜校”形式多样

“农民夜校”在四川脱贫攻坚中发挥重要作用。四川各地因地制宜，丰富“农民夜校”形式，为贫困人口提供文化帮扶，提升贫困人口的文化素养及知识技能，取得了良好效果。在凉山州喜德县，驻村队员采用灵活多样的“农民夜校”形式开展文化素质提升培训，改变贫困人口陈旧的思想观念及不良生活习惯。如，冕山镇小山村驻村队员在晚上用唱歌、跳舞的形式寓教于乐，丰富农民的生活；贺波洛乡尔吉村驻村队员利用知识讲座及卫生评比对村民进行普法教育、宣传禁毒防艾知识及健康生活理念；德阳市以村民自身为导向，以村民自愿“点课”的形式，培养村民“自觉学习”的内生动力。彭州市以农民增收致富需求为导向，建立市、镇、村三级“农民夜校”，开设4种不同类型的农民夜校[1]，坚持按需开课，建立师资库，并派专人负责“农民夜校”管理工作。旺苍县坚持网上与网下结合，依托党员E－家和远程教育站点等平台，开办“网上夜校”、“掌上夜校”、夜校微信公众号，定期推送学习内容，满足农民个性化学习需求；举办“乡村法治大讲堂”，开办法律门诊、法治图书角，培训法律“明白人”，为“农民夜校”注入新活力。

3. 聚焦“精准”，探索文化扶贫新机制

什邡市以“四结合”打造“农村半小时文化圈”，成效显著。一是“软硬”结合夯实基础，二是“送种”结合激发动力，三是“上下”结合拓宽渠道，四是“智志”结合双扶加速。“四结合”模式促进了基本公共文化服务标准化、均等化、社会化。通过“科学设置菜单＋群众点单＋文化订单”精准服务方式，开展“送”文化下乡、戏曲进村和公益电影放映等活动。通过“专家＋文艺骨干＋群众”的精准培训方式“种”文化，文化扶贫“送种”结合打造“一镇一品，一村一特色”，促进了乡村文化振兴和富民增收。

雅安市双河乡延源村文化阵地“建管用”一体化、文化惠民活动常态化。一是开放运行。文化室由文化志愿者专职管理、免费开放，每天开放时间达到6小时，每周达到40小时。二是制度保障。健全文化室、图书室、广播室管理制度，由管理员承担文化院坝、文化室、广播室、电子阅览室、农家书屋管理工作，组建延源村文艺宣传队，积极开展文化宣传活动。三是积极帮扶。为充分发挥文化阵地功能，由文化志愿者主动帮助村民成立舞蹈队，辅导文艺节目、培养文艺骨干。2018年全年在村演出4场次，观众达2000余人[2]。

广元文化扶贫“六化行动”与乡村振兴有机衔接。一是立体化保障。

---

① 龚洋：《以“农民夜校”推进四川省文化扶贫的机制和路径研究》，《安徽农学通报》2018年第8期。

② 刘佳：《创建文化扶贫示范村、打造幸福美丽新名山》，《四川农村日报》2019年3月25日。

统筹规划“县乡村公共文化设施标准化建设工程”“百千万品牌活动惠民工程”，建立网格化文化扶贫任务清单，把文化扶贫纳入民生工程和民生实事，实行文化扶贫“一票否决”制度。二是标准化推进。统一规范全市贫困村文化室“七个一”和广播电视“村村响”“户户通”建设标准，做到规划实施督导验收一把尺子、市县乡村四级一个口径。三是长效化管理。为贫困村配备兼职文化管家、文化帮扶干部，建立业余文艺表演团队。采取设立公示牌、发放惠民卡、借助“村村响”等方式让文化服务项目家喻户晓，让文化设施开放定时常态。四是数字化引领。以“一卡通”实现农村图书资源共享，消除城乡图书资源的不平衡。以 IP 智能广播实现统一管理，有效解决县乡村三级广播互联互通的难题。充分利用电子阅览室，满足贫困村群众的数字文化需求。五是社会化支撑。搭建文化志愿者服务平台，常态化为贫困村提供文化志愿服务活动。六是综合施力。坚持乐民与扶智相结合、兴业与富民相统一，创作扶贫影视文艺作品，开展“欢乐乡村行”活动，培育乡村文化大户（大院），发展生态文化观光业，与乡村振兴有机衔接①。

4. 脱贫致富，文化扶贫助推产业发展

四川一直秉持“输血”与“造血”并重的扶贫理念，在文化扶贫上，除了扶持贫困地区文化基础设施设备建设，还积极推动贫困地区文化产业化，通过文化扶贫助推产业发展。2015 年 7 月，四川省文化厅对口帮扶的阿坝州茂县纳普古羌文化传播有限公司正式成立，中断了近 30 年的腊普村水龙节在该公司运营下得以恢复，初次开放就吸引了 2000 多人观光。北川县金龟村依托情歌节、牡丹文化旅游节等活动，以花、果、蔬、菌等资源引进企业，培育本地龙头产业企业；流转土地 1800 亩，带动 100 多户农民就近就地务工。2017 年，金龟村人均收入达到 9800 元，实现了全面脱贫②。德格县 102 个贫困村集体经济参与整合建设康巴文化中心展览园区。该园区作为文化产业的集聚高地，将逐步体现其带动效应，实现经济效益和社会效

① 《四川广元：探索文化扶贫新路径》，《经济日报》2019 年 5 月 24 日。

② 刘畅：《四川文化扶贫惠及千村万户脱贫干劲足》，新浪财经，https：//finance. jrj. com. cn/2018/02/09102124092363. shtml，2019 年 10 月 20 日访问。

益的同步提升，加快推进当地文化产业的发展，助推德格地域文化繁荣[①]。麦宿片区是德格县藏族传统手工艺文化保存最完善的地区。德格县着力打造麦宿手工艺扶贫车间，建立“产业园区+党建引领+龙头企业+扶贫车间+家庭作坊”的模式，不仅是对麦宿片区民族手工艺的传承和发扬，同时也增加了许多就业岗位，留住了劳动力。2015年以来，峨边县开展免费彝绣刺绣培训，帮助当地妇女就业脱贫。“为提高培训水平，峨边还引进了高校的专业师资进行系统培训。依托彝绣，峨边开发出30余种绣品及手工艺品，投入市场后，受到顾客青睐。目前，峨边已有6000余名彝族妇女从事手工刺绣，部分彝族妇女在县城区和各乡镇市场开设手工刺绣专卖店近30家，平均年收入达到3万~10万元。”[②]

5. 多措并举，发挥帮扶部门专业优势

在政府主导下，院校充分发挥智力优势结对帮扶，专业部门发挥专业优势提升文化扶贫质量。四川省社会科学院发挥智库优势，向对口帮扶的喜德县尔吉村、卓古村派出博士扶贫团队驻村扶贫，在尔吉村开展妇女健康与教育帮扶、法治专项扶贫，在卓古村开展幼儿爱国主义教育，取得良好效果。四川省文化厅充分发挥专业优势，组织省直文艺院团深入贫困地区开展优秀剧目巡演，组织“文化暖冬”、“送文化下乡”、“传家风、立家规、树新风”主题演出、农民艺术节惠民演出等各类演出活动200余场次；带动全省文化企业通过不同形式参与精准扶贫，项目总数达到180个，带动贫困村约600个，贫困户约3万户，贫困人口约8.9万人。

三　四川文化扶贫面临的主要问题

经过几年的探索，四川文化扶贫取得显著成效，但仍面临一些问题：贫

---

① 龙文强、杨超：《四川德格：撬动文化资源优势助力脱贫攻坚》，搜狐网，http：//www.sohu.com/a/334804260_244669，2019年10月20日访问。

② 付远书：《四川省：文化助力精准扶贫　非遗成为重要抓手》，中国社会科学网，http：//www.cssn.cn/wh/wh_wtsy/201605/t20160527_3025654.shtml？COLLCC=2709172588&，2019年10月20日访问。

困地区公共文化基础设施及配套、公共文化服务职能、文化供给模式等方面有待进一步完善，文化扶贫与精准扶贫的无缝对接需要加强，文化扶贫有待更加精准。

第一，公共文化基础设施及配套建设难以充分发挥作用。尽管对贫困农村的文化扶贫力度很大，文化基础设施建设基本完成，但难见成效。一些村的文化设施闲置，造成极大浪费。造成这种现象的原因是农村公共文化基础设施及配套建设不合理。一是公共文化基础设施及配套建设未考虑地区差异性。四川省贫困地区多分布在偏远的少数民族聚居地，受地理、历史等因素影响，不同地区、不同民族文化差异很大，特别是经济的快速发展，扩大了文化需求的差异。当前的公共文化基础设施建设“一刀切”，表面上看是实现了公共文化基础设施建设均等化、标准化，实质上“‘一刀切’的文化扶贫只会导致投入效益不对等的局面，投入产生不了效能，群众真正需要的依旧空缺，结果造成资源的严重闲置和浪费”①。二是农村公共文化基础设施及配套布局不合理，这也是造成文化设施闲置的主要因素。三是缺乏对公共文化设施的管理而造成浪费。当前，大多数贫困乡（镇）村的文化站（室）、配套图书室或农家书屋，以及多功能文体广场或文化坝子等缺乏专业及专门的运行和管理，设施设备毁损灭失造成极大资源浪费，贫困群众很难实际受益。

第二，基层文化人才队伍力量薄弱。一是贫困地区基层公共文化机构专职人员严重不足、队伍不稳定、服务水平参差不齐等问题比较突出，制约了公共文化服务质量的提升②。特别是一些偏远的贫困山区，乡镇工作人员编制原本就紧缺，政府各种服务性职能下沉，加上基层繁重而复杂的扶贫任务，很难有专职人员负责文化站工作，文化工作很难开展。二是村一级缺乏专门的文化工作人员（含兼职）。农家书屋无人管理、广播电视（电影）无人放映、文化活动室及文化活动坝子的设施设备管理和利用都不到位，文化

① 饶蕊、耿达：《文化扶贫的内涵、困境与进路》，《图书馆》2017年第10期。

② 廖恳、袁华、陈立华等：《文化扶贫面临的问题和对策探讨》，《行政管理改革》2017年第9期。

基础设施及配套功能发挥严重不足。

第三，文化扶贫不够精准。在文化扶贫实际工作中，文化扶贫很少考虑不同地区、不同民族、不同贫困户之间的差异性，很多地方的文化扶贫还限于“送”文化，如赠送图书、“村村响”、“村村通”等文化惠民工程[①]，这种方式未考虑文化需求的差异性，缺乏针对性、灵活性，并且服务水平、服务效率都比较低[②]，导致文化供给与文化需求矛盾加大，文化扶贫难见实效。功能辅助性的文化帮扶、内容层面的文化帮扶，以及文化供给与消费通道的建立，是精准文化扶贫体系建设的三个基本维度[③]。文化精准扶贫既要充分考虑不同地区、不同民族的文化需求，又要考虑老龄、低学历文化特困人口的接受程度。

第四，文化扶贫机制运行不畅。“农村公共文化管理体制中政府完全占据主导权，‘一言堂’现象普遍存在，这造成基层文化单位缺乏应有的自主权，管理体制缺乏活力，基层单位、普通群众参与管理的程度低下。”[④] 而一些贫困地区在公共文化服务供给上又往往缺乏统筹，各自为政，文化扶贫资源浪费严重。“不同层级的公共文化服务机构分级管理，封闭式运行，只对本级政府负责，较少考虑公共文化服务资源整合的问题。”[⑤]

四　促进四川文化扶贫的对策建议

针对四川文化扶贫存在的问题，建议从以下几个方面予以解决。

---

① 廖恳、袁华、陈立华等：《文化扶贫面临的问题和对策探讨》，《行政管理改革》2017 年第 9 期。

② 吴起立：《高校图书馆农村文化精准扶贫存在问题及对策研究》，《现代经济信息》2017 年第 2 期。

③ 章军杰：《中国文化扶贫四十年：从专项扶贫到精准文化扶贫》，《甘肃社会科学》2019 年第 2 期。

④ 人民论坛理论研究中心：《文化扶贫：新时代扶贫工作的重要内容》，《国家治理》2019 年第 3 期。

⑤ 廖恳、袁华、陈立华等：《文化扶贫面临的问题和对策探讨》，《行政管理改革》2017 年第 9 期。

第一，因地制宜，科学配置公共文化配套设施。一是根据各地情况，因地制宜配置公共文化配套设施，如果村民普遍热爱乒乓球，文化坝子可以建乒乓球台；如果村民喜爱篮球，每个村可以建篮球场。二是文化坝子合理选址，应当建于村民较为集中的地段，提高文化坝子的利用率。三是落实对公共文化设施的管理责任。

第二，完善体制机制，提升服务质量，加强贫困地区文化扶贫管理。一是加强协调配合，形成文化扶贫合力。单纯依靠文化部门难以实现文化扶贫的目标，必须加强文化扶贫的组织领导。完善横向跨部门协作的工作机制，整合资源，形成合力。纵向上形成省、市、县、乡（镇）、村五级联动，分工负责，职责明确的工作机制。探索形成省总揽、地市统筹、县区管理、镇村落实的工作机制，并加大考核问责力度。探索建立基层党组织的引领、驻村队员引导、村民自治的管理模式，切实发挥文化扶贫实效。

第三，加大人才培养力度，提高文化扶贫持久力。一是加大对乡镇文化人才的培养力度，形成人才培养机制常态化。二是培养贫困村自身的文化管理人才，特别是深度贫困地区，应当充分发挥驻村队员的作用，引导培养本村的文化能人。三是文化志愿者常态化，加强对文化志愿者的管理。四是注重对兼职文化人员的培养，提升兼职文化管理人员的能力。

第四，继续开展文化精准扶贫。针对当下文化扶贫供给与需求的矛盾，帮扶单位应当结合当地实际情况，坚持问题导向，因地制宜，提供有针对性、实效性和可操作性的文化扶贫措施。被帮扶地应当对贫困人群的文化需求进行全面了解，针对需求提供相应的文化帮扶。文化精准扶贫方式应当多样化，比如在文化基础较好的农村，开发“互联网+”文化扶贫模式，打造由手机 App、微信公众号、卫星数字等组成的多功能数字文化扶贫云平台。而在文化素质整体偏低的深度贫困地区，特别是三州地区，根据贫困人群对文化扶贫的可接受度，可采取先扫盲再扶贫的模式，有效强化文化扶贫效果。精准文化扶贫需要有效释放贫困地区的自我文化生产能力，推动由文化扶贫、教育扶贫、科技扶贫等单一维度向综合大扶贫的转变，形成贫困地区新的文化圈层并与当地社会系统形成良性的共生关系，最终实现可持续的扶贫效应[①]。

第五，建立有效的文化扶贫绩效评价机制。当前评价标准重在过程导向，主要以文化下乡举办的培训班次数、农家书屋捐赠的图书数量和投入资金量等评价文化扶贫效果，未对文化扶贫实效进行科学评价。众所周知，文化基础设施及配套建设只是为文化扶贫提供基础条件，扶贫实效还要通过相关措施才能显现。数字评价导向容易产生应付考核的工作模式，这种导向最容易造成文化扶贫资源的浪费。应当建立结果导向、定性与定量相结合的绩效评价机制，考虑贫困人口文化扶贫获得感等因素。

① 章军杰：《中国文化扶贫四十年：从专项扶贫到精准文化扶贫》，《甘肃社会科学》2019 年第 2 期。

B.5

四川冰雪运动产业发展报告

王世龙　焦　扬*

摘　要：　本报告聚焦四川冰雪运动产业发展壮大，从冰雪运动产业的概念内涵分析入手，介绍了国内外冰雪运动产业发展的主要经验和做法，深入分析了四川冰雪运动产业的发展现状，勾勒出了四川冰雪运动产业发展的坐标位置图。本报告认为，四川冰雪运动产业虽然发展前景看好，但存在着认识不足、场所缺乏、配套不健全、专业人才缺乏、运营风险尚存等问题，亟待加强组织领导、顶层设计、重点布局、群众普及，提升冰雪运动旅游的竞争力，强化冰雪运动场所运营的要素配置支撑。未来，建议四川深入贯彻落实“冰天雪地也是金山银山”发展理念，构建“一极四区”的冰雪运动产业发展格局，大力推进“冰雪＋赛事”“冰雪＋旅游”“冰雪＋表演”“冰雪＋文化”等跨界深度融合，加大新业态、新模式、新产品的市场供给，做强“安逸四川·冬游天府”品牌，重点打造一批冰雪旅游的目的地、重点项目、品牌节庆和赛事、精品线路、产业集聚区，形成引领带动、多点扩充的发展格局。

关键词：　冰雪运动　四川旅游　冰雪旅游　冬季运动

---

* 王世龙，博士，四川文化创意产业研究院助理研究员，研究方向为文化产业、文化旅游；焦扬，硕士，四川文化创意产业研究院科研人员，研究方向为创意经济、文化产业政策。

一 四川冰雪运动产业的发展现状

近年来，民众对冰雪运动好奇和追捧，使冰雪运动逐渐被越来越多的人接受和喜爱。随着我国冰雪运动“南展西扩”战略的推进，四川省引导社会力量投资建设冰雪场馆并提供冰雪运动培训，使开展冰雪活动的地域不断扩展，使四川省社会各界特别是广大青少年对冰雪运动的认识不断提高，不断吸引更多群众参与冰雪运动。

（一）四川冰雪运动产业的发展概况

1. 四川冰雪资源禀赋基础扎实

目前，四川省具有冰雪运动发展基础。川西、秦巴山区冰雪资源丰富，成都周边200公里范围内有40多座大雪山，贡嘎山、四姑娘山、亚丁等享誉全球。截至2018年，全省有各类滑冰场10家、各类滑雪场8家、旱雪场3家[①]，分布在成都、阿坝、广元、绵阳、乐山等地区，代表性滑雪场有大邑县西岭雪山、乐山市峨眉山、理县鹧鸪山、理县毕棚沟、茂县九顶山、都江堰市龙池森林公园、广元曾家山、万源八台山等。滑冰场主要集中在成都。目前成都有9块滑冰场，在全国同类城市中位居前三。除此之外，部分高校也开展了冰雪运动场所建设。随着冰雪运动的升温，一些新的滑雪场正在建设中。据统计，四川能坚持参与冰雪运动的人数在5000人左右，2016年四川各类冰雪运动场所共接待顾客22万人次，呈现出快速发展态势[②]。群众对冰雪运动认识的提高也带动了“冰上热”。

2. 四川冰雪运动消费快速增长

随着四川经济不断发展，休闲体育消费意识持续提升，居民消费进入差异化、特色服务化阶段，这为冰雪运动的发展提供了重要的支持。部分场所

① 薛剑：《冰雪运动让全民健身更“丰满”》，《四川日报》2019年8月8日。
② 柴慧敏：《冬奥会背景下四川省冰雪运动开展现状研究》，载《2017科技冬奥论坛暨体育科技产品展示会论文摘要汇编》，2017。

完善了相应的配套设施，提供衍生配套服务。一些父母主动让孩子参加冰雪运动类培训，消费习惯和消费结构也在进行着调整。可以说，冰雪运动产业已成为满足人民美好生活需求的重要活动阵地和情景消费空间。

3. 加快健全冰雪运动中介组织

2018 年 12 月 17 日，四川省冰雪运动协会在成都正式成立，四川发展冰雪运动又迈出了实质性的一步。四川省冰雪运动协会以全民健身为基础，以冰雪竞技人才培养为中心，以校园冰雪运动推广为核心，以各类冰雪运动赛事为引领，着力提升四川省冰雪运动的参与规模与质量，使冰雪运动与群众体育、学校体育有机结合，以加快四川省冰雪运动实现均衡区域发展格局的目标。四川省冰雪运动协会成立，是四川冰雪运动发展的一个重要里程碑，对于大力传播冰雪文化、弘扬奥运精神、促进西南地区冬季项目的推广与普及将发挥重要作用。同年，四川省冬季项目运动中心成立，细分冰雪运动各项目的协会亦在陆续筹建成立进程中。

4. 四川冰雪运动人才在联培中显露头角

四川于 2005 年就布局冰雪运动，召开了四川省首届冬季旅游发展大会，这是全国首次地方性冬季旅游发展大会。但四川受多种因素所限，冰雪运动产业并未发展起来。对此，四川省加大发展冰雪运动的力度，采取跨界、跨项交流合作以及联合培养等形式，组建起冬季项目冰雪运动队，在 2019 年第二届全国青年运动会冬季比赛项目中取得佳绩。宜宾籍选手何廷佳获比赛项目第三名；来自雅安的年仅 14 岁的宋佳蕊入选中国短道速滑队，成为这支冠军队伍当中的首名川籍运动员。此外，还有 4 名四川运动员在国家队训练，其中雪车雪橇有 2 人、冰球有 2 人①。

5. 四川冰雪运动产业发展格局初步形成

四川冰雪场地建设水平和市场化运营程度逐渐提高，冰雪运动参与和培训的需求逐渐显露，冰雪旅游已成为新的健身休闲方式。冰雪产业与其他多个领域协调发展，如体育旅游、运动培训、健身休闲等，形成了清晰的冰雪

① 薛剑：《冰雪竞技　四川来了》，《四川日报》2019 年 2 月 21 日。

运动发展思路——“人才选拔、赛事呈现、大众参与、产业化前进”，带动冬季旅游全面发展。公开数据显示[①]，2018 年全省 12 个市州冬季接待游客达到 5133 万人次，同比增长 6%；实现旅游收入 1020 亿元，同比增长 13%。

6. 冰雪运动产业助推四川经济社会发展

在各种政策红利释放下，资本市场看到了冰雪赛事为冰雪产业催生的巨大商机。四川滑雪场的增多、交通的便利、滑雪条件的改善等多种因素叠加，使人们对冰雪运动的热情空前高涨，正造就和培育一大批冰雪运动消费者，并带动相关招商引资，譬如有社会资本注入的两大冰上运动训练基地，正在绵阳市和遂宁市大英县兴建。从目前整体情况来看，社会资本投入冰雪运动的热情很高。冰雪运动通过产业链带动整体发展，为四川经济社会注入发展动力，正让冰天雪地成为金山银山，让冰雪产业成为相关企业和地方经济的新兴增长点，在市场强劲驱动下正不断演变为可持续发展的新亮点。

（二）四川冰雪运动产业发展的政策依据

习近平总书记高度重视冰雪运动的发展，强调冰雪产业是朝阳产业、绿色产业，冰天雪地也是金山银山，这为推动冰雪运动产业发展提供了重要遵循。

2016 年 11 月，国家发展改革委、国家体育总局、教育部、国家旅游局四部委联合发布《冰雪运动发展规划（2016～2025 年）》，预计 2025 年全国 3 亿人参与冰雪运动产业。“3 亿人参与冰雪运动”目标的实现意味着出现一个巨大的冰雪消费市场，未来势必将带动更多人民群众的广泛参与，让寒冷的冬季变成火热的冬季、运动的冬季、时尚的冬季。冰雪产业的发展将助推群众运动的兴起[②]。

为协同推进《冰雪运动发展规划（2016～2025 年）》的实施，2016 年

① 衡昌辉：《四川冰雪和温泉旅游节在海螺沟开幕》，《四川日报》2019 年 11 月 21 日。

② 柳阳：《我国群众冰雪运动发展策略研究》，北京体育大学博士学位论文，2017。

国家发展改革委等七部委发布《全国冰雪场地设施建设规划（2016～2022年)》，国家体育总局等23部门印发《群众冬季运动推广普及计划（2016～2020年)》，大力推进冰雪运动的发展。2019年，教育部发布《全国青少年校园冰雪运动特色学校基本要求（试行)》，给予申报创建冰雪特色校的具体要求与办法，鼓励有条件的北方地区中小学开设冰雪项目运动课程，促进青少年冰雪运动普及发展。

四川省大力支持冰雪运动产业的发展，相继发布了《四川省体育事业发展“十三五”规划》《关于加快发展体育产业促进体育消费的实施意见》《四川省全民健身实施计划（2016～2020年)》《四川省人民政府办公厅关于加快发展健身休闲产业的实施意见》《四川省冰雪运动发展规划（2016～2025年）（征求意见稿)》等多项促进冰雪运动发展的相关文件。可以说，已出台的关于冰雪运动产业发展的相关政策，为四川省冰雪运动产业发展提供强有力的政策依据。四川省文化和旅游厅在2019四川冰雪和温泉旅游节开幕式上发布《四川省冬季旅游发展愿景——四川省发展冬季旅游三年行动计划》，提出推进实施冬季旅游的“123”计划和“六大行动”。

（三）四川冰雪运动产业的结构特征

1. 四川冰雪运动场所的供给结构在优化，小规模冰雪乐园发展强劲

一是从大型的冰雪场地设施来看，目前高端的大型冰雪场馆供给不足，无法激发和有效满足市场的需求，但冰雪场地及设施在短期内将持续呈现出数量增长和质量改善的态势。二是小规模的冰雪乐园将持续发展，特别是当下的商业综合体正在寻找创新发展模式，冰雪乐园因规模比较小，可吸引优质的客流，已成为商贸发展中的重要项目，“商业中心 + 戏雪”的业态正在到来。三是依托于购物中心的滑冰馆在短期内将一直保持快速发展，特别是依托于购物中心的中小型冰场，将是未来冰场拓展的主流态势。冰场虽然本身不能为开发商提供快速的高额回报，但作为互动性很强的体验型业态，加上清凉的环境和景观观赏性，吸客能力强，能集聚大量的优质客流，为其中商户带来更多回报，可成为购物中心重要的顾客

休息区。

2. 四川冰雪运动的人群转化结构待提升，新增娱乐体验人群保持增长

冰雪产业未来的市场价值爆发，更多依赖于对冰雪运动市场的长期培育。在整个社会建立起现代冬季运动的生活习惯后，消费端才会开始出现爆发性增长。四川冰雪运动的市场培育，需要通过增加四川旅游参与人数和提升运动者的转化率，从而形成稳定的冰雪运动人群来实现。目前四川冰雪运动的参与人群和人次一直保持快速增长，同时青少年踊跃参与冰雪运动，夯实着冰雪运动的群众基础，新增的娱乐体验人群和初学者将在这几年保持快速增长，但目前存在一次性游客向冰雪运动者转化率极低的问题，需要行业通过改善服务体系，制定行业规范来改变。

3. 四川冰雪运动的产业链结构正在拓展变异，培训和装备火爆

冰雪运动就打造产业链而言，从传统来看，是指冰雪运动本身的产业链，包括上游产品研发、中游的宣传营销、下游的赛事培训等。对四川而言，目前产业链条上的培训环节和冰雪运动装备售卖环节火爆，譬如，随着成都人对冰雪运动的喜爱，售卖雪橇、滑板、眼镜、滑雪帽、手套等冰雪专业设备的运动商品店也开设在成都南门一大型体育用品商场，冰雪运动装备放在显著的位置，购买者络绎不绝。冰雪运动产业链正在进行拓展变异，业态的跨界融合引导冰雪运动同旅游、康养、互联网、传媒等融合延伸出的新的业态。业态的跨空间融合，依托冰雪运动开展如冰雪小镇、冰雪特色城市的打造，形成新的增量和新动能。冰雪运动产业链的现代化跨界融合，在四川省发展相对缓慢，仅有西岭雪山等少数点位进行了有效探索。

（四）四川冰雪运动产业的重点案例示意——西岭雪山景区

1. 景区简介

西岭雪山景区因“诗圣”杜甫的“窗含西岭千秋雪，门泊东吴万里船”而得名，现为世界自然遗产——大熊猫栖息地、国家森林公园、AAAA 级旅游景区、国家级风景名胜区。西岭雪山景区位于四川省成都市大邑县西部，地处四川盆地西部边缘山区，西南与雅安市芦山县相连，西北与阿坝州宝兴

县和汶川县交界，东北与崇州九龙沟相连，距成都市区 90 公里，面积约 482.8 平方公里。景区内最高峰为大雪塘（又名苗基岭），海拔 5364 米。

景区可分为前山（茶地坪）和后山（滑雪场）两条游览线路：前山以原始森林、飞瀑流泉为主，有约 20 个自然观景点；后山滑雪场片区以冰雪体验、山地运动、休闲度假、高山观景为核心业态。滑雪场景区设置为 3 个功能平台分区：第一平台为交通集散区，海拔 1300 米，地貌以峡谷、河滩、平地为主，提供停车、购票、换乘缆车服务；第二平台为运动休闲区，海拔 2200～2450 米，地貌为高山台地，面积约 7 平方公里，提供滑雪戏雪、运动休闲、康养度假等服务；第三平台为高山景观区，海拔 3200～3400 米，地貌以原始林区山脊为主，提供步行、观景（气象、地质、动植物）服务。

2. 滑雪场简介

西岭雪山滑雪场位于前述的第二平台功能区，年平均降雪厚度约为 80 厘米，雪季平均气温不低于零下 6℃。该功能片区群山环抱，四季基本无风，云层高度为 2700～3000 米，无阳光直射，体感相对舒适，有酒店、滑雪服务中心、内部交通、商业街、体验项目区及其他配套设施。

西岭滑雪场初建于 1999 年，在此之前西岭雪山前山区域作为观光型风景区已运营 15 年。滑雪场建设初期以弥补景区淡旺季差距为主要定位，仅有2～3 条初级雪道和少量拖牵。经历 2008 年“5·12”地震后，滑雪场通过 3 年灾后重建，投建新增连接第一平台至第二平台的快速缆车、游客中心、停车场、酒店、造雪系统、滑雪道等基础服务设施，2011 年至 2015 年进入年均增速超 30% 的快速发展期。2014 年至 2017 年，组织实施了第三轮雪道规划投建（含部分高级道及单板地形公园），并改建了第二平台至第三平台的快速缆车，形成了目前的总体配置规模。

雪场共有 7 条雪道，配置 24 台雪神品牌移动造雪机、39 支天冰雪枪、3 台凯斯鲍尔品牌压雪车（含 1 台公园车），以及知名品牌雪具 2500 套，提升设备包括 2 条吊椅缆车和 3 条魔毯，高低速分区合理，可同时容纳 2000 人滑雪，年接待滑雪人次 17 万～19 万。西岭雪场现为秦岭—淮河以南地区市场品牌较大、设施配套齐全的冰雪体验型度假区，并将逐步打造成为四季产品特征显著的综合性旅游目的地。西岭雪场 2016 年入选中国雪场 Top30，获得第一届“金雪花奖”最受欢迎滑雪场奖。

3. 滑雪场发展定位

依托西岭滑雪场 3 个平台的不同资源禀赋属性，通过分类定位 3 个平台功能分区和产品供给，分阶段构建了解决平台之间交通问题的缆车运输体系、以滑雪为拳头产品的四季体验性项目、提供短时度假体验服务的酒店配套三大主营业务结构，打造产品丰富、投资可控、业态完整的四季运营全产业链（其中缆车运输、体验项目、酒店度假为核心盈利业务板块），构建主营业务体系及核心盈利模式。从近 3 年的财报反馈情况看，西岭雪山滑雪场客流及营收的 65% ~70% 集中在冬季，形成了以冬季滑雪、冰雪体验为核心竞争力，四季可游的综合性度假体验产品格局①。

目前，“南国冰雪节”已经成为西岭雪山标志性 IP 之一，以配套设施完善、地理优势明显、冰雪体验舒适、项目体验多样、品牌积淀深厚等突出优势成为最具代表性的南方冰雪旅游目的地之一。在市场营销开展过程中，探索总结了旅游定价、营销渠道、旅游宣传等方面的具体营销落地策略，营销费用占比呈逐年降低趋势。

4. 雪场优劣势分析

优势方面。第一，区位优势。滑雪场距离成都市区 90 公里，车程 2 小时，成都市超过 1600 万的人口基数带来的人口红利及潜力巨大。据调研统计，本地市场（大成都范围）的游客占比达 65%，省内二级市场游客占比达 20%。第二，人文和自然资源丰富。杜甫“窗含西岭千秋雪，门泊东吴万里船”是绝佳的品牌宣传语。滑雪场区域分布了三个高差显著的梯级平台，冬无严寒、基本无风，适宜南方人体验冰雪运动；夏无酷暑，气温为 18 ~25℃，适宜避暑度假。第三，运营主体为成都市文旅平台公司，资源整合、品牌联手、产品组合高效便捷，国企背景提供投

① 伍斌、魏庆华、张鸿俊等：《中国滑雪产业发展报告（2019）》，社会科学文献出版社，2019。

融资助力，区域关系较为协调，重长期、重服务、重口碑。第四，西岭雪山滑雪场于1999年建成并开放。由于四川地区多数滑雪者的滑雪启蒙地是西岭雪山，因此，西岭雪山滑雪场在四川及周边地区具有较高知名度和品牌影响力。

劣势方面。第一，文创产品缺乏，现阶段对西岭雪山蕴藏的杜甫文化、熊猫文化、冰雪文化等的产品开发还停留在表层的观光游览和局部呈现，文化资源没有被深层次加工和研发成为有特色的文化创意产品，未能为企业创造有效价值。第二，雪场受大熊猫国家公园、国家级风景名胜区在规划、建设、环保、林业等方面法律法规的客观限制，雪道及娱雪场地扩建、新增建筑物及设施手续流程繁杂，周期较长，短期内无法实现扩大规模的预期。第三，客户群体对于滑雪运动认知有限，以初次体验居多，客户黏性不强，复游率偏低，客单消费相对偏低。第四，多年来在产品投入、市场营销方面偏重冬季，客户认知中西岭雪山仅是冬季可游，主流客户群体仍高度集中在假日期间，其他季节的市场发育、盈利能力相对滞后。第五，交通拥堵问题。自驾客户群体是主流，受山区自然客观条件所限，景区道路相对较窄，约20公里道路仅为两车道，冬季高峰期时常发生道路拥堵。第六，队伍建设稍显滞后，职工整体素质及能力有待提高，缆车、造雪、压雪、滑雪指导员类技术骨干存在储备不足、内部流动性偏低、结构老化的风险。第七，竞争分流加剧，冬季虽具有冰雪核心竞争产品优势，但四川省域范围已建成多家雪场并且正在规划建设新的雪场，不可避免造成客群分流和同质化竞争。

5.解析评语

西岭雪山发展的优势与挑战并存，特别是目前存在的七大劣势挑战，直接限制着冰雪运动产业的发展壮大，并且单独一个方面问题的解决，并不足以形成系统的解决方案推进冰雪运动的升级创新发展，因此建议从价值链增值、生态圈完善、冰雪文化传播三个维度，对西岭雪山的冰雪运动产业进行再审视，推进文体旅商融合发展；经济效益和社会效益并重，系统创新解决方案，努力将西岭雪山景区打造成为中国南方和西部的冰雪运动产业发展示范景区，发挥引领带动作用。

二　四川冰雪运动产业发展的痛点及风险分析

（一）对冰雪运动产业化的认识不足

一是群众对冰雪运动的认知不足。虽然群众对冰雪运动喜爱程度较高，但对冰雪运动的认知水平偏低，对于冰雪运动的参与度还不够，大多数人只是偶尔尝试，近九成游客以娱乐为目的，即“体验性群体大，但冰雪爱好者少”。二是政策制定者对冰雪运动服务业的经营规范认识不足。冰雪体育服务业标准化程度较低，冰雪运动资源的产业化发展思路不清、发展规划缺失。三是开发经营者对冰雪文化底蕴认知不足。冰雪运动产业是依托寒冷气候和丰富冰雪资源，融合非竞技性、休闲娱乐性、当地民俗特征的一系列文化体验、观感类消费活动的集合，带有一定非物质文化遗产属性。目前四川滑雪文化缺失，冰雪运动还远远没有融入国民生活中，亟待集中精力深度挖掘当地民俗，融入冰雪运动文化，加工和研发成为特色冰雪文化创意产品，不断增强文化黏附力，促进文化体育旅游的深度融合发展。

（二）冰雪运动的场所缺乏

四川冰雪场所缺乏，与此同时，还伴随其他相关问题。一是路程耗时的制约。调查发现，多个被调查对象表示居住地附近缺乏运动场地，大众平均每次运动花费时长为两个半小时，但去运动场所单程时长平均为三个小时，时间周期成为制约民众参与冰雪运动的重要因素。二是受相关政策的限制，滑雪场发展建设难。依据土地性质和《森林法》等相关法律条例，占用山地林地，砍伐、移栽林木，与环境保护存在一定矛盾，需要严格的审批手续，雪场新建、改扩建均存在一定困难。三是场所缺乏带来的项目形态单一、布局零散、协同创新水平低，直接导致冰雪产业整体竞争力下降，运动参与者雪场体验不佳。

（三）冰雪运动的配套设施不健全

四川冰雪产业存在停车位有限、交通不便、场馆建设不完善以及相关配套服务设施缺失等问题。究其原因，一方面受到土地、林地等政策的限制，雪具大厅、餐厅等设施的合法性难以确定，升级改造被禁止，接待能力难以提升；另一方面群众对滑雪场雪道的专业化水平和服务品质要求越来越高，对食宿休闲等配套设施完备和多样性的需求越来越丰富，滑雪场缺少相关升级配套设施。配套基础设施不完善，是影响冰雪运动产业项目发展的主要因素。

（四）缺乏冰雪运动专业人才

人才存量不足，缺少高素质的冰雪专业化人才队伍，致使冰雪市场发展受到限制。特别是滑雪运动对比其他体育运动来讲，只有滑雪场的专业技术人员懂得专业知识，才能降低滑雪爱好者的受伤概率。究其原因，一方面，冰雪产业宣传不足、用地难以得到保障，使得冰雪观光客成为忠实滑雪者的转化率不高，冰雪运动的普及度低、参与人少，影响冰雪产业的长远发展，影响了冰雪社会关注力度和人才培养力度；另一方面，“暖冬现象”增加了造冰雪的用水用电量，冰雪场运营成本压力较大，企业税负仍较重。另外，薪酬待遇不高，对专业人才的吸引力不足，不能给予专业冰雪人才培养以足够动力。

（五）冰雪运动产业运营的风险尚存

尽管四川省冰雪产业发展前景十分乐观，未来的冰雪节庆活动富集，但冰雪产业所面临的潜在挑战仍不可忽视，特别是在四川省冰雪运动产业化程度较低、产业构成不完整、产业增值链薄弱、生态圈结构脆弱、产品创新和迭代乏力的前提下，在“稳中求进”中防范各种风险，尤为重要。在四川冰雪运动产业运营风险把控方面，须重点防范如下风险：相关政策执行不及预期的风险，冰雪运动供给的投资不及预期的风险，市场培育不及预期的风险，体育跨界融合产业发展不及预期的风险，产业季节性运营风险。

三　关于促进四川冰雪运动产业发展壮大的建议

为深入贯彻习近平总书记关于“冰天雪地也是金山银山”的讲话精神，全面落实四川省委十一届三次、四次全会精神和彭清华书记在全省文化和旅游发展大会上的工作部署，促进四川冰雪运动产业发展壮大，要求深入贯彻落实新发展理念，提升冰雪运动产业认识，优化冰雪运动产业的顶层设计，把冰雪运动产业纳入文旅经济中心工作中来，进一步破除投资壁垒，引导开发冰雪运动产业，优化四川冰雪运动产业发展的土地、资金、人才等要素配置结构，推动现有冰雪运动产业主体补短板和提质增效，健全做强四川冰雪运动的产业链、价值链，推进跨界资源整合和综合施策提升融合力度，挖掘四川冰雪运动产业发展的新增量、新动能，支持采用大数据技术开展冰雪运动产业品牌精准营销，推进四川冰雪运动产业品牌的协同共振发展，构建四川冰雪运动产业发展壮大的品牌传播体系，完善冰雪运动产业配套，以增值链发展为核心推进产业生态圈演化升级，提高冰雪运动普及度。结合四川发展实际和要求，特提出如下政策建议。

（一）优化发展四川冰雪运动产业的顶层设计

坚持以习近平新时代中国特色社会主义思想为指导，全面贯彻落实党的十九大精神，以供给侧结构性改革为主线，坚持“发展、规范、提升、创新”并举，围绕优化布局、打造精品、业态创新、做强主体、着力补短板五个方面，主抓产业发展，重抓枢纽项目，紧抓服务提升，构建四川冰雪运动产业高质量发展的系统优化布局。一是加大力度对青少年群体进行冰雪运动习惯培养。二是发挥政府引导组织作用，提供公共服务，营造重视冰雪运动、支持冰雪运动、参与冰雪运动的社会氛围，着力推进冰雪运动产品供给侧的市场化结构性改革。三是支持因地制宜，采取适宜发展模式，坚持创新发展打造冰雪运动集聚区。四是加大对四川冰雪运动产业的统筹协调力度，推进冰雪运动产业与健康、休闲、创意、旅游等相关产业跨界融合发展、协调发展，形成特色和打造出特色优势，带动本地经济社会系统发展。

（二）加强对四川冰雪运动产业的组织领导

加强对重点冰雪运动产业及冰雪旅游项目的扶持、服务与督查。要主动加强体育、文旅部门与当地宣传、发展改革、财政、税务、旅游、民族、宗教、金融等部门的沟通协调，充分发挥文化旅游、冰雪体育等各类行业协会在信息服务、国际交流、人才培训、行业自律等方面的重要作用，形成各部门共同支持、全社会积极参与冰雪运动的良好氛围。大力发展冰雪体育组织，引导成立类型多样的冰雪运动中介及服务组织。依托各冰雪俱乐部，以短道速滑、花样滑冰、冰球和高山滑雪为试点项目进行职业化探索，引导社会资本投入建设冰雪专业化团队及俱乐部。进一步加大公共财政对冰雪运动产业及冰雪旅游发展的投入力度，带动社会投资，支持冰雪运动及冰雪旅游项目和基地建设。

（三）突出重点布局，大力推进冰雪运动的群众普及

引导相关市州教育、体育、文旅部门积极配合，共同制定相应政策，推进冰雪运动进校园。鼓励大、中、小学积极与冰雪场馆或冰雪运动俱乐部建立合作，开展冰雪项目进课堂活动，开设冰雪体育课程。鼓励各地依托当地自然和人文资源，深入发掘传统民俗冰雪项目。支持社会力量兴办冰雪运动俱乐部或冰雪运动培训学校，开展大众冰雪运动健身培训服务。重点构建“一极四区”的冰雪运动产业发展格局，即“大成都冰雪＋增长极”“大峨眉冰雪＋片区”“大九寨冰雪＋片区”“大秦巴冰雪＋片区”“大香格里拉冰雪＋片区”，打造一批冰雪旅游的目的地、重点项目、品牌节庆和赛事、精品线路、产业集聚区，形成引领带动、多点扩充的发展格局，基本实现冰

雪运动产业纵向产业链上下贯通，横向产业链相互支撑，使冰雪旅游产业综合实力进一步增强。

（四）实施冰雪运动旅游的竞争力提升工程

以产业融合为路径，实施“冰雪旅游 +”工程，立足部分市州的冰雪资源优势，以冰雪旅游小镇、冰雪旅游度假区建设为载体，加快推动冰雪旅游与文化、体育、休闲等相关产业融合发展。融合冰雪康养、冰雪运动、冰雪度假酒店、冰雪文创等多种业态，延伸到滑雪器材制造、滑雪场建设等，形成产业链条完备的冰雪旅游集群。

一是以成都市为核心，辐射周边的德阳市、资阳市、眉山市等地，依托西岭雪山等核心资源，加大与成都市及其周边的世界遗产、乡村休闲、山地森林、湖泊湿地等旅游资源的整合，集中开发“花水湾冰雪 + 温泉小镇”、“宝山冰雪 + 温泉小镇”、清平冰雪小镇、“麓棠冰雪 + 温泉休闲区”、“虹口山地冰雪 + 温泉度假区”等一批重点温泉旅游项目，鼓励“冰雪 + 温泉”旅游产业集聚，建成国际“冰雪 + 温泉”旅游休闲度假目的地，引领全省冬季旅游业的发展。

二是以峨眉山旅游区为核心，将禅修文化融入冰雪文化中，整合资源，山、泉、湖、林相融合，建设国际温泉度假目的地，推动“大峨眉”国际旅游区的建设。

三是以阿坝州为主，以成兰高速铁路建设为契机，依托大九寨的品牌优势和市场优势，大力开发古尔沟“冰雪 + 温泉”小镇、孟屯河谷冰雪体育基地等；加大招商引资力度，整合冰雪、温泉、遗产观光、藏羌风情、草原风光、森林雪山等资源，打造藏羌风情旅游项目，推动阿坝州旅游由以世界遗产观光为主向以“温泉 + 雪山 + 草原 + 风情”为特色的休闲度假旅游转型。

四是以稻城亚丁为主，辐射理塘、巴塘、乡城、雅江等县，依托香格里拉的品牌优势，在坚持生态环境保护的前提下，实施统一规划、分步推进战略，突出康巴文化，以“茹布查卡国际冰雪 + 温泉旅游小镇”为突破口，推动香格里拉国际精品旅游区的建设，带动甘孜州南部发展，促进甘孜州全域旅游发展。

（五）强化冰雪运动场所运营的要素配置支撑

积极落实党中央、国务院关于体育产业发展的土地、税收、水电气等方面优惠政策，合理安排建设用地计划指标。对冰雪旅游产业重点项目用地，可按国家有关规定分期缴纳土地出让金。规划建设能够承接国际、国内冰雪项目比赛、表演的四川省冰雪运动综合体育馆和阿坝冰雪训练基地。鼓励有条件的地方充分利用公园、校园、广场、社区等地建设可拆装式滑冰场。支持冰雪旅游企业采取项目经营权、收益权质押担保等方式扩大融资规模，鼓励和支持本土冰雪文旅企业、冰雪体育旅游装备制造业企业登陆“新三板”上市融资，缓解融资难题。

（六）推进冰雪运动产业的转型创新升级发展

推进四川冰雪运动产业的转型创新升级发展。首先，加大对冰雪项目人才的培养力度，引导建立冰雪人才信息库，鼓励冰雪人才资源开发和人才引进，培养冰雪运动专业化人才。其次，以塑造新人才、创造新业态、开发应用新技术、构建新模式、培育新主体的“四新”发展理念引领四川冰雪产业高质量发展，以改革创新的精神推动冰雪产业实现跨越式发展。一要大力发展冰雪赛事表演新业态，打造冰雪休闲旅游产业新业态，以冰雪为特色，推动各项“冰雪+”新业态工作。二要运用互联网大数据，通过引进、消化、吸收、再创新，来加快推动冰雪产业的技术进步。三要引导更多龙头企业参与冰雪产业的发展，利用现有的景区，植入冰雪运动的项目，改造现有的场馆，建立综合性场馆，改造场馆的功能，建立若干个冰雪营地、冰雪运动综合体以及小镇，带动冰雪产业发展的商业模式创新。四要大力鼓励新业态、新模式、新产品的市场补给，大力扶持和推动国有企业、民营企业更多的新主体来参与冰雪产业。

附表 关于冰雪运动产业发展的相关政策规划汇编

序号	文件来源	文件名称	发文机构	关键词
1	体经字〔2016〕645号	冰雪运动发展规划（2016～2025年）	国家发展改革委、体育总局等四部门	普及程度、竞技实力、产业体系较为完备、带动3亿人参与冰雪运动
2	体群字〔2016〕146号	群众冬季运动推广普及计划（2016～2020年）	体育总局、国家发展改革委、教育部等23个部门	南展西扩战略、区域间优势互补、突破时空局限、冰雪产业方兴未艾、社会各界广泛参与
3	体经字〔2016〕646号	全国冰雪场地设施建设规划（2016～2022年）	国家发展改革委、体育总局等六部门	设施建设、增加供给、提高质量、冰雪场地设施网络
4	教体艺厅函〔2018〕95号	全国青少年校园冰雪运动特色学校基本要求（试行）	教育部办公厅	校园冰雪工作、年度工作计划、校园冰雪运动、校园冰雪工作领导小组
5	川体发〔2016〕4号	四川省体育事业发展“十三五”规划	四川省体育局	川西北地区、普及群众参与、冰雪运动
6	川府发〔2015〕37号	四川省人民政府关于加快发展体育产业促进体育消费的实施意见	四川省人民政府	制定冰雪运动规划，发展滑雪、滑冰、攀冰等户外运动项目
7	川府发〔2016〕53号	四川省全民健身实施计划（2016～2020年）	四川省人民政府	推广普及，川西、川北，形式多样，社会力量
8	川办发〔2017〕72号	四川省人民政府办公厅关于加快发展健身休闲产业的实施意见	四川省人民政府办公厅	川西北冰雪运动聚集区、国际性、南国冰雪节赛事、健身休闲赛事服务名牌、秦岭南麓冰雪资源、茂县九鼎山、中国南方（秦岭南麓）滑雪场、项目群
9	在2019四川冰雪和温泉旅游节开幕式上的讲话	四川省冬季旅游发展愿景——四川省发展冬季旅游三年行动计划	四川省文化和旅游厅	冬季旅游，“安逸四川，冬游天府”品牌，冰雪旅游产业集群，传统冰雪旅游产品提升，现代冰雪旅游产品打造，节庆品牌培育

聚焦：文旅融合

Focus: Culture and Tourism Integration

B.6 四川古镇文化产业调研报告

李　军*

摘　要： 本报告基于四川古镇文化产业的现状，对四川古镇文化产业的分布、功能结构及市场价值做了全面的分析，重点指出2019年四川古镇文旅融合发展和文化产业加快发展的新态势，并结合四川古镇文化产业发展新态势和目前存在的问题，提出了相关对策建议。对策建议包括，创品牌以提升赛事影响力，明权责注重产权管理力，强管理提高风险防控力，重引导夯实公众参与力，抓统筹深掘文化传承力。

关键词： 四川省　文化产业　古镇旅游

* 李军，四川省社会科学院哲学与文化研究所副研究员，主要研究方向为文化产业、乡村旅游。

四川古镇文化产业与旅游产业互惠共生，体现了传统文化的独特魅力。从产业功能上讲，古镇传统文化产业与旅游产业功能相融合，构建了古镇文化旅游的坚实基础。随着时代的发展，城市文化产业资源开始向古镇转移，促进了古镇文化产业新业态的发展，带动了产业结构调整和消费观念的转变，这是城乡统筹背景下供给侧改革的必然结果。2019 年，中共四川省委、四川省人民政府发布《关于大力发展文旅经济加快建设文化强省旅游强省的意见》，提出实施文旅特色小镇培育工程，为古镇文化旅游发展带来新的机遇。四川省第一批 20 个文化旅游特色小镇名单中，古镇就有 18 个。根据文旅特色小镇的建设标准，文化的核心竞争力得以充分体现。四川古镇文化产业作为古镇文化旅游的坚强后盾，同样也面临时代的挑战。

一　四川古镇文化产业现状

（一）古镇文化产业基础

1. 基本概念

文化产业是指提供文化产品以及为生产和经营文化产品提供物资设备和智力服务的经济行业[①]。古镇文化产业是一个复合型概念，不能简单理解为“古镇 + 文化产业”，古镇既是文化产业的载体，也是文化旅游及文化产品的载体。古镇文化产业是文化产业、文化产品、文化旅游的整合。其中，文化产品既是文化产业的产物，又是文化旅游的配套产品，是文化产业和文化旅游的纽带。从古镇开发利用实践来看，将古镇文化产业解读为旅游文化产业或文化旅游产业，有利于文化产业和旅游产业的融合发展。从古镇管理服务职能来看，统筹文化产业和旅游产业，推进一体化管理和一站式服务，有利于四川古镇文化、经济、社会的协调、可持续发展。

古镇文化产业是古镇文化旅游发展的产物，也是供给侧改革的重要内

① 张海燕、王忠云：《旅游产业与文化产业融合发展研究》，《资源开发与市场》2010 年第 4 期。

容，一般来说，古镇文化旅游资源越丰富，开发利用越好，古镇文化产业发展越快，产业结构更加优化。四川古镇众多，截至2019年，四川共有国家级历史文化名镇31个、省级历史文化名镇63个、市县重点打造的古镇126个。四川古镇文化旅游发展水平不同，古镇文化产业的基础也完全不同。从文化旅游配套产品的开发，到大众创业、万众创新的“创客基地”的平台搭建，再到文旅特色小镇功能的融合，四川古镇文化产业逐步完善了体系化建构，发展为有别于城市文化产业的、体现跨界融合共享理念的文化产业集群。在实施中华优秀传统文化传承发展工程和乡村振兴战略进程中，四川古镇文化产业集群发展的优势也越来越明显。

2. 产业分布

四川古镇文化产业的分布并不平衡，总体来说具有如下特点。

（1）靠近中心城市的古镇文化产业相对集中，远离中心城市的古镇文化产业相对稀少。

例如距离成都20公里的洛带古镇，就有华侨城集团旗下的中国艺库、博客小镇，形成了集艺术展览、艺术研究、艺术品原创、艺术品拍卖等于一体的艺术文化产业链。而地处川滇之交的宜宾横江古镇，拥有很好的文化旅游资源，却很难形成有价值的文化产业链。古镇文化产业可以看作城市文化产业的一种转移。从市场配置资源的角度看，古镇文化产业围绕中心城市展开，更符合市场规律。

（2）交通发达的古镇文化产业发展较快，交通封闭的古镇文化产业发展较慢。

例如巴中市平昌县白衣古镇，因为成巴动车的开通，成功落地白衣家风家训馆和农耕文化体验园，打造了白衣音乐基地和《下里巴人》实景剧场。文化产业成为白衣古镇新的经济增长点。相比之下，巴中市通江县毛浴镇的文化产业发展就慢得多，虽然红军文化产业园初具规模，但很多文化产业内容还需要落到实处，即将开通的通万高速，或许能破解这一难题。

（3）依托风景名胜区的古镇文化产业内容丰富，偏离旅游环线的古镇文化产业品类单一。

例如广元剑阁县的昭化古镇，在国家5A级风景名胜区剑门关旅游环线上，所以古镇文化产业发展较好，而广元的清溪古镇，虽有青川老城的底子，但处在旅游环线之外，所以文化产业基础就显得薄弱得多。当然，古镇文化产业的分布还与行政区域规划及产业配置有关，例如成都市政府主导发展音乐产业，推出五个音乐小镇（龙泉驿洛带古镇、崇州街子古镇、彭州白鹿古镇、大邑安仁古镇、邛崃平乐古镇），并有计划、有区别地配置音乐文化产业，其规模之大、配套之完善、产业链之成熟，远非其他古镇零散的音乐文化产业可比。

3. 结构功能

古镇文化旅游的六要素——吃、住、行、游、购、娱——都可以与文化产业相关联，换言之，古镇文化产业贯穿于吃、住、行、游、购、娱的全过程，体现了设计、生产、销售、演艺和体验的多功能性。

（1）设计的功能

古镇是传统工艺品富集之地，不少工艺品就是在古镇上设计的，例如汶川县水磨镇的漆器制作蔚为大观，能工巧匠的工作室相对集中，很多漆器的设计就是在古镇上完成的。

（2）生产的功能

以古镇为载体的非物质文化遗产生产性保护，就强调了生产的功能，例如泸州古蔺县二郎古镇的郎酒传统酿造技艺，就是在生产中传承的，红军街上浓郁的酒香，熏得游客垂涎欲滴。

（3）销售的功能

古镇延续了集镇的功能，至今保存赶场的习俗，例如内江隆昌市云顶寨古镇，旧时有天不亮就开场的“鬼市”。据考证，“鬼市”有利于当地民众的夏布交易，刚刚浆好的夏布在阳光下会变硬，进而会影响夏布的价值[①]。现在的云顶寨不再做原材料加工，非物质文化艺术品的开发提高了夏布的文化附加值。

---

① 李军：《移民文化视角下四川古场镇的保护与发展研究》，《四川戏剧》2015年第11期。

（4）演艺的功能

古镇是民间艺人活跃的地方，说书的茶馆、表演川剧的万年台，都是传统演艺场所，甚至在街面上也能碰到行为艺术的表演及流浪歌手的弹唱。例如绵阳三台县郪江古镇每年的城隍庙会，都要邀请乡村川剧团表演《秋江》《逼侄赴科》等传统剧目；崇州元通古镇川剧爱好者协会更把传唱川剧当作每日功课，成为古镇文化旅游的一个亮点。

（5）体验的功能

古镇文化旅游本身是一种体验，古镇文化产业也具有体验的功能。四川古镇并不少见的陶瓷馆、竹编街、蜡染巷等，都具有 DIY 制作和体验的功能。龙泉驿洛带古镇的新西南陶艺文创产业园，把陶瓷的创意设计、生产、销售、体验传播“一条龙”地衔接起来①，诠释了四川古镇文化产业功能体系不断完善的过程。

4. 市场价值

四川古镇文化旅游的人气持续高涨。2019 年，洛带古镇、黄龙溪古镇、街子古镇、五凤溪古镇等天府古镇的年游客量突破 8000 万人次，仅 2019 年元旦期间，成都古镇游客接待量就相当于游客总量的 40%，其中洛带古镇共接待游客 17.3 万人次，黄龙溪古镇共接待游客 15.5 万人次，街子古镇共接待游客 12.08 万人次，平乐古镇共接待游客 9.5 万人次，五凤溪古镇共接待游客 1.8 万人次②。高人气未必带来高的经济价值。总的来说，四川古镇文化旅游的市场消费是偏低的，还需将游客增量转化为文化价值增量，告别几十元玩转古镇的低端消费模式。

（1）体现民俗文化节庆活动的市场价值

四川古镇各具特色的民俗文化节庆活动，是吸引人气的重要手段，问题的关键是如何拉动市场消费。例如洛带的水龙节、黄龙溪的火龙节，仅靠卖

---

① 侯雯雯：《让传统活下来，火起来——各显神通，打造人才“梦工厂”》，《天府文化》2018 年第 5 期。

② 殷航：《成都 19 个 A 级景区揽客超 113 万人次　三圣乡、洛带、黄龙溪前三》，《封面新闻》2019 年 1 月 2 日。

水枪、卖灯笼是不行的，还需把龙文化的演艺产业、龙灯点亮的夜经济价值体现出来，只有留住游客深度体验才能创造更高的市场价值。

（2）提升文化创意产品的文化附加值

古镇文化旅游产品琳琅满目，普遍趋同，缺少创造性、个性化的文化创意产品。提升古镇文化旅游业态，还需合理布局文化旅游的节点，优化文化创意产品的商贸口岸和消费空间，加强文化创意产品的品牌宣传，满足游客不同的文化消费需求，进一步实现文化创意产品的文化附加值。例如自贡沿滩区仙市古镇和遂宁大英县卓筒井古镇都是盐文化古镇，如果仅仅依靠盐商会馆、盐业遗址的博物馆展陈，体现不了市场价值，可以结合盐篓竹编、盐罐陶艺制作、盐结晶趣味化学教育、盐工业力学积木游戏等多种形式，开发文化创意工坊，推出科技含量高、体验感强的文化创意产品；也可以结合康养产业，开发盐水浴、盐理疗、盐文化养生会所，推出岩盐养生颗粒、井盐面膜等养生功能产品。

（3）实现内容产业的价值

古镇内容产业的兴起，不仅加快了古镇文化产业的价值转化，也实现了古镇文化事业的社会经济价值。例如大邑县安仁古镇引进康佳创投等公司入驻，建设双创孵化中心，开展高端 VR/AR 技术研发应用，落地光影产业园、影视音乐产业园等核心产业项目，在壮大文化产业的同时，积极搭建西部文化产权交易中心、文化收藏评估鉴定中心、拍卖中心、音乐艺术交流中心、文化产业研究院等平台，让文化事业的市场价值也得以体现。

（二）古镇文化产业类型

1. 内容创作

四川古镇内容创作类文化产业成果丰硕，既夯实了传统内容创作的基础，又体现了现代内容创作的创新。

（1）非物质文化遗产内容创作

非遗内容创作包括川剧、杂技、木偶、民族舞蹈艺术等，丰富了古镇非物质文化遗产内涵，推动了非物质文化遗产的活态传承。例如南充阆中古城（镇）的王皮影博物馆，不仅常演《张飞审瓜》《罗成招亲》《水漫金山》《千里走单骑》等传统剧目，还创作了一批适宜青少年欣赏的剧目和现代人物造型的皮影戏，如互动剧《迪斯科》、音乐剧《桃园结义》、儿童剧《不讲卫生的猪八戒》等，推动了皮影表演艺术的传承与创新。

（2）影视动漫内容创作

在四川古镇，影视拍摄已经不是什么新鲜事。泸州合江县尧坝古镇曾经拍摄了《大鸿米店》《泸州起义》《功夫骄子》等十余部影片。2019 年公映的电影《古镇风云》，将崇州元通古镇的特色与风情成功地推向全国。时尚动漫游戏富有想象力的创造，帮游客完成了从现实到虚拟的时空穿越。例如洛带古镇 2019 年推出的特色 IP 幸福场，就是以二次元动漫风格呈现的，让原本寂寥的仿古商业街区人气暴涨。

（3）内容保存服务

内容保存服务包括古镇文物保护单位、博物馆、非遗陈列室、纪念馆等保存服务。例如雅安石棉县安顺场古镇和甘孜泸定县莫西古镇，作为红军长征的纪念地，保存了大量革命文物，成为川西著名的红色文化旅游胜地。

（4）工艺美术品制造

工艺美术品制造包括古镇特色漆器、刺绣、竹编、金银器制作等，例如邛崃平乐古镇的瓷胎竹编，将陶瓷工艺与竹编工艺完美结合，制作成形状各异、美观实用的手工艺制品，受到游客欢迎。

2. 文化传播

四川古镇的生活节奏是舒缓的，随着时代的变迁，四川古镇文化传播的方式发生了很大的变化，直接影响到游客的文化接受和文化消费，逐渐形成了四川古镇古为今用、兼容并蓄、创新发展的整体形象。

（1）传统文化传播

传统文化传播实际上是人基于现场感知所获得经验的传播。从现象学来解读，四川古镇所表达的是一种寂静、孤独与时间①。游客通过身体本体感

① 魏珂、余斡寒、胡昂：《四川古镇现象学——场所与知觉的意义》，四川大学出版社，2016。

知传统文化，基于感同身受的体验传播，还需要多元媒介的参与。例如资阳安岳县石羊古镇的石刻技艺，在唐代摩崖石刻毗卢洞、华严洞、茗山寺造像的审美中传播，在古镇石雕匠走山串乡谋生计的口碑中传播，也在学者研究的文献、记者的采访报告、影视拍摄者的镜头下传播。作为本体的人的审美修养和旨趣、情怀和温度，让传统文化传播更具韵味和感染力，更有深度和厚重感。

（2）时尚文化传播

以传统还原生活的体验形式，打破了传统与现代之间的隔阂，衍生出创意文化的活力，实现了文化传播的经济价值。喜欢扮演动漫游戏角色的人选择四川古镇，是通过时尚元素表达中国风、巴蜀韵；时尚酒吧、电音俱乐部、网红店等选址四川古镇，是因为传统与时尚的共生迸发了新的创造力。时尚文化传播以高速、舒适、交互程度等元素填补了有限传统体验的空缺，作为文化传播的一种高级形式，体现了商业开发所不具备的创新性、独特性[①]。时尚文化传播也有传统文化内容，它以创新的形式推动了传统文化的保护与传承。例如，峨眉山市罗目古镇是一座没有完全开发的古镇，古镇上的居民保持着原有的生活方式，也享受着现代生活。古街上的三两处民宿都在古建筑形态上增加了创意元素：入口民宿为酒吧式，高高的吧台、厚重的条凳、蜡染的布帘、竹编的灯罩，阁楼房间空间不大却能给人温馨的感觉；中街民宿是茶会所，茶座的色调与古民居建筑色调一致，堂屋四周装饰着店主收集的各种茶罐和茶杯，上面的房间简单整洁而散发出茶叶的芬芳；街尾拐弯处民宿是书吧，珠帘之后书卷气扑面而来，木构的房间也颇为新颖雅致，时尚文化为传统建筑增添了色彩与生气。

（3）互联网传播

互联网传播极大地改变了信息传播方式，减少了信息的不确定性，对古镇的管理服务、业态升级、文化产品的精准营销，都产生了深远的影响。互联网传播最大的特点是信息双向和传受合一。传播主体呈现多元化特点，官

---

① 赵骏杰：《古镇传统文化与时尚元素的共生研究》，《旅游纵览》（下半月）2015 年第 16 期。

方机构、新闻媒体、公众人物、自媒体都可以成为传播主体。受众凭借新媒体平台充分行使话语权，由过去的被动接收信息，到集接收与传播二元角色于一身。古镇旅游者及时发布旅游图片，分享旅游体验，撰写旅游心得，为潜在旅游者提供旅游参考，为旅游文化产品的经营提供市场信息导向[①]。例如大邑县安仁古镇发展智慧旅游，借助网络平台，推进景区综合管理智能化，实现景区无线网络全覆盖。游客的预定、购物，景区的导视、讲解内容等都可以通过手机终端实现无障碍联通。四川古镇的智慧技术，正在向旅游全要素延伸，信息化服务已经发展为古镇文化产业的重要组成部分。

3. 文化娱乐休闲

四川人耍古镇，有自己的娱乐方式，也形成了独特的风景。熙熙攘攘的人群并不是为了买东西而来，而是享受逛街的过程，看看旧物什，尝尝老味道，徜徉慢时光，累了就到会馆敞开的院坝里喝茶、晒太阳、掏耳朵、摆龙门阵。茶馆请到唱川剧的、演杂耍的、说书的往往更能招揽人气。施坚雅认为，“中国的市场体系不仅具有重要的经济范围，而且具有重要的社会范围”[②]。古镇作为一个“基层市场社区”，也是一个文化载体，保存了许多“小传统”，成为传统文化及非物质文化遗产的温床。在这种市场环境下，还原生活的文化艺术产业及个性化的文化创意产品往往更受游客欢迎。

（1）文化赋能六要素，提升了娱乐休闲的品质

从“吃相因”到“吃文化”，从“住旅馆”到“住民宿”，从“公交行”到“自驾行”，从“走马观花游”到“深度体验游”，从“团购”到“智慧购”，从“娱乐”到“娱情”，无不体现了文化的附加值。例如黄龙溪古镇的“一根面”，不仅是一种美食，也是一种娱乐。拉面小哥妖娆展示一根面的制作过程，具有很好的娱乐效果，在互联网传播下，“一根面”的品牌价值就体现出来了。

---

① 张婷：《新媒体语境下四川古镇品牌传播研究》，《科技传播》2018 年第 23 期。

② 〔美〕施坚雅：《中国农村的市场和社会结构》，史建云、徐秀丽译，中国社会科学出版社，1998，第 40 页。

（2）多元文化融合，开启全民休闲新模式

古镇文化娱乐休闲也会根据不同的人群细分市场，有中老年人怀旧型产品、青年人浪漫型产品、儿童趣味型产品等。例如广汉市高坪古镇，以三星堆遗址为依托，配套温泉休闲酒店、儿童游乐园、音乐酒吧、情景演艺等项目，满足了不同人群的娱乐需求。

（3）文化 IP 的打造，推动娱乐休闲全面升级

四川古镇游是开放式旅游，体现了开放的视野。新业态的配置，推动古镇文化娱乐休闲更新换代。例如乐山犍为县罗城古镇，文化资源丰富。历史建筑凉厅街，犹如山顶一条船，云中一把梭。现在，罗城镇确定依托“中国的挪亚方舟”这一文化 IP，按照“一山”“一湖”“一船”的整体布局，突出文化特色，注重休闲理念，加快景区提档升级，实现偏远古镇的美丽蝶变。

二　四川古镇文化产业发展

（一）古镇文旅融合发展

1. 理念融合

四川古镇文旅融合，以古镇为载体，体现了文化理念与旅游功能的融合。

（1）融合生态理念，打造人文自然和谐共生的森林小镇

截至 2019 年，四川依次公布三批次省级森林小镇名单，共计 115 个，其中纳入森林小镇建设的古镇 11 个，约占森林小镇总数的 10%。森林小镇的生态理念，以生态文化为纽带，融入四川古镇生态旅游，突出了旅游功能的生态定位和配套产业的生态性特点，体现了四川古镇旅游日益增长的生态消费需求。

（2）融合艺术理念，打造艺旅融合的艺术特色古镇

艺术融入古镇，给予艺术家自由创作和文化交流的空间，给予古镇旅游者文化生活和艺术审美的体验。艺术又包括文学、绘画、雕刻、戏剧、电影

等，艺术融入古镇的方式不一样，赋予古镇的气质也与众不同。例如泸州尧坝古镇是美学大家王朝闻的故乡，尧坝古镇就确立了美学小镇的 IP；龙泉驿洛带古镇依托粮仓打造的中国艺库，成为古镇艺术产业集聚地；资阳安岳县石羊古镇，依托石雕艺术完成了石雕小镇的华丽转身；彭州市海窝子古镇借助古戏台打造川剧小镇，获得了游客的认同；大邑县新场古镇计划投资 166.2 亿元打造中国电影小镇，也徐徐拉开帷幕。还有很多融入艺术理念的四川古镇，虽然没有确立特色 IP，艺术产业同样得到大力发展，艺旅融合成为四川古镇文旅融合的重要方式。

（3）融入创意理念，打造乡村旅游创客基地

熊彼特（Joseph Alois Schumpeter）创新理论认为，创客是旅游资源中融入的一种全新的生产要素。创客带给乡村的不仅是知识、理念、技术、市场，更重要的是创新、创业、创意的认知高度①。创客主体是否青睐古镇，取决于创意的文化因子是否与古镇文化氛围相契合，取决于古镇兴旺人气是否带来市场商机。古镇“文化创意 + 高端民宿”创客模式，适合事业转型的城市白领；产学研创模式，更适合创业孵化的高校大学生。融入创意理念，还需要充分发挥不同人才在乡村旅游创客基地的主导作用。

2. 产业融合

古镇文旅融合的关键在于产业的融合。文化产业与旅游产业都具有“朝阳产业”和“无烟产业”的美誉，二者的内部属性决定了其融合发展的可能性和必要性。同时，随着人们物质生活水平的提高，对精神文化的需求也越来越高，单纯的参观游览已经无法满足当今旅游者的需求，在旅游过程中获得精神文化需求的满足才是旅游者开展旅游活动的最终目的②。古镇文化产业与旅游产业的融合，应充分考虑产业的关联性和市场消费的需求，做到“宜融则融，能融尽融”。

---

① 李冬：《基于因子分析的高校乡村旅游创客影响因素及模式研究》，《中南林业科技大学学报》（社会科学版）2017 年第 2 期。

② 翁钢民、李凌雁：《中国旅游与文化产业融合发展的耦合协调度及空间相关分析》，《经济地理》2016 年第 1 期。

（1）产业渗透发生在高科技产业与传统产业的边界，体现为现代与传统的双向互动

例如，宜宾翠屏区李庄古镇，将裸眼 VR、3D 技术融入文博体验项目，在古建筑内部还原旧时场景，给人穿越的情景感受；自贡沿滩区仙市古镇，将声光电科技用于彩灯装饰，打造奇幻酷炫的古镇夜经济，令人流连忘返；龙泉驿洛带古镇，开发直升机体验项目，融入航天科普亲子教育，展现了不一样的古镇之美。产业渗透不是强势产业侵蚀弱势产业，而是基于共赢的产业和谐共生。

（2）产业交叉，发生在文化旅游产业与其他产业的内部及其自然延伸部分，表现为产业功能互补和产业布局交错

例如金堂五凤溪古镇，是国家历史文化名镇，也是四川省森林小镇，文化旅游产业与康养产业在交叉中形成互补优势，市场竞争力明显增强。在文化旅游产业与康养产业的外延，如意湾艺术博览园、宏缘绿色小镇项目等，形成交错布局，展现了龙泉山东侧沱江发展轴的美好图景。产业交叉是一种跨界融合，体现了新经济的特点，有利于资本市场的运作，有利于新业态的发展。

（3）产业重组，发生在具有紧密联系的产业之间，表现为产业集聚和产业链整合

例如邛崃市茶园古镇，是茶马古道上重要的交易码头。茶是这里的优势产业，从上游产业的茶场，到中游产业的制茶作坊，再到下游产业休闲的茶馆，形成了一条完整的产业链。在政府的主导下，茶园古镇开始产业重组，以前各自为政的茶农、茶商开始整合产业链，打造地方特色品牌。产业重组更适合同行业抱团发展，与产品设计、包装等服务产业也能形成利益共同体，体现了产业融合的品牌价值最大化。

3. 市场融合

市场层面的融合主要体现在产业的市场运作、市场营销创新、品牌整合与培育、资本运营等方面。通过市场运作方式的整合，使某一区域的旅游产品和文化产品统一在一个市场知名度较高的品牌之下，提升产品的竞

争力[①]。

（1）市场运作整合

将以消费者为中心的文化产业市场运作和旅游市场运作进行整合，以统一的目标、统一的形象，传递一致的产品信息。例如巴中恩阳区恩阳古镇的文旅融合，就是通过整合历史文化、红色文化、民俗文化资源来塑造生态历史文化名镇形象的，文化旅游产业营销也围绕统一形象展开。在古镇西入口，通过打造米仓博物馆、家风家训馆等，还原米仓古道繁荣景象；在古镇北入口，打造以“文创、研学、休闲、展销”为主题的文化创意产业园，在营销整合中逐步解决发展难题。

（2）品牌整合

通过品牌的组合运用，提升核心竞争力。四川古镇文旅融合需要加强品牌的管理，形成品牌的合力。例如，宜宾市翠屏区李庄古镇，历史遗存丰富，螺旋殿等传统工艺四绝堪称奇观；作为抗战文化中心，承载了同济大学、中国营造社等名校名社的荣耀。李庄是首批国家级海峡两岸交流基地、第一批中国特色小镇。李庄古镇从来都不缺乏品牌，包括美食文化品牌李庄白肉、白糕、白酒等，如果各自为政，这些品牌就会湮没在千篇一律的商业文化之中，只有品牌整合、合理规划和管理，才能真正形成品牌凝聚力和市场竞争力。

（3）资本融合

国有资本、集体资本、民营资本以及金融资本的融合，为古镇文旅融合创造更好的融资环境。例如凉山州会理古城大力发展阳光康养旅游，通过项目引领，借力招商，变资源为资本，化潜力为实力，成功引进城南文旅康养新城、城东运动康养小镇等一批重大项目，协议引资182亿元，33个外来投资履约项目到位资金41.49亿元[②]，资本融合为文旅融合提供了有力支撑。

---

① 张海燕、王忠云：《旅游产业与文化产业融合发展研究》，《资源开发与市场》2016年第4期。

② 杨臣义、李秀丽：《凭借资源禀赋优势　争创天府旅游名县——四川省会理县发展全域旅游纪实》，《中国改革报》2019年6月28日。

4. 服务融合

服务融合是为了实现服务价值迭代优化，将不同领域的服务相互渗透、相互交叉，逐步融为一体，从而形成服务体系的过程。

（1）文旅产品服务融合

古镇文化产品大多可以归入旅游服务产品的范畴，需要适应古镇文化旅游消费需求，也要体现古镇文化旅游的特色。例如，甘孜理塘县勒通古镇是典型的藏文化古镇，实现了文化旅游产品的服务融合，其中有康巴人蜡像馆、民俗文化展示馆、藏式黑陶展览馆、仓央庄园等文博服务产品，有妮热编织、卓擦书法、濯桑布绣、格木石刻、唐拉泽翁·嘎玛噶孜唐卡等文化体验服务产品，有八一赛马会、理塘藏戏、锅庄、山歌等民俗展演活动，有传说理塘文化主题餐吧、藏文化创意体验民宿群等文化旅游服务产品。服务融合提高了服务的效率，便民服务深得游客之心。

（2）运管服功能融合

古镇文化旅游的运营、管理、服务有着众多的交叉，服务功能融合显得越发重要。例如，双流区黄龙溪古镇按照“统一规划、统一设计、统一招商、统一经营”和“规划、建设、招商、管理”四个步骤，同步实施、整体推进打造、运营、管理新型古镇，推动古镇景区的内部提升和景区管理的强化，取得了很好效果①。2018 年，黄龙溪古镇携手华侨城，进一步推进运营、管理、服务功能融合，打造农商文旅体融合发展新 IP，前景可期。

（3）智慧文旅服务一体化

这是一个全新的命题，是互联网、物联网、智能数据挖掘等技术在旅游体验、产业发展、管理服务等方面的应用，是一体化服务于文化旅游决策、经营、消费的全新旅游形态。四川古镇智慧文旅方兴未艾，一体化服务还有待进一步完善。成都周边的崇州街子古镇、大邑安仁古镇、邛崃平乐古镇等，率先融入“智游天府”平台建设，基于手机移动终端，通过“移动通信 + 大数据 + 物联网”的技术创新，融合景区导览、导游、导购、导娱、投诉等功

① 曾虎：《新型古镇运营的“黄龙溪模式”》，《当代县域经济》2014 年第 12 期。

能，将“吃、住、行、游、购、娱”旅游六要素融入“商、养、学、闲、情、奇”旅游新业态中，实现了全时全域、互融共通的智慧文旅服务一体化。

（二）古镇文化产业加快发展

1. 主导产业集聚发展

一般而言，四川古镇的保护与发展主要靠旅游产业，而旅游产业提质升级则主要看文化产业。随着古镇文化产业的特色性不断增强，逐步形成了决定古镇发展方向的主导产业。

（1）休闲产业

休闲产业包括旅游业、艺术表演业和娱乐服务业，是以满足人们休闲、娱乐等精神需求为主的大产业，其主要特点是“将文化资源转变成需要付钱的个人经历和娱乐”①。四川是休闲产业大省，古镇则是休闲产业集聚发展之地。例如郫都区三道堰古镇，因三道导水堰而得名，是都江堰“干—支—斗—农—渠”灌溉系统的历史见证，也是成都周边亲水主题休闲旅游目的地。三道堰最大的休闲产业是特色美食产业，因为水资源丰富，这里的河鲜闻名遐迩，形成了以“苗苗鱼”“黄辣丁”“炒大虾”为特色的餐饮产业的集聚发展区。其次是休闲度假产业，这里的湿地公园与古镇商业街区相连，促进了生态康养和休闲体育产业的集聚发展。2019 年，三道堰的休闲产业规模将超过 100 亿元，成为名副其实的支柱产业。

（2）音乐产业

音乐产业是四川的重点文化产业，纳入四川省财政专项资金支持，推出了四季音乐节品牌 IP。成都着力于打造中国音乐之都，大力发展音乐产业，2018 年实现音乐产业产值 397.86 亿元；2019 年，预计音乐产业产值突破 470 亿元。音乐产业的发展，让 5 个音乐特色古镇脱颖而出。龙泉驿洛带古镇借助成都天府国际机场区位优势，突出流行音乐元素，打造“潮流新驿站·音乐候机厅”；彭州市白鹿镇借助法式历史建筑的人文气质，突出古典

① 张曾芳、张龙平：《论文化产业及其运作规律》，《中国社会科学》2002 年第 2 期。

音乐的特色，打造“龙门山下古典音乐圣地”；崇州市街子古镇依托自然生态环境和民乐古琴的遗存，打造“民乐文创谷·音乐康养地”；大邑县安仁古镇依托刘氏庄园和建川博物馆，突出音乐文创，打造“国际音乐生活与创业社区”；邛崃市平乐古镇依托南方丝路古驿站资源，突出音乐休闲品牌，打造“南丝路”音乐小镇。

（3）文博创意产业

四川是历史文化大省，文化产业创新发展的重要目标就是实现历史文化资源的价值转化。文博旅游成为新亮点，四川古镇的文博创意产业也呈现集聚发展的趋势。例如大邑县安仁古镇，在建川博物馆聚落、刘氏庄园以及公馆一条街的基础上，大力发展文博创意产业，成为最有代表性的“博物馆小镇”。四川古镇本身就是露天式的建筑博物馆，每一个宫庙会馆、士绅商贾宅院，都是文博创意产业的原生态载体，历史文化、乡贤文化、非遗文化、农耕文化以及现代文化，都能在这里得到淋漓尽致的展现。四川古镇文博场馆的价值不在于门票经济，而在于文博创意产业及其衍生产品的价值。例如德阳广汉市高坪古镇三星堆博物馆的文创产品，多次获得国内外设计大奖，甚至成为网红创意产品，创造了品牌传播的奇迹和较高的经济价值。

2. 产业结构优化升级

四川古镇文化产业主要归属于第三产业，产业结构优化升级围绕市场展开，可以从市场结构、市场行为、市场绩效三个角度分析。

（1）市场结构调整

市场结构调整表现为外部环境变化对古镇业态、产品需求、营销模式带来影响。信息经济的快速发展给古镇文化旅游带来巨大影响，尤其是线上营销、线下体验、扫码支付模式的推广，推动了四川古镇产业结构的升级。例如龙泉驿区洛带古镇的市场结构调整，经历了客源市场主导的结构调整、政府主导的市场结构调整、产业市场主导的结构调整三个阶段。客源市场主导的结构调整推动了餐饮住宿行业、旅游产品的整合与规范；政府主导的结构调整减少了低端娱乐项目，增加了文化体验消费的内容；产业市场主导的结构调整促进了新业态的发展，提高了产品质量，通过品牌营销拉开了行业竞争者之间的差距。

（2）市场行为转变

市场行为转变表现为企业应对外部冲击和行业结构变化，推动管理革新，转变运营方式，调整业务范围的过程。四川古镇民宿行业的市场调整就比较典型，以前是开门待客，现在是网上预订；以前要占商业口岸，现在要讲环境氛围；以前打的是价格战，现在靠的是品质化；以前仅仅是住宿，现在增加了诸多体验互动。例如崇州街子古镇的沐念客栈，店主是服装设计师，服装设计的灵感让整个民宿显得时尚、个性与自由，互动式经营理念更为这里聚集了人气；在大邑安仁古镇的杨柳的院子，店主用各种各样的花卉和植物创意布置房间，并调整了业务范围，将精华浓缩在这个精致的院落；在龙泉驿洛带古镇香樟小院，店主依托车友俱乐部，营造了温馨会所的氛围，房间与美食都有特色定制，成为博客小镇最受欢迎的民宿。

（3）市场绩效变化

市场绩效变化主要指在产品成本、经营利润、市场份额等方面的变化趋势。四川古镇也存在文化旅游产品雷同、千篇一律的现象，这些问题在市场的自我调节过程中是有所改变的，以前一个常见的工艺品，卖出好价钱的现象并不少见，现在古镇上卖批发来的工艺品基本上是没有什么利润可言的，且市场需求量也在下降。例如，资中市铁佛古镇的制陶工艺源远流长，制造出来的陶器价格低廉，随着文化旅游的开发，铁佛古镇的陶艺工坊受到游客欢迎，游客自己制作的陶器即使再不美观，也会以远高于成品陶的价格买回去，市场绩效以微见著。当然，市场绩效并不是文化产业市场检验的唯一方式，古镇文化产业也有自己的发展规律。一般而言，大型文化产业不如小型文化产业的市场灵活，一般市场周期较长，回收成本较慢；而小型文化产业不如大型文化产业发展更长远，一般经营利润较小，市场竞争压力大。四川古镇特色排名之争由来已久，这是市场主导的文化软实力的竞争，起起落落十分正常，产业结构优化升级是一个不断完善的过程，任重而道远。

3. 服务产业品牌发展

服务产业包括基础服务、生产和市场服务、个人消费服务和公共服务。四川古镇逐步完善了基础服务和公共服务，在生产和消费服务环节，提供更多高文化品位服务、高增值服务、高精神享受消费服务，呈现出品牌化发展的趋势。

（1）高文化品位服务

四川古镇的文化魅力不仅体现为悠久的历史文化资源，还体现为高文化品位服务。例如，彭州市白鹿古镇打造的法式风情街，是依托天主堂（1865 年）、备修院（1884 年）、圣母领报修院（1908 年）三座历经沧桑的天主教建筑布局建设的，搭配有哥特式彩色建筑、酷炫的灯光、浪漫的西式酒吧、温暖的咖啡屋。游客能邂逅小清新的网红歌手，能领略原汁原味的法国古典音乐会。随着文化产业的发展，可以在越来越多的古镇体验不同于城市的高文化品位服务。

（2）高增值服务

四川古镇服务的提升还体现在增值服务上，餐饮配套了戏曲、文艺演出，民宿增加了温泉、亲子乐园等项目，游玩多了情景体验和互动项目，娱乐有了 VIP 个性化服务等。例如眉山洪雅县柳江古镇，有着清丽脱俗的自然山水，是休闲消夏的理想去处。就饮茶文化来说，游客可以躺在竹椅上喝盖碗茶，享受山泉冲刷足底的清凉；也可以坐在心洲岛书画院的古树浓荫下喝工夫茶，听古琴悠扬，闻翰墨书香；还可以登四大家族阁楼，斜倚美人靠品茗听戏，看光影斑斓。

（3）高精神享受消费服务

古镇是文化乡愁的载体，能勾起游客对远去故乡的记忆，这也促进了四川古镇深层次情景式体验服务项目的开发。例如大邑县安仁古镇的大型沉浸式体验剧目《今时今日是安仁》，总投资约 7000 万元，演职人员近 200 人，利用古镇上四个最大最具特色的公馆作为表演场地，融合当代艺术、戏剧、新媒体视觉等多种元素，再现了安仁古镇作为“西南外滩”的社会历史生活画面。当然，高精神享受消费服务是建立在古镇保护的基础之上的，否则就舍本逐末了。例如阆中古城南津关，原是历史文化厚重的渡口，为了商业开发而拆旧建新，虽然也呈现了一台街巷码头式的古装情景演出，所带来的精神愉悦的背后，是怅然若失的叹息。

三　四川古镇文化产业发展的问题与对策

（一）四川古镇文化产业发展的问题

1. 文化旅游资源保护与利用失衡

四川古镇文化旅游资源丰富，但并不是取之不尽、用之不竭的，要在保护的基础上加以利用。尤其是历史文化街区、古民居、古牌坊、古井、古树等物质文化遗产和传统习俗、传统艺术、传统技艺等非物质文化遗产，保护不善或开发过度，就会造成不可挽回的损失。例如广元青川县清溪古镇，为了发展文化旅游产业，对老街、古民居进行了颠覆性的改造，传统建筑构件只是生硬地附着在砖混结构之上，新建城墙高大而怪诞，仅存的古牌坊、古楼阁也加了水泥底座、粉刷一新。类似的现象在四川古镇并不少见。文化旅游资源保护与利用的失衡，不仅没有带来文化旅游产业的发展，还为古镇带来不可磨灭的创伤。

2. 文旅融合有待于深入

四川古镇文化旅游开发较早，历经几十年发展渐成气候。不少古镇很早就被评定为国家4A级旅游景区。高人气之下文化产业却没有与时俱进，导致可持续发展动力不足。2019年，四川省文化和旅游厅组织A级旅游景区复核检查。成都市黄龙溪古镇、宜宾市李庄古镇等老资格旅游景区赫然在警告名单之列。古镇文化旅游开发不是一劳永逸的，需要不断地优化升级，以适应消费者不断提升的物质精神文化需求。在旅游景区开发到一定程度之后，只能依靠古镇文化产业的发展，不断增强文化旅游的内生动力，提高文化旅游的服务品质，促进文旅深度融合可持续发展。在信息时代，不仅要关注游客数量的变化，更应关注消费品质的变化。随着文化产业比重的不断提高，古镇文化旅游的核心竞争力已经发生变化，只有文旅深度融合才能应对这种变化，坐吃老本注定被市场淘汰。

3. 行业竞争优势不明显

古镇文化产业是由市场经济决定的，也受到市场经济的制约，不是所有文化产业都适合在古镇发展。有些在古镇落地的文化产业项目，在同行业中的竞争优势并没有显现出来。例如影视产业在四川古镇的发展是分散的，几乎每个历史文化名镇都曾当过影视拍摄地，但并没有形成产业链，相比于横店、同里、镇北堡等著名影视基地，四川古镇影视产业几乎可以忽略不计。所以，四川古镇影视产业要整合资源，不一定要发展全产业链，但要整体布局、分工协作、融合发展。四川古镇文化产业要有大格局，无论哪一个行业，都要摒弃门户之见，规避恶性竞争，共建开放共赢市场，并结合自身优势错位发展。

4. 文化产品简单雷同

四川古镇文化产业在文化旅游市场上的体现是文化产品，从目前的情况来看，普遍存在文化旅游产品简单雷同的问题。文化旅游商品大多来自流水线作业，看似琳琅满目，但各个古镇所见大同小异。古镇手工作坊，无非陶艺、乐器制作、金银器制作、竹器制作等，街市更多的是各类酱菜、豆干、桃片、麻糖等食品作坊，虽然有体验的功能，却并没有形成区别性特征。古镇文化旅游需要品质化的文化产品，哪怕都是陶艺工坊，也要做体现所在古镇主题文化的产品。古镇文化产业需要培育自主创新的品牌，哪怕是小众的品牌产品，也能代表古镇文化产业的形象。

5. 文化消费的时空局限

四川古镇文化旅游依旧炙手可热，古镇文化旅游产业的消费市场却日趋理性。作为开放式的文化旅游目的地，四川古镇并未产生可观的文化消费收入，而且文化消费水平受到时空的限制。从时间上讲，工作日和节假日、白天和夜晚，古镇文化旅游消费是有很大区别的，而且绝大多数游客是当天游当天走，文化消费实在有限。从空间上讲，古镇文化旅游最热闹的地方是历史老街，而周边文化产业区域游客稀少。古镇旅游者的思维定式是玩转古镇，绝不是为了消费而消费，这就需要市场营销引导游客分流。事实上，四川古镇在经营旅游淡季、发展夜经济方面是想了很多办法的，也试图疏浚通道甚至改变古街走向来引导游客分流，但效果并不理想。改变古镇文化消费方式是一个环环相扣的系统工程，需要整体把握，统筹考虑生产、包装、营销、消费等各个环节。古镇文化产业只有接地气，得到游客深度认同，才可能产生文化消费经济的市场回报。

（二）四川古镇文化产业发展的对策建议

1. 以古镇文化产业促进传统文化传承发展

古镇是中国传统文化的载体，在城乡失衡、文化失根危机不断显现的今天，古镇依然坚守在繁华而匆忙的现代图景中，守望着乡愁。古镇文化产业包含了传统文化产业的内容，其目的是增强传统文化的造血功能，推进传统文化的活态传承与可持续发展。古镇文博产业就是为了让文物“说话”，阐述传统文化的渊源；古镇非遗产业就是为了让非物质文化遗产回归社会生活，重新焕发生机与活力；古镇文化旅游产业就是为了凝聚社会各界的力量，坚守传统文化最后的阵地。国家实施中华民族优秀传统文化传承发展工程，赋予古镇文化产业历史使命。统筹传承与发展大计，在文化传承的过程中发展，以文化产业发展促进传统文化更好地传承，则是古镇文化产业发展的方向。

2. 以古镇文化产业推动全域旅游发展

文化产业是古镇文化旅游的基础，其本身是没有边界的。古镇文化产业拓展了旅游产业链，成为全域旅游天然的纽带。全域旅游强调“四新”观念，即新的产业观、资源观、产品观和市场观，构建了全要素、全行业、全过程、全方位、全社会、全部门、全游客的基本框架①。在城市旅游和乡村旅游之间，在自然旅游与人文旅游之间，古镇文化旅游起到很好的过渡作

① 厉新建、张凌云、崔莉：《全域旅游：建设世界一流目的地的理念创新——以北京为例》，《人文地理》2013 年第 3 期。

用，古镇文化产业则成为体现“四新”观念、构建“八全”体系的重要推手。例如，崇州市就是依托街子、三郎、怀远、元通四个古镇，通过“文化旅游+”带动全产业链，进而推进全域旅游发展的。事实证明，没有文化产业的支撑，古镇文化旅游就会流于泛泛。以古镇文化产业推动全域旅游的发展，将带来新时代旅游具有深远意义的变革。

3. 以古镇文化产业助力乡村振兴战略

古镇是介于古城和古村落之间的聚落形态，其实质还属于乡村的范畴。新时代乡村振兴战略，提出了“产业兴旺、生态宜居、乡风文明、治理有效、生活富裕”的总要求和总目标，而这些目标，几乎都能联系古镇文化产业整体推进。产业振兴是乡村振兴的关键，古镇文化产业发展则是乡村产业振兴的重要内容，奠定了中华民族优秀传统文化复兴的物质基础。根据国家发展改革委牵头的《乡村振兴战略规划（2018～2022年）》的要求，《四川省古镇古村古民居古树名木保护规划》成为6个子规划之一，古镇保护与发展实践将关系到乡村振兴战略大局。古镇文化产业发展为古镇保护与发展提供动力，对于实施乡村振兴战略具有重要意义。

4. 合理规划布局，加快文旅融合发展

四川古镇不仅要有文化旅游规划，而且要有文化产业规划，在多规合一的过程中，注重产业整体布局，加快文旅融合发展。古镇旅游线路上要有文化产业园区、文化博物场馆、文化演艺中心等文化产业的内容；古镇文化产业的产品生产、设计、包装等环节，也要考虑旅游体验的过程；古镇文化旅游的吃、住、行、游、购、娱六要素，还需文化产业的融入推动，提高文化旅游产品品质，提升文化旅游服务水平。四川古镇亟须发展文旅融合的新业态，培育“旅游+非遗”的文化传承产品、“旅游+教育”的研学旅游产品、“旅游+文创”的文化旅游产品等，激发文化旅游消费潜力，增强广大游客的获得感、幸福感。

5. 优势产业带动，促进文化、经济、社会协调发展

古镇文化具有历史生成性，须联系自然、社会环境进行整体性保护。古镇可以选择适合自己的文化产业。优势产业的发展，不仅能推动文化旅游融

合发展，也能促进古镇文化、经济、社会协调发展。优势产业是根据经济基础而定的。古镇优势产业一般选择产值比重大、增长率高、技术性强、产业关联度高的文化产业。例如新都区新繁古镇，其传统泡菜制作技艺是省级非物质文化遗产，该镇以此构建了一二三产融合的产业链，泡菜产业成为绝对优势产业，并使该镇发展为四川首批非遗特色小镇。每个古镇都有自己的优势产业，产业集群化成为当今产业发展的趋势之一。除了政府主导下的产业集聚，还需要引导市场化的产业集聚，通过一二三产联动，带动古镇文化、经济、社会协调、可持续发展。

B.7 四川街头艺术表演调研报告

何胜莉*

摘　要： 四川街头艺术表演在公共文化事业和文化产业双重发力下蓬勃发展，呈现出表演种类丰富、参与艺人多元、点位覆盖广泛、品牌效应突出、发展前景良好、管理机制创新、社会认可度高等七大特征。推动城市音乐产业发展，助力国际“音乐之都”建设；推进文化旅游深度融合，发掘文化产业蓝海市场；提升城市文化国际形象，助力“世界文化名城”建设。面对这三大发展机遇，针对街头艺术表演存在的问题，提出如下对策建议：一，采取集中分散互补、流动固定互补的空间布局；二，规范制度管理，加强多部门协调联动；三，孵化优质成果，提升产业竞争力。

关键词： 街头艺术表演　公共文化　音乐产业　文旅融合

一　四川街头艺术表演的兴起

（一）社会背景

街头艺术，即在城市公共空间展示的一种艺术形式，是公共艺术的重要

* 何胜莉，四川省社会科学院文学与艺术研究所助理研究员，主要研究方向为文艺评论与文化产业。

代表，也是城市文化繁荣的标志。近代街头艺术在20世纪晚期蓬勃发展，主要活动地集中在欧美。在欧美许多大城市如巴黎、伦敦、罗马、纽约、巴塞罗那等，有较为集中的街头艺术展示区域。许多国家和地区都以许可或认证制度对街头表演的合法性予以了确认，并对职业型（以街头表演为主要收入来源）、半职业型（将街头表演作为兼职，赚点外快）和业余爱好型（将街头表演作为业余爱好，意在传扬艺术文化或表现才能、锻炼技艺，一般不要求路人的金钱施予）的街头艺人实施不同的管理方法。

在中国，街头作为培养社区情感和城市共同体意识的公共空间，之前一直受到压抑和侵蚀，四川也不例外。早期的街头艺人主要来自文艺青年、下岗职工、残疾人士、城市贫民、流浪者等社会群体，以卖艺为生，通常缺乏正规的专业训练和完备的演出设施，演出规模小、水准低，成为考验城市管理者的一道难题。

党的十八大以来，以习近平同志为核心的党中央高瞻远瞩推进社会主义文化强国建设。习近平总书记关于文化建设的系列重要论述，为四川省文化发展提供了强大的思想指引和根本遵循。作为全省文化事业、产业发展领头羊的成都随之提出加快建设全面体现新发展理念的城市，奋力实现新时代成都“三步走”的战略目标。围绕这一主线，成都确定了建设国家中心城市、美丽宜居公园城市、国际门户枢纽城市和世界文化名城的战略定位，“三城三都”（世界文创名城、旅游名城、赛事名城和国际美食之都、音乐之都、会展之都）成为实现成都世界文化名城建设“三步走”战略目标的重要实施路径。

正是在这一背景下，2018年4月，成都市将街头艺术表演纳入行政管理范畴，实施街头艺人持证上岗。经过一年半时间的运作，成都将街头艺术表演扩展到周边市县，引发社会各界广泛关注。街头艺术表演不仅参与者众多，表演模式也趋向多样化与多元化，除常见的歌曲演唱以外，还出现了美术（漫画、速写、行为艺术）、音乐（街舞、乐器弹奏、即兴音乐及原创音乐）、运动（滑板、街头篮球）、时尚（自创文化衫、服饰、泥塑、收藏工艺品）、手工技艺、曲艺（清音、扬琴、金钱板、竹琴、方言相声、快板）

等多种形式。作为一种文化传统和历史的延续，现在的街头艺术表演已经突破了传统“卖艺”的范畴，渐渐呈现“追求自我表现”取向。街头艺术表演由此拥有了多种积极的社会功能，为丰富城市公共文化服务，加速城市生活智能化，助力音乐产业，促进文旅融合提供了另一种途径。

（二）行业背景

四川街头艺术表演的蓬勃发展实质上是公共文化事业和文化产业双重发力的结果。本文以街头艺术最为发达的成都为例，说明四川街头艺术产生、发展的行业背景。

在文化事业方面，成都现有博物馆150个（其中国有49个）、文化馆23个、公共图书馆23个（全为国家一级馆）、剧场38个、广播电视台17座；有书店3522家，总量居全国第一；有12所音乐院校（或开设音乐专业院校）①。近几年来，成都市不断深化“国家公共文化服务体系示范区”建设，并以推进公共文化服务标准化、基层综合性文化服务中心建设两项国家级试点工作为契机，在公共文化事业发展中取得显著成效，已初步构建起“网络布局一体化、持续发展制度化、运行管理科学化、服务供给均衡化”的公共文化服务体系。在2017年出台的《关于推进县级文化馆图书馆总分馆制建设的指导意见》指导下，成都逐步形成“横向协同盘活社会资源、纵向主导实现资源共享、社会运营提高管理能力”的文化馆总分馆建设模式；成为全国公共文化服务大数据应用文化部重点实验室实践基地，以及国家公共文化云推广试点地区；开发“文化天府——成都市公共数字文化服务平台”聚集全域县级以上文化体验数据；提炼文化需求和审美趋势，启动建设的“文化e管家——成都市公共文化服务绩效管理平台”实现了对全市1747个图书馆、文化馆以及基层综合性公共文化服务中心的动态监测；打造出“成都街头艺术表演”“公共文化服务体验师”“公共文化服务超

---

① 数据来自《2019年成都市国民经济和社会发展统计公报》及《2019～2020中国实体书店产业报告》，http：//www. cdstats. chengdu. gov. cn/htm/detail_ 180953. html。

市”等具有行业示范性、推广性的公共文化活动品牌和案例；在全国率先发布文化小康指标体系。

在文化产业方面，自2018年以来，成都全面启动20余个标志性文创项目，授牌31家文创产业园区，实现文创产业增加值1459.8亿元，文创产业成为支柱产业之一；成功举办国际体育赛事40余项。自2016年设立市音乐影视产业推进办公室以来，组织4个音乐产业园区、5个特色音乐小镇。组织部分区县在广州、北京、深圳及成都开展专题招商推介5次，累计引进培育音乐企业1000余家，音乐工作室和音乐艺术培训机构分别突破1000家和2000家，引进重点项目近40个，投资额超160亿元。2019年成都音乐产业产值达481.19亿元，同比增长20.9%。2019年成都累计接待游客2.8亿人次，同比增长15.8%，其中入境游客380.2万人次，同比增长11.6%，实现旅游总收入4663.5亿元，同比增长25.8%。举办双创周、创交会、西博会等重大会展活动，实现会展总收入1332.6亿元，同比增长22%。“人才新政12条”为成都引来了大量的人才储备，新引进国家级专家34人，累计吸引超过26万名大学本科及以上学历毕业生落户，在大学生期望就业城市全国排名中位列第四（仅次于北京、上海、深圳）。

街头艺术表演作为一种亲民、便利、灵活、开放、时尚的全民艺术普及方式，为城市公共文化服务的深入拓展以及文化旅游产业的融合发展提供了一条新的路径。

美国、澳大利亚、英国等国家和国内部分省市以许可或认证制度对街头表演的合法性予以确认，并对艺术型、半乞讨型和纯爱好型的街头艺人实施不同的管理方法。颁发街头艺人执照或许可证，一方面体现了社会对街头卖艺作为一项职业的认可和尊重，另一方面也便于政府对街头艺人实施有效管理。各地的差异主要在于对街头艺人认证标准的严格程度，许可证或执照的发放标准、范围和数量以及对街头表演场所和时间的控制管理。各地对街头文化的认知和态度差异也导致了社会和公众对街头艺人的接纳程度差异，加之各地街头艺人的水平和素质参差不齐，政府通过上述具体管理方法的制定和调整来有效地维护公共空间的秩序。

二 四川街头艺术表演发展现状

四川街头艺术示范点位演出在2017年有3000多场。街头艺术表演正式合法化则始于2018年4月29日，当日首批47位街头艺人持证上岗。截至2019年12月，共招募10批（成都7批，都江堰、崇州、邛崃各1批）街头艺人，累计344组416人，开设了60个表演点位，开展演出4000余场，累计时长逾15000小时，吸引现场群众190万余人次；成功举办两届成都街头艺人音乐节（2018年10月、2019年10月）、一次年度街头艺术音乐嘉年华（2018年12月）、一次原创音乐作品音乐会（2019年11月）；孵化原创音乐作品100余首，其中街头艺人主题歌曲30余首、专业精品音乐作品5首；与四川电视台、成都市广播电视台、团市委“青年之家”、四川音乐学院、四川省歌舞剧院、城市之音FM102.6、腾讯音乐、网易云音乐、成都文旅集团、抖音、快手、酷狗、成都音乐小镇、樂音乐、梵木创意园等10余家平台机构建立了战略合作关系。2019年9月，“成都街头艺术表演”项目获得中国报业协会颁发的“四川十大文创品牌”称号。成都街头艺术表演已成为全新的城市文化品牌。按照2019年初发布的《成都市建设国际音乐之都三年行动计划（2018~2020年）》，至2020年，成都街头艺术表演点位将达100个，每年开展街头艺术表演2000余场次。

（一）表演种类丰富

四川街头艺术注重展示多样的表演类型，既展现深厚纯粹的文化历史底蕴，又丰富社会大众的视听感受。除了常见的声乐类和器乐类表演以外，还有曲艺类和非遗传统手工技艺类，体现了对传统文化的回归、传承与发扬。

调查问卷显示，目前四川街头艺术以声乐类和器乐类为主，包括古筝、手鼓、二胡、琵琶、笛箫等多种传统器乐，除此之外，还有相声曲艺和传统民乐。如来自成都麻辣盒子和哈哈曲艺社的两支相声队伍，首批招募街头艺人时就成功入选，演出点位遍布西村、宽窄巷子、IFS广场、春熙路等多个热门点位，积累了很多粉丝。向雪飞的金钱板、刘胜的陶笛、贾奎的呼麦也颇受游客欢迎。新兴的手碟、三人花式篮球等艺术形式也为四川街头艺术表演注入新活力。多元化的艺术表演丰富了街头艺术的表演种类，有利于街头艺术氛围的营造。

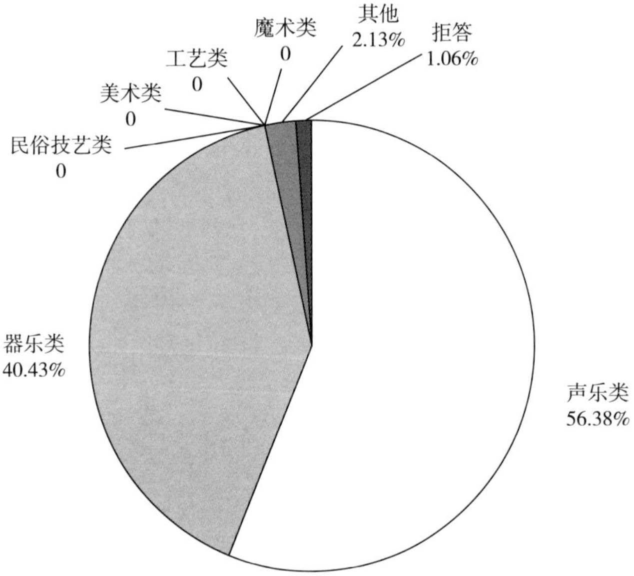

图1　四川街头艺术表演类型及占比

（二）参与艺人多元

四川街头艺人行业背景和地域来源广泛，专业水平较高。目前街头艺人队伍中有来自全国各地甚至海外的专业签约艺人、网红、独立音乐人、古风歌手等（如“快乐女声”全国八强潘虹樾、《中国好声音》浙江赛区季军夏豪、《中国好声音》学员褚乔、入围《星光大道》及《越战越勇》四川赛区10强的美食博主“火锅弟弟”陈欢、2017年开启《唱途》停留成都的独立音乐人猪大志、四川省歌舞剧院音乐剧演员郭颂兰），更有来自艺术、IT、医疗、教育、个体经商等各行各业的“斜杠青年”（即拥有多重职业和身份的多元生活的人群）。调查数据显示，艺人年龄主要集中在20～29岁和30～39岁两个年龄段（见图2），主要分属职业型、半职业型和业余爱好型三类。其中，业余爱好型占比最大，达46.81%（见图3），整体呈多元化和年轻化，体现出街头艺人们对成都的认可。

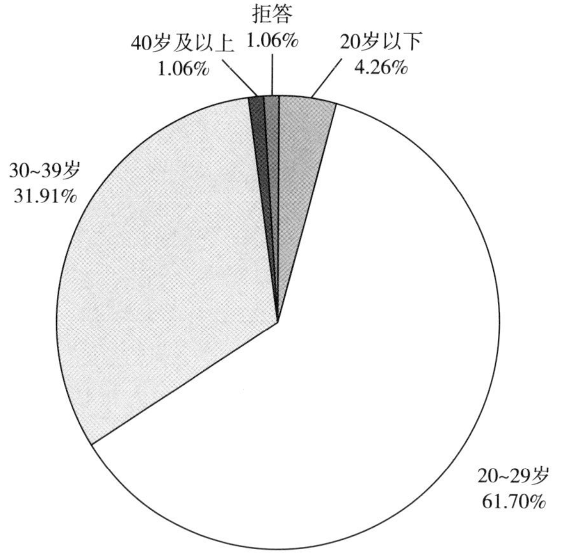

图2　四川街头艺人年龄分布

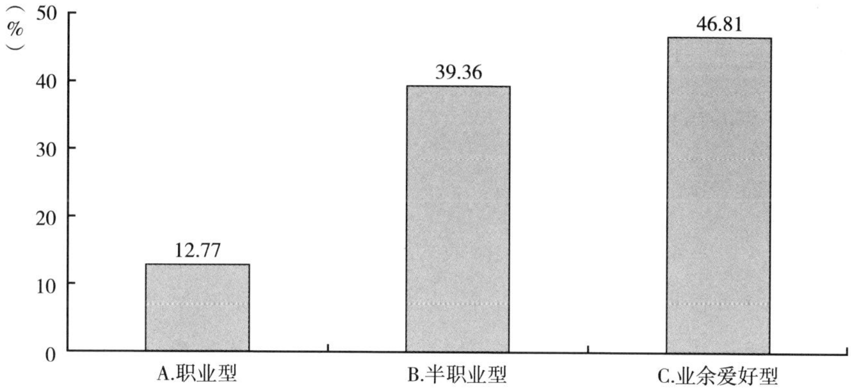

图3　四川街头艺人类型及占比

四川街头艺人储备量大。四川街头艺人通过“文化天府”App街头艺人平台招募，截至2019年底共招募10次，累计299组370人获颁许可证。报名人数逾1500人，其资料均收入街头艺人数据库。

表1　四川街头艺人招募情况

批次	招募时间	发证人数(组)
成都市第一批	2018 年 4 月	47
成都市第二批	2018 年 5 月	42
都江堰市第一批	2018 年 7 月	7
成都市第三批	2018 年 8 月	56
成都市第四批	2018 年 11 月至 12 月	26
崇州市第一批	2019 年 4 月	20
邛崃市第一批	2019 年 4 月	18
成都市第五批	2019 年 5 月	44
成都市第六批	2019 年 7 月	37
成都市第七批	2019 年 11 月	47

不难看出，通过公开招募，挖掘和吸引了一大批优秀的民间文艺人才，既给他们提供了展示自我的平台，又壮大了文化人才队伍，为四川省文化建设提供了人力资源保障。作为一种新鲜、活泼、时尚的文化服务补充，街头艺术表演起到了减轻公共文化服务成本，盘活社会优秀文化资源，拓展服务空间，提升社会效益等多重效用。这些新文艺群体和个体工作者被纳入政府有序管理和有效运行后，将焕发出极大的艺术创造活力和专业服务能力，成为成都打造“音乐之都”“世界文化名城”的民间助推器。

（三）点位覆盖广泛

成都街头艺术表演点位从最初的 8 个增至目前的 60 个，位于五大主城区和高新区，基本覆盖全成都人口最为密集的地方。除成都以外，2018 年 8 月，都江堰市首批通过复试的 7 名（个）街头艺人（团队）在南桥景区、西街口等地正式开展演出，标志着持证上岗的街头艺人首次覆盖三圈层。2019 年 5 月，崇州市、邛崃市完成街头艺人的招募，街子古镇和平乐古镇正式启动街头演出。目前正计划在旅游景区、音乐小镇以及音乐园区增加表演点位。相较国内其他城市，成都街头艺术表演点位是数量最多、覆盖范围最广的。以点带面，有助于形成最广泛的文化空间，促进全社会对城市文化的认同。

表 2　成都、上海、深圳、宁波街头表演点位对比

城市	数量	覆盖区域	周边区域
成都	60 个	金牛区、武侯区、青羊区、成华区、锦江区、高新区	都江堰、崇州、邛崃
上海	30 个	静安区、黄浦区、徐汇区、长宁区、杨浦区、闵行区、虹口区	无
深圳	1 个	福田市民中心广场(内含 6 个表演类展位、30 个静态类展位)	无
宁波	1 个	宁波老外滩国际时尚人文街区	无

点位选择慎重，同时考虑了街头表演市场现实和未来潜力。现有点位涵盖了目前成都街头演出最多的地方以及各个商业繁华区，另外，充分考虑了基层需求。点位分布在锦江区、金牛区、武侯区、青羊区、成华区、高新区 6 大片区，每个片区有 10 个点位，其中既有春熙路、宽窄巷子、天府广场、东郊记忆等标志性景点，又有财富中心、万达广场、凯德广场、龙湖北城天街、来福士广场、大悦城等商圈，还有西村、琴台路、玉林街 7 号、福字街口、明堂、洗面桥、七道堰、双水碾、紫杉路等生活文化气息较浓的街区，使成都市民在家门口就能享受街头艺术带来的文化氛围，让街头艺术融入成都市民的日常生活。

表 3　四川街头表演点位

区域	点位	类别	评测等级	点位	类别	评测等级
成都锦江区(10 个)	财富中心广场	商圈	A	蜀都大厦熊猫广场	商圈	C
	春熙路	商圈	A	牛王庙“艺哈”广场	产业园	B
	兰桂坊	商圈	A	中粮悦街	商圈	C
	锦华万达广场	商圈	A	永辉超市(锦江城市花园店)	商圈	A
	福字街口	社区	C	华润·幸福里二期地铁广场	地铁	B
成都金牛区(10 个)	驷马桥城中汇广场	商圈	C	蜀汉路欧尚金牛店	商圈	B
	金牛凯德广场	商圈	A	龙湖北城天街	商圈	C
	抚琴凯德广场沙湾店	商圈	A	永陵公园	公园	B
	金牛万达广场	商圈	A	银海中心广场	社区	C
	九里堤人人乐广场	商圈	C	欢乐谷广场	景点	A

续表

区域	点位	类别	评测等级	点位	类别	评测等级
成都青羊区（10个）	宽窄巷子	景点	A	新城市广场	商圈	B
	西村	产业园	B	明堂创意社区	社区	A
	文殊坊	景点	A	鹏瑞利广场	商圈	C
	优品道广场	社区	B	青羊万达广场	商圈	B
	少城视井	产业园	B	西单地铁	地铁	C
成都武侯区（10个）	来福士广场	商圈	A	吾悦广场	商圈	C
	大悦城	商圈	A	磨子桥小广场	商圈	B
	双楠伊藤洋华堂广场	商圈	B	清水河广场	公园	C
	音乐坊	产业园	A	洗面桥文化广场	社区	B
	南郊公园	公园	B	七道堰廉洁广场	社区	C
成都成华区（10个）	339电视塔	景点	A	双水碾公服中心广场	社区	C
	东郊记忆	产业园	A	建设路钻石广场	商圈	C
	万科魅力城	社区	B	华联东广场	商圈	B
	紫东芯座	社区	B	世茂酒店广场	商圈	B
	理工大学	学校	B	富林大厦爱尔眼科广场	商圈	C
成都高新区（10个）	铁像寺水街	景点	A	玉林西路	社区	A
	高新凯德天府	商圈	B	成都悠方购物中心	商圈	B
	银泰城	商圈	A	upark公园	公园	B
	凯德广场（新南店）	商圈	B	建发·鹭洲里	社区	C
	紫杉路步行街	社区	B	银泰中心in99	商圈	A
都江堰	南桥景区	景点	B	宝瓶口	景点	B
	西街口	商圈	B	七里诗乡	景点	B
崇州	街子古镇	景点	B			
邛崃	平乐古镇	景点	B			

注：评测等级以人流量、艺人收入为标准分为A、B、C三个等级。

（四）品牌效应突出

1. 开展焦点活动打开品牌知名度

（1）街头艺术表演试点月

2018年5月，首批47组街头艺人在成都市春熙路、宽窄巷子、西村、东郊记忆等9个点位开展了近300场演出，吸引观众约5万人次。

（2）首届成都街头艺人音乐节

2018 年 9 月 30 日至 10 月 7 日，联动国庆文化活动以及“蓉城之秋”成都国际音乐季，首届成都街头艺人音乐节在 339 电视塔举行启动仪式之后，在东郊记忆音乐园区等街头艺术表演点位和成都特色音乐小镇分别选设 60 个点位，安排 3 批次 140 多组街头艺人全部参与演出。同时与成都乐团、川音交响乐团合作，在全城各个地标性建筑开展多场“行进乐快闪”户外音乐演出。本次活动带来总计 308 场音乐表演，累计演出超过 600 个小时，超过 50 万人次观看。本次街头艺人音乐节还在“文化天府”微信公众号上设置了“为我的音乐点赞”票选活动，参与线上投票的观众超过 42 万人。

（3）在路上——2018 成都街头艺人音乐嘉年华

2018 年 12 月 28 日，“在路上——2018 成都街头艺人音乐嘉年华”在梵木创艺区・正火艺术中心一号馆举办。作为成都市首场街头艺人音乐年度汇报演出，本次嘉年华由成都市音乐房子文化传播有限公司董事长陈涤担任总导演，15 组街头艺人演出了众多原创作品。本次活动共有 100 多组（名）街头艺人、400 多名音乐爱好者、街头艺人粉丝现场参与。

（4）2019 年春节活动

2019 年春节期间，共 113 组艺人在成都 15 个演出点位完成演出达 192 场，累计演出时长达 416 小时，现场惠及市民达 20 余万人次，最多时一场人流量近万。其中，在 2 月 19 日“夜游锦江”活动中的街头艺人表演还吸引了成都市委书记范锐平一行人扫码打赏。

（5）街头音乐双城会演计划——南来蜀往

于 2019 年 9 月 14 日和 10 月 27 日分别在昆明和成都大悦城上演的街头表演秀由成都市文化馆与昆明街头音乐路演品牌“楽音乐 Street Show”联手推出。这是成都街头艺人开展的首次城际交流演出，共 12 组艺人参与，演唱 40 余首歌曲，表演总计时长超 6 小时，吸引现场观众 2000 余人次，获得四川新闻网、锦观新闻、今日头条、凤凰音乐、搜狐音乐、红星新闻、腾讯网、网易新闻等 10 余家媒体报道。

（6）第二届成都街头艺人音乐节

2019 年国庆期间举行了第二届成都街头艺人音乐节。成都街头艺人携手“小小街头艺术家”在 30 个点位开展了 214 场街头演出，共表演 438 个小时，吸引 16 万多人次观看。

（7）原创作品音乐会

2019 年 11 月 16 日，成都街头艺人首场原创作品音乐会在西部智谷开唱。此次原创作品音乐会有 9 组街头艺人参与，现场演绎街头艺人站上成都街头后的原创曲目，讲述成都生活与音乐梦想。现场首发原创街头音乐作品 MV《蓉城漂流记》，吸引 600 余人现场参与。本次原创音乐会在城市之音电台、“文化天府” App、华西都市报开展了互动赠票以及抢票报名等线上活动，累计浏览量达 267536 次，互动次数高达 3586 人次。《四川日报》《成都日报》《成都商报》《华西都市报》和新华社（客户端）等主流媒体进行了持续报道，累计发稿超过 30 篇。

另外，街头艺人还借力“蓉城之秋”成都国际音乐季、世界警察和消防员运动会、国际非遗节、汽车音乐节等各大音乐节舞台扩大影响。

2. 利用各种媒体提升品牌影响力

2018 年，成都街头艺人表演一经推出，就受到中央、省、市各级媒体的广泛关注和报道，《人民日报》《中国文化报》《光明日报》《四川日报》《成都日报》《成都商报》《大连日报》和新华社等媒体纷纷刊发各类原创报道 200 余篇，共收获阅读量达数百万人次。在百度网以“成都街头艺人”为关键词搜索出信息高达 120 万条。“成都街头艺人执证上岗”多次登上微博和抖音的热搜榜榜单，参与话题讨论者在 10 万人次以上。成都街道艺人专题纪录片《街头的“悦耳”风景》在成都电视台、香港卫视、台湾中天亚洲台、凤凰卫视欧洲台播出，在自媒体上也呈现刷屏态势。2019 年 1 月 11 日，中央电视台综艺频道在《文化十分》栏目以《十分深度　街头表演　成都城市艺术新常态》为题，报道了自 2018 年 3 月启动以来成都市的街头艺术表演活动。另外，成都市文化馆在其举办的“走近艺术”“文化超市”等活动中展示和推介街头艺人，并与成都电台合作开设专栏，以专题访谈的形式介绍街头艺人的音乐故事、街头感受和梦想，并播放他们的作品。这些音频作品还同步集中在喜马拉雅音频平台开设的街头艺人专区，增加成都街头艺人的媒体曝光率。

同时，街头艺术表演具有巨大的网络传播潜力。街头艺人的网络关注度很高，艺人利用直播、短视频等新媒体方式在短期内就吸引了大量粉丝。如，2018 年 9 月，杜沅栖、阿谦、火锅弟弟等 10 位成都街头艺人上线酷狗直播平台，以街头路演、音乐谈心的形式与网友见面，试运营一周，短视频播放量为 176 万次，新增粉丝 4797 位。街头艺人黄鑫开通的抖音账号两周内粉丝就达 20 万，单条抖音点赞量达 14 万，并登上抖音热搜榜单第 4 名。不少街头艺人从复试演出阶段开始就同步进行网络直播，吸引了大量粉丝关注。这些都为“成都街头艺人”扩大了品牌影响。启动一年多来，成都街头艺术表演已经成为城市现象级的文化景观及优质文化品牌。

3. 借助周边产品开展品牌营销

一是与专业团队合作设计“成都街头艺术”LOGO 并制作了表演证、宣传册、手提袋和定点物料，对项目进行整体宣传推广。二是开展了“成都街头艺人”主题曲征集、创作、录制工作，创作了 30 余首主题歌曲。2019 年 2 月 26 日，由网易云音乐原创视频工作室出品，成都市互联网信息办公室、成都市文化广电旅游局、成都市音乐影视产业推进办公室、成都市文化馆、成都市互联网文化协会协助拍摄的《MV log 音乐视频日志》发布。该片以 5 位成都街头音乐人（火锅弟弟、猪大志、石嘉佳、曾紫薇、杜沅栖）为主题，记录了草根音乐人的梦想和努力。2019 年 11 月 15 日，首张成都街头艺人原创音乐专辑在网易云音乐上线。该专辑包含五首歌：周二也的《蓉城漂流记》、洪荣川的《蓉城记》、猪大志的《少城一隅》、PENG 的《等我唱歌》、向显强和夏开开的《街头艺人之歌》。11 月 16 日，举办成都街头艺人首场原创作品音乐会，原创街头音乐作品 MV《蓉城漂流记》现场首发。这些都使街头艺术表演成为城市理想的品牌表达。

4. 助力公益活动传播品牌形象

随着影响力的不断增强，成都街头艺人成为助力公益的生力军。如 2019 年 5 月启动的关爱自闭症儿童的“向阳花计划”、天府新区慈善总会的

“新青年，心发声”慈善公益活动都得到了街头艺人的支持，不仅诠释了“创新创造、优雅时尚、乐观包容、友善公益”的天府文化，还有效传递了街头艺人的正面品牌形象。

（五）发展前景良好

街头艺术表演是一个在服务城市同时完善自我的过程。持证上岗的街头艺人走上街头表演，可以“打开琴盒”收取费用，不仅依靠才艺展示获得了大家的尊重，还能保证自己的收入，解决生存需要，获取更多收益。同时，街头作为一个不断磨炼技艺的平台，能够促进艺人专业技能的提升与完善，从而打通街头艺术的生存通道，形成街头表演持续开展的良性自循环。

1. 收入提高

调查问卷显示，街头艺人持证上岗后，收入基本都有增加，10.64%的街头艺人收入一度增长超过3000元。考虑到街头艺人大多并不只依赖街头表演这一项收入以及街头表演时间在艺人全部工作时间的占比，可以认为成都街头表演“自循环系统”基本建立，社会大众的付费文化消费习惯也在逐渐形成。

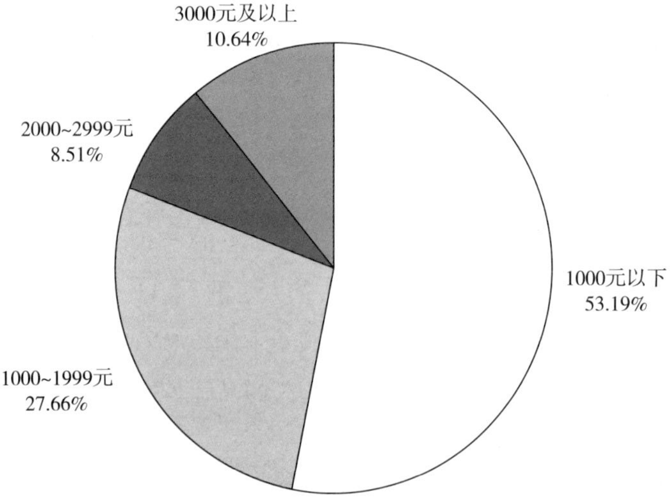

图4 街头艺人收入涨幅

2. 资源增多

调查问卷显示，分别有37.23%、7.45%的街头艺人对自己的技艺水平表示“较满意”“很满意”（见图5），97.87%的艺人愿意通过学习提升自己的技艺水平（见图6）。

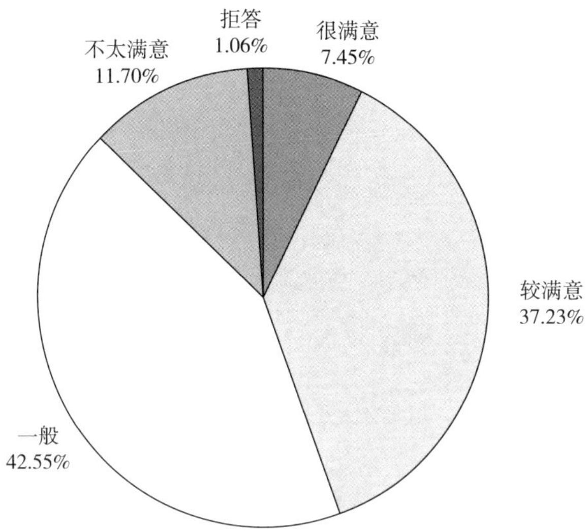

图5　街头艺人对自己技艺水平满意程度

对此，成都为街头艺人提供从技能培训到品牌塑造，再到优秀作品孵化的全生命周期服务，充分利用各种资源为街头艺人搭建多元化发展平台，以使街头艺术表演进入良性发展轨道。

政府激励措施包括如下内容：提供艺术培训（如成都街头艺术表演专家委员会专家培训，草莓音乐节、仙人掌音乐节大师课）；提供免费高品质音乐节（会）观摩票；将表现优异艺人表演纳入政府购买服务范围；定期组织开展街头艺术节，邀请国内外街头艺人交流沟通（如街头音乐双城会演计划——南来蜀往）；提供免费优质的录音棚服务；推荐参加大型音乐节（会）演出（如汽车音乐节、世界警察和消防员运动会、国际非遗节等）；加强与专业经纪公司的互动联络；不定期举办演唱会、音乐会，为街头艺人提供专业舞台（如成都街头艺人音乐嘉年华、街头艺人音乐节、原创作品

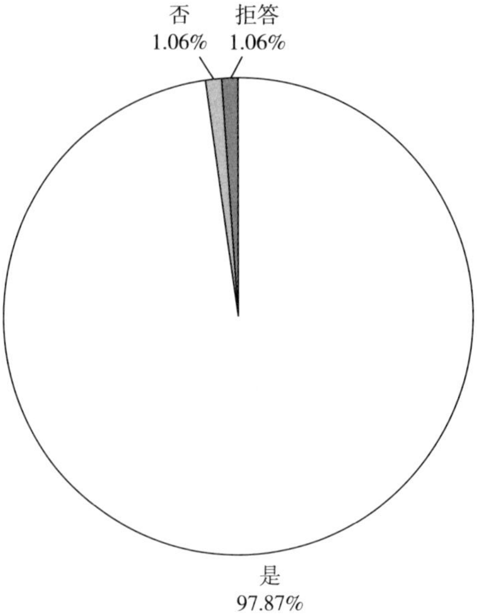

图 6　街头艺人是否愿意提升技艺水平

音乐会）；对表现优异、受群众喜爱的街头艺人进行评比奖励（如年度优秀原创街头艺人、优秀表演街头艺人、年度优秀街头艺人）等。同时，构建艺人微信交流群，举办音乐沙龙、座谈会、新歌发布会等提供情感关怀。

社会资源扶持也初见成效。目前，街头艺术表演项目已与四川电视台、成都市广播电视台、团市委“青年之家”、四川音乐学院、四川省歌舞剧院、城市之音 FM102.6、腾讯音乐、网易云音乐、成都文旅集团、抖音、快手、酷狗、成都音乐小镇、樂音乐、梵木创意园等 10 余家平台机构建立了战略合作关系，以图汇聚、孵化优秀的原创作品和演艺。这些平台都有资源整合、分发、运营优势，可为街头艺人持续创作优秀作品提供强有力的保障。至今已经孵化原创音乐作品 100 余首，包括街头艺人主题歌曲 30 余首，并专业打造精品音乐作品 5 首（首张成都街头艺人原创音乐专辑）。对艺人个体而言，登上抖音、酷狗、快手等网络直播平台，不仅意味着粉丝增长带来的打赏收入增加，更意味着后续商演、唱片计划等诸多红利。比如艺人杜沅栖上酷狗直播平台，仅中秋节一天即收获 1000 多名新粉丝，近 2000 元礼物。粉丝基数大、直播数据好看的街头艺人更是能参加酷狗公司的自制综艺活动，艺人原创歌曲可直接进入曲库打榜，走入主流视野。目前部分点位也已经和 YOU 成都、酷狗等音视频平台开展了直播试点合作，现场搭建艺人和粉丝的在线互动桥梁，取得了良好效果。

（六）管理机制创新

四川街头艺术表演经过市场探索，建立了合法规范的项目机制，形成了较为完善的管理机制。在实际操作中，文化行政部门及相关机构秉承“放管服”的理念，以“政府引导、市场推动”为基本原则，构建政府与市场良性互动关系，探索多元主体参与的公共文化治理及文化产业发展方式，利用数字化技术手段实现智能化管理，凸显了一种新型的城市文化治理理念。

表 4　成都市街头艺人表演项目责任主体及其职能

类别	责任主体	主体性质	职能描述
政府机构	成都市政府	政策主体	定方向、定原则、定战略，提供选拔、培训、管理等的相关经费和制度供给
	成都市文化广电旅游局	规划主体	统筹协调、整合资源、引导价值取向
	成都市音乐影视产业推进办公室	规划主体	
	成都市文化馆 区县文化馆	实施主体	策划组织、协调监督、专业指导、人员培训，引入社会第三方管理和专业技术力量，并担当上传下达、横向联系的桥梁作用
	城管	服务主体	协助服务
	公安	服务主体	协助服务
社会组织与企业	基层社区	服务主体	协助服务
	成都市文化志愿者协会	服务主体	日常服务和管理，监管、后勤保障与服务
	第三方社会专业机构	实施主体	项目日常运营、后勤服务保障，包括艺人演出排期、日常管理考核、组织主题活动、协调突发事件等
	企业	投资主体	平台搭建、培训参与、产业投资及运作
个人	街头艺人	实施主体	产品提供、公益参与、自治管理、自我提高
	公众	参与主体	尊重认可、共享消费

2. 社会参与扩大

四川街头艺术表演是社会力量以多样化方式参与现代公共文化治理的有益探索。这可以从艺人、企业、社会机构和民众四个方面来看。街头艺人来自各行各业，且多为业余爱好型，体现了社会各界参与文化事业、产业的极大热情，被纳入政府有序管理和有效运行后，为公共文化事业与产业发展提供了良好补充与拓展。四川电视台、成都市广播电视台、团市委“青年之家”、四川音乐学院、四川省歌舞剧院、城市之音 FM102.6、腾讯音乐、网易云音乐、成都文旅集团、抖音、快手、酷狗、音乐房子、小酒馆、成都音乐小镇、欒音乐、梵木创意园等企业、机构和街头艺术表演项目进行战略合作，提供了完善的产业链推广平台，是街头艺术产业发展必不可少的推手。民众的认可和参与（不管是直播点赞还是扫码打赏，消费者以支付少量资金的方式参与文化产品提供及传播）可以培养艺术消费观念，有助于带动和促进高水平、成规模的文化消费，促进城市人文素养培育。

3. 管理制度规范

成都市制定了《街头艺人管理办法》（试行），对街头表演的组织机构、艺人招募、培训、证照管理、积分制管理、考核体系等机制作了相关规定。制订了《街头艺术自律公约》作为街头艺术演出规范，街头艺人在持证上岗前必须签署。

4. 管理平台智能化

四川街头艺术表演的一大创新在于通过大数据等智能化的手段实施云端管理。全面启动智能化综合网络管理平台，一是依托“文化天府”App、“街头艺人”微信公众号正式启用点位网络排班系统、艺人出勤打卡系统、积分考核系统、观众互动系统，完成专家、艺人数据库建立工作；二是开设艺人展示专区、演出排表、演出 TOP 榜、演出视频、艺人直播等，同时开放粉丝评价功能，加强互动，搭建街头艺人之间、街头艺人与粉丝和社会机构之间充分沟通的桥梁，确保艺人的可持续关注度。

（七）社会认可度高

街头艺术表演逐渐成为城市艺术普及常态，为展现城市文化、提升民众音乐素养、满足人民美好文化生活需求奠定了良好基础。对2037位成都市民和游客随机发放的电子调查问卷（最终获得2021份有效问卷）结果显示，街头艺术表演获得了较高的认可。86.06%的人认为街头表演是一种健康的生活方式。82.87%的人表示欣赏过成都的街头表演。64.65%的市民和游客为成都街头表演付过费。而在付费的群体中，75.9%的人是出于赞赏街头艺术表演目的而付费。在“您如何看待街头献艺?”一题中，77.03%的社会大众认为街头表演是城市文化的一部分。此外，在“您认为成都街头表演水平如何?”一题中，我们用0～10分进行程度评估，“0分”表示水平很低，“10分”表示水平很高，通过问卷最终得出，27.15%、28.13%、27.79%的调研对象分别给出了10分、9分、8分。

三　四川街头艺术表演发展机遇

（一）推动城市音乐产业发展，助力国际音乐之都建设

2016年，成都市发布《成都市人民政府关于支持音乐产业发展的意见》，提出了培养音乐人才、培育音乐企业、繁荣音乐创作、孵化版权交易、打造音乐品牌、促进音乐消费等工作任务，并从2017年起，将支持音乐发展资金列入成都市文化产业发展专项资金预算（开创全国先例）。2019年初，成都市发布《成都市建设国际音乐之都三年行动计划（2018～2020年）》，提出“建设以高品质音乐演艺为核心影响力的国际音乐之都，力争用三年时间，不断提升成都在高品质音乐演艺领域的国际知名度和影响力”。

成都是全国拥有国家音乐产业基地的四大城市之一，拥有良好的音乐文化艺术资源和基础，聚集了大量音乐文化艺术人才和原创作品。2018年，成都举办了12场音乐节，举办量居全国第二（全国共举办263场），音乐产业产值达397.86亿元，同比增长21.69%；2019年，成都音乐产业产值达481.19亿元，同比增长20.9%，音乐产业呈加速发展态势。同时，约40个大中型音乐演艺场所以及超1000个音乐主题酒吧等小型场馆快速拓展了

城市音乐生活空间。街头艺术表演项目启动之后，通过整合城市街道、文化阵地、媒体等资源平台，广泛开展了以音乐类为主的街头演出。音（乐）旅（游）融合进一步丰富了成都旅游的识别度，为建设音乐之都助力。

1. 打造城市音乐品牌

经过一年半的发展，成都街头艺术表演引起全社会广泛关注，“成都街头艺人”这个 IP 逐渐建立并清晰。持证街头艺人中不仅有音乐爱好者，还有曾参加《中国好声音》《中国好歌曲》《星光大道》等电视节目的知名专业音乐人。他们的身影也出现在“蓉城之秋”成都国际音乐季、成都汽车音乐节等大型音乐节（会）上。2019 年 1 月，成都市委十三届四次全会审议通过了《中共成都市委关于弘扬中华文明发展天府文化加快建设世界文化名城的决定》，提出打造成都街头艺术表演、“蓉城之秋”成都国际音乐季、成都国际音乐（演艺）设施设备博览会等成都城市音乐品牌活动，并提出了“坚持高标准、国际化培育……持续打造成为世界性的音乐盛事”的要求。这为发展街头艺术表演、打造城市音乐品牌提供了契机。

2. 补齐现代音乐产业链

（1）形成音乐聚集融合效应

成都丰富的历史文化资源、众多音乐类高校的技术支撑、优势音乐产业项目的孵化培育等，是成都打造国际音乐之都的底气所在，也是盘活音乐产业不可或缺的前提条件。街头艺术表演项目的诞生吸引了全国各地的音乐人才，形成聚集效应。其智能化的管理模式也为传统、新兴音乐产业模式的融合提供了可能。

（2）释放原创音乐创作活力

音乐产业链能否良性循环取决于原创内容的生产与消费。激励创作优质的原创音乐，实现原创音乐的市场化和产业化，是推动整个音乐产业快速、健康发展的持续动力。众所周知，街头艺术是孕育原创音乐的土壤。在成都持证街头艺人中，原创音乐人和独立音乐人占比超过 20%，并且独立音乐人报名情况呈现递增的趋势。街头艺术表演项目正在吸引越来越多的独立音乐人和原创音乐人参加。实地采访中，原创音乐人均表示街头表演有助于他们获得更多创作灵感和传播推广原创作品。与音乐企业的合作也为优秀原创音乐人提供了线上线下双重平台。由此可见，街头艺术表演是培养原创音乐和音乐人才的土壤，可以极大释放音乐人的创作热情和活力，客观上起到了寻找、扶持、孵化优秀原创音乐人的作用。

（3）推动现代音乐产业链重构

成都市第十三次党代会以来，音乐产业的发展格局已经初步形成，音乐产业生态不断完善、提档升级。从产业的角度来看，“街头”并不是终点。未来，音乐演出的汇聚，音乐产业结构、服务体系的进一步优化，音乐人和音乐企业的孵化，音乐器材集散地的形成，版权环境的持续改善，原创音乐版权交易规模的扩大，才是街头艺术这株产业新苗成长壮大的理想状态。目前，在政策扶持和资本青睐下，街头艺术表演已吸引了酷狗、腾讯音乐、网易云音乐等知名企业主动参与，积极搭台，以唱片、直播、专门板块等多种方式为街头艺人赋能。可借着音乐产业从传统业态向以数字音乐为核心的新兴业态转型升级的机遇，重构音乐产业链，打造商业新模式，激发市场消费活力，推动成都音乐产业快速成长，实现“中国音乐之都”和“国际音乐名城”建设目标。

（二）推进文化旅游深度融合，发掘文化产业蓝海市场

街头艺术是城市文化传统和历史的延续。作为城市文化景观，街头艺术表演营造出了与全域旅游所倡导的“快旅慢游”“身旅心游”相适宜的城市人文环境，是文化和旅游融合发展的结合点，同时也是文化产业蓝海市场的突破口。

1. 文旅融合发展的结合点

（1）激发城市人文风情，增加城市温度美感，提升旅游吸引力

成都对街头艺术表演的规范化管理打破了以往街头文化发展举步维艰的困局，让街头艺术得以繁荣发展，激发了城市独特的人文风情，为传统艺术开辟新生渠道，为新兴艺术留下生存空间；解决街头艺人的生计问题，同时为街头艺人获得大众认可及潜在发展提供舞台和机遇，展现了城市的开放与

包容，增加了城市的温度和美感，不仅吸引了大批街头艺人，也吸引了各方游客。街头艺人的表演收费低廉或采取自愿捐赠的形式，也减轻了游客的经济压力，使其能低成本体验高品质的文化资源。

（2）开发活态文创产品，重塑城市文化地理，打造旅游新模式

街头艺术属于活态文创产品，犹如流动的艺术“盆景”点缀于城市的街头巷尾，美化了城市空间，丰富了城市生活，同时也将城市历史、人文、生态资源变成可感受、可体验、可消费的旅游产品。街头艺术的流动性、多样性以及与其他地标式人文、自然景观的高融合性使其可兼容传统文化的优雅从容和现代文明的前卫时尚，立体式展现城市魅力，串联城市景点。目前成都街头艺术表演在国内已经小有名气，成为成都的网红内容。

2. 开辟文化产业蓝海的突破口

（1）发挥文化产品输出的辐射效应

文化产品的输出往往可以发挥巨大的辐射效应，即“先抓人心，再卖产品”。街头艺术天生具有“抓人心”的需要和能力，也善于在潜移默化中让观众接受产品。街头演出所影响的人群以千万计，但它一旦融入成熟的文化产业系统，所影响的受众群体规模则可达百万甚至千万级别。成都街头艺术表演自开展以来，已向社会成功推销出传统曲艺、手工技艺和原创音乐等文化产品，构成了都市人文旅游景点，也成为传承非遗文化精髓的现场示范基地。街头艺人的原创音乐在人群中口耳相传，在网上屡获点赞，辐射效应指日可待。

（2）融合“音乐+旅游+文化+科技”业态

跨界融合能打造新的产业生态体系，催生新的经济风口。目前成都已经重点打造了4个特色音乐产业园区（武侯区“城市音乐坊”、青羊区“少城视听产业园区”、成华区“东郊记忆”国家音乐产业基地、龙泉驿区“321梵木创艺区”），并以“音乐+旅游”的发展模式，重点打造5座音乐特色小镇。街头艺术表演项目已与“城市音乐坊”“少城视听产业园区”“东郊记忆”“321梵木创艺区”等产业项目实现了初步合作。如果扩大合作范围，推动音乐与文化、旅游、体育、动漫游戏、影视、科技等产业融合发展，预

计能发掘文化市场需求，开辟文化产业蓝海。就目前而言，因为街头艺人盛行，乐器、音响器材的商机已被撬动，数字音乐付费用户也进入了一个快速增长的新高峰。与乐器、音响、道具、服装、音乐创作、音乐版权经纪（管理）和数字音乐等产业开展合作，聚集和培养音乐演唱、创作、研发、制作、传播、经纪等方面的本土音乐人才、音乐创客，都将推动街头艺术产业快速增长。

（三）提升城市文化国际形象，助力“世界文化名城”建设

一座城市的艺术气质决定着这座城市的审美高度和价值取向。街头艺术体现了城市的文化自信、人性温度和管理智慧，实践了艺术创作源于生活、表现生活的艺术内涵，是城市生活美学的时代表达和生动呈现，同时也是“世界文化名城”建设不可或缺的一环。

1. 提升城市文化效应美誉度

（1）体现城市文化的多彩、包容和时尚，塑造城市文化风格

街头艺术表演展现城市文化多元形象，丰富城市文化包容内涵，营造城市文化时尚氛围，是品质之城、文化之城、艺术之城、时尚之城的生动体现。成都规范化管理街头表演，不仅给高品质的民间艺术提供舞台，同时也给街道融入更多人文气息，让城市更有活力和灵性，是天府文化“创新创造、优雅时尚、乐观包容、友善公益”的最佳注脚。

（2）展示城市文化的传承、发展和创新，增强城市文化自信

街头艺术表演展示丰富的城市文化遗产传承，融合先进的城市文化发展经验，推动城市文化建设创新，是城市文化影响力的直观体现。街头艺术表演已成为成都的一张城市文化名片，是城市文化版图的有机组成部分。

2. 促进城市人文素养培育

（1）认可草根文化生存空间

街头艺术表演项目让民间草根文化走上街头台面，让群众喜闻乐见的街头文化继续传承。一方面通过规范的管理让鱼龙混杂的伪街头艺人从街头剥离出去，避免了不良风气和恶俗文化在社会上传播，另一方面通过严格的招

募程序将街头艺人收编成正规表演团队，让街头艺术更好地为大众服务。他们的专业表演无形中播撒了更多的艺术追求种子，不断提升人们的艺术审美修养，提高整个城市的文化水平。

（2）认可艺术消费观念教育

街头艺术的良性发展需要优秀的表演者和优秀的管理者，同时也需要优秀的观众。让市民与街头表演形成看表演要付费的默契，可以促进艺术生产与消费的大众化、生活化，培养大众（特别是下一代）的艺术消费习惯，从而让艺术成为生活必需消费品，让人们感受到文化和艺术就在生活里，从根本上提高市民的人文素养。

四　四川街头艺术表演存在问题与对策建议

（一）存在问题

1. 表演空间、时间受限

在调研过程中，73%的街头艺人反映目前的点位、档期不够，难以全面满足街头艺人对演出时段、点位的多方需求。

街头艺术表演项目在确定点位前，都经过了公开甄选、公示（以确保远离居民区，防止噪声扰民引发纠纷）、现场勘查（综合安全和人流的因素，对点位进行优化）阶段。但是，有些区域或时段即使安排了点位，也因为出现如下问题而导致公安、城管或街道不愿配合，街头表演即宣告流产。安保压力大。演出现场聚集人口过多，拥挤、盗窃等社会问题会出现。扰民问题出现。点位附近居民曾反映演出音量过大，存在一定困扰。演出场地紧张。当辖区其他活动和街头艺人表演冲突时，场地相对比较紧张。

2. 管理权限保障不够

街头艺术表演项目开展以来，文化系统一直与公安、城管以及区（县、市）协调沟通，力图让各方积极参与、主动服务，保证有演出许可证的街头艺人不被驱赶，可以有尊严地在街头表演。但在实际操作中，仍然有艺人被未及时协调对接的城管、保安驱赶或被促销商户占位的情况。由于文化系统并无执法权，必须依靠部门协作，对上述情况无能为力，导致了对街头艺人的合法演出保障不够到位。在我国文化服务体系建设中，街头艺术表演管理方面尚存在政策和立法空白，缺乏监管体系，对资源联动整合、多部门协作也无相关规定，导致街头艺术表演管理无法可依。

3. 产业价值有待开发

街头艺人的收入取决于节目质量、地段等因素。目前除了猪大志（史宇翔）、蓉城女儿、两粒尘埃、黄鑫、火锅弟弟（陈欢）、杜沅栖、蒋超、钟声等明星艺人外，大部分街头艺人收入平平。不考虑已经签约的专业艺人，在街头艺术表演项目中被企业挖掘并包装开发的艺人仍属个别，像赵雷那样凭借一首《成都》蹿红大江南北从而被发掘的经历是所有街头艺人的梦想。总而言之，不管是艺人个体，还是街头艺术表演群体，其产业价值都有待开发。

（二）对策建议

1. 采取集中分散互补、流动固定互补的空间布局

人流量大的地方可适当安排附近几个点位的艺人组团演出，兼顾现场和直播的需要；与成都地铁传媒合作，在地铁站开设表演点位，探索“演出＋快闪＋视频投放”相结合的表演模式；在周边区（县、市）、音乐园区、音乐小镇以及网红点（如热门景点、文化特色场所、机场、天府绿道等）增设点位，满足市民特色化音乐文化生活体验需要；部分原社区点位改为流动点位，根据实际情况与当地相关部门协商后换位；建立街头艺人交流示范基地，设置集中点位；增加室内点位；向三圈层延伸覆盖，与绿道旅游连接点结合设置点位；对宽窄巷子、春熙路等热门点位进行包装设计，打造市级示范点位，形成更具特色的街头艺术氛围。

2. 规范制度管理，加强多部门协调联动

制定相关法规，让街头艺术表演治理有法可依、有章可循，防止政出多门、多龙治水。

完善艺人管理体制，建立完善项目的相关制度，制定出台“艺人管理

条例”和“艺人服务条例”。

建立多部门协调联动机制，将文化、宣传、公安、城管、广播、电视、音乐、演艺、旅游等部门纳入其中，组成协调小组，配合支持“持证上岗”街头艺术表演工作。各区（县、市）按照属地化管理原则，负责协调辖区街道办事处、商业中心、物业管理公司等相关部门与单位配合做好表演点位的协调、保障、应急管理工作和新增点位审定及协调工作。

3. 孵化优质成果，提升产业竞争力

（1）创造良好社会氛围，扩大品牌效应

加强观念教育，继续培养社会大众文化消费习惯。线上线下全媒体联动宣传，提高市民关注度。联合品牌推手，做好事件营销，吸引“自来水”流量。开设自媒体账号，提升群体形象。开展跨区域展演交流，扩大社会影响。借力明星街头公益活动，增加 IP 热度。依托“走近艺术——全民艺术普及讲座”等品牌项目搭建展演平台。引入更多社会企业参与，形成多元化的文化产业投融资体系。

（2）提供优质特色产品，加快产业孵化

增强艺人培育。坚持高标准艺人选拔门槛，促进艺人群体良性发展。开展各类专业培训，提升艺人专业水准。积极建立与专业音乐机构和艺人经纪公司的联系，对接重点音乐企业，借力直播平台、短视频平台、音乐平台，打造明星艺人，录制单曲或专辑，策划个人演唱会，提高艺人个人 IP 变现能力。适当安排商演，可抽成建立街头艺人基金，用于奖励、培训、举办艺人演唱会等。

开发优质产品。增加富有天府特色、鲜明凸显巴蜀风格的表演节目。重点招募魔术、杂技、手工艺、绘画等艺术门类，丰富产品内容。孵化街头艺人原创音乐作品。推动周边文创产品生产。打造街头艺人主题音乐剧，由专业演员和街头艺人共同表演，联合音乐小镇、旅游小镇以音乐剧主题快闪、舞台剧巡演等方式市场化运作，探索项目产业化发展。设计“成都街头走一走”或“乐游成都”旅游线路，将主要街头表演点位串联，设计整体形象并制作衍生产品。

B.8 四川文旅消费市场分众影响力报告

石本秀　蒋茜　王茂岚　周溪*

摘　要： 文化和旅游部的组建及各地文化和旅游机构改革的完成，开启了文化与旅游融合发展的新篇章。四川文旅资源丰富，布局了"一核五带"，引入了行业联动的文旅发展战略。在旅游消费更加个性化、多样化的时代，旅游业态如何重塑，行业传播模式如何更新，四川旅游供给侧结构性改革如何在技术与市场变革中找到突破口，都是文旅融合产业发展过程中必须面临、研究和解决的重要课题。本文通过问卷调查研究，针对文旅消费市场中新崛起的一代中老年消费者，研究其在媒介融合语境下的信息接收和信息传递模式，就文旅市场如何在融合媒体语境下调整、应对进行分析，为四川文旅市场之分众消费应对策略提供实践依据和理论思考。

关键词： 融合媒体　消费服务升级　分众影响力　文旅产品　四川

一　四川文旅产业现状及消费市场分析

（一）四川文旅产业现状及供给侧结构性改革

2018 年国务院机构改革方案整合了文化部、国家旅游局的职责，组建

---

* 石本秀，四川大学锦城学院教授，新媒体研究所所长，研究方向为新媒体传播及运营；蒋茜，英国威尔士三一圣大卫大学管理学博士在读，研究方向为康养产业管理运营；王茂岚，四川大学锦城学院网络与新媒体专业学生；周溪，四川大学锦城学院网络与新媒体专业学生。

了文化和旅游部，从国家顶层设计层面变革了旅游管理体制，重点强调了文化和旅游融合，延续了2009年发布的《文化部国家旅游局关于促进文化与旅游结合发展的指导意见》中“文化为魂，旅游为体”的未来旅游业特征。文化旅游产业是以旅游设施为条件，依托人文旅游资源所开发出来的旅游产业，以旅游经营者创造的观赏对象、游览服务、休闲娱乐方式等为消费内容，满足人们的文化旅游消费需求——深度体验与享受富有文化内涵的旅游活动，核心是通过创意（文化符号）提高旅游活动质量，创造、销售文化（生活、旅游形态），形成产业（生产行销模式）。文化旅游可以理解为“蕴含人为因素创造的生活文化的创意产业”。同日常生活的消费者购买行为相比较，文化旅游产品具有综合性、多样性、生产与交换同一性、不可重复性的特点。游览、娱乐、创意内容、文化体验等才是文旅消费者的目的所在。

“十二五”以来，四川省委、省政府高度重视旅游业发展，把旅游业放在经济社会发展大局中去谋划和推动，开启了四川旅游发展史上的黄金期，造就了中国旅游发展格局中举足轻重的“四川力量”。乘势而上，扎实推进，致力于探索立足四川实际、体现四川特色、符合四川需求的现代旅游业可持续发展道路，进一步提升四川省经济竞争力。素有“天府之国”美誉的四川拥有的世界自然和文化遗产数量位居全国第二。四川省为推动文化旅游融合发展，加快文化强省、旅游强省建设，推进旅游产业升级提质，出台了《关于加快建设旅游经济强省的意见》（2013年），印发了《四川省人民政府关于进一步加快旅游业改革发展的实施意见》（2016年），并于2018年明确提出“建设旅游强省和世界重要旅游目的地”。2019年，四川省《关于大力发展文旅经济加快建设文化强省旅游强省的意见》正式出台，明确了未来5年四川省文旅发展的总体目标和具体路径，提出将围绕全省“一干多支，五区协同”、“四向拓展，全域开放”战略，完善“一核五带”文旅发展布局；提出了成都文旅经济发展核心区，大熊猫文化、古蜀文明、天府文化等交相辉映的环成都文旅经济带，长江文化、民俗文化等紧密结合的川南文旅经济带，巴文化、三国文化、蜀道文化等相互促进的川东北文旅经济带，彝文化、“三线”文化、康养文化等联动发展的攀西文旅经济带，高原生态文化、藏羌民族文化、长征文化等融合发展的川西北文旅经济带等文旅发展布局；发布四川文旅宣传新口号——“天府三九大，安逸走四川”，将古老神秘的巴蜀文明象征三星堆、拥有神奇瑰丽自然风光的九寨沟和人见人爱的国宝大熊猫作为四川旅游的三张名片①。

四川文旅消费市场突飞猛进，2018 年四川省旅游总收入（10112 亿元）突破万亿元大关，居全国第 4 位。其中，接待入境游客 369.82 万人次，同比增长 10%；实现旅游外汇收入 15.12 亿美元，同比增长 4.5%。接待国内旅游人数 7.02 亿人次，同比增长 4.9%；实现国内旅游收入 10012.72 亿元，同比增长 13.5%。2019 年 1 月至 7 月，四川省旅游总收入为 6906.51 亿元，同比增长 14.2%②。四川省以“旅游 + 互联网”、“旅游 + 康养”、“旅游 + 文化”、“旅游 + 交通”、“旅游 + 文博”和农旅一体化发展等为代表的新业态新模式层出不穷。各地旅游产品供给丰富多元，文化类旅游对游客吸引力不断增强。在造福文旅消费者的同时，四川省不少地区借一系列文旅活动的东风揽获了大投资，收获了大项目。如，四川省文化和旅游发展大会上的 10 个命名县和 30 个候选县文旅项目实际投资额达 872 亿元。文旅产业对当地税收的贡献率达到 15%，对当地经济增长贡献率超过 25%③。

（二）中老年消费者异军突起，文旅消费需求呈井喷之势

强势突进的文化旅游市场里，有消费实力且需求旺盛的中老年消费群体异军突起，成为一个不容忽视的分众化消费现象。

旅游成为 70% 以上退休老人共有的诉求。2019 年“十一”黄金周，全国有 7 亿多人次出游，“新老年人”正成为旅游的主力军（“50 后”单次旅游人均花费达到了 3640 元）。“新老年人”应大体上满足三个特点：其一，年龄在 60 岁以上；其二，心态年轻，生活时尚，舍得花钱，追求品质；其

① 四川省人民政府网，《以文促旅、以旅彰文——四川文旅融合发展开启国际化新篇章》，2019 年 9 月。

② 四川省人民政府网，《文旅融合新路：有诗也有远方》，2019 年 9 月。

③ 四川省人民政府网，《从 13 份“成绩单”看四川文旅发展潜力》，2019 年 11 月。

三，不满足于安享晚年，渴望在享受快乐和社会赞誉的同时发挥自身价值，且愿意做时髦的“候鸟老人”。中国老年人（60岁及以上）每年旅游人数已经占到全国旅游总人数的20%以上。《中国在线邮轮旅游消费分析报告2018》（途牛旅游网发布）显示，2018年度中国邮轮旅游游客中有近30%为60岁以上的老年人。我国老年旅游市场迎来上升期，而《老龄蓝皮书：中国城乡老年人生活状况调查报告（2018）》显示，2016年我国老年人存款余额超过17万亿元，人均接近8万元。有闲有钱的“新老年人”带来的市场规模将超2万亿元。

2018年四川省人口统计公报显示，60岁及以上人口为1762万人，占总人口的21.13%（比全国高3.25个百分点）；65岁及以上人口为1182万人，占总人口的14.17%（比全国高2.23个百分点），四川省人口已深度老龄化，且老龄化程度高于全国。

这一群数量多、有文化消费需求、追求生活品质、有消费实力、愿意为兴趣爱好买单的“新老年人”，不再满足于“上车睡觉下车拍照”的景点打卡旅游方式，对新的文旅市场产生了新的产品消费需求。新的市场需求，促使四川省政府相关部门和文旅界高度重视文旅产品在开发理念、发展路径、旅游产品、宣传营销等方面存在的同质化问题。同质化问题同样也引起了学术界以及地产、医疗、科技、媒体等行业的高度关注。四川文旅市场如何满足“新老年人”消费者的分众化需求？首先就是文旅产业的洗牌，文旅市场要转变其原有的孤立景点旅游和单纯的门票经济模式，彻底变革全包式廉价团队的旅游业现状，进入“全域旅游”战略新时代。

（三）多个行业跨界进入，“分众化、多元化需求，内容为王”正在重塑旅游业新业态

2018年，全球唯一熊猫主题生态创意产业园落户于成都；“光雾和谷”森林康养小镇开工建设；泸州与佳乐集团共同打造5A级文旅小镇；中铁文化旅游投资集团拟投资400亿元建设黑龙滩国际生态旅游度假区；绿地耗资5.38亿元在成都市都江堰拿地，拟打造绿地康养小镇；四川省开元集团有

限公司继续投资 80 亿元建设德昌海花沟国际康养度假区等文旅项目。随着多个行业的跨界进入，四川文旅产业“分众化、多元化需求，内容为王”的新特点正在重塑旅游业新业态。

互联网技术发展、媒体融合等因素打通了文旅产业链上下游，模糊了传统的行业竞争壁垒，行业边界的消失带来地产业、康养业、文化民俗、实业等跨界进入。在 2019 年第五届中国（四川）国际旅游投资大会上，四川省文化和旅游厅党组书记、厅长戴允康发布了融合发展全域开放 2019 四川省优选文旅招商项目，涉及 230 个文旅招商项目，项目投资总额达 5896 亿元。在《四川省“交通 + 旅游”融合发展专项行动计划（2017 ~ 2020 年）》下发后，东郊记忆、成都白药厂遗址（“旅游 + 工业”）、成都国际马拉松（“旅游 + 体育”）、环达古冰山自行车大赛、西充县凤鸣镇双龙桥村的“中国有机生态循环第一村”、山泉镇桃源村（“旅游 + 农业”）、甘孜州乡城县的藏家民宿等项目火热出炉。

政策引导，资金流入，促进了文旅市场的繁荣。面对旺盛的文旅消费需求，文旅产品如何满足分众化的消费者群体，是地产业、康养业、医疗业等跨界进入企业与文旅主体合作模式的核心问题。世界旅游及旅行理事会（WTTC）指出，在商务、度假、购物、探险以及文化体验五种旅游动机中，文化体验已居于首位，回归文化成为旅游的核心内容和发展方向。“全域旅游”战略实际上是升级版的“旅游 +”概念，是“旅游景点建设 + 整体旅游环境营造”、“旅游服务 + 相关产业”，旨在打破孤立的景点旅游和单纯的门票经济模式，从封闭的景点建设走向景点与周边环境联动，从单纯的门票经济走向更深层次的服务经济，从单纯依靠旅游行业和部门的力量发展旅游走向与相关产业和部门更深入互动来提升综合效益，实现整个区域旅游资源的有效利用。旧貌换新颜的洛带古镇和安仁古镇就是典范。安仁古镇立足川西建筑文化，打造世界博物馆小镇，以文博产业链为中心延伸文博文创服务，形成了“ + 农业”“ + 电商”“ + 影视”“ + 旅游”的产业生态圈。洛带古镇客家文化底蕴深厚，以西部客家文化为中心，发展文创产业，铸造文创产品研发、制作、体验、线上线下消费场景的特色产业链[①]。特色旅游景区通过深入发掘各自历史文化，确定特色发展定位，呈现出了不同的文旅形态。

"分众化、多元化需求，内容为王"正在塑造旅游业新业态，四川中老年旅游消费得以从过去的粗放型转型到现在的精细型，更加注重实用性和康养性。一种高品质的休闲养老方式使"旅游+康养"的新消费模式逐渐兴起。以"旅游+康养"为卖点的众多康养文旅项目如雨后春笋般产生。目前已形成特色文化驱动型、优势资源依托型和康疗保健植入型三大模式，表现为阳光康养旅游、森林康养旅游、乡村康养旅游、文化康养旅游、温泉康养旅游等。

（四）以互联网为核心的融合媒体，形成对消费决策的新影响力模式

有百年历史、享誉全球的世界最老牌旅行社托马斯·库克是实力雄厚、业务遍及全球的旅游集团，其一夜之间破产的消息震惊旅游业，并将对整个旅游业产生巨大的影响。深究其原因，英国《旅游周刊》提道："在人们开始转向互联网的时候，它仍在新管理层的决策下扩展门店。"[②]数字时代令旅游业发生革命性的变化，综观旅游行业产业链，无论是处在上游的资源型企业（航空公司、酒店集团、景区等），中游的整合型企业如旅行社，还是下游的渠道型公司如互联网平台，都进入"社交+口碑"的时代。

托马斯·库克的破产警示业界，所有产业的兴衰，无不与行业所特有的信息接收和信息传递模式的更新迭代密切相关。四川文旅产业其产品内容与服务模式的重塑，必将带来信息接收和信息传递模式的更新迭代。

回顾四川旅游业供给侧结构性改革，以破解制约旅游发展的瓶颈问题

---

① 蒋柯可、熊正贤：《文旅类特色小镇同质化问题与差异化策略研究——以四川安仁古镇和洛带古镇为例》，《长江师范学院学报》2019年第2期。

② BBC, *Thomas Cook: What went wrong at the holiday firm?*, September 2019, https://www.bbc.co.uk/news/business-46452374.

为导向，从研究需求、打通供需渠道这个维度上看，重点推进供需渠道再建、要素服务体系重构，需要进一步整合优势资源，形成政策合力，更好适应和引领多元化、升级型的市场需求。四川文旅业与互联网媒体从相加到相融，并引入自媒体传播、社交媒体传播、人际传播形成融合传播模式。为实现各种媒介的有效集成，并有效构建分众化的信息接收和传递模式、多维满足消费者分众需求的信息到达渠道，四川省多个媒体纷纷出招探究融合之势。

2016 年，第五届全球旅游网络营运商合作交流会上，由四川日报社发起、四川省旅游发展委员会指导的四川旅游全媒体中心正式宣告成立。该中心是一个整合平面媒体资源、网络媒体资源、视频资源和四川旅游信息资源的新型媒体融合发展平台，涵盖《四川日报》、四川在线、四川旅游新闻网、天府社区、川报观察客户端、四川新闻客户端、美美四川微信公众号、四川深度游微信公众号等多个传播平台。合作交流会大咖云集，猫途鹰、携程、途牛、途家、驴妈妈、同程、周末去哪儿、微软……近 300 家全球知名旅游企业、旅游信息化企业负责人，以及来自美国、俄罗斯、英国、法国、德国、澳大利亚、新西兰、捷克、印度、波兰、新加坡等 10 多个国家的旅游批发商和 OTA 买家团齐聚都江堰。会议还引进了全球先进的虚拟现实（VR）、增强现实（AR）、人工智能技术和网红直播平台，让智慧旅游体验展示达到高峰。开幕式前两天，还举行了“旅游创投成功之道分享会”“坐而论道起而行之”的“问道之旅”系列活动①。

2018 年，四川旅游新媒体营销联盟正式成立并正式加入四川省旅游协会，26 家新媒体单位成为首批联盟成员②。

2019 年 8 月 4 日，由新浪旅游、微博旅游主办的“2019 微博旅游影响力论坛”在成都世纪城国际会议中心举行。国外旅游界代表、文旅企业联

---

① 《第五届全球旅游网络营运商合作交流会开幕》，2016 年 8 月 11 日，http：//m. haiwainet. cn/middle/345677/2016/0811/content_ 30185715_ 1. html l。

② 《第三届四川旅游新媒体营销大会在自贡举行，探索新媒体助推文旅融合新路径》，2019 年 9 月，http：//www. sc. xinhuanet. com/content/2019 -09/11/c_ 1124987712. htm。

盟部分单位代表、150 位旅游自媒体红人与 MCN 机构代表共话文旅融合背景下的四川旅游发展新机遇与微博旅游内容生态，共同探讨文旅行业与红人经济发展新未来。

作为“2019 微博超级红人节”旅游领域的专场盛会，“2019 微博旅游影响力论坛”堪称旅游红人们的一次盛大节日，来自全国各地的 150 名旅游红人齐聚成都。旅游红人们在微博拥有超高人气，他们的博文月均总阅读量超过 150 亿次，是名副其实的旅游出行意见领袖。时任新浪微博高级副总裁的王雅娟在“2019 微博超级红人节”期间指出，“旅游网红”们的意见对于粉丝们的决策有着至关重要的影响，决策“KOL 化”已经成为包括旅游业在内的各行业不可忽视的发展趋势。新浪旅游主编杨祎说：“微博独有的社交力、内容力和场效应，使其成为文旅品牌和内容传播的重要阵地。”①

在这个旅游领域的专场盛会上，四川省旅游投资集团与新浪旅游在峰会上签署了战略合作协议，共谋用更加社交化、分众化和趣味化的新形式讲好四川文旅新故事，将“天府之国”独特的旅游资源和深厚的文化底蕴，挖掘透、传播好。同时，微博在线上设立“全球网红　阆中有礼”、“跟着红人玩崇州”、“四川避暑去哪里”、“超级西岭撒欢季”、“发现不一样的海螺沟”五大话题，并与@微博旅游、@浪迹四川、众多 KOL 等大 V 账号联动，作为四川文旅媒体融合发展之先声，借势微博新媒体形成了传播矩阵，为四川文旅发声助力。

2019 年 5 月 23 日，由全国 20 多家省级主流新闻网站共同发起的“全国文旅新媒体联盟”在泉城济南成立。会议提出了文旅新媒体联盟应该顺应媒体新时代发展趋势，探索媒体融合转型。四川新闻网作为四川省媒体，通过加强合作，整合新媒体资源，实现跨地域、跨级别、跨行业的横纵双向联动，并通过资源共享、平台共建、活动互助、交流沟通，实现传播效果最

① 《强强联手　依托社交媒体讲好文旅新故事—2019 微博旅游影响力论坛成都举行》，2019 年 8 月，http：//travel. sina. com. cn/domestic/news/2019 - 08 - 04/detail - ihytcerm8434629. shtml。

大化①。

总之，四川文旅在充分运用融合媒体、创新旅游营销方面卓有成效。一是搭建驻客源地常态营销的参与平台，运用科技手段，首创六维坐标定义“最美观景拍摄点”。二是建立政府、机构、企业、媒体等相关各方联合互动机制。整合各类营销资源，形成四川旅游“1 +21”国内外品牌体系，联合举办国内外各种营销传播活动。三是构建国内外旅游营销信息传播渠道。强化与新闻社的合作，宣传传播四川旅游信息。四是主动适应互联网新媒体的广泛应用，加大与国内外搜索引擎、主流媒体、知名网站及新媒体合作力度，加大形象在线展示和产品营销力度，其传播累计覆盖受众超过 60 亿人次②。

二　新一代四川中老年消费者的出游行为决策研究

（一）中老年出行消费特点及信息传递模式问卷调查分析

本报告实地问卷调查主要面向四川省成都市的中老年群体，收集其对文化旅游的看法和建议。调查问卷采取“线上 + 线下”发放模式，共回收 1110 份有效问卷。数据分析结果显示，中老年群体的消费习惯仍然偏于保守，但已经出现新的消费特征。

中老年旅游的主要消费内容为路费、住宿与康养、文旅产品。追求旅行品质，享受旅行过程，中老年旅游的消费需求正在向高水平、高层次和多元化的方向发展。一年 1 ~3 次出游是一个普遍的现象，占到了 78.22% 的比例。希望每次旅游消费不超过 3000 元的人数占比达到了 45.54%；希望每

① 《全国文旅新媒体联盟成立　共话新媒体融合发展》，http：//k. sina. com. cn/article_5675440730_ 152485a5a02000heyk. html？ cre = tianyi&mod = pcpager_ china&loc = 4&r = 9&rfunc = 100&tj = none&tr = 9，2019 年 5 月。

② 四川省人民政府网，《围绕大局抢抓机遇　务实创新改革发展——四川旅游业六年之变》，http：//www. sc. gov. cn/10462/10464/10797/2017/4/5/10419046. shtml，2017 年 04 月 05 日。

次旅游平均消费3000～8000元的人数占比为40.59%；只有少数人认为平均消费8000元到2万元是可取的，占比为12.87%；同时，仅0.99%的人认为平均消费2万元以上可以接受。他们喜欢与家人朋友一同外出旅游，其比例占到了59.41%，仅28.71%的人会选择跟团旅行，11.88%的人会选择独自出行。他们大多数喜欢娱乐性的旅游项目，消费观念趋于年轻化和时尚化，比如游览观光、品尝当地美食、参加娱乐性休闲项目，选择占比分别为88.12%、69.31%、42.57%；少部分人中意于购物，占比为28.71%；极少数人偏向于探险猎奇和考察研究，占比分别为3.96%和6.93%。对于“旅游+康养”类产品，70.3%的人喜欢风景区旅居度假游，64.36%的人喜爱夏季避暑休闲游，出现错峰出行和主题化旅行的特征。在旅行购物环节，多数人重视体验与店内服务，追求便利与实用，并不再拘泥于传统的现金支付或刷卡支付，愿意尝试网上购物和移动支付。

在信息接收和传递方面，中老年群体有着传统与现代相结合的特点。由于听力、视力、注意力等的弱化，中老年人仍喜爱电视媒介，但随着互联网的普及与智能手机易用程度的提高，便捷移动的媒体影响力也不容小视。他们的信息来源还包括亲朋好友告知。接收旅游信息主要是通过观看电视新闻节目的旅游广告。有51.49%的人表示旅游宣传是促成出行的原因。亲人告知则主要通过发短信、打电话进行。一般亲人告知的旅游地更真实可信，其中家人和朋友邀约促成的旅行达到了92.08%。微信的日常使用集中在发送信息、微信公众号以及朋友圈。在本次调查问卷中，选择通过微信发送消息的占到了47.52%，接近一半。微信为老人们查看旅游信息提供了便利，通过简单的搜索就可以得知相关的旅游信息，80%的中老年人有过从微信公众号搜索旅游信息的经历。中老年人在进入购买决策阶段初期，主要关注的资讯内容按照关注度由大到小排序依次为目的地风景、目的地风土人情、周边住宿、当地美食、旅游线路、景点及目的地历史文化、目的地交通设施、目的地物价水平、出游注意事项、当地购物。在旅游产品的购买渠道方面，中老年人更加偏爱传统旅行社门店，选择旅游网站的占比较小，选择老年活动组织等中老年社团的也占一定的比例。

综观凯度历年发布的《中国社交媒体影响报告》，2015 年社交媒体在 55 岁及以上的消费者群体中的使用率同比增长了 4.7 个百分点，老年群体的消费思维模式不断更新，2017 年各社交媒体对中老年人群的吸引力持续增加，与 2016 年相比，在 40～49 岁、50～59 岁、60 岁及以上三个群体中社交媒体使用率分别增长 6.9 个、7.5 个、3.7 个百分点①。社交媒体已成为他们与朋友家人之间加强联系，获取社会热点资讯、增长知识的重要途径。

（二）传统旅游广告效能减弱

在传统的旅游行业营销模式里，旅游广告投放的局限性导致旅游消费者只能被动地接收信息，产品的优势特色等信息大多由旅游企业灌输式地传达，好比“王婆卖瓜”。在实地问卷调查过程中发现，中老年群体的每次旅行都会精心准备，在搜集充分的信息、了解整个过程的安排和花费后才会产生旅游消费的意愿。中老年人虽然每天能接收到各类文旅项目介绍、促销产品信息，但也有主动通过在线旅游平台和微信公众号、微博热搜等社交媒体平台搜索旅游信息的经历。不少中老年人在接受访谈时，吐槽广告宣传与产品服务内容的脱节，广告宣传与实际不符成为中老年人旅游消费的主要痛点。在四川广电乐享·乐学院，受访学员张女士告诉我们，她和她的同学、朋友均是刚退休，近期一直热衷于旅游，非常关注中老年人康养、旅居广告，曾经参加过很多以康养为名目的旅行养老项目发布会。但她发现，大量的中老年旅游广告内容过时，广告宣传与产品服务内容脱节，有的广告借着康养文化旅游的名义去销售各种旅游产品，从景点线路和服务内容来看也不是专为老年人提供的。如以“爸妈放心游”为宣传卖点的广告，其旅游线路行程和餐食安排等没有考虑中老年人的需要，所有服务均没有“让爸妈放心”的相关要素。四川广电乐享·乐学院学员王女士也表示，旅游平台管理不完善使老年人旅行发生事故的新闻不

① 《2018 年凯度中国社交媒体影响报告》，2018 年 11 月。

断出现，让她在通过广告购买产品时有负面情绪，甚至不敢相信其宣传内容。眼下五花八门的旅游广告让大量不具备专业知识的普通中老年人防不胜防。传统旅游广告效能过时、广告宣传与产品服务内容脱节，已经成为消费者痛点，也是广大中老年消费者在获取旅游信息时更依赖、相信官方媒体和身边亲朋好友的重要原因。

（三）融合媒体成为新一代中老年消费者信息接收和传递方式

本报告的实地问卷调查结果显示，中老年分众的旅游出行信息获取渠道主要是电视和报刊、亲朋好友告知及互联网。51.49%的人表示电视上的旅游项目信息是促成其出行的原因，家人和朋友邀约促成的旅行达到了92.08%、80%的人都有过通过微信公众号主动搜索旅游信息的经历。在与家人、朋友分享旅行信息时，当面说、发短信、打电话、微信消息、微信朋友圈都是常用方式。

旅游业的传统信息传播媒介是电视媒体、户外媒体、纸媒。和旅游相关的传单、小册子、报纸期刊和杂志里的图片与文字广告等，展示的旅游产品内容多是静态的、过时的，而随着旅游产品的丰富和市场需求的旺盛，景点吃穿住行、气候、人流量等信息具备动态性、及时性、变动性、可追溯、可直接进入服务流程等特点，成为一种新的需求。

以互联网为核心的融合媒体让旅游消费者有了更多的选择性。旅游消费者从原来被动地接收信息变成主动获取信息，与信息供应端、营销端形成了相对平等的关系。如稻城亚丁的美景因当选“2018年抖音最美景点”而吸引八方游客。成都泡桐树街、安顺廊桥、天府熊猫塔、红光电子管厂等小众景点，以及2019年清明小长假成都周边的崇州竹艺村、邛崃邛窑遗址公园、南充“梦幻阆中”灯光秀等新景点，皆因马蜂窝等旅游平台上的自媒体宣传而被更多人知晓。

为满足不同年龄段、不同文化程度、不同需求层次的中老年人的信息获取、传递需求，以网络媒体为核心的融合媒体作为新的消费信息传播模式，紧密结合中老年消费者获取信息的常用媒体，如以官方媒体为矩阵的《四川日报》、《华西都市报》、《成都商报》、四川在线、四川新闻网等文旅板块，以产品媒体为矩阵的马蜂窝、携程网、飞猪网、去哪儿网、环球旅讯等在线资讯平台，以社交媒体为矩阵的美美四川、四川深度游、老年旅行社、银铃部落、养老管家等微信公众号，以自媒体为矩阵的“真人版龟仙人”“老人中的彭于晏”“骑行穷游应有方”“最酷爷爷”等。文旅产业需要通过融合媒介将产品内容信息分众化，然后实现信息到达终端化。

以网络媒体为核心的融合媒体应运而生，成为新一代中老年消费者信息接收和信息传递模式。其中，特别应该提到互联网媒体从传播到交易实现的服务模式。如新媒体马蜂窝成功打造从内容到交易的商业模式，目前已经形成了从认知到决策、消费、分享的全链路闭环。围绕目的地攻略的自由行一站式服务平台将消费决策与 OTA 服务提供商连接起来，为旅游机构提供品牌宣传，同时涵盖了60000 多条国内外目的地旅游攻略、游记、问答、点评等用户分享信息。马蜂窝基于用户发表的笔记、点评、游记等内容，通过语义分析和数据挖掘识别出有价值的信息，提取出来后形成结构化信息，并与 POI 进行匹配，输出一站式攻略等专业内容，且具有自动更新机制。马蜂窝通过共享信息与知识，帮助平台用户安排旅游行程，辅助消费决策，促成交易。每一笔交易可能产生游记、笔记、点评等内容，使信息与知识数据库不断丰富。在不断丰富的信息与知识数据库的基础上，为用户提供酒店、机票、火车票，还有自由行、跟团游、当地游、定制游等上万种旅行产品。马蜂窝在旅游行业创造性地开辟了“UGC 内容 + 交易”的良好模式，目前已积累 1.3 亿用户。

三　融合媒体对中老年分众的消费决策形成新的影响力

（一）中老年消费人群微信圈的强社交传播模式

微信改变了我国绝大多数人的社交模式。中国 4 亿人规模的 50 岁以上中老年用户从电视逐渐迁徙到移动互联网后，通过微信扩大了社交范围。而微信公众号和小程序是近几年中老年内容创业的首选平台，主题性的线上内容成为聚集中老年用户效率最高、成本最低的手段。

微信充当了信鸽的作用，传递他们想要表达的各种信息。基于微信界面的操作简单，他们尤其喜爱用微信的通信功能。阅读文字对于一些生理能力下降的中老年人来说不是一件易事，因此他们更喜爱语音聊天和视频，不仅可以随时和子女儿孙还有身边的朋友们取得联系，更能实现和远在他乡的老朋友唠家常的愿望。微信为中老年群体的社交带来了极大的方便。据统计，中老年人的微信文字和语音的使用率均超过 80%，朋友圈的使用率达到 77%，群聊的使用率达到 61.7%。微信朋友圈是中老年人关注家人朋友各种动态、与家人朋友沟通交流的平台。他们乐于在朋友圈发文字、图片和视频。微信公众号不仅能够传递信息，还为人们的社交方式展现了不同的思路。比如“新老人”这个专门关注中老年群体的公众号，推送的内容基本上和老年人相关，饮食、交通、旅游等各个方面信息都以中老年群体为主要受众，并发布很多原创的好文增加受众学识。在阅读完公众号的文章之后，他们习惯在留言区进行评论，同时也会在公众号首页进行留言，期待发送的内容能够被回复，也会将文章分享出去（亲朋好友和朋友圈），并配上一些由文章联想到的评论，进行二次传播，看到的人能够点赞评论，产生思想上的碰撞，同时也可以进行第三次甚至更多层级传播。又如，微信公众号“乐退族”以时尚穿搭为主题，颇受中老年女性欢迎，由此聚集的人群产生线下会面的需求，形成线上线下互动闭环。微信公众号“养老管家”搭建起具有 100 万分钟音视频课程的网络老年大学，主要针对 60～70 岁的文化老人，而“分享”是这一群文化老人的共同诉求。微信公众号“墨池”则围绕线上书法、国画策划内容和课程，提供更个性化的服务，聚集了很多中老年男性用户①。

① 中国社会科学院社会学研究所、腾讯社会研究中心、中国社会科学院国情调查与大数据研究中心：《中老年互联网生活研究报告》，2018 年 3 月。

（二）中老年消费人群乐于转发“电子口碑”

线上内容成功将中老年用户聚集起来后，要实现商业变现仍然需要线下运营强力支撑。运营离不开产品传统口碑和“电子口碑”的科学结合。“电子口碑”传播就是通过互联网（媒介）传播对产品进行多个角度剖析的内容（呈现形式为文字、图片和视频等），这些信息为消费者的消费决策提供有效参考和现实依据。如果消费者对这个产品感兴趣，就会通过 QQ、微博和微信等各种社交平台分享给他人，被分享的人可能还会进行二次传播，产品再次增加曝光率。这种一对多和多对多的电子口碑传播形式效用广泛，效果明显，回报率高。但在微信红利逐渐消失的当下，线上流量日渐枯竭。仍有许多老人在智能手机和微信的影响力之外，文旅产品还必须从线下场景挖掘更多的中老年用户流量。线下运营得好，往往能产生强大的社交裂变效应。

中老年群体偏向于群体社交，口口相传这种最常见的方式往往也是最有效果的。相比网络社交，面对面交流可以让信息更可信、更深入、更有感染力，也更具有方向性和针对性。与此同时，中老年群体作为互联网时代的新兴群体，其在互联网消费过程中的信息传播力也不容小觑。在文旅产业中，旅游网络平台提供中老年人旅游产品，产品的评论对消费决策很有借鉴意义，若消费者再通过社交媒体转发传播，就是一次完整的“电子口碑”传播闭环。如果消费、评论、分享的操作方便易懂，产品介绍对中老年群体来说也很有吸引力，黏性很高的中老年用户将非常愿意和同辈分享。当群体中的一个人推荐分享一个优质的产品时，在从众心理的驱使下，他们消费的行为会更容易进行。由于大多数老年人所了解的网络媒体与当代年轻人相比较为有限，文旅项目应寻找合适的融合媒体平台，微博、微信等就是这样一个平台。

以新浪微博为例，中老年人在使用微博过程中非常容易通过官方账号、大 V 关注、阅读到微博平台上与文旅相关的内容（目前关键词提及量超过 5 亿条，阅读量超过 16 亿），如“中国最美乡村”榜单。结合前文分析，他们容易对自然美景和人文结合的内容产生兴趣，又热衷于成为口碑传播第一人。博文互动转发之后，若他们的同伴也乐于阅读分享此类信息，就使中老年群体在得到社交满足感的同时也助力了乡村旅游品牌和口碑传播。

（三）老年大学中从线下熟人社交到线上信任传播模式

不良自媒体乱象的问题往往很难治理。如某些自媒体公众号以老年人为目标读者，专门传播老人爱看的信息，却隐含着不实甚至诈骗信息，如支付宝中国锦鲤诞生后，“你好杭州”公众号紧随热点，发布了一篇《杭州锦鲤火了》文章，号称其联合上百家餐饮商家，在转发微信的网友中抽取一人提供美食服务，由于奖品丰厚，发布不久阅读量即破10万次。然而当地媒体核实发现，该公众号提供的商家美食服务涉嫌虚假宣传，榜单上的部分商家甚至对此活动毫不知情，致使参加活动的10万多人深受伤害。

对互联网媒体存在不同程度技术壁垒的一代中老年人，由于上述网络陌生社交的负面影响，更倾向于信任传播和熟人社交。尽管他们也使用网站以及携程、飞猪、去哪儿，也通过微信、QQ社交，但是他们的使用与年轻群体的陌生社交是有很大区别的。他们往往是从线下熟人社交过渡到线上信任传播的。文旅产业在借力社交媒体和融合媒体的同时切记不可忽视这样的规则。托迈·酷客破产，“麦兜旅行”“优客旅游”资金链断裂，“淘在路上”“e路同行”倒闭，机票B2B平台“同航网”被指携款出逃等案例值得我们深思。

在问卷调查中我们发现了一所线上线下传播的创新性学校，通过“频道在线才艺课程+线下班级社交+公共文化才艺大舞台+四川中老年分众媒体”构成学习社交平台，形成了一个融合媒体意义上的传播模式。鉴于中老年人普遍就读老年大学，这对信任传播和熟人社交模式分析来说，将是一个难得的样本。由四川有线广播电视网络股份有限公司与中创智慧文化传媒（成都）公司共同创建的四川广电乐享·乐学院，是以拓展社区教育、老年教育为主题，统筹共享市民资源，创新社区教育、老年教育参与形式，以“广电网络美好生活”为旗帜，以主流媒体文化教育旗舰形象为使命，以网络传输和网格化运营服务体系为依托的一所创新型升级版的兴趣艺术学校。为通过线上媒体节目与活动将中老年用户聚集起来后在线下开展班级学习活动这种社交活动运营提供强力支撑，实现 O2O 呼应，在线下培植信任传播和熟人社交场景，使中老年消费信息接收模式实现从线下熟人社交到线上信任传播的较好过渡。

2019 年 9 月 1 日，四川广电乐享·乐学院与四川省有线广电网络股份有限公司正式签署了合作共建四川广电乐享·乐学院的战略合作协议，双方将通过对学院已有线上线下学员的信息记录追踪（个人基本信息、所学所好、心理健康、医疗状况、消费需求、养老保险状况、家庭情况、自评身体健康等），创建一个“教育 + 社交 + 分享 + 服务”的文化养老全域数据库。双方将充分利用学院融合媒体平台，直接进入消费者信息接收和传递环节，致力于服务中老年群体融合媒体新模式的建设。将通过所构建的四川省社区群体数据库，规划进一步实施延伸产品服务的运营体系，依托其成熟的四川省网格化运营团队，构建省、市、县三级运营推广团队，适配卫健、教育、民政等项目服务整合，落地运营，针对文旅、康养、特色小镇等项目，为合作企业提供“文化 + 商业”“文化 + 地产”“文化 + 康养”“文化 + 社区群文”等系列服务的运营解决方案。通过融合媒体新型模式推进中老年群体全产业链多维度融合发展。

四　四川文化旅游消费市场影响力问题与展望

（一）文旅产品的宣传需从“重形式”转变到“重形象”

新华网四川公司总经理侯大伟指出，“文化是好故事的资源厚土，旅游是好故事的市场结果，新媒体是文旅融合的联结器，是文旅产业的参与者，是好故事的讲述者与传播者，是文旅发展的助燃剂”，融合媒体更能参与到好故事的创作之中。“天府三九大，安逸走四川”是四川文旅新口号。这一口号融合了四川人文历史、自然风光和熊猫，成为让广大游客体验文创天府的魅力，感受“安逸”的幸福生活的文旅 IP。讲好三星堆、九寨沟和大熊猫的故事，就是四川文旅这一 IP 的时代使命。

特别是依托天然资源——野生大熊猫自然保护区独特资源，四川打造熊猫小镇、逍遥园、梦花园等 N 个以熊猫为主题的线下文旅场景（“熊猫星球”“熊猫之都”），构建“+艺术”“+文创”“+绿道”“+演艺”“+美食”“+研学”等泛大熊猫文化主题故事。中国网络电视台、成都大熊猫繁育研究基地、中国大熊猫保护研究中心合作推出的 iPanda 在线频道，为全球大众提供 24 小时的大熊猫直播，是大熊猫故事的活窗口。微信、微博等社交媒体上与大熊猫有关的自媒体账号成为大熊猫故事的分享传播渠道。近日发布的创新文旅平台——“熊来疯”App 则专注于打造“互联网+旅游+熊猫”的中国故事，为目的地游客提供沉浸式深度体验。

（二）整合好媒体，发挥融合媒体多元化、分众化的传播功能

以互联网为核心的融合媒体让消费者更加全面、广泛、深入地获取信息，深度参与产品设计、宣传的过程。结合前文分析的新一代中老年群体的媒体偏好，文旅市场必须根据不同年龄段、不同文化程度、不同需求层次的中老年人的信息获取、传递与社交方式，紧密结合其对应的主要媒体阵营（如主要官媒、产品媒体、社交媒体、自媒体等），以中老年人为中心，实现从传播内容、分享渠道到产业模式等多个层面的跨界融合。

在全域旅游在线化和文旅行业信息化的大趋势下，四川文旅市场需要完善传统媒体和新媒体融合的三大矩阵：以微信、微博、问答、百科为第一矩阵，以视频、音频、直播平台为第二矩阵，个人自媒体账号和论坛为第三矩阵。

我们可以欣喜地看到，四川旅游全媒体中心的成立，四川旅游新媒体的营销联盟等媒体融合组织的成立，都是文旅市场中媒体融合转型的探索与实践。四川旅游全媒体中心围绕整合共享传统媒体和网络新媒体资源，

为文旅消费者提供旅游资讯、服务，为跨界到文旅行业的其他企业资本建立合作平台（如大型会展，以及策划执行文旅推介活动、检测分析旅游网络舆情等），讲好文旅故事，传播文旅能量，逐步打造四川旅游“第一媒体平台”。如，《四川日报》、四川在线、四川旅游新闻网、天府社区、川报观察客户端、四川新闻客户端等官方媒体为文旅项目提供信任背书；美美四川微信公众号、四川深度游微信公众号等社交平台对文旅消费者进行分众化服务，并通过线上评论转发、线下熟人社交、营销活动助力；四川旅游全媒体中心可通过与各类媒体的合作，分功能、分场景地介入中老年信息传递和接收的过程。

（三）以数据库为基础，构建融合媒体新矩阵

文旅产业中融合媒体的构建，其核心是发挥融合媒体多元化、分众化的传播功能，引导与满足消费新需求。其中，完善构建文旅公共信息平台并提升其智能化水平，打造全矩阵旅游数据库至关重要。

四川广电乐享·乐学院与四川省有线广电网络股份有限公司将提供多源异构环境下四川中老年消费者数据库的同步复制技术、异网数据安全传输解决方案，实现文旅项目内容信息消费、媒介传播、平台数据、用户管理等方面的有机链接。多年打造B（产品）P（匹配）C（消费者）服务平台而形成的“课程体系+学员体系+线下学员+服务体系”，构成闭合的供给需求链，通过对学员的信息记录追踪（个人基本信息、所学所好、心理健康、医疗状况、消费需求、养老保险状况、家庭情况、自评身体健康等），最终创建一个“教育+社交+分享+服务”的文化养老全域数据库。其可在分众消费者的需求发掘、信息聚合搜索、传播路径跟踪等方面为文旅企业提升融合媒体传播能力，并助力企业、景区的品牌管理和竞争情报分析等。

B.9 三星堆及古蜀文化的文创开发*

蔡尚伟　苏静怡**

摘　要： 古蜀文化是古蜀先民在探索自然、探索世界的历史长河中留下的珍贵遗产，也是文化资源禀赋优质的宝库。本文梳理三星堆博物馆、金沙遗址博物馆立足古蜀文化资源，发展文化旅游业，开发古蜀文创纪念品及影视、游戏、文学作品，开展跨界营销等方面的成果，分析面临的问题，提出对策建议。政府层面，应加强对古蜀文化文创产业的重视，出台文创产业的配套政策，强化对文博文创从业人员的职业培训，加大宣传力度、推广古蜀文化的文创品牌。行业层面，应系统培育古蜀文化的文创品牌，增强文创产品的文化意蕴，提升消费者体验水平，拓宽消费者购买渠道，多措并举，促进古蜀文化文创产业的健康发展。

关键词： 古蜀文化　文创产业　三星堆　金沙遗址

古蜀文化指从远古时期到春秋战国早期，产生于我国四川省和重庆市等地，不同于中原文化却与中原文化有千丝万缕联系的古代文明，有宝墩文化、三星堆文化、金沙文化、战国船棺墓葬遗址等不同时期的历史遗存。目

---

* 项目基金：国家社会科学重大基金项目“丝绸之路经济带沿线国家文化产业合作共赢模式及路径研究”（17ZDA044）；四川大学跨学科研究创新基金“‘一带一路’文化产业跨学科研究智库”（XKQKXK04）。

** 蔡尚伟，博士，四川大学文化产业研究中心主任、教授，博士生导师，主要研究方向为文化产业；苏静怡，四川大学文学与新闻学院博士生，主要研究方向为传媒与文化。

前在保护历史遗存基础上进行建馆展览及文创开发的主要是三星堆遗址与金沙遗址等。三星堆遗址距今已有5000～3000年的历史，是迄今为止在西南地区已发现的范围最大、延续时间最长、文化内涵最丰富的古城、古国、古蜀文化遗址。金沙遗址距今已有3200～2600年的历史，是长江上游古代文明中心——古蜀王国的都邑。古蜀文化是古蜀先民在探索自然、探索世界的历史长河中留下的珍贵遗产，也是文化资源禀赋优质的宝库。习近平总书记多次强调“要系统梳理传统文化资源，让收藏在禁宫里的文物、陈列在广阔大地上的遗产、书写在古籍里的文字都活起来”①。因此，依托古蜀文化资源，开发文化创意产品、推动文创产业创新升级、提升文化软实力，对推动古蜀文化的文化传播与文明传承具有重要意义。

近年来，国家相关部门推出一系列促进文化文物单位发展文化创意产业的政策，如国务院发布的《博物馆条例》、文化部等多部门发布的《关于推动文化文物单位文化创意产品开发的若干意见》、国家文物局印发的《关于促进文物合理利用的若干意见》等，明确指出国家鼓励文化文物单位挖掘藏品内涵，与文创产业、文旅产业相结合，开发文化创意衍生产品。伴随故宫博物院发力“故宫文创”取得巨大的经济效益和社会效益，国内数千家博物馆、美术馆、纪念馆也投入文创产品开发与文创产业发展，“文博文创”的热潮席卷全国，并引发社会公众的广泛关注。古蜀文化历史源远流长、文化意蕴丰厚、资源禀赋优质，如何在系统梳理文化资源的基础上，聚焦文创产业发展，借助政策与资本的东风，实现文创产业健康良性发展是值得关注的重要话题。

一　三星堆及古蜀文化的当代价值

古蜀先民在探索自然、探索世界过程中创造出辉煌灿烂的古蜀文化，是多元一体的中华文化的重要组成部分。相关出土文物代表着古蜀先民的审美

① 刘峣：《习近平谈世界遗产》，《人民日报》（海外版）2019年6月6日，第9版。

水平及青铜制艺术品水平。古蜀文化元素成为促进国际交流、展示大国形象及文化遗产的重要符号，并且在文旅融合发展及文化创意产业开发方面具有重要价值。

（一）标志中华文化多元起源，具有世界级的学术研究价值

三星堆是古蜀文化最重要的发祥地。对在遗址发掘中发现的石器、玉器、陶片等进行研究后确认，三星堆文化与宝墩文化存在联系，是成都平原古蜀文化历经时代变迁而达到的鼎盛时期的文化。三星堆遗址中发现的用黄金权杖、玉器、石器中的仪仗品、象征权力高低的青铜人像和神像等来彰显等级与权力的体系，与中原地区以青铜列鼎来表现礼仪体系的做法有所区别，这意味着三星堆时期古蜀人已形成一套完整的权力等级制度体系，使学者意识到古蜀文化是长江上游的古代文明中心，是中华文明起源多元一体的证明。

在三星堆时期，古蜀先民通过南方丝绸之路与中亚、南亚地区展开贸易交往与文化交流，三星堆出土的海贝、象牙等文物，被认为是通过南方丝绸之路与其他地区进行贸易交往的证明。三星堆出土的黄金权杖、黄金面具，被认为是古蜀文化与中亚、南亚进行文化交流的结果。著名历史学家李学勤先生认为："三星堆遗址的发现，足以与世界考古学史上特洛伊、尼尼微等著名发现相比。"① 可见，三星堆遗址具有世界级的学术研究价值。

（二）展现古蜀先民审美水平及青铜文化发展水平的艺术价值

古蜀文化中的符号、造型等代表了古蜀先民的审美创造水平，其包含的丰富意蕴留给研究者极大的挖掘空间。三星堆遗址出土的青铜像铸造精美、造型独特。青铜纵目像双眼斜长，眼球呈柱状向前伸出，双耳向两侧充分展开，造型精绝夸张。金沙遗址出土的"太阳神鸟"金箔呈圆环形状，内层

① 三星堆研究院、三星堆博物馆编《三星堆研究（第一辑）》，四川出版集团、天地出版社，2006，总序第2页。

为十二条等距的旋转尺状光芒，象征一年十二个月，外层为四只造型相同呈逆时针飞行的神鸟（象征一年四季）围绕旋转的太阳，表达了远古神话“金乌负日”的传说，展现古蜀先民对太阳的崇拜。三星堆及金沙遗址出土的文物具有极高的艺术价值，为研究古蜀文化的美学艺术价值提供了参考依据。

三星堆时期青铜文化得到高度发展，出土的青铜器具不仅包含中原文化常见的樽、罍、瓿、壶、盘等，而且有独具特色的青铜人像和青铜人面雕像，“这些铜像饰品是中国迄今发现的种类最丰富、体态最高大、年代最久远的青铜群像”①。三星堆的青铜纵目像、青铜大立人像、青铜神树不仅反映古蜀先民的审美倾向与信仰特征，而且反映出古蜀先民高超的青铜加工技术。

（三）促进国际交流、展示大国形象及象征文化遗产标志的品牌价值

文物是人类文化交流与文明传承的重要载体。作为古蜀文化典型代表的三星堆遗址和金沙遗址，不仅是中国文化旅游的名片，而且在国际交流中发挥着重要作用。三星堆在古蜀文化时期便是沟通中国与中亚、南亚文化交流、搭建南方丝绸之路的通道。时至今日，以三星堆与金沙遗址为代表的古蜀文化，通过文物展览等方式在多个国家和地区展出，成为促进国际交流、连接东西文化的“中国符号”。

三星堆是促进国际交往、展现大国形象的中国名片。2014 年至 2015 年，李克强总理两次将三星堆文物仿制品（三星堆古蜀王国的神秘面具和戴金面罩青铜人头像）作为国礼分别赠送给希腊和秘鲁。2019 年在四川省首届文化和旅游发展大会上，“天府三九大，安逸走四川”被确定为四川文化旅游的宣传口号，“三”指以三星堆为代表的古蜀文化，这对古蜀文化的传承、保护与开发具有重要意义。

金沙遗址出土的“太阳神鸟”金箔图案在 2005 年被国家文物局确定

① 王天佑：《解开古蜀文明的密码》，《光明日报》2018 年 7 月 28 日，第 5 版。

为“中国文化遗产”标志；2011年，“太阳神鸟”金箔图案被成都市确定为成都城市形象标识。金沙文化与大熊猫文化、青城山—都江堰世界文化遗产并列为成都三大国际文化品牌，成为成都市建设“世界文化名城”的重要资源。

（四）促进文旅融合发展与文化创意产业开发的产业价值

从文旅产业角度来看，三星堆博物馆于1997年建成开放，是国家重点文物保护单位、4A级旅游景区；金沙遗址博物馆于2007年正式开馆，是国家4A级旅游景区、国家一级博物馆。三星堆博物馆和金沙遗址博物馆是古蜀文化传承至今留给世人可供缅怀纪念的城市文化景观。博物馆除门票收入外，还通过举办节庆活动、演艺活动，增加文旅产业附加值。

在政策及资本推动下，“文博文创”热潮的到来为文化文物单位从事文创产业开发带来历史机遇。美国哈佛商学院教授迈克尔·波特曾提出价值链的概念。他认为，“每一个企业都是在设计、生产、销售、发送和辅助其产品的过程中进行种种活动的集合体”①。从文创产业的价值链来看，文创产业是以内容为核心，以创意为增长点，面向市场销售产品、提供服务、树立品牌，从而满足消费者物质消费、审美消费及情感消费的产业。

从题材上看，古蜀文化的远古性、神秘性适合做大尺度的创意设计，在文创产业中是比较好的题材。文化文物单位及文创企业通过对古蜀文化资源的梳理和发掘，向消费者提供具有古蜀文化元素的文创产品及增值服务，既要满足消费者对文创产品的物质需求，又要满足消费者对文创产品符号价值的需求。换言之，文创产品的符号价值高于物质价值、创意价值高于实用价值。消费者通过对文创产品的消费满足自身审美需要、情感需要。正是文创产品的符号价值及创意价值，使文创产品的使用价值和交换价值超出一般商品，使文创产品及相关服务获得较高的市场定价，对促进

① 季琼：《国际文化产业发展理论、政策与实践》，经济日报出版社，2016，第25页。

文创产业价值增值、创造新的经济增长点、拉动供给侧结构改革等产生重要作用。

二　古蜀文化的文创产业开发现状

古蜀文化源远流长，有宝墩文化、三星堆文化、金沙文化、战国船棺墓葬遗址等不同时期的历史遗存。目前在保护历史遗存基础上，进行建馆展览及文创开发的主要是三星堆遗址与金沙遗址。作为当前古蜀文化文创产业的开发主体，三星堆博物馆、金沙遗址博物馆立足古蜀文化资源现状，发展文化创意产业。其文创实践主要表现在以下方面。

（一）三星堆遗址的文创产业发展现状

1. 三星堆文化旅游业

三星堆博物馆在 1997 年建成开放，分为综合馆和青铜器馆两个展馆，综合馆陈列金、铜、玉、石、陶等各类文物，介绍古蜀历史及三星堆古蜀国的历史成就；青铜器馆展示三星堆青铜雕像群及古蜀青铜器具。

2015 年以来，三星堆博物馆每年在春节期间举办三星堆大祭祀活动，再现古蜀国新年祭祀仪式，吸引数万游客前来观光。

2017 年，德阳投资 150 亿元建设三星堆文化产业园区，以遗址公园为基础，打造“旅游 + 文化 + 商业 + 服务”的旅游产业体系。

2. 三星堆文创纪念品开发及销售

三星堆博物馆文创产业起步于 1997 年建馆时期，以旅游工艺品开发销售为主。2019 年 6 月，三星堆博物馆在原有授权开发到期后，收回经营权，自主开发经营，构建自有文创产业发展体系。目前与四川日报报业集团、北京华夏言国际文化创意有限公司、北京京上深广文化发展有限公司等省内外多家文创单位签订战略合作框架协议，为三星堆博物馆自主开发文创产业奠定基础。

三星堆博物馆以出土文物为元素，推出仿制品类、出版品类、生活用品类等七大类240个品种的产品。采用“线下销售+线上销售”的方式，一方面在博物馆中设计三星堆主题文创旗舰店，建设博物馆“最后一个展厅”；另一方面在微信平台开设三星堆博物馆文创公众号，实现文创产品在线销售。

3. 三星堆题材影视、游戏、文学作品开发

三星堆博物馆与腾讯、阿里等互联网平台，以及国内外影视、文化公司合作，推动三星堆题材文创作品开发，如电影《金色面具》《三星堆来客》，动画《三星堆·荣耀觉醒》，小说《蜀帝传奇》《蜀山云无月》，表情包“‘古蜀萌娃’狂飙四川话”、“三星堆古蜀萌娃造型抗疫表情包海报”（川话版）等。另外以三星堆形象为角色的腾讯AR游戏《一起来捉妖》进入论证阶段，与网易游戏代理的《我的世界》合作开发特色玩法《三星堆游记》《古蜀国历险》。值得一提的是，2019年国产动漫《哪吒之魔童降世》中结界兽便以三星堆青铜人像为原型，结界兽形象走红后，引发大众对三星堆及古蜀文化的关注。

4. 三星堆题材的跨界营销

三星堆符号元素也被植入知名品牌产品、博览会吉祥物等，实现三星堆的跨界融合。三星堆博物馆与四川长虹电器股份有限公司初步达成战略合作协议，推出长虹和三星堆联名款电视，推动古蜀文化与现代科技的融合。2018年第四届中国青年志愿服务项目大赛吉祥物“青小彤”的帽子取材自三星堆青铜面具。2019年四川国际航展吉祥物“星宝”的原型是三星堆青铜人首鸟身像。

（二）金沙遗址的文创产业发展现状

1. 金沙遗址文化旅游业

金沙遗址博物馆在2007年正式对外开放，两大主体建筑为遗迹馆、陈列馆。遗迹馆是金沙遗址大型祭祀活动场所的发掘地，馆内以发掘现场的原生态保护展示为主；陈列馆由“远古家园”“王都剪影”“天地不绝”“千载遗珍”“解读金沙”五个展厅组成。

除文物展示外，金沙遗址博物馆通过展演、节庆等活动吸引大众。音乐剧《金沙》以金沙遗址为题材，长期在博物馆驻演。金沙遗址博物馆举办以古蜀文化为主题的“成都金沙太阳节”，采用展览、灯展、演艺、文创、园艺、美食等形式，吸引大众观光驻足；举办“金沙之夜”文化活动，通过音乐会、考古诗会、舞蹈展演、国际联谊晚会等形式，丰富观众游览体验。

2. 金沙文创纪念品开发及销售

金沙文创于2007年开馆之时同步进行，2017年以前以自主开发为主，2017年以后以授权开发为主，并与成都柏辛亚视觉文化传播有限公司、成都市百家百城文化艺术有限公司、深圳瑞东文化发展有限公司等省内外多家文创开发单位开展文创领域的合作。

金沙文创纪念品覆盖创意文具、生活风趣、服饰与饰品、食品饮料等八大主题，包括近3600款产品。销售渠道包括线下销售和线上销售两种方式，线下销售渠道为金沙遗址博物馆陈列馆的两个文创商店，线上销售渠道包括京东平台的“金沙遗址旗舰店”和淘宝平台的“金沙遗址博物馆文创”。

3. 金沙题材影视、游戏、文学作品开发

金沙遗址博物馆与网易等多家互联网平台及国内外影视、文化公司合作开发金沙题材文创作品。目前以金沙遗址元素为题材的作品包括电影《梦回金沙》、入围奥斯卡最佳动画长片的《梦回金沙城》、诗集《金沙物语》、电视文学剧本《鹃啼金沙》，以及小说《血祭》《古蜀》《古蜀国密码》等。2019年，金沙遗址博物馆与网易游戏《倩女幽魂》合作，推出《倩女幽魂·金沙镜》；聘请川籍网络作家月斜影清、陨落星辰、纳兰初、五志和蘑菇等担任“金沙文化网络推广大使”，创作以古蜀文化、金沙文化为背景的网络定制小说，计划于2020年2月起在国内各大知名网络文学平台上线推广。

4. 金沙题材的跨界营销

金沙遗址博物馆的“太阳神鸟”金箔图案是“中国文化遗产”标志、成都城市形象标识。“金沙文化”成为成都三大国际文化品牌之一。2019年

5月，成都传媒集团与包括金沙遗址博物馆在内的在蓉博物馆合作，围绕天府文化精品文物（如“太阳神鸟”金箔等）向市民讲述文物背后的故事，打造“成都文博地图”“网上博物馆”等系列IP①。

三 三星堆等古蜀文化文创产业发展面临的问题

近年来，三星堆、金沙作为古蜀文化文创产业的开发主体，不断挖掘古蜀文化文创资源、塑造古蜀文化文创产业体系，并取得一定成绩。但从古蜀文化文创产业发展的全局看，仍存在一定问题。

（一）古蜀文化资源分散，尚未形成清晰的古蜀文创体系

古蜀文化源远流长，孕育了巴蜀地区的文化与风俗，其遗留至今并得到有效开发的遗址资源为三星堆遗址和金沙遗址。从地理位置来看，三星堆遗址位于四川省广汉市西北的鸭子河南岸，南距成都40公里；金沙遗址位于四川省成都市青羊区，两处古遗址之间的距离约为50公里。古蜀文化遗址的分散，使两大遗址分别进行保护及开发，并形成各自的文旅产业链。2019年5月，四川省委宣传部等多部门联合印发《古蜀文明保护传承工程实施方案》，制定了2025年建立起较为完善的古蜀文明保护传承体系、古蜀文明国际影响力进一步扩大等发展目标②。古蜀文化是四川地区独有的地域文化，对古蜀文化的重视不仅体现在考古、保护、研究及文旅融合等方面，其文创产业体系的建设也十分重要。古蜀文化拥有资源禀赋优质的文化资源，在全社会重视文博文创的当下，古蜀文创面临难得的历史机遇。反观古蜀文化的文创实践，主要依靠三星堆、金沙博物馆及部分文创企业的文化自觉，

---

① 陈谋：《成都传媒与文博手拉手，成都文博地图、网上博物馆将陆续推出》，https://static.cdsb.com/micropub/Articles/201905/52823deaf224ff287b77934 e6d0247d3.html，2019年5月13日。

② 吴晓铃：《我省印发古蜀文明保护传承工程实施方案　推进古蜀文明遗址申报世遗》，《华西都市报》2019年5月10日，A3版。

缺乏政策层面的宏观指导、发展规划、行动纲领，尚未形成清晰的古蜀文创体系。

从文化文物单位的文创实践来看，文创产品的设计与开发多采用自主研发、授权研发、品牌合作等方式，由设计团队完成设计稿后由生产厂家进行产品批量加工制作，再通过实体销售、网络销售的方式进入流通市场。从产业角度看，文创产品的研发设计成本高，加上所包含的知识产权费用及品牌产生的溢价，导致文创产品的市场价格高于一般产品价格。尽管批量生产能在一定程度上降低生产成本，网络销售方式能降低一定的销售成本，但从博物馆文创产品销售情况看，其更依赖实体销售，线上销售尚未形成规模效应。从文创产品设计、生产、销售的产业链条看，古蜀文化的文创产业尚有极大的探索空间。

（二）古蜀文化的文化价值被低估，影响古蜀文创生产力的转化

四川省现有世界文化遗产两处，而古蜀文化遗址（金沙遗址、古蜀船棺合葬墓、三星堆遗址）虽在 2013 年被列入中国世界文化遗产预备名单，但迄今未正式通过认证。四川省共有 5A 级景区 12 个，而三星堆遗址、金沙遗址仅为 4A 级景区。

古蜀文化是古蜀先民在探索自然、探索世界的过程中留下的珍贵遗产，是中华文化多元一体、和而不同的证明，但在国内外文化旅游目的地的评价体系中，三星堆、金沙遗址的文化价值被低估，影响了古蜀文化的文化价值传播与文创生产力转化。

（三）古蜀文化宣传力度不足，制约了古蜀文创产业的大众接受度

古蜀文化具有远古性、神秘性，至今仍留有很多未解之谜，但三星堆、金沙遗址并没有出现预期的研究热、文化热、旅游热。古蜀文化遗址资源在国内外文化旅游评价体系中被低估。古蜀文化遗址在四川地区具有知名度和美誉度，但对外省游客缺乏吸引力和影响力，诸如此类的多方面因素造成三星堆、金沙遗址在考古文物界影响大，而在商业圈影响小；在学术界、文化

界影响大，而对公众影响力不足。

尽管古蜀文化具有较高的文化价值，但由于旅游宣传和品牌推广力度不足，对外省游客缺乏强吸引力，博物馆的游客接待量、门票收入与其所蕴含的文化品质不相匹配。文博类文创产品的线下消费群体以游客为主，线上消费群体以年轻消费者为主。囿于宣传等方面的原因，古蜀文化在普通游客中的接受程度不高，既影响博物馆的门票收入，又影响游客在游览中对文创产品的购买意愿。

（四）古蜀文化的文创品牌辨识度不高，文创纪念品缺乏故事创意

广告大师大卫·奥格威认为，“品牌是一种错综复杂的象征。它是品牌的属性、名称、包装、价格、历史、声誉、广告风格的无形组合。品牌同时也因消费者对其使用的印象及自身的经验而有所界定”[①]。奥格威认为品牌不仅包含一系列要素，而且包含消费者对品牌的印象及感知。要形成清晰明确的古蜀文创品牌，首先应设计鲜明的品牌 LOGO，再通过反复使用强化消费者对品牌标识的印象；其次通过系列产品设计赋予品牌某种意义，通过文创产品的消费达到对产品背后文化内涵的理解。尽管古蜀文化的遗存文物具有较高的辨识度，但古蜀文化的文创品牌辨识度仍有提升空间。如果文创品牌辨识度不高，就难以使消费者将文创产品与文创品牌相关联，就会缺乏相应的市场号召力。

从文创纪念品角度看，当前文创纪念品的开发多停留在对出土文物相关元素的直接挪用，缺乏对古蜀文化内涵的深层诠释和解读，故事文本创意的挖掘层次不深；文创纪念品的种类缺乏创新，同质化现象较为普遍，多数文创产品是古蜀文化符号元素与一般性旅游纪念品的结合，如书签、胶带、冰箱贴、钥匙扣、帆布袋、丝巾等。文创产品种类高度相似，缺乏文创精品和爆款产品，使消费者尤其是年轻消费者难以产生深刻的印象和强烈的购买意愿。

---

① 黄静主编、王文超副主编《品牌管理（第二版）》，武汉大学出版社，2015，第3页。

四　加强三星堆及古蜀文化文创产业探索的对策建议

古蜀文化文创产业的发展与提升是一项系统工程，需要政府、文化文物单位、文创企业等多元主体的共同参与，制定古蜀文创的发展目标、实施策略，推动古蜀文创品牌建设和产品推广，只有多措并举才能使古蜀文创焕发其应有的生机。

（一）政府维度

1. 统一认识，增强对三星堆及古蜀文化文创产业的重视和开发

三星堆及古蜀文化虽然具有很高的文化价值、学术价值，但是其品牌效益、产业效益远未达到与其文化价值、学术价值相匹配的地位。要正确认识古蜀文化的文创产业有很大的发展空间，加强对古蜀文化文创产业发展的重视，做好文创产业发展的顶层设计。

古蜀文化的传承保护与产业发展需要多方协作努力。2019 年，四川省委宣传部等多部门联合发布《古蜀文明保护传承工程实施方案》，为古蜀文化的保护传承明确目标。相关部门要在此方案基础上，广泛调研，借鉴国内外先进经验，制定更加完善的古蜀文化保护与开发实施细则，明确古蜀文化文创产业的政策指导、发展规划、行动纲领，支持多元主体参与古蜀文化的文创产业开发，加强对文化文物单位、文创企业参与文创产业开发的政策支持，“明确文创开发各权利主体的职责和权利，明确博物馆藏品资源开发权的权利归属及权利分配规则”[①]，并在市场监管、行业规范、平台建设等领域予以帮助，为文化文物单位、文创企业从事古蜀文化文创产业营造良好的环境。鼓励与支持历史界与考古界开展多学科、多领域及跨国界的学术研究合作，组织各相关领域专家对三星堆遗址、金沙遗址的文化资源进行全方位

① 宋朝丽：《中国博物馆文化创意产品开发研究报告》，载范周主编、齐骥执行主编《2018 中国文化产业年度报告》，知识产权出版社，2018，第 309 页。

研究。系统梳理古蜀文化符号体系中可供传播的元素，例如推动古蜀文化元素进入学生教材，推动三星堆青铜纵目像作为传播学组织的符号标志等。通过一系列活动，持续地彰显古蜀文化在世界文化体系中的价值，确保其在学术界、在高端的文化评价体系中获得全球公认的地位。

2. 配套政策，开展跨地合作，理顺古蜀文化资源分散问题

笔者2005年在《对成都文化产业发展的初步反思与构想》[①] 及《对成都文化产业的补充构想》[②] 两篇文章中曾提出，可以开展跨地合作，整合三星堆—金沙文化，申报世界文化遗产和国家5A级旅游景区，打造文化旅游高规格品牌。2017年6月9日，广汉三星堆博物馆与成都金沙遗址博物馆签署《三星堆与金沙共同推动“申遗”合作协议》，“根据协议，双方同意将三星堆遗址、金沙遗址打捆为古蜀文化遗址，作为向联合国教科文组织申报世界文化遗产的项目，并将联合编写申报世界文化遗产文本”[③]。2019年5月印发的《古蜀文明保护传承工程实施方案》提出“将加快推进古蜀文明遗址（三星堆遗址、金沙遗址）申报世界文化遗产写进方案”[④]。为推动古蜀文化联合申遗成功，打造古蜀文化品牌，可由四川省政府、成都市和广汉市政府相关部门组建统筹协调部门，助推三星堆、金沙遗址的联合申遗工作，确保联合申遗成功，提升古蜀文化的品牌价值。

三星堆博物馆、金沙遗址博物馆目前已形成各自的文旅产业链和文创产品体系，并在文创产业发展方面进行诸多探索。古蜀文化的文创产业开发是一项系统工程，三星堆博物馆、金沙遗址博物馆在文创产业方面开展实践与探索，能根据自身馆藏特色及优势量身定制文创产品开发体系，形成不同的文创产业发展路线，其文创产业的经营收入又能进一步反哺文化资源保护、

① 蔡尚伟、王淑萍：《对成都文化产业发展的初步反思与构想》，转自人民网传媒频道，2005年11月26日。

② 蔡尚伟、王淑萍：《对成都文化产业的补充构想》，人民网传媒频道，2005年12月26日，http：//media. people. com. cn/GB/22100/54430/54431/3974956. html。

③ 吴晓彤：《三星堆金沙联合申遗》，《四川日报》2017年6月9日，第2版。

④ 吴晓铃：《我省印发古蜀文明保护传承工程实施方案　推进古蜀文明遗址申报世遗》，《华西都市报》2019年5月10日，A3版。

场馆设施维护。但从古蜀文化文创产业发展的全局看，应由专门部门系统牵头古蜀文化文创产品、品牌、产业的开发，找准古蜀文化资源与文创产业的契合点，依托利用文化资源形成文化产业的理念，将古蜀文化蕴含的文化意蕴融入文创产业的规划及发展。为激发社会力量参与古蜀文创产业探索的积极性，培育更多优质文创项目，建议以省、市名义设立政府主导、财政拨款的“古蜀文化保护传承工程文创扶持基金”，专项用于扶持重点单位培育古蜀文创项目，实现对古蜀文化文创产业的精准扶持。通过协调资源、统筹力量、凝心聚力，形成古蜀文化文创产业的品牌合力。

3. 转变思维，加强对文化创意、营销、策展等内容的培训

转变文化文物单位从业人员的思维，加强对从业人员的培养力度。随着文博文创产业的迅速发展，从业人员应跳出文化事业单位的思维框架。近年来，国家文物局每年举办“全国文博系统文化创意产业高端人才培训班”，对文博行业从业人员进行培训提升，内容涵盖博物馆文创产品的设计、加工、经营等。相关部门也应牵头组织对省内文化文物单位从业人员的继续教育，邀请文化创意、营销、策展等方面的专家授课。

人才是文创产业发展创新的基本要素。在加强对从业人员培训的同时，力争引进综合掌握历史、文化、艺术、科技、工艺等方面知识的创意人才。通过在职培训或人才引进等方式，不断提升文创产品设计水平及营销水平，最大限度地推广古蜀文化文创品牌。

4. 举旗造势，推广三星堆及古蜀文化的文创品牌

《国家宝藏》《如果国宝会说话》《我在故宫修文物》等文博节目、纪录片的播出，引发社会公众对文博文创的关注，形成全社会关注文博文创的良好氛围。古蜀文化的远古性、神秘性，使其遗存的三星堆遗址和金沙遗址带有一定的神秘性和小众性，因此有必要通过一系列宣传活动，让大众对古蜀文化、遗迹、文物产生浓厚兴趣。公众只有了解文物背后的故事、了解古蜀先民的精神，对古蜀文化产生情感共鸣，才能进一步转化为文创产品的消费者。可以由政府部门、文化文物单位组织策划一系列包含古蜀文化元素的文博节目或纪录片，通过微博、微信、微视频等新媒体方式，使古蜀文化神

秘庄重的形象鲜活起来，增强公众对古蜀文化的感知与了解。

通过举办高端文化创意论坛、邀请省内外媒体记者参与，宣传三星堆及古蜀文化的文创品牌。2019 年 11 月 16 日，由四川大学文化产业研究中心主办，德阳高新区党群工作部、德阳高新发展有限公司、诸葛创意书院承办的 2019“三星堆·南丝路文化峰汇”吸引来自全国社科、文旅、艺术等系统的专家、学者，“围绕古蜀文明、文化创意、知识产权与丝路文化的创新融合进行深入交流”①，为古蜀文化及文创产业发展建言献策，取得良好的宣传效果。

举办古蜀文化创意设计大赛，向全社会征集优秀的古蜀文化创意作品，并对获奖作品进行奖励。比赛本身也可以吸引社会公众对古蜀文化的关注，进而成为宣传古蜀文化、推广古蜀文化文创品牌的机遇。为使参赛选手更好地理解古蜀文化内涵，可以针对参赛选手举办主题讲座，系统讲解古蜀文化的内涵及古蜀文化文创产品的开发情况，提升古蜀文化创意产品的设计水平。

（二）行业维度

1. 培育品牌：树立文创品牌，打造品牌个性

培育品牌是提升文创产业竞争力的有效方式。三星堆遗址与金沙遗址可在携手申报世界文化遗产的基础上，继续在文创产业方面开展合作，共同打造古蜀文化的文创品牌。培育古蜀文化的文创品牌，首先应明确古蜀文化文创品牌的内涵与外延，设计品牌标识、丰富品牌内涵及产品体系，并通过对品牌形象与品牌内涵重复性的宣传推介，加深消费者的印象。其次，立足古蜀文化的历史资源、文物资源，系统打造古蜀文创产品体系。一方面通过开发文创纪念品体系，延伸文化景观与消费者的联系；另一方面，开发包含古蜀文化元素的网络文学作品，根据作品的受欢迎程度和认可度，将其改编为

---

① 周鸿：《聚焦“文明·文化·文创”2019“三星堆·南丝路文化峰汇”在广汉举行》，四川新闻网，http：//scnews. newssc. org/system/20191116/001010377. html，2019 年 11 月 16 日。

影视、动漫、游戏等文创题材作品。最后，文创品牌推广可交由专业团队进行系统规划、持续性跟进，从而保证品牌建设的效果。

与文创企业的授权合作，以及与知名企业的品牌合作，是打造古蜀文创品牌的有益做法。文创企业、知名企业等拥有丰富的用户数据、专业化的设计团队、完善的销售渠道，三星堆、金沙遗址等文化文物单位通过与上述企业的授权合作，可以有效将古蜀文化的文化资源、符号资源与企业的创意资源、渠道资源、用户资源结合，并通过与媒体合作进行多维度宣传，从而扩大古蜀文创品牌的知名度和影响力。2019 年国家文物局发布《博物馆馆藏资源著作权、商标权和品牌授权操作指引（试行)》，“对博物馆文创产品的著作权、授权及授权流程等一系列发展痛点进行了指导”①，一定程度上为博物馆从事品牌授权进行政策“松绑”。文化文物单位应与文创企业、知名企业建立良好的合作关系，形成互惠发展的局面。

2. 打造精品：增强产品的文化意蕴，贴近现代人审美方式

古蜀文化因为离今天很远，在文献记载、考古发现中有空白点，给人们留出创意想象的空间。可以考虑以科幻文化思维，构筑古蜀文创产品体系。由于三星堆、金沙遗址的历史记载不多，强行用现实主义的原则真实地再现古蜀时期的历史原貌，从逻辑上来说是非常困难的。在不违背历史真实性的前提下，用科幻文化逻辑进行顶层架构，既符合中国当今发展科幻文化的潮流，又符合全世界范围内公众的接受心理。

古蜀文化遗存的文物展示了古蜀先民的审美水平，与现代人的审美水平存在一定差异性。古蜀文创产品设计既要立足古蜀文化元素挖掘文物蕴含的文化意蕴、表现古蜀文化的深厚内涵，又要找到古蜀文化与现代人审美水平相接近的创意契合点，以更符合现代人审美水平的方式进行二次创作及呈现。文创产品的符号价值与实用价值是消费者在购买文创产品时的考虑因素，符号价值增加了文创产品的审美性和独特性，实用价值展现了文创产品

---

① 郑艺佳：《博物馆馆藏资源授权操作指引出台，告别文创产品“宫斗”》，新京报网，http：//www. bjnews. com. cn/feature/2019/05/09/576957. html，2019 年 5 月 9 日。

融入生活场景的适用性和实用性。在文创产品开发时，须将古蜀文化元素与年轻消费群体的审美偏好相结合，增强文创产品贴近现实生活场景的实用价值。具有实用价值的文创产品，如书签、胶带、笔记本、手账本等创意文具类产品，价格不高并有一定实用性，更容易吸引消费者购买。

结合消费者的消费需求和审美趣味，通过提高文创产品质量、审美水平和文化价值，打造古蜀文化的文创精品和爆款产品。通过文创精品、爆款产品进而打造古蜀文创IP，赋予古蜀文创IP丰富的符号价值，满足消费者个性化、差异化的消费需求，并在消费群体中形成产品知名度及品牌美誉度，进一步提升消费者对古蜀文创产品的购买意愿。2019年，现象级动漫作品《哪吒之魔童降世》中结界兽的原型来自三星堆的青铜纵目面具，由于动漫电影《哪吒之魔童降世》的走红，结界兽造型也为更多大众所知晓，成为古蜀文化元素走向平民大众的契机。

3. 提升体验：增强产品互动性，提升用户体验水平

伴随体验经济的到来，文化旅游及文创产品消费被赋予更高的消费者期待。“体验经济时代的旅游消费呈现出情感和个性需求上升，旅游消费者的自主参与和文化、环保等意识增强的特点。”① 古蜀文化文创产业的发展也应根植体验经济，注重提升消费者的体验。

一是打造具有地域特色的古蜀文化节庆活动和展演活动。目前三星堆博物馆在每年春节期间打造三星堆大祭祀活动，金沙遗址博物馆每年春节期间打造“成都金沙太阳节”并在全年开展“金沙之夜”活动，将古蜀文化元素内嵌于节庆、展演活动中，既吸引游客前来观光游览，又丰富游客的游览体验，对本地游客及外来游客都具有较强的吸引力。目前，三星堆大祭祀活动及“成都金沙太阳节”因成本等多方面原因，主要集中在春节期间进行，可以考虑在重要节假日，如五一劳动节、十一国庆节等打造相应的古蜀文化演出剧目，展现古蜀王国的历史及祭祀仪式等，并提前做好媒体宣传，既能以丰富的展演活动吸引游客，又能使游客近距离了解古蜀遗址出土文物，感

① 皮平凡：《体验经济时代的旅游产品开发探索》，《学术交流》2005年第2期，第63页。

受古蜀王国的文化魅力。

二是建设消费体验区，使消费者参与文创产品设计制作工艺流程。针对具有代表性的古蜀文物藏品，通过复制的形式，吸引消费者参与部分文创产品的制作工艺流程，如参与具有古蜀文化元素的雕塑、陶艺、彩绘等文创产品设计、制作，一方面向消费者讲授文创设计、手工制作的相关理念，使消费者感受到艺术的历史感和可塑造性；另一方面使消费者在参与、设计产品的过程中享受值得回忆的消费体验，满足精神层面的消费需求。游客在参观展览时的体验感对文创产品消费有一定影响：游客在游览中的体验感越好，对博物馆的好感度越高，购买文创产品的概率越大。

4. 多元经营：创新经营方式，线上线下并举

2017 年故宫文创的年销售额达到 15 亿元，可见文博文创产业具有广阔的市场前景。文创产品旗舰店被誉为博物馆的“最后一个展厅”，线下销售为消费者营造了消费的场景，消费者在游览文物遗迹、获得直观的游览体验时最容易激发消费行为。因此，线下销售要营造良好的消费场景，将消费者感兴趣的古蜀文化元素与文创用品相结合，用集纪念价值、审美价值、实用价值于一体的文创产品激发消费者的购买需求和欲望。目前，三星堆、金沙遗址的文创纪念品销售以线下销售为主。

随着消费者的消费习惯由线下消费逐渐转为线上消费，古蜀文创产品的销售也应向网络渠道延伸。《2019 博物馆文创产品市场数据报告》显示，2018 年“仅淘宝天猫博物馆旗舰店的累计访问量就达到 16 亿人次，是全国博物馆接待人次的 1.5 倍，更让人惊喜的是，这其中有 1 亿用户是‘90后’”①。目前三星堆、金沙遗址博物馆均已开通线上销售渠道。搭建官方线上销售渠道，不仅能使文创产品的类目、信息一目了然，而且能帮助消费者在网络浏览博物馆资源时，了解所购博物馆文创产品的信息，满足不能到馆参观的消费者的购买需求。文创产品的线上销售，可以采用社群经济的模

① 孙冰：《文创消费大爆发：博物馆艺术科研机构集体变网红　这些玩法绝了》，《中国经济周刊》2019 年第 17 期，第 109 页。

式，打造古蜀文创品牌的“粉丝社群”，定期推送新颖产品、热销产品，并通过提供增值服务的方式维护社群关系。通过线上线下互动营销，既能吸引消费者多种渠道购买，又可以宣传古蜀文化，吸引潜在消费者，培育古蜀文化的忠诚粉丝，使消费者产生对古蜀文化的亲切感，进而满足消费者个性化、差异化的消费需求。

行业报告

Industrial Reports

B.10
四川赛事产业发展报告

刘天宇　李　晖*

摘　要： 赛事文化产业对于区域经济和社会发展具有重要意义。在系列政策引领扶持下，四川大小赛事渐成规模，并注重将巴蜀文化嵌入赛事设计、场馆建筑与绿道景观，让赛事文化产业与餐饮产业、旅游产业等关联产业融合发展，且不断丰富自主品牌赛事，提升自主品牌赛事体系的价值和影响力。但是，不可否认，四川城市自主IP赛事国际影响力与市民体育参与热情有待进一步增强，政府对重大赛事的风险管理能力仍须提高，赛事知识产权管理以及赛事遗产利用尚不到位。要推进四川赛事文化产业发展，必须注重五个方面：一是创品牌，提升赛事影响力；二是明权责，注重产权管理力；三是强管

* 刘天宇，博士，成都中医药大学体育学院副教授，研究方向为体育人文社会学；李晖，博士，四川省社会科学院新闻传播研究所研究员，研究方向为体育传播、文化产业。

理，提高风险防控力；四是重引导，夯实公众参与力；五是抓统筹，深掘文化传承力。

关键词： 四川 赛事文化产业 赛事名城

赛事文化产业指的是与体育赛事有关的文化产业，包括核心层（如赛事服务、赛事知识产权）、外围层（如包含赛事元素的其他休闲娱乐服务）与相关层（如与赛事有关的运动设备、硬件设施）等。赛事文化产业对于区域经济和社会发展具有较大带动作用，国内诸多城市将目光锁定赛事文化产业。在英国体育市场情报研究和数据服务机构 SPORTCAL 发布的 2019 全球赛事影响力（GSI）城市榜单中，中国有三座城市入围前 30，分别为北京、南京和成都，其中，成都从 2018 年的第 89 名升至 2019 年的第 28 名[①]。2019 年第十八届世界警察和消防员运动会等赛事的成功举办，初步彰显了以成都为中心的四川赛事文化产业的发展潜力。本报告在实地调研四川赛事文化产业发展现状的基础上，客观分析其发展成就与困境，并提出促进四川赛事文化产业发展的针对性建议。

一 四川发展赛事文化产业的重要性

赛事经济是流量经济，大型国际体育赛事的规模效益对城市经济发展与综合影响力的提升都将形成巨大的带动作用，同时，体育赛事也有助于增加体育人口的总体数量，进而促进全民体育健身事业的发展。

（一）有助于打造新的经济增长极

赛事文化产业有助于打造四川新的经济增长极，主要体现在赛事文化产

① 谢陶《全球赛事影响力榜单公布：中国登顶榜首 成都首进全球前 30 城市》，每经网，http：//www.nbd.com.cn/articles/2019－04－30/1327171.html。

业可为经济高质量转型发展提供较大动能，除门票、住宿等直接收入，其对城市产业结构也有间接影响。相关结论表明，重大赛事举办后期第二、第三产业会出现较大增长，且第三产业增势更为明显①，由其所激发的赛事文化产业及与其相关联的产业（交通运输业、零售业、旅游业、金融服务业、餐饮业等）的发展壮大可促进城市产业结构的优化升级，继而推动城市经济发展。有数据为证，从 2012 年到 2018 年，成都市体育产业增长较快，七年间，成都体育产业年收入增长了 471. 8 亿元（见图 1），体育产业对于经济的拉动作用也在不断增强。数据攀升的背后，是 2013 年以来四川体育赛事数量逐年递增的事实。且随着四川赛事文化产业发展日趋成熟，近几年其经济效益增势明显。如 2017 年至今，成都陆续承办 53 项国际高水平体育赛事以及系列自主 IP 赛事，赛事带来的体育竞赛表演活动收入已达 5. 64 亿元②。当前，省内一批大型体育场馆开工建设，大型国际体育赛事申办短时间内取得重大突破，世界赛事名城建设取得了重要阶段性进展，这都将给四川赛事文化产业带来难得的历史机遇。

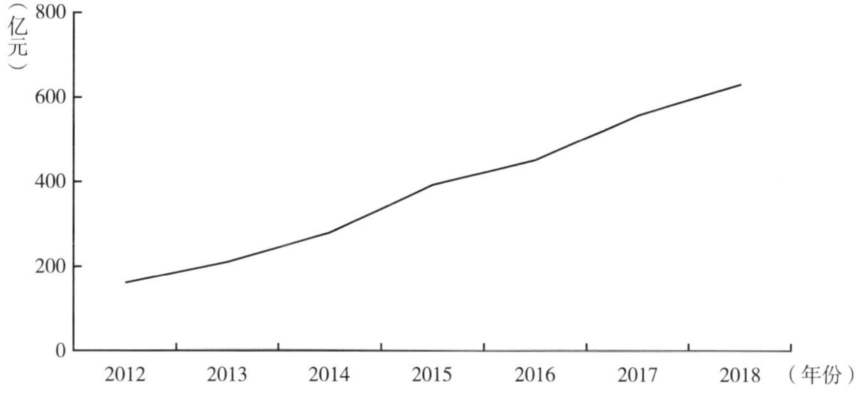

图 1　2012 ~ 2018 年成都市体育产业总收入趋势

① 朱书琦：《大型体育赛事能否推动城市产业发展?》，浙江工商大学硕士学位论文，2018。

② 《从第 89 名升至 28 名！成都全球赛事影响力城市榜单凭什么“暴力拉升”?》，搜狐网，http：//www. sohu. com/a/336138664_ 670423。

（二）有助于提升区域综合影响力

国际赛事可聚集大量的物流、商流、资金流和信息流，能为举办城市带来巨大收益，因此国际赛事往往成为大型城市转型升级的重要选项。伦敦、巴黎、洛杉矶等城市都因举办奥运会收获了全球关注度和世界影响力。2019年成都在举办第十八届世界警察和消防员运动会期间，接待海内外游客数量达1304.6万人次，旅游总收入高达234.8亿元①。而据测算，成都2021年大运会将接待游客2亿人次以上，全市旅游业总收入达2500亿元以上②。大型赛事的流量效应已然彰显。与此同时，赛事文化产业运营领域好的做法也树立了城市品牌形象，从而进一步提升了区域影响力。如举办地将当地传统文化元素融入城市建设和赛事设计中，加深了受众对城市形象的感知；赛事服务保障是主办地政府效率、效能的集中体现，良好的赛事服务保障对提升主办地政府社会形象也有较大作用。可见，举办地可依托赛事所带来的流量效应从诸多方面快速地提高综合影响力。

（三）有助于带动全民健身事业发展

为助力四川赛事文化产业发展，四川成都发布了《世界赛事名城全民健身提升行动计划》。该行动计划对健身活动次数、场地、社会体育指导员配置以及体育人口数量等做出具体部署，可见，全面健身事业的提档升级本身就是四川大力发展赛事文化产业的题中应有之义。除了设施与服务配套升级，赛事不同阶段对公民体育参与热情的培养和带动都具有较大作用。如赛事举办前举办城市会从诸多方面去预热，为赛事营造良好氛围，在这一过程中，会带动公众参与并对公众产生程度不同的影响；赛事举办期间，围绕体育赛事的传播、转播、衍生品、场馆、票务、竞猜、体彩等系列活动，都会带动可持续的体育消费，推动全民健身深入开展；赛事举办后，举办体育赛

---

① 《全球赛事影响力排名　从第89到第28　成都靠啥飙升?》，《成都日报》2019年9月3日，第6版。

② 赖芳杰：《成都致力打造世界赛事名城》，《华西都市报》2019年6月25日。

事的大型场馆都将在服务当地全民健身事业中发挥较大作用。另外，体育赛事的带动效应也将助推全民健身项目的快速发展。如四川成都已确定大力发展足球、乒乓球、羽毛球、篮球、路跑、游泳等社会普及度较高以及群众参与意愿较强的传统项目，加快发展自行车、棒垒球、冰雪、网球、山地户外、水上、电子竞技等有较好市场前景的新兴运动项目，这些举措都将有力地提升四川全民健身事业的发展水平①。

二　四川赛事文化产业发展现状

在系列政策引领扶持下，四川大小赛事渐成规模，且在注重融入巴蜀文化、关联产业融合发展、着力打造赛事品牌、鼓励多元主体参与等方面形成了经验性做法。时至今日，四川赛事文化产业数量和质量层面都有了较大提升。

（一）系列政策引领扶持

为推动赛事文化产业发展，《成都创建国际赛事名城行动计划》（2018年2月）、《中共成都市委关于弘扬中华文明发展天府文化加快建设世界文化名城的决定》（2019年1月）、《成都市建设世界赛事名城促进体育产业发展的若干政策措施》（2019年9月）等文件相继印发。文件中，有数量目标，到2025年，成都将培育3家以上本土体育上市企业，打造10个以上国家体育产业基地（单位、项目）和20个省级、50个市级体育产业示范项目；② 有项目规划，要引进有国际影响力、有群众基础且和本地文化特征与资源禀赋相契合的高级别单项国际赛事，还要加快发展市场增长快、成长性好的新兴运动项目；有详细部署，要从高标准建设天府奥体城等赛事场馆体系、打造顶级品牌赛事、积极发展职业体育、大力开展全民健身等四个方面

① 李彦琴：《举办品牌赛事　成都最高补助800万》，《成都商报》2019年8月23日，2版。

② 程文雯、雷倢：《7大方面重点发力　2025年成都体育产业总规模超1500亿》，四川在线 https://sichuan.scol.com.cn/ggxw/201908/57040412.html。

推进赛事文化产业；有赛事升级目标，用3~5年时间，将ATP250成都网球公开赛升级为ATP500级别赛事，将FISE世界极限运动巡回赛升级为年终总决赛。

（二）大小赛事渐成规模

自2005年成功举办世界大力士锦标赛以来，成都每年都会举办多项国际性体育比赛和活动，大小赛事渐成规模，结构体系轮廓初显。一是国际、国家级赛事与省市级赛事相结合。包括铁人三项世界杯、熊猫杯国际足球邀请赛、ATP125成都国际网球挑战赛、ATP250成都网球公开赛、国际网联青年大师赛、乒乓球女子世界杯、成都国际马拉松、UCI都市自行车世锦赛等在内的多级赛事体系已经形成①。二是时尚休闲、户外运动赛事与其他门类赛事相结合。时尚休闲类如世界体育舞蹈节，户外运动类有成都·迪拜国际杯赛马经典赛、成都国际马拉松赛、金堂铁人三项世界杯赛、中国成都·彭州龙门山国际山地户外运动挑战赛等赛事，电子竞技类有全国电子竞技公开赛（National Electronic Sports Open，NESO）等。三是引进赛事与自创赛事相结合。除积极申报世界大学生夏季运动会、乒乓球团体世锦赛、世界运动会等国际赛事外，成都亦在不遗余力自创IP赛事，如成都国际马拉松、中国马术节、世界体育舞蹈节等。

（三）注重融入巴蜀文化

将巴蜀文化特色融入国际赛事，也体现出成都赛事文化产业发展的独特性。一是将巴蜀文化嵌入赛事设计。如成都太阳神鸟图案被运用于2018年UCI都市自行车世锦赛Logo设计，大熊猫以及川剧脸谱元素被运用于比赛项目宣传海报；天府文化成为2019成马赛道设计核心，路线设计为从古文明（金沙）跑向新时代（天府新区），凸显最厚重、最人文、最持久、最独

---

① 李博：《27项国际赛事　助推世界赛事名城建设》，《成都商报》2019年1月3日，第13版。

特、最成都的天府文化特色。二是将巴蜀文化融入场馆建筑。成都国际足球中心项目采用的美国豪科建筑设计公司设计方案与群山环绕、绿树掩映的成都意境呼应，让高低错落的建筑环绕着中心广场和体育场馆，传达出四川之势聚于成都，成都之势聚于国际足球中心的概念①。三是将巴蜀文化植入绿道景观。天府绿道既是成都的绿色动脉，也是成都的体育动脉。16930 公里的天府绿道建设体系中，规划了 2000 多处体育场地设施，将承载马拉松、自行车、定向越野等赛事。成都绿道设计也吸纳了巴蜀文化元素，如呈现戏剧脸谱的站牌、非遗文化地标等，从而打造出“绿满蓉城、花重锦官、水润天府”、具有浓郁地域特征的“成都绿道”，是成都未来最壮观的体育文化景观大道。

（四）关联产业融合发展

赛事作为一项社会活动，具有高度的产业融合性。四川成都出台专门的行动计划，主动寻求与关联产业的融合发展，如 2019 年 8 月发布的《世界赛事名城文体旅商融合发展行动计划（2019～2021 年）》提出要“围绕城市全域统筹规划布局文体旅商功能复合的场馆设施，创新打造文体旅商体验多元的消费场景，科学构建文体旅商深度融合的现代产业体系，形成彰显天府文化、引领生活时尚、辐射影响全球的文体旅商品牌体系，全面提升世界赛事名城影响力”②。循此思路，四川成都在大型体育赛事筹备与执行阶段，已形成较多探索。如与餐饮产业融合，麻辣烫、火锅已经成为四川饮食的名片，在世界范围内也极具标识性，这也是国内外众多赛事参与者来到成都的一个重要原因。“韵动中国・2017 乐山国际马拉松赛”以当地美食钵钵鸡和香辣凤爪作为“补给品”，冲击参赛者的味蕾。与旅游产业融合，四川自然景观和资源千差万别，旅游产业业态丰富，依托不同旅游资源可以形成不同

---

① 《重磅！成都国际足球中心设计方案选定》，搜狐网，http：//www. sohu. com/a/235169656_ 99993851。

② 《八大行动计划助力世界赛事名城建设》，四川党建网，http：//www. scdjw. com. cn/portal. php？ mod = view&aid = 65129。

的赛事品牌，如彭州举行的龙门山国际山地户外挑战赛，就是基于地域特色所设计的赛事；环四姑娘山越野跑，赛道设置将体育竞技与旅游观光完美结合，还在补给站增加了扎帐篷、看星空等互动环节。与其他产业融合，邛崃平乐古镇创意跑融入古镇民俗文化；“城市沸点·2019成都城市定向挑战赛”“成都卡路里运动音乐节”等系列赛事融合了文创、旅游、音乐、会展、美食等内容；成都在三人篮球相关赛事中除将大熊猫、火锅、川茶、川剧等四川特色元素融入赛事外，还策划了校园行、青少年公益活动、天府绿道活动、三人篮球发展（成都）峰会等活动①。

（五）着力打造赛事品牌

四川赛事文化产业发展自始至终体现出较强的品牌经营意识。

一是把握先机较早介入。早在2015年，三人篮球尚未正式确认“入奥”，成都就开始着手发展三人篮球。2015年12月，成都成功申办2017年国际篮联三对三U18世界杯。2016年，国际篮联三对三挑战赛首次在成都举办。2017年6月，国际奥委会确认三人篮球将成为2020年东京奥运会正式比赛项目，成都因有发展基础占据先机，2017年国际篮联三对三“U18世界杯”、2018年“一带一路”国际篮联三对三国际挑战赛先后在成都举办。2019年和2020年国际篮联三对三世界巡回大师赛和成都FIBA三对三女子系列赛的主办权都为成都所有。2019年5月31日，国际篮联又授予成都“国际篮联三对三黄金主办城市”荣誉称号②。在此基础上，成都目前已经开始建设完善各系列三对三赛事体系（中国三对三赛事西部大区赛，三人篮球基地，三人篮球运动员、教练员、裁判员培养和大数据库）③，三人篮球的品牌优势得到进一步巩固。

二是专项资金扶持。四川成都对落户当地的国际知名体育赛事，每次给予不超过800万元的办赛补助。对当地自主培育、市场价值大、发展前景

---

① 何鹏楠：《世界赛事名城　成都，实至名归!》，《成都商报》2019年6月22日1版。

② 何鹏楠：《世界赛事名城　成都，实至名归!》，《成都商报》2019年6月22日1版。

③ 何鹏楠：《建设世界赛事名城　成都迎来“黄金期”》，《成都商报》2019年6月24日。

好、有国际影响力的品牌赛事，每次给予不超过500万元的办赛补助。在成都举办全国知名体育赛事，每次给予不超过300万元的办赛补助。补助资金原则上不超过办赛成本的50%[①]。三是因地制宜自创赛事。四川成都在引进和承办国际大型体育赛事的同时，不断丰富自主品牌赛事，提升自主品牌赛事体系的价值和影响力，如成都自主举办的全球象棋双人赛、中国西南棋王赛和“聂卫平杯”中日韩围棋大师邀请赛等三项大赛已经成为影响较大的自有国际赛事品牌。

（六）鼓励多元主体参与

一是与实力较强的第三方合作。通过和实力较强、经验丰富的第三方合作，可直接提升四川赛事文化产业的能级与水准，进一步夯实体育赛事的“四川品牌”基础。2018年，万达体育成为2018年成都国际马拉松的独家运营和推广合作伙伴。万达体育是世界最大的体育公司之一，拥有全球最大的系列马拉松IP赛事——摇滚马拉松，全球每年办赛超过30场。2019年5月，成都马拉松成为世界马拉松大满贯联盟的候选赛事。2019年6月，成都2021年大运会正式向全球“赛事合伙人”发出了邀请[②]。

二是鼓励不同社会力量结盟发展。社会力量单打独斗往往影响有限，通过合作结盟，可有效调动更多资源，产生更大社会影响。如2018年12月，国弘鼎健体育、德瑞克体育组成的体育联盟与新浪体育三方签署协议，将展开更深层次的交流与合作，以推进自主IP赛事的落地运营。

三是积极调动地方积极性。省内诸多地域都有发展赛事的较好基础，通过鼓励地方发展，可更好地激发地方发展赛事的潜能。如成都市积极鼓励各区（县、市）政府（含成都天府新区、成都高新区管委会）根据自身条件引进或自主举办有影响力的品牌体育赛事，形成“一区（县、市）一品牌”[③]。

---

① 成都市人民政府办公厅：《成都市建设世界赛事名城促进体育产业发展的若干政策措施》，2019年9月17日。

② 叶燕：《全球赛事合伙人　成都这厢有请》，《成都商报》2019年6月24日，第1版。

③ 《成都市建设世界赛事名城促进体育产业发展的若干政策措施》，2019年9月。

三　四川赛事文化产业发展存在的问题

四川在充分利用大型体育赛事的关联效应、杠杆效应和带动效应，全面提升区域综合实力和国际影响力的同时，也暴露出一些发展短板。

（一）自主 IP 赛事国际影响力有待提高

有没有具有国际影响力的自主赛事 IP 是赛事文化产业发展能否突围的关键。如环法自行车赛之于法国，温布尔登网球公开赛之于伦敦，北京马拉松之于北京。四川具有多元富集的体育资源，虽然成都是有名的“自行车王国”“休闲之都”“棋城”，且正在打造“世界花园城市”，但是体育赛事如何与这些优势相融合仍是未来需要深刻思考的问题。此外，虽然成都体育赛事数量已经相当可观，但多数项目属于 B 级以下赛事，国际顶级赛事和在欧美国家影响力大的赛事较少，属于自己的顶级赛事 IP 更少。在赛事版图不断扩张的同时，如何从眼花缭乱的赛事市场中突围，通过内容、形式以及传播创新提升城市自主赛事 IP 的国际影响力，对于扩大成都体育赛事的知名度至关重要。

（二）体育赛事知识产权管理仍需完善

国际大型体育赛事的特殊性使得与赛事相关的知识产权短期性、取证难等特点较为突出，依靠传统知识产权保护理念与方法无法彻底处置国际赛事中的侵权、维权等问题。因此，虽然大型体育赛事知识产权一直被重视，但是处置效果并不理想。在各大城市推进赛事城市建设的进程中，赛事知识产权的有效保护和管理对于赛事产业的可持续发展至关重要。从正面来说，赛事徽记、旗帜、口号、吉祥物及任何赛事相关事物都与知识产权相关，因此知识产权交易既是赛事组织的重要内容，也是赛事组织的重要方式。从反面来说，尽管国际赛事侵权现象一直被关注，但是营销侵权、转播侵权、肖像侵权等现象仍时有发生。当前成都知识产权整体体系建设仍有不足，为国际体育赛事的正常运作埋下隐患。因此，只有建立健全立体化、专业化、系统化的国际体育赛事知识产权体系，才可有效刺激赛事商业开发及优化，降低由知识产权纠纷带来的风险。

（三）政府对重大赛事的风险管理能力还需提高

国际性体育比赛日均参与人数通常为2万~3万，大型国际体育比赛日均参与人数可达到50万~60万。这些参加者包括运动员、教练员、观众、啦啦队、新闻记者和部分政府官员等。不同人群在特定空间集聚，必然引发各种信息流的大量汇集和快速扩散。在这种背景下，若主办方体育赛事场地、时间、地点安排不当，各种硬件设备出现故障，运动员服用兴奋剂，赛事参与者发生意外伤亡、冲突，队员或观众出现骚乱、踩踏等，都会给赛事带来潜在风险。四川体育赛事组织者需高度重视赛事风险管理体系的建设，做到对各种风险赛前有预估、赛中有监控、赛后有总结，并提前制订好完备的风险转移或解决方案，有效降低体育赛事风险。

（四）市民体育参与热情仍需进一步增强

城市居民对体育的参与和热衷是赛事文化产业发展的基础和动力。墨尔本、休斯敦、纽约和巴黎等国际知名体育城市，一方面以全民健身为契机，完善城市体育公共服务基础设施；另一方面以公民体育需求为导向，创建草根体育组织，大幅提升体育爱好者数量。公众较高的体育参与热情使得这些城市赛事文化产业取得快速发展。在公众体育参与领域，四川具有较为深厚的文化土壤，如棋类运动，成都从20世纪七八十年代就在国内享有“棋城”美誉，早在2002年成都就创办了中国围棋西南棋王赛并持续至今。再如足球，20世纪九十年代，四川足坛掀起“黄色狂飙”，成都赢得“金牌球市”的称号。时过境迁，“棋城”与“金牌球市”风光不再。四川虽获得诸多国内外体育赛事的举办权，但对群众性体育重视不够，公共体育服务设施尚不完善，且缺乏系统的宣传和激励措施吸引居民参与体育运动，公众体育参与热情仍待提升。“运动成都”的品牌还没有完全树立起来。

（五）体育赛事遗产保护与利用观念尚不到位

近20年来，每届奥运会或者冬奥会的最终投入都超过预算，随着办赛成本的提高，有意愿承办大型体育赛事的城市也逐渐变少。时至今日，仍会出现赛事前期投入过大导致后期经济增长动力不足等现象。因此，举办大型赛事须充分考虑城市可持续发展与赛事遗产的综合利用。体育赛事遗产是体育赛事留存下来存在于多个领域的有形或无形的价值的总和。作为公共产品的重要组成部分，赛事遗产对城市发展具有重要意义①。体育赛事遗产，有物质遗产和精神遗产。前者如场馆设施等物质遗产，其再利用已成共识且有实践；后者如体育文化、体育精神等精神遗产，如何在城市可持续发展中继续发挥作用，尚在探索。大型赛事赛前对赛事遗产利用的统筹规划和赛后对赛事遗产的进一步开发与运营，是四川赛事文化产业发展中的一项重要课题。

四　四川发展赛事文化产业的对策建议

围绕上述五个重点，四川发展赛事文化产业应当做到以下五点。

（一）创品牌，提升赛事影响力

要从三个方向着力，一是立足成都现有基础设施和比赛场馆，分析研判并积极申报全国乃至世界范围内档次高、影响大的顶级赛事。以申办、承办国家级、世界级顶级赛事为抓手，提高各类体育资源的整合力、利用力和转化力，加强成都举办国际体育赛事的影响力、品牌力和号召力。二是大力推进职业体育发展。加强高水平职业体育俱乐部建设，鼓励发展职业联盟，逐步提高职业体育的成熟度和规范化水平。三是提高成都自主赛事的观赏性、参与性、传播性和创新性。提高赛事的观赏性，即强化赛事的情节性、节奏

① 史维：《政府在大型赛事遗产开发利用中的作用研究》，上海体育学院硕士学位论文，2013。

感以及悬念、张力等元素，最大限度调动公众观看欲望。提高赛事的参与性，即从情感上、地域上以及生活习惯等层面上让赛事与大众更接近，唤起大众强烈参与感。提高赛事的传播性，有话题、有故事、有人物的赛事自带流量，赛事宣传应捕捉话题、讲好故事、刻画人物，用鲜活生动的赛事语言讲好成都的体育故事。提高赛事的创新性，如赛制创新，包括人员数量创新、计分方法创新、参与主体创新等；如场地创新，选择具有文化、民族元素的特色场地，尤其马拉松场地选择可以大胆创新；再如科技创新，既包括内容层面，如融合科技与体育的电竞产业，也包括手法创新，如赛事举办融入高科技元素。

（二）明权责，注重产权管理力

作为一个商业化程度很高的成熟产业，体育赛事与知识产权的结合程度日趋紧密。在体育赛事产业高速发展的同时，与体育赛事相关的知识产权案件必然增多，其知识产权管理要未雨绸缪、先行明晰。一是将各阶段知识产权事项权责予以制度化规范。赛事管理方面，宜明确赛事知识产权管理主体权责，并制定知识产权权利确认、应用、转化、侵权处置等各环节的处置标准，使得各环节操作有据可依。责任分担方面，宜完善责任分配和奖惩制度，分解知识产权管理压力，提升知识产权管理效能。人力安排方面，可考虑以项目或以部门为单位指派知识产权专员。二是构建知识产权管理协同机制。该协同机制应包含三个层面：执法管理协同，即在各执法部门中形成快速响应机制，覆盖省局、市局、分局以及执法一线层面，简化流程，提高效率；信息共享协同，即赛会组委会知识产权主责部门应时刻关注知识产权产生、变化、转化的各种状态及全过程，注重信息公开、增进沟通、建立机制等；业务操作协同，即组织提供体育赛事知识产权保护公共服务，明确有关主体业务范畴，关联业务建立业务协同机制。三是形成公众参与相关工作的激励机制。举办知识产权有奖知识竞赛，或针对体育赛事知识产权工作有贡献的公众团体及个人制定相应的奖励措施。

（三）强管理，提高风险防控力

可从三个方面入手，一是树立赛事风险防控观念。当前，体育赛事运作风险管理还处于自发的、感性的和经验式的阶段，这与成都创建赛事名城的目标还不相称，因此，体育赛事管理者的风险意识亟须提高。二是建设体育赛事风险资料数据库。体育赛事风险管理者要及时搜集和整理相关案例，比如大型体育赛事观众出入场容易出现踩踏、争议性的赛事判罚容易引发冲突等，并在此基础上构建体育赛事风险资料数据库。三是形成赛事风险防控应对方案。赛事风险具有不确定性和突发性，应提前做好应对方案。赛前要邀请专业团队展开全面的风险分析、识别、评估，提出风险规避、风险降低、风险转移、风险自留等处理建议；赛中应注重风险监控，并根据预先制定的不同级别的风险处置方案展开应对；赛后要及时总结，分析风险应对中的经验与不足，并进一步完善已有风险处置方案。

（四）重引导，夯实公众参与力

需从三个方面实施。一是实施体育场馆设施补短板工程。明确体育设施建设的量化标准、发展目标和保障、维护措施，持续推进城市社区和农村体育设施的建设。深入推进城市社区短距离健身圈建设，激活已有设施和社会资源的存量效能，优化布局晨起晚练健身点，增设社会体育指导员，从而有效提升公众参与体育运动的力度和程度。二是实施体育知识和技能宣传工程。社会公民的综合素质影响着体育活动的参与。当前社会公民有关体育的知识技能还较欠缺，使得其对诸多体育活动还处于漠视或者漠不关心状态。因此，注重体育传播体系建设，通过不同渠道传播体育知识、技能、赛事等相关信息，通过不同角度的体育信息提升民众体育素养。三是丰富民众体育参与路径。丰富四川公众的体育参与路径可分两大类：一类以增进公民对决策的认可和接受为目的，赋予公民一定的权利，如体育赛事申办与决策过程中增设公民参与环节等；另一类以获取公众参与信息为目的，如注重针对特定地域的公民展开调查，了解其对体育赛事的态度和建议等。倘若一个公共体育决策需要增进公众对决策的接受性，那么多采用前者所述及的参与路径；倘若一个问题需要考虑质量问题，那么多采用后者所述及的参与路径。

（五）抓统筹，深掘文化传承力

体育赛事是一个平台，可以用一个目标聚合不同人群，这种聚合将产生很多文化遗产，比如拼搏向上、联络情感、服务社会、文化积累等。申办体育赛事须与城市的发展目标相融合，规划并利用好这些赛事遗产。一是举办活动。在国际赛事筹办与举办期间，可开展“创文明、树新风”、全民健身等活动，或出台行动计划（如北京奥促会发布“冬奥会北京周期行动计划”），以提高市民素质，传播体育文化，和谐社会氛围。二是符号固化与强化。如我国政府将北京奥运会开幕时间 8 月 8 日确定为“全民健身日”；四川在引进赛事的策划、推广环节，更多着力于城市特质和美食、熊猫、创新创业、公园城市等品牌名片上，找寻赛事与主办地之间的有机关联，并在此基础上确定核心概念，自赛事宣传期起不停地通过媒介议程让大众知悉并产生记忆。三是场馆再利用。鸟巢、水立方、五棵松篮球馆等很多为奥运会而建造的场馆在后赛事阶段都得到较好开发利用。成都如何通过多元手段用活赛事文化遗产，避免出现“蒙特利尔陷阱”①，有关方面应当未雨绸缪。

① 1976 年，加拿大蒙特利尔办奥运出现巨额赤字，直到 20 世纪末才还清欠款，而后“蒙特利尔陷阱”多用来指体育赛事所造成的亏空现象。

B.11
四川省网球产业发展报告

杨成波*

摘　要： 近年来，四川省网球文化核心层、外围层和相关层产业都得到了迅速发展。表现出在国家政策的主导下社会力量参与程度逐步提高，在开启国际化、职业化的同时，社会化、市场化融合跟进，产业结构逐渐完善，产品内容形式多样化发展，生产经营模式创新化渐显，融资渠道逐渐多元化等特征。但存在产业政策有待健全、产业结构均衡性有待提高、网球文化产品和服务供给不充分、产业要素市场有待完善等问题。需通过重塑网球文化产业发展理念、优化管理体制、开发精品赛事以打造产业品牌、开发网球文化周边产品、理顺网球文化产业的公共关系、建设四川省网球培训学校、优化产业结构以培育新型网球文化业态等措施促进四川省网球文化产业的快速发展。

关键词： 四川省　网球产业　网球文化

近年来，四川省竞技网球事业取得了一系列可喜的成绩，但网球产业，尤其是网球文化产业的发展却不尽如人意，在一定程度上，影响了四川省网球运动的健康与可持续发展。四川省网球产业在发展过程中积累了较深厚的

---

* 杨成波，博士，成都体育学院体育教育训练三系副教授，研究方向为运动训练学、体育社会学。

文化底蕴，为促进其进一步发展，必须顺应历史潮流，尤其是借助国家大力发展体育产业的东风，发挥政府和市场的二元动力作用，实现四川省网球文化产业的迅速发展。

一 四川省网球文化产业发展现状

网球文化产业指以网球运动为基础，以市场需求为导向，创造、生产、销售网球文化产品和相关服务的各部门之集合，由核心层、外围层和相关层构成。网球文化产业结构及分类见表1。本报告对四川省网球文化产业发展现状的分析阐述主要基于网球文化产业的结构与分类。

表1 网球文化产业结构及分类

结构	内容
核心层	网球传媒业、网球文化创意和设计服务业、网球经纪代理与咨询服务业
外围层	网球健身休闲服务业、网球竞赛表演业、网球培训业
相关层	网球文化用品业、网球彩票服务业、网球旅游业

（一）四川省网球文化核心层产业发展现状

1. 四川省网球传媒业发展现状

四川省网球传媒业发展得最迅猛的部分是广播电视媒体和广告媒体，广告和信息服务是传媒业主要的收入来源。电视台和广播电台的数量增长迅速，受众人数急剧上升。作为这些媒体主要收入的广告收入也有大幅度提高。例如，2016年ATP250成都网球公开赛进行1480000条的电视、网络新闻宣传，83家媒体参与现场报道，网站报道达5420篇，推广宣传活动进行了8场，覆盖收视人口1.2亿人；成都ATP125国际网球挑战赛进行325000条电视、网络新闻宣传，44家媒体参与现场报道，网站报道达3420篇，覆盖收视人口总计400万人。其中值得注意的是，ATP250世界巡回赛成都网球公开赛的现场观众总人数达到3万人，决赛的上座率超过80%[①]。媒体的宣传，可以促进产品的销售和服务，增加产品的附加价值，让更多的产品和服务得到更好的销售。媒体所提供的交流与宣传平台，使体育、受众和生产企业的互动大大增强，大众的身体素质得到了发展提高，广大人民群众的娱乐生活得到了丰富，塑造了企业的良好形象，推动了企业的产供销，同时也实现了自身飞跃，达到体育、受众、企业和媒体的“四赢”。与媒体有直接联系的是广告、形象代言、网球赞助和媒体转播权[②]。目前新媒体也在迅猛地发展，更多的赛事有属于自己的官方微博、微信公众号或者微信小程序，可以进行全方位或者更加简便、快速的宣传。

2. 网球文化创意和设计服务业发展现状

2016年《“健康中国2030”规划纲要》由国务院印发并实施。一系列国家政策的出台与实施，进一步体现了国家对体育的重视。体育文化产业在国家经济发展中起重要作用。文化创意和设计服务业作为体育产业的核心层，起着至关重要的作用。目前，关于体育文化创意和设计的公司在四川省不断出现。其中包括成都、乐山国家体育用品制造与流通产业园，甘孜、阿坝登山基地产业园，峨眉山、青城山武术健身养生产业园，攀西阳光体育产业园等。目前四川省有关体育文化创意和设计的公司都是综合性的，各个体育项目没有明显的区分，几乎没有专门的网球文化创意与服务公司。

3. 四川省网球经纪代理与咨询服务业发展现状

（1）四川省网球运动员个人经济代理活动现状

四川省网球运动员个人经纪代理活动主要包括收集有关职业网球运动的信息、对收集到的信息进行筛选、选择适合网球运动员的个人职业生涯或者利益的活动（包括比赛的出场费、奖金）。其中包括代理运动

① 郭燕：《成都地区网球赛事产业化运作的研究》，成都体育学院硕士学位论文，2018。

② 鲁扬：《浅析体育与传媒的结合及体育传媒业的发展》，复旦大学硕士学位论文，2002。

员寻找新的球队，与球队或者俱乐部进行谈判，签订受雇合同，解决争议，参加仲裁，提请诉讼等。经纪代理人从赞助、广告、产品代言、公众互动等活动中帮助运动员获取收益，并为球员提供媒体形象设计和训练，提供保险代理、财务管理、税收计划、投资建议等服务；寻找专业医务人员及设施，帮运动员戒掉陋习；对运动员退役后的生活提出咨询建议。

（2）网球赛事票务代理活动现状

目前四川省所举办的有关网球赛事的代理和活动中，个别小型的比赛出于公益性没有进行大规模的宣传，也没有进行门票的售卖，就不涉及票务的代理活动。但是承办的大型网球比赛活动，票务代理一般交给主办方、承办方或者赞助商。目前大型比赛的代理业务一般交给大型的票务代理公司，比如摩天轮和大麦网。这些大型的票务代理公司推广得比较好，无论是在宣传条幅或广告牌的设置、路标的建设以及场馆的布置方面，还是在媒体的造势宣传方面都做得比较好。这些公司除了拥有自己专属的网站，可以进行网上售票、现场售票外，一般还会有专门的推广员进行线下推广，或者通过微信、微博、公众号、小程序等多种渠道进行票务宣传。

（二）四川省网球文化外围层产业发展现状

1. 四川省网球健身休闲服务业现状

（1）综合性场馆多集中在省会城市及市州，专业类场馆多分布在高校

截至 2015 年，在体育场馆的规划和建设方面，四川省共建有各级各类体育场地 85616 个，其中体育场 270 个、体育馆 191 个，体育场馆的数量和质量有了较大提升。在赛事赛会方面，各个市州或县区的体育场馆均能承办省级比赛，其中四川国际网球中心是西南地区最大的网球中心，也是继北京、上海、南京等地国际网球中心之后，中国第四个能承办国际 ATP 赛事的网球中心。该中心拥有 36 片网球场地、总座席位 1.1 万个，达到 ATP 赛事标准。另外，四川省体育馆独立或部分承办了国际、国内大中型比赛 60 余项。仅仅成都全市就有 1200 多片网球场、20 多万网球爱好者。全市各级

网球俱乐部一年比赛多达100余场。所有的体育场及体育馆都为综合性场馆，均能进行网球活动或者承办网球赛事。四川省专业的网球场地多集中在各个高校、个别企事业单位及营利性网球培训机构。高校的网球场馆多承办小型网球比赛、网球培训活动，或供本校学生及教职工进行正常的教学或者锻炼活动。另外，企事业的专业网球场地多用于本单位工作人员内部的锻炼。营利性的网球培训机构主要从事网球培训活动或者有偿承办民间相关活动，其网球场地大多数在室内且面积较小。

（2）四川省网球场馆积极开展免费、低费开放工作

四川省体育场馆严格贯彻和执行《国家公共体育场馆管理条例》，保障体育场馆公益职能正常发挥。2014年财政部和国家体育总局号召鼓励符合条件的大型体育场馆积极开展免费、低收费开放工作。2015年全省共建设全民健身路径22912条，实施体育"十项惠民行动"，新建农民体育健身工程2597个。全省免费、低收费开放场馆已增加至90个，其中丙类体育场（20000～39999座）22个、乙类体育馆（6000～9999座）2个、丙类体育馆（3000～5999座）60个、丙类游泳馆（1500～2999座）6个，受益群众近1500万人次。此外，自省体育局与省财政厅启动向大型体育场馆购买免费、低收费开放服务工作以来，2016年，已吸纳全省体育系统大型体育场馆外的社会其他体育场馆共166个参与免费、低收费开放工作，某些大型体育场馆外的网球场馆在固定时段免费和低费开放。

2. 四川省网球竞赛表演业现状

体育竞赛业是通过组织体育竞赛或表演，为人们提供高水平的体育劳务产品，满足人们赛事观赏和精神享受需要的服务产业①。四川省举办网球竞赛表演的地域，以成都市为核心城市，包含绵阳市、德阳市、眉山市、资阳市等。比如四川省全民健身系列赛、国际网联U18青少年网球巡回赛、国际网联青年大师赛、国际网球挑战赛、2019年ATP成都网球公开赛、2019年世界警察和消防员运动会网球比赛等，不仅让四川人民欣赏到了高水平的

---

① 吴明华：《长株潭城市群体育产业发展战略研究》，湖南师范大学博士学位论文，2011。

网球比赛，也让更多的人喜欢网球运动、参与网球运动，给热爱网球的人带来精神享受和视觉盛宴，同时极大地提高了广大人民对大型体育赛事的欣赏水平。

2018 年末四川省共有国家级高水平后备人才基地 18 个、省级基地 27 个，市（县）级业余训练重点单位 28 个、国家级青少年体育俱乐部 264 个。四川省网球竞赛市场的主体产业是业余网球竞赛。随着网球市场化运作的推进，人们的关注度日益提高，网球产业的经济效益增长速度加快，同时网球文化的传播得到了加强，带来很好的社会效益。四川省网球竞赛产业对群众业余网球赛事的开发极大地丰富了人民群众的业余生活。

3. 四川省网球培训业发展现状

目前，四川省网球培训活动主要存在三种形式。一种是传统的举国体制，即体育传统学校、少体校及省市专业队。学生通常采取在学校集中学习、在学校或体育运动学校集中训练的形式，比较有代表性的是绵阳南山中学网球班。

第二种是依赖于四川省经济的快速发展和网球人才的增多而逐渐兴起的业余网球俱乐部。教练员采取专兼结合的形式，兼职教练多是省市专业队退役专业运动员及高校网球专业学生。根据调查，根据每名教练员所带人数的不同，学员所缴纳的培训费为每小时 50～150 元，少数具有专业训练背景的教练员每小时收费 150～300 元。

第三种形式则以临时约课、高薪参与培训为主。参加此种形式培训的教练员多具有较高的专业技术水平，参加培训的学员以具有一定技术基础的成年人及青少年运动员为主，培训形式多为 1 对 1 训练。此部分参训学员具有强烈的提高技术水平的愿望，教练员收费则多为每小时 300～800 元。

（三）四川省网球文化相关层产业发展现状

1. 四川网球文化用品业发展现状

四川省作为一个体育大省，经常举办全国性的体育赛事，大型体育赛事的举办，吸引、带动了群众的体育参与，也在一定程度上促进了群众的体育消费。2010年，四川省体育用品专卖店已有500多家。随着四川体育产品产量的不断提高，网球用品市场开发与营销也有突出表现，体育用品市场营销意识增强，创造了属于体育品牌的专项注意力[①]。目前四川省网球用品的营销模式逐步由传统的产品代销转变为品牌营销。四川劲浪体育用品有限公司、四川和嘉天健体育用品有限公司等体育用品企业为四川体育用品品牌的建设打下了稳固的基础。如，上市公司和嘉天健体育用品有限公司，主要业务是代理批发零售体育服装、鞋类、配件及器材等，同时承办大型的体育赛事，经过积累和发展，现已成为国内知名体育用品经营公司。其代理的网球用品品牌就有威尔逊、百保力、海德、王子等国际、国内知名体育品牌。同时，根据消费者的多样化需求和个性化需求，其营销手段也愈加多样化，逐步开始赞助专业运动员及业余知名选手。经过多年发展，四川省网球用品销售企业坚持以文化为导向，紧密结合消费者的多样化需求，开发多样化的营销手段，从单一的广告宣传方式向体育赞助、公共关系、网络营销等多种方式综合应用转变。企业已经能够准确预测和把握未来具有发展潜力的体育用品市场，拓展新的市场领域，注重规模化经营[②]。

2. 四川省网球彩票服务业发展现状

四川省2018年全年体育彩票销售额为84.9亿元，共筹集公益金20.5亿元。体育彩票业的发展，既推动了体育事业的发展，也为社会保障基金提供来源，极大地缓解了政府财政压力。体育彩票业已成为四川体育产业的支柱产业，对四川体育事业的发展以及经济的增长起到了重要的促进作用。四川体育彩票大胆吸收国外包括体育彩票在内的各种彩票的新鲜、实用、有趣的玩法，满足彩民们对增加彩票趣味性的需求[③]。随着人们收入水平的日益提升，人们不再满足于吃好喝好的生活方式，越来越多的人开始丰富自己的

① 裴永杰、杨世强：《我国体育用品销售现状与发展对策研究》，《体育文化导刊》2006年第5期。
② 尹志琼、吴勇：《四川体育用品市场的开发与营销策略》，《中国商贸》2012年第7期。
③ 范方：《体育文化产业——我国文化产业中的新亮点》，《山东体育学院学报》2006年第4期。

业余生活，运动便成了大家普遍中意的选择。个人的运动水平随着时间的增长会不断提高，那么比赛作为大家交流切磋运动技艺的一种形式，自然就受到了大家的热捧。为了敦促人民群众提高自身身体素质，同时给大家搭建一个交流的平台，体彩中心在近年对各种民间、社区体育赛事进行赞助，表达对全民运动的支持和鼓励。比如“体育彩票超级大乐透杯”2017 年首届新津网球精英邀请赛、“中国体育彩票杯”2019 年四川省全民健身网球公开赛（川北赛区）。体彩公益性地赞助民间网球赛事，不但使更多的人通过打网球锻炼身体，爱上网球运动，同时也强有力地推动了当地经济发展。

3. 四川省网球旅游业发展现状

四川作为旅游大省，为体育旅游业的发展提供了良好的载体。近年来，四川省委、省政府大力发展旅游产业，各项基础设施不断完善，旅游业得到了迅速发展。尤其是四川政府部门对体育旅游的重视程度在不断提高。可以充分利用四川的著名景点，如都江堰、熊猫基地等来吸引、承办更多网球赛事。充分发挥四川的资源优势，与旅游部门横向联合，以网球为引线，充分打造“网球体育赛事＋旅游”的新模式。目前成都市网协策划的中国大城市业余网球团体赛被中国网协授予“中国网球传统品牌赛事”称号。此外，国际网球元老大师杯赛、ITF 国际青少年巡回赛、全国青少年排名赛都已经成为传统赛事。成都市网协创新举办了国际网联青年大师赛等一系列国际、国内高水平赛事。全年以“运动成都”为主线的全民健身网球赛事达到 20 余项。

二　四川省网球文化产业发展特征

（一）以国家政策为主导，社会力量参与程度逐步提高

在我国由体育大国向体育强国迈进的历史背景下，2011 年，国家体育总局专门针对体育产业制定五年发展规划，国务院每五年制订一次全民健身计划，国家关于发展体育产业的扶持政策不断出台，把全民健身上升到国家

战略的高度。2014 年，《国务院加快发展体育产业促进体育消费的若干意见》把全民健身上升为国家战略。2016 年国务院又把发展健身休闲产业纳入国民经济和社会发展规划。“十二五”、“十三五”期间，四川省、成都市颁布实施了“建设世界赛事名城”“打造中国网球之城”等重大战略，2016 年起成都市政府更是将网球项目确定为十大重点项目进行打造。

在国家大力发展体育产业的大背景下，在国家政策的引导下，四川省各级网球协会、网球俱乐部及各类网球经营主体显著增加，社会各界力量广泛参与四川网球文化产业发展。社会力量对于四川网球文化产业发展的参与度和贡献率稳步增长，各类网球文化物质性、精神性产品的供给质量越来越高，供给种类越来越丰富。众多社会资本进入网球培训、场馆设施、用品制造与销售、旅游及文创等领域，为四川网球文化消费市场的繁荣提供有力支撑。

（二）以国际化、职业化为先导，社会化、市场化融合跟进

以国际化赛事为杠杆，是四川网球文化产业发展的重要战略之一。“十三五”期间，成都“争创世界赛事名城”重大战略正式实施。在成都市 2016 年的体育工作会议上，成都市体育局正式提出了打造中国“网球之城”的思路。围绕这一工作思路，成都市网球运动管理中心也在积极研究制定网球项目的五年发展规划，关于网球发展的各项国际化、职业化战略再次得到明确。举办、承办各级各类国际重大网球赛事，成为四川网球文化产业发展的重要战略。以国际化、职业化为先导，迅速提升四川、成都网球文化产业的国际传播影响力和知名度，以此带动四川网球受众人口、消费市场、供给企业、文化产业的全面发展。

2016 年成都正式获得了 ATP 世界巡回赛 250 赛事的举办权，从而成为中国第四个拥有 ATP 世界巡回赛举办权的城市。一项高水平的网球比赛落户一个城市，要有三个条件：首先是高水平运动员对这座城市的认可；其次是城市里要有足够多能理解网球运动和观赏比赛的群体；最后是这个城市对比赛有着高超的统筹和管理能力。此外，政府的支持和历史的积淀都很重

要。2018 年，成都全面启动世界赛事名城体育惠民活动，成功举办“成都网球季”国际系列赛事，城市网球文化、爱好者、消费人群培育效果良好。另外，在国际职业网球赛事举办创新性方面，成都市另辟蹊径，从青少年赛事入手，与国际网联一起创办了国际网联青年大师赛，赛事的国内外关注度持续上升。新上任的国际网联主席戴维·哈格蒂特来蓉督战，大满贯冠军李娜将出任该项赛事的宣传大使，加上成都原有的网球基础，成都迎来了大力发展网球运动的新机遇。

另外，在国际化、职业化的引导烘托下，四川省校园基础网球文化氛围也得到进一步稳固与加强。省会成都市目前有 39 所学校被教育部认定为校园网球特色学校，数量在全国名列前茅。过去两年，由成都市体育局与成都日报社联合创办的“党报读者杯”成都市网球挑战赛也吸引了全市众多网球爱好者。为了更好地为广大青少年网球爱好者打造提升自我的平台，成都市体育局、成都日报社、成都网球运动管理中心以及成都市网球协会联合推出了针对青少年的系列网球赛事与活动，形成了特色鲜明的“校园网球季”。系列赛事的举办，极大地促进了成都市校园网球活动的开展。同时，四川省大学生网球协会、成都市高校网球协会每年均举行四川省、成都市高校网球邀请赛，极大地活跃了大学生网球运动的氛围。此外，郑洁、晏紫等国际化明星球员，对网球文化产业发展的带动作用显著。其中，郑洁不但创办了“郑洁杯”青少年网球赛，推广普及网球运动，使网球人口增加数万，她还积极投身校园网球、青少年网球的推广。

（三）产业结构逐渐完善，产品内容形式多样化发展

在网球场馆设施建设、用品营销、赛事表演业稳步增长的基础上，四川网球培训行业、网球旅游业、网球文创与服务设计业等服务性产业取得显著成绩。四川网球文化产业的结构逐渐完善，发展越来越平衡。社会资本、社会力量积极投身网球场馆设施建设、培训服务、赛事表演周边服务、旅游及文创服务领域，各市州体育文化产业基地布局逐渐完善，网球文化产品的内容形式多样化创新发展。从需求侧来看，随着四川网球文化、体育消费氛围

的逐渐营造，网球人口基础、消费市场逐步繁荣，消费者对网球文化产品的需求层次和数量稳步提升。截至2018年末，四川省共有国家级青少年体育俱乐部264个，各类业余青少年培训俱乐部更是数量众多，再加上四川省业余网球竞赛体系的逐渐完善，广大网球消费者可以得到种类更多、质量更好的服务供给。

（四）生产经营模式创新化渐显，融资渠道逐渐多元化

新时代，在新媒体与传统媒体渠道融合发展，四川各市州体育、文化、旅游、康养产业布局渐次到位，各类“体育+”和“+体育”体育产业模式逐渐完善成熟的背景下，四川各类网球文化产品生产主体的经营模式呈现创新化、多元化发展特征，物质性、精神性服务产品的价值逐步得到挖掘和释放，相关企业的营销更加重视新媒体渠道的建设，服务体验性得到增强。另外，伴随着四川网球产业与旅游、文化、康养等优势产业的融合发展，网球文化产业的产业链逐步得到延伸，网球文化企业的商业模式、盈利模式逐步多元，盈利能力、竞争力逐渐增强，同时消费需求也日渐旺盛。此外，四川网球文化产业的融资渠道，也由以政府财政拨款为主，逐步发展为多元社会主体广泛参与，五粮液等大中型企业越来越重视对网球文化产业的投资开发。

三　四川省网球文化产业发展的制约因素

（一）网球文化产业政策有待健全

近年来，四川省政府和有关体育部门，积极响应国家兴办体育文化产业号召，对当地体育文化产业进行了扶持和改造，网球文化产业作为体育文化产业中的一个重要产业，在成都打造“网球之城”机遇中，再次受到当地政府部门的重视。政府的政策支持和引导，也在助力四川省网球文化产业的发展。但目前，四川省政府和有关部门缺乏符合经济发

展、文化特色、社会发展程度的体育文化产业发展评价指标体系。网球文化产业作为体育文化产业的重要组成部分，在振兴发展过程中，同样需要对其发展现状进行科学合理的多维度评估，以便于找出发展所存在的问题和缺陷①。但是并没有一个科学的评价指标体系评估网球赛事的经济价值、教育效益和社会影响力。

（二）网球文化产业结构均衡性有待提高

随着四川省整体经济水平的不断提高，四川省网球文化产业的结构不断优化，但是四川省网球文化产业的产品供求仍然处于不平衡状态，低端网球文化产品，尤其是网球用品过剩，而同时，人们普遍关注的个性化网球文化产品仍不能满足人们日益增长的需求。现有的网球文化产品缺失文化内涵、吸引力和良好体验感。例如：网球制品、硬件设施、网球服装等网球文化产业由于受到科技支撑、经济实力和市场拓展的影响，缺乏市场竞争力和吸引力。除了在成都市举办的国际网联 U18 青少年网球巡回赛、国际网联青年大师赛、国际网球挑战赛、2019 年成都网球公开赛国际大赛外，其他网球相关赛事在热点话题包装、赛前宣传、赛事解说、赛事转播等方面均缺乏力度，可以说网球文化产品的生产过程较为粗糙，缺乏四川本地品牌主打的精品赛事。从产业结构来看，包括成都在内的大部分城市主要依靠较为传统的产业形式。目前四川省有关体育文化创意和设计的公司都是综合性的，各个体育项目没有明显的区分，几乎没有专门的网球文化创意与服务公司。整体来说，四川省网球文化创意产业还处于萌芽阶段，没有利用现代高科技手段改造传统的网球文化产业。从区域结构来看，网球文化产业在成都、绵阳、德阳等经济较发达城市占 GDP 的比重较大，在雅安、阿坝、甘孜等经济欠发达地区占 GDP 的比重较小②。

---

① 刘宇、周建新：《新时代我国文化产业高质量发展的路径研究》，《出版广角》2019 年第 9 期。

② 魏晓银：《对四川省青少年网球运动现状的研究》，四川师范大学硕士学位论文，2012。

（三）网球文化产品和服务供给不充分

近年来，四川省网球文化产业快速发展，网球文化产品显著增多，文化产品的服务质量也随科学技术进步显著提升，整体实力相对增强，但也存在两方面问题。一方面关于网球的体育新闻报道、新闻描述内容较为生硬，缺乏新闻深度和广度，网球运动相关新闻的内容质量、实效性和广泛性有待提升①。另一方面，综合性体育场馆多集中在成都与各个市州，专业类网球场馆多分布于高校。据统计，四川省共建有各级各类体育场地 85616 个，其中体育场 270 个、体育馆 191 个，各地市均能举办省级网球比赛，有利于网球健身娱乐休闲产业和网球竞赛产业的发展。但是四川省现有的网球文化产品供给仍不能充分满足当地人们需要。除了在成都市举办的国际大赛外，四川省内举行的大部分网球赛事，没有提高网球文化产品的质量、创意水平，未能加大网球赛事宣传力度和给予观众良好的视觉享受，导致上座率较低，赞助商参与度不足，投资力度较小，与国内其他主要省份相比没有形成精品节目效应，与国际上体育产业发达地区相比没有打造出类似 NBA 篮球文化产业的品牌。由此可见，四川省网球文化产业要注意质量的提升。

（四）网球文化产业要素市场有待完善

随着四川省经济实力的增强，体育事业也在不断地发展，这为网球文化产业的发展储备了人力、财力、技术等资源要素。目前四川省网球文化产业的发展，还是以资源消耗和数量扩增的传统模式为主。网球文化产业属于内容产业，是体育产业与文化产业的融合，应该对四川省网球文化的资源和文化理念进行创造性的开发和利用。与高质量的文化产业对比，四川网球文化产业多偏向于以物质产品为主的体育文化外围层和相关层产品的生产，缺乏

① 杜屹然、马瑞龙：《体育赛事新媒体版权开发研究——以腾讯体育 NBA 为例》，《山东体育学院学报》2019 年第 3 期。

以创意理念文化内容为主的体育文化核心层产品的生产。比如，四川省网球文化产业外围层的网球健身服务业、网球竞赛、网球培训等行业发展迅速，但是网球文化产业核心层缺失专门的网球文化创意和设计服务公司。四川省体育传媒业核心竞争力不强。这证明，四川省网球文化产业的要素市场仍然面临着复合型人才紧缺、技术创新不足、专业知识积累不足等问题。

四 四川省网球文化产业的发展对策

（一）重塑网球文化产业发展理念

将体育文化作为特定的市场消费产品，突出体育文化的社会价值和功能，真正使体育文化产品产生社会价值和经济效益，使体育文化产业的价值、商业属性与社会功能完美地结合起来。网球文化影响着人们对于网球消费的心理活动，左右消费群体的消费选择，拉动网球相关产品的销量；强调了体育产业和文化产业的融合共生，尤其是在高校和体育运动公园内运动氛围较好，吸引着越来越多的人参与网球运动、接触网球文化，从而转变人们对网球消费的观念，增强网球运动爱好者的运动体验感。以网球文化的感染力为导向，将网球文化加工成为一个产品，在市场中发挥更大价值。

树立网球文化的产业化观念。网球文化产业必然逐步实现产业化和系列化、集约化的发展，投资网球文化产业也是网球文化产品系列化生产的前提，因而，应高度重视网球文化产品的质量，打造网球文化品牌，提高网球文化企业品牌意识，培育一批具有较强影响力的网球文化品牌，以高质量和好口碑的产品带动网球文化产业发展。特别是在网球文化产业中，产业化可以将体育运动、文化和娱乐产业进行分类加工，推出一系列高质量的有形产品和无形服务，尤其在网球周边产品的促销中深度挖掘网球运动的文化价值，探索建立网球文化品牌，使网球产业化更加合理发展。

针对当前四川省网球文化产业的发展现状，要转变“体育文化产品都应该是公益性的事业、福利性的事业”这一观念，在网球文化产业发展建设中，逐步廓清发展思路，促进网球产业和网球文化深度融合。四川网球文化产业，应当以满足人们精神文化需要、弘扬体育文化精神、传播网球文化知识为着力点，通过网球文化具有社会影响力的教育功能和意识导向作用实现市场化，在创造经济效益的同时实现社会效益。

（二）优化四川省网球文化产业的管理体制

政府部门可将网球文化产业带有营利性质的部分放入市场中，由市场来调节。政府不享有直接参与权，不参与和不干预产业经营，避免出现国家出钱、政府包办的局面，使产业失去市场竞争的活力①。采用市场化手段加强对四川省网球文化产业的开发力度，推动四川省网球文化产业向市场化和产业化方向发展，进一步提升社会效益和经济效益。

政府首先应从自身的观念转变出发，提高政府部门对网球文化产业的关注度。从宏观层面积极推动网球文化产业的运营发展，在合理条件下进一步加大对四川省网球文化产业的资金投入力度，为从事相关网球文化产业的企业和公司提供更多的资金扶持以及政策优惠，了解并掌握四川省网球文化产业的发展现状和特点；从发展实际出发，仔细分析自身所具有的优势和在竞争中存在的劣势，确定有影响力和发展潜力的支柱产业，逐步打造网球文化产业的品牌效应和经济价值，确保该产业效益稳步增长，市场平稳运营。

（三）开发精品赛事，打造四川网球文化产业品牌

根据四川省的经济发展水平和网球运动开展现状，四川省网球文化产业应结合国际网球文化潮流，确立自身市场定位，在市场竞争中塑造有独特竞争力的网球文化品牌②。举办网球赛事需要从我国国情出发。政府可通过

① 王虹：《基于“圈层分类”的政府综合财政报告框架与报表合并路径研究》，《四川大学学报》（哲学社会科学版）2018 年第 1 期，第 139～146 页。

② 陈勇、王建：《湖南省体育文化产业现状及对策研究》，《广州体育学院学报》2017 年第 5 期，第 33～35 页。

政策引导全力打造业余网球精品赛事，创办知名赛事平台，培育具有核心竞争力的文化产业，带动相关网球文化产业发展，在四川省网球文化产业中形成主导产品。

（四）开发网球文化周边产品

网球文化产业应积极寻求合作伙伴，广泛发动社会力量积极参与，积极主动地与投资赞助企业合作，实现多方共赢，进而逐步建立网球文化产业联盟，共同深度开发网球文化产业市场。四川省网球文化产业应推动本地文化与网球运动附属产业相融合，例如，设计熊猫与网球结合的玩偶，在网球表面印上熊猫图案等四川独特文化印记（从而具有收藏纪念价值）等[①]。

（五）理顺网球文化产业的公共关系

网球文化产业可以通过名人广告代言、商业活动、举行表演赛等对企业产品进行宣传与推广，这些是企业提高知名度的重要做法，也是营销手段。通过塑造企业形象树立品牌效应，利用明星知名度吸引更多的消费者，拉动网球文化产品消费，促进网球文化产业经济增长。同时网球文化产业要自我监督和严格把控，避免出现有违社会公德、假冒伪劣、哄抬物价的现象。也可以通过各种渠道和方式来开展一些有意义的公益活动，建立起四川省网球文化产业的良好形象。

（六）建设四川省网球培训学校

建设四川省网球培训学校，除了训练场地、训练器材等良好的基础设施以外，还需要做好以下四点工作。第一，需要重视教练员文化素养和业务能力的培养和提高。根据调查，目前四川省从事网球培训的教练员具有年轻化趋势，工作热情饱满但经验较少。建设四川省网球培训学校，在组建教练员

---

① 李欣柯：《四川省青少年网球赛事云服务平台的设计研究》，成都体育学院硕士学位论文，2018。

团队时要注意加强对教练员理论知识和执教能力的培养，加大岗前培训力度。第二，建立政府主导，社会、家庭和个人积极参与的多元投入人才培养体系。可以开展定制化服务，针对不同水平的青少年运动员选择性制订训练计划，通过训练逐渐地提高其竞技水平，为运动员的成才提供扎实的基础。第三，建立多元合作的培养模式，要与国内或者国际著名的网球培训学校或者机构进行合作，吸收并建立更为先进的训练理念和体系、适合青少年训练的方法和手段、高水平的教练团队①。第四，优化选材机制。网球学校与中小学合作，以兴趣为引导，在学校内推广网球课程。也可以组织网球文化小镇夏令营，吸引更多的孩子认识网球、接触网球运动，扩大招生来源，选取较有天赋的孩子进行更专业的训练。

（七）优化产业结构，培育新型网球文化业态

打造四川省特色网球文化产业集聚区。多数发达国家实践表明，文化产业集聚区对推动文化产业发展和提升文化产业竞争力有着非常重要的作用。打造四川省特色网球文化产业集聚区有利于网球文化企业资源共享，有助于形成产品内容互补、产品档次齐全、产业之间紧密衔接的良好发展格局。尤其是四川作为旅游大省，充分发挥旅游资源优势，为体育旅游提供了良好的发展载体。比如，将建设以网球文化为主题的运动休闲小镇，打造精品网球赛事和网球培训市场，开展网球文化产品科技研发和提高网球文化消费水平；各企业形成集聚区，策划出“网球文化 + 企业、赛事、科技、旅游、互联网等”多元融合发展模式，使得网球文化拥有更为广阔的发展空间；为网球文化的传播和交流提供平台，推动四川省网球文化产业的转型升级；促进网球文化产业园区创意孵化，搭建网球文化创新创业服务平台，推动四川省网球文化产业可持续发展，助力打造成都“网球之城”新名片。

加强网球文化产业人才培养。四川省网球文化产业从企业管理、产

---

① 李玉旭：《网球文化对我国网球产业的影响研究》，山东大学硕士学位论文，2014。

品制作到产品宣传和推广都需要高水平复合型人才进行专业化运作。网球文化产业属于知识密集型产业，尤其是对特色高端产品的开发要考虑文化因素、娱乐因素、经济因素。产品后期的多渠道、全方位、立体化宣传和推广以及公共关系的建立都需要合理配备人才，进行分工协作[①]。同时引进国内外文化创意、科技研发、企业管理等领域的高端人才，为高质量的文化产品的生产、创作提供人才支撑和智力保障。

① 刘宇、周建新：《新时代我国文化产业高质量发展的路径研究》，《出版广角》2019 年第 10 期。

B.12
四川音乐酒吧产业发展报告

陈 实 石云天*

摘 要： 四川音乐酒吧产业逐步成为音乐产业发展的后起之秀和四川演艺市场的独特领地。以成都、德阳、南充为典型的四川音乐酒吧，在发展趋势上，呈现出了品牌链生发展与下沉，多产业、多层次的跨领域合作以及开启投资电子音乐市场等趋势。但相比一线城市，四川省音乐酒吧出现发展相对滞后、省会地区与地方音乐酒吧产业鸿沟明显、音乐人才和酒吧运营人才相对分离、地区政策支撑相对不平衡等新问题，须通过完善产业链、注重品牌下沉、培养复合型音乐产业人才、政策扶持力度相对均衡等措施来缩短市场差距，以推动产业升级。

关键词： 音乐酒吧产业 品牌链 下沉市场

近年来，随着四川文化产业的不断发展，四川省音乐产业凭借“四季音乐节”等一系列活动的持续创新开展，得到社会各界人士的高度赞许。四川省相继推出发展音乐产业的扶持政策，从“外行看热闹”的发展路径走向了“内行看门道”，四川省音乐产业形式越来越多样，内容创新活力逐

* 陈实，西南交通大学人文学院博士研究生，四川省社会科学院新闻传播研究所助理研究员，研究方向为政治传播、媒介文化研究；石云天，西南交通大学人文学院硕士研究生，研究方向为媒介文化研究。

步提升，创造性地发展了一批“音乐+”产业，不仅造就了强大的消费吸引力，也为四川音乐产业资源的整合以及交流平台的搭建提供了强大的推动力。其中，“音乐+酒吧”的发展模式更是为音乐产业的发展添砖加瓦。在四川省内，以成都为中心，辐射德阳、绵阳、南充等多个二级城市，音乐酒吧的发展为音乐产业注入了新的活力，在丰富音乐表现形式的同时，不仅拉动了消费，也推动了四川省文化产业的发展升级。

一　四川音乐酒吧产业发展现状

（一）四川音乐产业的后起之秀

改革开放以来，我国酒吧行业发展迅速，酒吧也成了一座城市的文化标志之一。四川省的酒吧行业以成都为中心，辐射绵阳、德阳、眉山、乐山等多个周边城市，已经从发展阶段走向成熟阶段。特别是音乐酒吧作为音乐产业发展的后起之秀，更是成了文化产业中十分重要的一部分。目前来说，四川省主要音乐酒吧有三类：一是以轻音乐为主的清吧，二是供一些地下乐队和艺人演出的 LiveHouse（展演空间），三是夜店。根据百度地图发布的 2019 年第二季度主要城市酒吧活力数据，仅成都市就有酒吧 2294 家，数量位居全国第二①。

此外，在《成都夜间经济发展报告》关于 2019 年全国不夜城的综合评比中，成都以 90.29 分居第三位。报告显示，成都夜间消费占全天消费近一半，占比达 45%。以 339 酒吧群、玉林生活广场音乐酒吧群为代表的消费新场景，成为成都夜间经济新热点聚集地，在夜间经济商圈休闲娱乐热度 TOP10 中，音乐酒吧占比高达 80%②。虽然四川省音乐酒吧的发展相较音

① 《2019 年第二季度中国城市活力研究报告》，http：//finance.sina.com.cn/stock/relnews/us/2019-05-06/doc-ihvhiqax6923337.shtml，2019 年 05 月 06 日。

② 《成都夜间经济发展报告》，https：//cd.scol.com.cn/sdxw/201911/57384661.html，2019 年 11 月 15 日。

像、演艺产业等较为缓慢，但是随着音乐酒吧类型的不断丰富，其数量不断增加，对四川省消费贡献率也不断提升。四川省音乐酒吧以其独特的发展模式，已经成为音乐产业中的重要部分，推动着四川音乐产业发展，也成为四川省音乐发展的新名片，为四川省文化产业的发展注入了新的活力。

（二）四川演艺市场的独特领地

四川省现有演艺形式包括音乐、歌舞、戏剧、戏曲、芭蕾、曲艺、杂技等，而 LiveHouse 作为音乐酒吧的一种独特类型，与普通的演艺形式不同，其模式不限于传统的音乐演唱，也不受制于演艺场地，不需要大规模的观众，其发展伴随着音乐酒吧的发展而逐步走向成熟。LiveHouse 已经成了除戏剧、芭蕾、歌舞等演出以外一种独特演出形式。与传统的演唱会场地和歌舞剧演出厅不同，LiveHouse 一般配有顶级的音乐器材和音响设备，主要是为独立音人或乐队提供演出场地，观众和演出者能够近距离接触，且这种演出场地规模都较小。根据《各城市酒吧类型分布情况》数据，截至 2018 年，成都市 LiveHouse 数量已经超北京、上海、广州等地，跃居国内第一。以成都“小酒馆”为例，“小酒馆”从 1998 年开始为成都本土乐队、音乐人举办小型现场演出，如今不仅成为四川的原创音乐“地标”，也是全国知名的原创音乐演出场地。LiveHouse 非常注重内容运营，优质的内容形成了文化输出，高质量的音乐演出转化并固化了目标消费群，成为城市音乐产业发展不可缺少的一环。同样，LiveHouse 活跃于音乐产业链中的关键环节，具备在音乐上持续创新的能力，同样可更深地参与到产业链中，如帮助独立店铺、文创品牌孵化，在带动流量的同时促进音乐文化产业的发展。

（三）四川省音乐产业政策支撑

自 2016 年以来，四川省内对音乐产业进行了专项政策指导。2016 年成都市政府颁布《成都市人民政府关于支持音乐产业发展的意见》，对推动成都音乐产业的全面发展做出了专项部署。2016 年初，四川决定加快推进四川音乐产业发展，一系列的音乐产业发展规划纷纷出台。2017 年 3 月，四川省文化厅、四川省新闻出版广电局联合四川省财政厅，发布《四川省音乐产业发展专项资金管理办法》，用以支持音乐产业发展①。政府陆续出台的关于四川省内音乐产业的政策支持，说明了其对音乐产业发展的重视程度逐步提升，音乐产业成为推动社会经济发展的重要组成部分，而音乐酒吧作为音乐产业的重要分支，其对社会消费的推动更是不可忽视。根据 CBNData《2017 天猫酒水线上消费数据报告》②，在全国酒水消费力排名中，四川位列第一，成为最有酒水消费实力的省份。众所周知，酒水是音乐酒吧最主要的消费构成，因此，音乐酒吧对促进社会消费、拉动内需具有重要的意义。多项政策的出台也反映了目前四川省音乐产业发展现状仍存在一些不足，音乐酒吧是音乐产业的重要分支，以这些关于音乐产业发展的政策作为指导意见，其发展水平也在逐步提升。

二　四川音乐酒吧典型

（一）成都音乐酒吧："音乐之都"的孕育土壤

对于成都而言，音乐始终有着特殊的文化意义。在成都的历史长河中，音乐始终滋润和哺育着城市文明的发展：如永陵出土的五代时期二十四伎乐已透露出成都与周边民族部落的密切交往；当代巴蜀音乐文化以及流行音乐的发展，都见证了成都音乐文化蕴藏的基因；在各类选秀节目成名的成都歌手，以及各项音乐节的举办，更是让成都被冠以"音乐之都"的称号。而以文化和娱乐为象征的音乐酒吧，更是经历了多年的成熟发展，业已形成了独特风格。

① 《〈四川省音乐产业发展专项资金管理办法〉出台　单项补助最高 200 万元》，http://www.ce.cn/culture/gd/201803/21/t20180321_28560009.shtml，2018 年 3 月 21 日。

② 《〈2017 天猫酒水线上消费数据报告〉出炉》，https://www.yicai.com/news/5341284.html，2017 年 9 月 5 日。

从酒吧产业布局来看，成都音乐酒吧分布较为零散，主要集中在市中区、城南、城西片区，一些较为成熟的社区，也形成了比较有规模的“酒吧一条街”。如在成都的人民南路至人南立交一段，形成了一片小规模的特色小酒馆；处于府南河畔的芳邻路也是城西片区著名的酒吧街；玉林作为成都较早的社区，音乐酒吧多且较为集中，其中比较著名的有位于玉林生活广场的“音乐房子”“空瓶子”等；成都府南河沿线，由于环境优势，也集中了一些特色酒吧，在观赏府南河夜景的同时品酒听音乐，已经成为成都较为时兴的夜生活方式。位于府南河畔合江亭的“贰麻酒馆”，其门店融合了中式传统风格与小森林风格，已经发展成为成都音乐酒馆的一张新名片。

从酒吧类型来看，成都酒吧种类多样，各种类型的酒吧数量分布较为平均。以民谣乐为主的清吧、小酒馆是主要类型，如“一间酒舍”“要酒馆”“35 号民谣酒馆”等，这些酒吧以安静、舒适为主要特征，播放音乐类型以民谣等轻音乐为主，多数酒馆有歌手驻唱，部分酒馆也会以驻唱歌手为特色吸引消费者”。以 live（现场）演出为主的 LiveHouse（如“音乐房子”“龍 LiveHouse”“MaoLiveHouse”）在成都分布也十分广泛，这些酒吧每周定期举行小型 Live（现场）演唱会，消费人群多数为乐队或音乐人的粉丝，主要收入来源除了酒品消费外，还有演出门票收入。另外，一些酒吧类型是夜店，比较有名的有“Space”“Jellyfish 水母”“兰桂坊”等。

从酒吧发展前景来看，成都酒吧正逐步走向品牌化发展。如成立于 2016 年的“要酒馆”，目前已经成为一个代表性品牌，已在成都开设分店 19 家；成都网红酒吧“贰麻酒馆”以“成都的夜，二麻二麻”为口号打造酒吧产业，现已在成都 339 电视塔、东郊记忆、合江亭等地开设分店。除了在本土生根发芽形成品牌化的酒吧外，成都也引入了一大批在全国有名的酒吧，例如已在全国拥有百家分店的“苏荷酒吧”“Space”等。

在城市酒吧的大背景下，成都打造音乐酒吧产业也拥有广阔的潜力。一是消费市场，成都夜间消费市场具备后劲足的优势，其夜生活指数仅次于京沪穗深等一线城市，位列全国第五[①]。二是成都作为全国著名的旅游城市，与旅游产业的结合发展，也为成都音乐酒吧产业发展带来更大的消费市场和消费潜力。三是成都悠远的人文历史为音乐酒吧产业的发展提供了深厚的历史底蕴。成都巴蜀音乐文化、年轻的流行音乐文化及千年古城的人文历史与音乐酒吧的融合发展，都为音乐酒吧产业的可持续发展提供了强大的后劲支持。当成都的传统音乐文化通过酒馆传播出去，成都的音乐之魂穿越千年重生，成都的音乐产业又迈出了全新的一步，成为“音乐之都”的孕育土壤。

（二）德阳音乐酒吧：下沉市场的首要选择

德阳的音乐酒吧发展起步较缓，但近年来，随着省会城市音乐酒吧数量饱和，德阳成为音乐酒吧发展下沉市场的首要选择。一是由于德阳优越的地理位置。德阳距离省会城市成都仅 58 公里，随着成绵乐城际高铁的开通，20 分钟便可跨越成都德阳，因此在地理空间上，受省会城市的辐射，德阳的音乐酒吧产业也在不断发展。二是受政策的支持。德阳市是成渝经济圈重要区域中心城市和成都经济区的重要增长极。作为成德一体化发展的重要节点，德阳顺理成章地成为四川音乐酒吧产业市场下沉的首要选择。

在德阳，目前已有众多各具特色的音乐酒吧，如位于旌湖边的咖啡酒吧“观光亭”；专注民谣弹唱的“新街里”；时尚电子乐音乐酒吧——激情摇滚与小清新音乐混合的“W”；坐落在美丽的旌湖畔，德阳首家以怀旧音乐为主流的音乐酒吧“卡门”；首家利用废弃工厂打造的音乐酒吧“33 工厂”。德阳音乐酒吧产业助力文化产业发展，为推动德阳发展为国际化大都市的北部新城提供了新的活力。

（三）南充音乐酒吧：与夜间经济的深度融合

南充市音乐酒吧整体数量较少，分布较为分散，南充音乐酒吧的特征主

---

① 《城市夜生活指数居全国第五位，成都商业开启“夜间模式”》，http：//sc. cnr. cn/sc/2014cd/20190404/t20190404_ 524567398. shtml，2019 年 4 月 4 日。

要是与本地的夜间经济进行了融合发展。其发展模式主要有三种。一是依托南充特有的嘉陵江夜景，将南充夜景与音乐酒吧进行融合发展，以江景为依托，建立了一大批特色音乐酒吧，例如位于嘉陵江边的“Plus box 酒吧”“喜帖街”，位于西溪河畔的“Space”“音乐房子”等。二是与南充古城特色进行融合发展。由于古城的特殊氛围，阆中的酒吧类型以清吧为主，酒吧内音乐也以民谣居多，典型代表有“余生音乐酒吧”“Flora 酒吧”等。三是在南充市著名的商业贸易中心附近，也建成了著名的“1277”酒吧一条街，涵盖了清吧、小酒馆、慢摇吧等不同类型，成为也是游客打卡的重点聚集区。随着 2017 年首届“嘉陵之春流行音乐节”在南充举办，南充市提出了促进音乐产业转型升级的战略部署，南充音乐酒吧的发展越来越走向地域特色化。音乐酒吧结合当地特有的文化资源，与南充特有的阆中古城风貌、嘉陵江畔夜景融合，在发展音乐产业的同时，丰富了当地的旅游资源，为南充市文化产业的整体发展提供了新的路径。

三　四川音乐酒吧产业发展趋势

（一）品牌链发展与下沉趋势显著

四川原生音乐酒吧的品牌化发展以文化为核心，即室内装修、音乐风格、酒类产品命名、活动策划都呼应某个特定主题文化，形成统一的格调，以此增强音乐酒吧的可复制性。以“贰麻酒馆”为例，其场地采用川西特色的露天院子，酒类产品以“熊猫酒仙”“瓜稀稀”等川味主题命名，饮酒方式上推荐“斗酒”但提倡“微醺”而不过量，表演上既有民谣蓝调又有民族特色乐器演奏，彰显了鲜明的四川本土特色。消费者在这种类型的音乐酒吧不仅进行了餐饮上的实体消费，同时还进行了情景体验式消费。因此，“贰麻酒馆”不仅在川渝地区拥有十家门店，还在广州、合肥、西安、贵阳、遵义、昆明、三亚等城市落地。

除了体验式消费模式，“造星”也是原生酒吧品牌化发展的重要一环。

为提高人气，音乐酒吧会不定期邀请知名乐队或是个体艺人前来演出，但这种邀约通常需要支付高额的演出费用。体系成熟的音乐酒吧更倾向于培养专属的歌手和乐队，观众喜爱的歌手和乐队会成为该酒吧独有的品牌符号，吸引更多的客流。“苏荷酒吧”目前已签约超过1300名艺人，为其线下演出输送了大量的音乐人才。成都本土酒吧品牌“音乐房子”曾经是张靓颖、江映蓉、王铮亮等选秀出道的艺人的驻唱地，也因此成为不少游客必须打卡的明星同款酒吧。

四川音乐酒吧不仅依赖传统的线下口碑传播模式，借助智能手机等移动终端进行品牌传播也是其拓宽市场的核心思路。通过开设微信公众号、微博账号，音乐酒吧将近期的活动日程和优惠措施推送给目标受众群。顾客可以通过微信或是微博询问当天的客流情况，避免出现到店后“座无虚席”的尴尬场面。不少酒吧的优惠活动与顾客发布微信内容或是微博相关，即在非强制性的情况下，顾客朋友圈分享本酒吧配图或文案即可获得相关一定折扣或赠品。此外，四川的音乐酒吧在大众点评、支付宝口碑等生活服务平台上基本都有商家信息及顾客点评，顾客可以根据其他顾客的评价和酒吧的平台排名及分数，来筛选心仪酒吧，同时通过微博或是微信等平台入口将选中的酒吧推荐给自己的好友。提前排号等位、点单以及消费买单都可以通过微信端的小程序来完成，大大降低了顾客的时间成本和酒吧的人工成本。

以成都为中心，四川的音乐酒吧产业逐渐在其周边城市呈下沉趋势。乐山、绵阳、宜宾、南充、遂宁等地均有连锁品牌的酒吧落地，如“贰麻酒馆”“胡桃里酒吧”“春风十里酒吧”“兰桂坊酒吧”等。其中，南充市的南门坝特色商业仿古街区夜市以及于2019年12月建成的“南充不夜城”，将被打造成集小吃城、烧烤城、酒吧、KTV、酒店等多种娱乐业态于一体的夜间消费集聚区，从而实现“音乐酒吧+场景+美食”的融合，促进多种业态共生发展。

（二）多产业、多层次的跨领域合作

四川，尤其是成都，不断融合多元化的新兴消费业态、打造消费新场

景，夜间经济更是成为刺激经济增长的澎湃新动能[①]。纯音乐酒吧的时代已经远去，当前的音乐酒吧呈现出跨领域合作趋势，如“音乐酒吧+场景”“音乐酒吧+美食”等，前者的选址一般依附于特定的景点，如江景、自然景区等，而后者多以“音乐酒吧+烧烤”、“音乐酒吧+火锅”或是“音乐酒吧+西餐”等模式呈现。在四川拥有多家连锁店的本土品牌“贰麻酒馆”，其背后的运营团队是川西坝子火锅餐饮公司。“贰麻酒馆”从餐饮跨界到酒吧行业，为食客提供了十几种中式鸡尾酒和地道成都美食。舞台表演方面既有民谣和流行歌手的演出，也有民俗乐器的特色表演。而“贰麻酒馆”靠近成都电视塔以及东郊记忆文化园区，实现了“音乐+美食+场景”的完美融合。

在“互联网+”的新形态下，影响酒吧行业发展最为重要的经营管理要素莫过于酒吧线下业务的精细化管理、线上云端的生态应用及现场的互动社交管理等[②]。互联网公司所拥有的先进技术、创新思维以及雄厚资金，为音乐酒吧产业的变革提供了先机。以腾讯体育为例，2018 年世界杯期间，该公司宣布与全国 100 多家酒吧合作，设立观看足球赛事的“企鹅酒吧”，其中就包括了四川地区的多家酒吧。腾讯体育充分利用社交媒体优势，使用户在观赛期间实现了线上和线下实时互动，并带动了社交、竞猜、跨酒吧联动等线上产品消费[③]。这种转化还联动了腾讯新闻、腾讯体育、腾讯地图和 QQ 浏览器、滴滴代驾、FIFA 足球世界游戏、索尼 4K HDR 电视等服务及产品，实现了一站式的沉浸体验。音乐酒吧还通过与互联网科技公司的合作，为用户提供全新的互动娱乐体验。以成都九眼桥酒吧街使用的微喵大屏互动软件为例，它集酒吧或相关娱乐场所订位、拼桌、酒水下单，获取周边热门活动信息，大屏互动霸屏、游戏、PK 等沉浸式场景互动娱乐，艺

---

① 《成都：夜场景亮了　夜经济火了》，《成都日报》2019 年 7 月 17 日。

② 《大变革时代，管理不给力？你的酒吧需要升级换代!》，http：//www.sohu.com/a/212517459_717053，2017 年 12 月 25 日。

③ 《百家企鹅酒吧齐亮相　三大巨星共燃腾讯世界杯》，https：//sports.qq.com/a/20180601/042375.htm，2018 年 6 月 1 日。

人点歌、打赏、打榜等相关娱乐场景内的互动娱乐等功能于一体①，体现了“内容 + 人 + 互动 + 情景”的产品思路。

此外，酒吧街区在成都粗具规模，音乐酒吧也因此成为构建当地人文景观的重要元素。成都的地理布局为通过天府绿道等城市交通系统串街成片，街与巷之间、店与店之间的商业布局也形成了良好的商圈互动②。音乐酒吧的分布也因此更为均匀，与特定场景的结合打造出“地标 + 娱乐”的时尚消费新场景和潮流打卡地。九眼桥和兰桂坊以酒吧的数量多和质量高闻名，成为外来游客和本地居民夜生活的重要目的地，同时带动了周围餐饮和酒店行业的发展。特别是“兰桂坊成都”成为集餐饮、娱乐、艺术和购物于一体的多元化休闲中心，打破了成都旧有的酒吧一条街、美食一条街的单一分散的地理布局。

（三）电子音乐成投资新领域

电音市场在过去的 10 年中保持高速增长，在线下演出与“派对 + 明星效应 + 线上流媒体”模式的刺激驱动下形成了以 EDM（电子舞曲）为消费主流的产业链③。据艾媒咨询预估，2019 年中国电子音乐用户将突破 4 亿人④。用户的稳步增长成为电子音乐在国内发展的基石，而以 LiveHouse 和夜店为代表的音乐酒吧充当着用户参与电子音乐线下活动的主要阵地。

四川音乐酒吧虽容量有限，但依靠酒水和服务获取高额盈利，成为承办电音演出的重要场地。以成都演艺集团的 Playhouse 电音剧场为例，该音乐酒吧通过邀请国外顶尖电音品牌 EDC 以及 Marlo、Raven & Kreyn 等全球百大 DJ（打碟手），日均人流量达到 2000 人次。

---

① 《微喵——从深耕酒吧行业到布局新型互动娱乐》，http：//biz. ifeng. com/a/20190503/45503359_ 0. shtml，2019 年 05 月 03 日。

② 《成都：夜场景亮了　夜经济火了》，《成都日报》2019 年 7 月 17 日。

③ 《36 氪新风向：中国有“嘻哈”，中国会有“电音”吗?》，https：//36kr. com/coop/zaker/5096463. html，2017 年 10 月 12 日。

④ 《2016 ~ 2017 年度中国电子音乐市场研究报告》，https：//www. iimedia. cn/c400/56632. html，2017 年 9 月 20 日。

四　四川音乐酒吧发展的问题及策略

（一）四川音乐酒吧产业发展的问题

1. 音乐酒吧产业链相比一线城市发展仍相对滞后

2019 年我国酒吧行业市场规模超 500 亿元，华东地区酒吧消费占比最大。从地域来看，我国酒吧行业最活跃的地区是华东、华北和华南地区，其市场销售规模占全国比重分别达到 35%、20% 和 19%。与一线城市音乐酒吧产业链相比，四川音乐酒吧产业链的发展相对滞后。一线城市拥有较大的人流量、丰富的消费者群体、成熟的管理人员，对于音乐酒吧产业链的良性发展具有得天独厚的优势。音乐酒吧主要讲究气氛情调和音乐效果，一线城市的音乐酒吧除设计各有特色外，产业链集群式分布，营销模式多样化，培训机制等也相对完善。相比起来，四川省音乐酒吧产业链主要有以下滞后问题。

（1）音乐酒吧集群发展待完善

常言道，独木难成林。酒吧必须达到一定的规模，才能控制成本提高效益，最终产生经济学上的集聚效应，譬如酒吧街这一独特的行业布局[①]。四川的酒吧街除了大家耳熟能详的成都的兰桂坊酒吧街、九眼桥酒吧街之外，其他二级城市在酒吧街发展方面还是有相当大提升空间的。以南充为例，南充有小吃一条街、茶坊集中区，却没有一条真正意义上的酒吧街。南充的商业集中区有酒吧，茶坊集中区也有酒吧，办公集中区同样有酒吧，但都呈零散分布。不少南充酒吧管理者都希望开发商能打造一条集中的酒吧街，让酒吧行业形成气候，成为南充的另一道城市风景。

---

① 《酒吧为什么愿意扎堆背后的经济学》http：//www. xinhuanet. com/local/2017 - 04/18/c_12954 6245. htm，2017 年 4 月 18 日。

（2）音乐酒吧同质化问题突出

在全民娱乐化的今天，酒吧行业的竞争也越发激烈，为在行业的一次次洗牌中存活下来，音乐酒吧求变求创新非常重要。现实情况中，四川音乐酒吧没有将自己的特色突出。很多经营者一味跟风模仿同行的经营理念，压低酒水价格，造成恶性竞争，利润急剧下降。酒吧毕竟是年轻人聚会交流的场所，而消费者特别是年轻人的喜好是随时变化的。有亮点的酒吧会在短时间内赢得青睐，但还得随市场胃口进行变化和创新①。

（3）酒吧运营培训机制不成熟

酒吧专业运营培训机构多见于一线城市，这些机构拥有多年的从业经验，对解决酒吧行业运营服务难点，提升客人好感、增加客户黏性有自己的一套见解。在试营业期间对员工进行一系列专业的酒吧服务培训，对于提升门店的运营质量有深远的影响。四川音乐酒吧行业在这方面的发展是非常不成熟的，在省内大部分二级城市中甚至根本没有这种专业培训机构的存在。

2. 成都与市州音乐酒吧产业鸿沟明显

成都与市州音乐酒吧产业鸿沟明显，具体表现在以下几个方面。

（1）音乐酒吧数量差距巨大，市州酒吧类型单一

根据百度地图2019年第二季度的报告，截至2019年，成都的酒吧数量达到2000多家，在全国仅次于上海②，而市州音乐酒吧的数量远远少于成都。此外，现在成都的音乐酒吧分化出专门的摇滚、慢摇、民谣、古典、爵士、蓝调等主题，以吸引口味越来越挑剔的顾客，而大部分市州音乐酒吧类型比较单一。以德阳为例，德阳现在的音乐酒吧大部分都是摇滚、民谣等比较大众化的主题，有现场乐队的酒吧屈指可数。相比起来，遂宁酒吧类型要丰富一些，除传统的音乐酒吧外，拥有现场乐队、驻场歌手的酒吧数量更为可观，也有一些美式、重低音、金属、电音主题的音乐酒吧。但总的来说，市州的音乐酒吧类型还是比较少的，不能满足顾客越

---

① 《酒吧的运营困境和对策》，https：//www. sohu. com/a/122403938_ 566146，2016 年 12 月 23 日。

② 《2019 年 Q2 中国城市活力研究报告》，百度地图，2019 年 7 月 26 日。

来越多样化的需求。

（2）互联网融合不够

成都经营好一些的音乐酒吧，都开始利用互联网与客户互动，活跃气氛，带动现场顾客一起嗨，用全新的模式去吸引更多的客户。除增强用户的黏性之外，还能够获得额外的收益并创造更多的利润，来弥补在其他环节耗费的成本，常见的形式有霸屏互动、打赏互动等。与此同时，近几年涌现出很多酒吧后台运营软件，帮助酒吧实现智能管理。酒吧内部也开始引入电子管理系统，使运营更加高效和节约人力物力。市州音乐酒吧在利用互联网进行营销以及管理方面还处于较低水平。市州的音乐酒吧商品资源和业务资源相对分离，也造就了相对较长的酒吧业务过程。无论是酒吧经营场所，还是酒吧产业链的上下游，都受困于传统记账、人工渠道对接等落后的高成本的生产方式。而对于互联网的运用更多只是局限在宣传推广方面，在酒吧运营互动以及后台管理服务方面与互联网融合较少。

（3）市州音乐酒吧知名品牌少

成都本土的成都苏格缪斯企业管理有限公司，是娱乐领域商业模式的创新者，也是以酒吧、俱乐部、KTV 为主的专业娱乐开发商，已在成都、武汉、重庆等十九个城市开设分店。起家于成都的“音乐房子”酒吧已在成都兰桂坊、汇锦城开设了分店，还做出了品牌，走出成都，在重庆、南充、天津、兰州等城市开店。相比起来，四川市州音乐酒吧连锁企业品牌非常稀少，大部分运营较好的酒吧都是外来品牌。以绵阳市为例，绵阳市酒吧大众点评热门榜排行第一的是成都本土酒吧品牌“贰麻酒馆”，排名第二的是南宁本土酒吧品牌“欧米亚派对酒吧”，排名第三的“NASA LIVEHOUSE”才是绵阳本土品牌。

3. 音乐人才和酒吧运营人才相对分离

（1）运营者不重视音乐人才

一个好的酒吧，不仅要有好的设计和装修，还要有好的经营团队和音乐效果。音乐人是整个酒吧的灵魂，而只有拥有高超打碟技巧的专业音乐人才能让音乐像瀑布般让人感到畅爽，将整个酒吧的气氛带到高潮。对于音乐酒吧来说，音乐人决定了一个消费者在这里几个小时的情绪、消费的满意度，但是在很多的音乐酒吧里，音乐人才往往不那么受重视，无论是夜店还是清吧，往往追求酒水售卖而不是以创作音乐为中心。

（2）音乐人才只做音乐

目前四川音乐酒吧普遍存在音乐人才与酒吧运营人才相对分离的问题。这个问题会阻碍音乐酒吧的可持续发展。以“苏荷酒吧”为例，作为合纵文化旗下最受欢迎的娱乐品牌之一，以及全国酒吧龙头企业之一，从创始人团队到如今合纵文化的高管团队，几乎100%是音乐人出身。这一全国优秀连锁酒吧企业成功的秘诀，就是始终保持以音乐为核心，这也是音乐人才与酒吧运营人才相结合才能达到的效果。

4. 地区政策支撑相对不平衡

（1）四川省府城市相关行业政策较为完善，市州政府相关政策支持相对不乐观

2019年10月8日成都市人民政府办公厅发布《关于发展全市夜间经济促进消费升级的实施意见》。该意见着重对成都夜间经济建设进行了具体指导，如鼓励市场主体开展“美食狂欢夜”、酒吧特色派对等活动，积极促进消费升级。除了政策支持外，基层政府与企业共谋酒吧街发展，2019年8月，望江路街道九眼桥酒吧街开展夜间经济综合发展研讨会，就如何将九眼桥酒吧街打造为夜间经济标杆进行了深入研究讨论。大部分市州也已经意识到了夜间经济的重要性，比如绵阳市在2019年9月召开专题会议研究夜间经济发展，但并未出台相关具体意见与政策，这说明市州对于酒吧行业的政策支撑是远远不够的。

（2）四川省府城市举办相关活动推动夜间经济发展，市州活动相对缺乏

成都以“一会一节”的模式（“成都夜间消费发展大会”与“花YOUNG成华生活节”）集中展示成都夜间经济发展的实践，各界人士齐聚商讨夜间经济发展新动能。但是大多数市州除了维护酒吧行业安全、解决酒吧运营过程中噪声问题外，基本未开展推动酒吧行业发展的相关活动。

（二）四川省音乐酒吧的发展策略

1. 完善产业链

（1）多元化的经营模式

随着酒吧行业的日益发展，酒吧不再是世俗眼中纸醉金迷的地方，它变得更加健康、有序、亲民。酒吧消费正成为多数人眼中常见的平民化休闲娱乐选择，成为普通民众惯常的夜生活方式。目前四川酒吧行业同质化情况较为严重，多元化的经营模式将有助于酒吧行业的升级转型，为行业注入新的活力与发展动力。一是在基础设施建设方面，酒吧的设施建设应立足于不同风格、气氛的营造，凸显地域文化特色。二是在服务方面，酒吧经营应结合消费者的心理变化，不断创新服务模式，如强调个性化服务。三是品牌树立方面，注重消费者对酒吧品牌的认同感和忠诚度①。

（2）借助互联网移动端

借助互联网移动端进行营销与气氛活跃，可加强酒吧与消费者间的互动，有效地吸引消费者的眼球，调动酒吧气氛。伴随着互联网及移动端的普及，消费者对手机依赖程度加大。移动端的功能日益强大，酒吧可借助移动端来实现创意营销与互动。此外，互联网移动端运营手段简单，其电子化的酒吧管理系统也能让店面运营科学化、效率化，减少人工失误，缩短酒水供应的服务时间。例如，利用移动互联网科技，酒吧可实现从下单到结账的全流程线上化，方便管理者在后台查询酒吧的实时运营情况；利用管理系统记录酒水进货、存放与出售的情况，可方便管理、核对库存数量，及时调整进货及销售策略。管理系统通过记录顾客的到店频率与消费情况，进一步分析顾客的需求，为客人提供个性化的服务②。

---

① 《酒吧营销的必学套路，学会收入翻倍》，https：//wxn. qq. com/cmsid/20190822A0O2N300，2019 年 8 月 22 日。

② 《中国酒吧行业现状及发展趋势分析》，http：//www. sohu. com/a/297927790_ 100298901，2019 年 2 月 27 日。

2. 音乐酒吧品牌下沉，缩小市场差距

目前，酒吧行业集中度相对较低，行业整体处于发展的初级阶段，但竞争非常激烈。以大城市为核心，向周围辐射的割据格局，将在一定时期内长期存在。抢占三、四级市场，快速布局成为重点企业战略铺排的重点。部分小城市受益于经济发展和个性消费文化，发展潜力巨大。以成都为中心，四川的音乐酒吧品牌要逐渐向二级城市下沉，顺应市场发展的潮流和趋势。

未来，酒吧行业将出现两极分化，连锁品牌酒吧的市场份额将不断扩大。在不断发展的过程中，酒吧行业逐渐形成较为知名的连锁酒吧品牌。每个城市酒吧行业发展历史不一，其面向的消费群体也不尽相同。品牌下沉的酒吧可以有更多的机会发掘酒吧文化，精耕细作，打造出具有明确主题、文化底蕴和多样化经营模式的酒吧品牌，从而在下一轮的行业洗牌中，扩大市场份额，凸显品牌优势。

3. 培养复合型音乐产业人才

目前的四川音乐产业对于复合型音乐人才的需求不断加大，而培养复合型音乐专业人才，需要多方通力合作。

从政策来说，加大对培养复合型音乐产业人才的支持力度。从目前成都新出台的《成都市人民政府关于支持音乐产业发展的意见》中可以看出，对音乐产业，特别是复合型音乐人才的支持、培养在未来将是一个深入推进的方向。

从高等院校来说，学校也应对其人才培养规划进行调整升级。加强校企合作，除音乐专业学习外，让学生涉猎经营管理、前沿科技等方面的知识技能，从教育上抓好复合型音乐人才的培养工作。

从企业来说，龙头音乐酒吧连锁企业应做好标杆带头作用。在对员工的培训过程中树立复合型音乐人才的理念，提高对招聘人员的要求，侧重在工作实践中培训出既懂音乐又懂运营的复合型人才。

4. 政策扶持力度应相对均衡

酒吧不仅仅是简单的娱乐，它还反映了一座城市的人口结构和人口特征，以及这座城市在服务业上的活力和创新能力。为实现四川全省音乐酒吧产业良性发展，政府的政策扶持力度应相对均衡。

一是四川省各相关机构可多拟定区域扶持意见，带动二级城市酒吧相关行业发展。特别是以成都为中心辐射其余二级城市，鼓励成都本地品牌入驻二级城市。二是二级城市以及行业协会等可出台详细行业扶持计划。从二级城市层面来看，应认识到音乐酒吧产业对城市经济发展、城市文化形象的重要性，出台相关的行业政策。对于区域品牌予以扶持，给予引入品牌相关优惠，以带动音乐酒吧行业健康良性发展。

B.13

四川演艺产业发展报告

杨嘉嵋*

摘　要： 随着文化产业的发展，四川省演艺产业逐渐成为打造文化强省的重要支撑力量。四川演艺发展现状整体呈现出规模宏大、市场运作成熟、民营企业影响力增强等良好态势，同时还弘扬了天府文化内涵，建构了四川演艺独特的品质和魅力。但四川演艺也存在总体规划、精品力作、龙头引领、专业人才等领域的不足。本文根据成都、桂林、西安三个城市演艺现状的对标研究，提出了影视造势、节目跟进、平台推动、政策支撑等具有针对性、前瞻性、可操作性的建议。

关键词： 四川　演艺产业　文化产业

演艺产业在文化舞台、经济市场中扮演着重要角色。2009 年 7 月，国家发布第十一个产业振兴规划——《文化产业振兴规划》，明确把演艺娱乐业列为八大重点文化产业行业之一①。多年来，国内绝大多数省份在演艺产业均投入大量资源，取得了有目共睹的成绩。

演艺产业指由演艺产品的创作、生产、表演、销售、消费及经纪代理，以及艺术表演场所等配套服务机构共同构成的产业体系，涉及电影、电视、

---

* 杨嘉嵋，文学博士，四川省社会科学院新闻传播研究所研究员，主要研究方向为传媒经济、文化产业。

① 黄昌勇：《中国旅游演艺产业化研究》，上海戏剧学院博士学位论文，2018。

歌唱、实景演出、交响乐、歌剧、芭蕾、现代舞蹈、音乐剧、民族戏剧、民间歌舞、杂技、曲艺、皮影等行业①。总体来看，当前四川演艺产业发展势头良好，前景广阔，但还存在一系列问题，与文化大省、旅游大省的地位不相匹配，尚未满足人民群众日益增长的文化需求。本文以成都对标桂林、西安等演艺发展强市，聚焦四川演艺产业，分析后者面临的机遇、存在的问题，并提出具有可操作性的对策建议，供决策者、运营者参考。

一　四川演艺产业的发展现状

自改革开放以来，四川现代演艺产业采用“剧目—演出—盈利”的市场经营模式，通过多年积累与创新拓展，已逐渐形成多层次、多元化、立体化的行业类型——包括文娱演艺集团、个体演艺实体、演艺经纪机构、演艺场馆等，形成了较为完整的产业链。高质量、高水准、评价高、盈利丰厚的大型演艺剧目不断入市，为四川省乃至全国、国际观众呈现出四川省欣欣向荣、蓬勃发展的文化生机，大量观众深刻体验到内蕴深刻、特色鲜明、形式多元的天府文化，有力地促进了文化强省的建设。

（一）四川演艺产业发展现状

1. 演艺产业整体规模宏大

四川不仅有深厚的传统文化底蕴，而且注重现代文化的不断创新，丰富的文化资源为演艺创作提供了不竭的动力。截至2019年，四川省共有演艺团体近500家，包括四川省演出展览公司、成都演艺集团有限公司、四川交响乐团、四川省歌舞剧院有限责任公司、四川人民艺术剧院有限责任公司、四川省川剧院等；演艺经纪机构35家，包括成都瀚博营销策划有限公司、成都星娱文化传媒有限公司、成都梵木文化传媒有限公司、成都中亚经纪文化有限公司等；演艺场馆近70家，包括四川省锦城艺术宫、天府音乐厅、

① 陈思：《中国演艺产业发展现状及提升策略研究》，《山东社会科学》2018年第1期。

成都大魔方演艺中心、绵阳市绵州大剧院、南充大剧院、德阳市艺术剧院、乐山大佛剧院等。四川演艺产业人才济济，培养了著名藏族音乐家兰卡布尺、四川省歌舞剧院首席导演马东风、四川龙城文艺演出中心知名音乐人叶顺有等国内国际知名演艺明星、演艺制作人。

近年来，四川演艺产业逆势而上，将天府文化与外来文化进行有机融合，推出了一系列在省内国内都具有较大影响力、号召力、渗透力的高品质剧目。据不完全统计，2015～2018 年共举办各类营业性演出近 10 万场，包括明星演唱会、交响乐演奏会、歌舞剧、音乐剧、话剧、舞蹈芭蕾、川剧曲艺等多种类型，极大地丰富了社会公众对文化作品的期待需求，弘扬了天府文化不断延展的深刻内涵，营业收入超过 15 亿元①。2018～2019 年，受到观众一致好评的剧目、作品有话剧《白鹿原》、话剧《阳台》、儿童舞台剧《奥特曼·宇宙之光》、云门舞集《交换作》、川剧《草鞋县令》、川剧《苍生在上》、舞剧《尘埃落定》、儿童剧《海上的诺苏火布》、法语音乐剧《巴黎圣母院》、百老汇音乐剧《芝加哥》、小野丽莎中国巡演十周年演唱会、美国好莱坞交响乐团新年音乐会等，将四川省大型演艺推向了更高的发展阶段，成功打造全国演艺第三极。

2. 演艺产业市场化运作成熟

目前，四川省拥有国办演艺剧团约 100 家，分布于全省 21 个市州，演艺种类非常丰富，基本涵盖杂技、评书、相声、音乐、舞蹈、木偶、曲艺、戏剧、谐剧、四川清音、四川扬琴、金钱板、口弦等演艺类型，市场化运作日渐成熟。以成都为例。2007 年之前，由于起步晚经验不足，成都的演艺市场总体呈现亏本营销的状态，演艺剧目数量少，号召力不强，观众的追捧热度明显低落。2007 年，全国和四川经济进一步发展，成都当年城市居民人均可支配收入为 14849 元，超过了当年全国平均水平②，成都市民在文化消费方面的需求也随之高涨。文化旅游节、大型音乐原创音乐剧、话剧、小

---

① 王政：《四川休闲娱乐业发展报告》，《文化艺术研究》2017 年第 3 期。

② 秦丽：《试论成都经济发展现状与问题》，《经济与社会发展》2008 年第 1 期。

品等形式的演出如雨后春笋般不断涌现。由于市场化运作的经验相对不足，四川引进境内外高端演艺经纪机构，在提升四川演艺市场化程度的同时，还为四川引进、培养了优秀的演艺制作人、营销人。2017 年 9 月 26 日，中国香港最大的音乐演出制作公司——香港艺能工程有限公司（简称艺能）落地成都。艺能的进驻将香港的知名演艺制作人也带到了成都。香港著名影星杨千嬅“50 场全球巡演”的广宣传播和品牌营销大部分的创意、策略和执行都来自成都①。深度挖掘四川传统文化的精髓，赋予其独特的“麻辣川味”，《变脸》《巴山秀才》《死水微澜》《易胆大》等多个精品剧目在全国都打响了名气，在国内各地区上演 500 余场，观众超过 150 万人次，市场反应良好。尤其是近年来音乐剧《金沙》的推出，更是加速了四川演艺产业的市场化进程。《金沙》在国内外上映超过 800 场，② 以三星堆为核心展现了神秘悠远的古蜀文化，是把金沙遗址的文化优势转化为产业优势的积极探索。

3. 民营演艺产业发展势头良好

目前，四川省已拥有民营演艺团体 3000 多家，包括四川唐古拉风艺术团、四川金色高原艺术团、四川龙城文艺演出中心、绵阳禹羌文化发展公司等国内知名演艺力量。德阳杂技团演员平均年龄为 20 岁，拥有俄罗斯马戏表演团、驯兽表演团、飞车走壁表演团、国内演出团、国际演出团等多个专业演出团队，实力雄厚、技艺精湛、特色鲜明，是全国著名民营文艺演出团体。德阳杂技团平均每年演出 3000 场以上，创下了全国民营表演团体演出总收入、总场次、观众总人数“三个最高”③。四川龙城文艺演出中心则是全国首家农民演艺集团，把零星分布在云南、贵州、四川的近 90 支农民演艺团队聚合打造，目前已建成约 100 家文艺团队，每年演出超过 15000 场，观众超过 150 万人次，演出收入近 3000 万元④。“龙城文艺”已经成为泸州

① 向宇：《杨千嬅成都首场演唱会来了!》，《成都商报》2019 年 10 月 24 日。

② 杨俊：《音乐剧〈金沙〉的创作风格探究》，《北方音乐》2018 年第 4 期。

③ 张一艺：《四川杂技文化的产生与演变概述》，《文化与传播》2017 年第 5 期。

④ 王政：《四川休闲娱乐业发展报告》，《文化艺术研究》2017 年第 3 期。

乃至整个西南地区具有影响力、号召力和渗透力的现代文化现象。九寨沟演艺群10家民营文艺表演团体平均每年演出2000场以上，实现了与旅游的深度融合，将天府文化、四川特色通过演艺形式传播到国内和国际游客群中。绵阳禹羌文化发展公司推出大型舞蹈诗剧《大北川》，上演以来已在全国范围内巡演近200场次，先后获得“五个一工程奖”等国家级、省部级文艺奖项，获得国内外社会一致肯定。四川博远羌风文化传播有限公司采用社会资金与国有剧团强强联手、全新创作的模式，精心打造了大型羌族乐舞史诗——《羌风》，2015年在北京连续演出7场，观众超过10000人次，为首都观众呈现了精彩绝伦的视听体验，使羌族非物质文化遗产广泛传播。

（二）四川演艺产业发展特点

一是成都引领地市州共同发展。作为四川省演艺产业发展势头最好的城市，成都不断拓展演艺产业新边界。近三年来，成都演艺产业推出国内知名的大型演出近140项，包括儿童剧《我爱我家·小鬼当家》、《中国钢琴梦·古典钢琴王子李云迪全国巡演》、励志舞台剧《少林武魂·慧光的故事》、现代舞《流浪》、话剧《你好，疯子》、歌舞剧《根》、史诗剧《诗酒李白》、推理剧《黎明之街》等，获得了高票房、高人气的良好市场回报，成都成为众多国际知名演出剧节目来华演出首选地之一。在成都演艺市场发展的辐射下，德阳、绵阳、简阳、自贡、南充、内江、达州等二线城市也相继推出了脍炙人口的音乐剧《爱你如初》、四川清音《峨眉茶》、歌曲《三十双眼睛　六十颗星星》、百老汇经典舞剧《阿根廷之梦》、《乐动甜城音乐会》、原创现代川剧《糖坊风云》、戏曲《中国有川剧》、儿童剧《小红帽》、音乐会《“80后”时光机》等大型优秀演出。其中，《糖坊风云》以内江赵家糖坊20世纪三十年代发展的兴衰为主线，以围绕赵家糖坊的相关人物命运变迁为复线，展示了中国民族工业发展的艰难历程和民族工业人不屈不挠的奋斗精神，在2019年“四川省第十七届戏剧小品比赛”中大获好评。

二是演艺内容精彩丰富，特色鲜明。四川演艺产业为了突出地方特色，融合四川文化和外来文化，拓展全国乃至世界演艺市场份额，针对不同地域、不同层次、不同需求的观众精心打造各式精彩丰富、特色鲜明的演艺节目。演出场所遍及九寨沟、黄龙、峨眉山、青城山、乐山大佛、都江堰等四川重要旅游景点和成都、南充、宜宾、乐山、广安等旅游城市的大型演出场馆。演出类型非常丰富，包括大型明星演唱会、民族风情演出、川剧、话剧、音乐剧、舞剧、杂技、融合剧等。

三是四川演艺品牌不断推出。在“经济搭台，文化唱戏”的良性背景下，四川省的演艺创作精品迭出，逐渐形成其独特的品牌效应。2019 年 5 月 18 日，第十二届中国艺术节演艺及文创产品博览会上，“演艺四川”为国内国际观众展现了川剧的《铎声阵阵》《双八郎》《金沙江畔》《白蛇传》《火焰山》《镜花缘》6 个精品项目。话剧《记忆密码》《苏东坡》《苍穹之上》《赵一曼》《茶馆》、音乐剧《麦琪的礼物》和体现彝族风情的实景剧《阿惹妞》《圣洁甘孜亚丁情》等，获得国家级和国际级系列奖项，成为打响“演艺四川”名号的重要支撑。2010 年，德阳杂技团与北京朝阳剧场合作打造的杂技名作《飞翔》已成功入选“国家文化旅游重点项目名录”。

四是注重弘扬天府文化内涵。天府文化的特质包括创新、创造、优雅、时尚、乐观、包容、友善、公益等积极元素，是四川建设文化强省的核心内容。从 2017 年 11 月起，弘扬天府文化的新地标——成都演艺中心正式建成，占地面积 44. 28 亩，总建筑面积 10. 4 万平方米，拥有近 12000 个座席，是我国西南地区最大的室内综合性演出场馆，对发展天府文化、增强西部文创中心功能起到积极的推动作用。无论是《记忆密码》《苏东坡》等充满本土魅力的原创剧目，还是《朵拉好声音》《麦琪的礼物》等浸染外来文化的引进作品，四川演艺都非常注重弘扬天府文化内涵。2018 年 2 月 26 日，誉满全国的成都开心麻花文化传媒有限公司宣布，在作品创作中，把天府文化和商业演艺相结合，采用“戏剧 + 天府文化”的方式，围绕现代四川、现代四川人打造带有天府文化印记的 IP 作品，助力四川天府文化发展。

五是演艺经纪机构优势突出。以四川省演出展览公司、成都瀚博营销策划有限公司、成都传媒集团为代表的演艺经纪机构，充分利用自身特点和四川演艺市场优势，精心策划组织富有天府特色、风格独特、精雕细琢的演艺剧目，在省内外积极拓展演艺资源，取得了良好的演出效果和经济收益。2018 年，四川省演出展览公司共举办各类演出近 200 场，观众达到近 50 万人次，票房收入超过 1 亿元①。演艺经纪机构的良性发展，在四川演艺作品的生产、营销、盈利、再生产等环节中发挥了重要作用。

六是演艺旅游深度融合。进入建成小康社会进程后，四川省的旅游业发展非常迅速，与之关联的旅游演艺市场也随之蓬勃发展。以九寨沟演艺市场为例。2007 年，九寨沟拥有九寨沟县藏王宴舞餐饮娱乐公司、九寨沟印象、九寨高原红等演出团体 12 家，共同组建形成九寨沟演艺产业群。2008 年，九寨沟演艺产业群被文化部命名为国家文化产业示范基地，2011 年至 2013 年累计实现产值超过 4 亿元。2010 年，大型藏族原生态歌舞乐《藏谜》成为九寨沟演艺产业的突破点。另外，《蜀风雅韵》《飞翔》等也被文化部、国家旅游局列为国家文化旅游重点项目名录。

二　存在的问题

演艺产业在四川文化产业中占据重要地位。近年来，四川演艺产业不断发展，市场规模稳定扩大，四川演艺市场的发展前景更为广阔。但从成都与桂林、西安等演艺强市近三年来的发展情况对标来看，四川演艺产业还存在以下问题。

（一）总体规划不足

演艺产业的总体规划是整个产业在发展过程中时间、空间领域的总体指导、安排和布局，可保障资源合理利用，避免资源重复浪费，从根本上提升演艺产业的质量、水准、成效和影响力。迄今为止，对四川演艺产业的规划散见于《四川省“十三五”文化发展规划》《成都市文化产业发展“十三

① 王政：《四川休闲娱乐业发展报告》，《文化艺术研究》2017 年第 3 期。

五”规划》等文件，文件内容相对偏向宏观指导，缺乏精准明晰的评估标准。因此，四川目前尚无对演艺产业统筹考虑的总体规划和前瞻布局，尚未形成演艺产业集群效应，产业分布零散，合力不足。

（二）精品力作不足

近年来，四川演艺产业发展势头良好，《金沙》《锦城云乐》《芙蓉国粹》《蜀风雅韵》等剧目在国内外受到市民和游客欢迎，多次荣获中宣部“五个一工程奖”、文化部“文华大奖”等。但从精品力作角度来看，成都与桂林、西安的差距仍然较为明显。一是优质的原创团队不足。2016 年，以《长恨歌》管理和服务规范为蓝本编制的《实景演出服务规范》三项国家标准正式发布。虽然成都《金沙》由著名音乐人三宝倾情打造，演出前期取得了良好的口碑和票房，但由于缺乏优质的原创团队，不仅《太阳神鸟》《芙蓉国粹》《锦城云乐》等作品质量和国内外影响力不尽如人意，作品本身也由于多数观众难以完全融入音乐剧故事而逐渐淡出人们视线。

二是先行的影视经典故事不足。《印象·刘三姐》的成功并非全由这一台山水实景演出获得，电影《刘三姐》曲折的故事、优美的唱腔、正邪的博弈等都在几代观众心中留下深刻的美好印象。在此基础之上的山水实景演出以电影《刘三姐》故事为底蕴，具有厚积薄发的功效。《金沙》《芙蓉国粹》则缺乏先行的影视经典故事为基础，观众对其内容并无熟悉喜爱的情感，再加上音乐剧叙事性相对较弱，川剧在现代日渐式微，难以产生强烈的冲击力和渗透力。

三是独特的文化主题不足。桂林和西安演艺的文化主题非常鲜明，即聚焦山水文化和盛唐文化，创作了一系列具有影响力的演艺精品。目前，四川演艺的文化主题较为繁杂模糊、多面多点。古蜀文化、三国文化、川剧文化、民族文化等形成一个“大锅烩”，反而无法在市民和游客心中树立成都鲜明的文化主题。

四是高端的演艺品牌不足。首先，四川演艺精品数量较少。桂林、西安演艺精品数量较多。2015～2018 年，桂林陆续推出了《象山传奇》、《梦幻漓江》、《刘三姐》（2018）等精品，西安陆续推出了《大唐女皇》《梦回大唐》《张骞》《仿唐乐舞》《马可·波罗》等精品，均取得了良好的口碑和票房。近年来，成都演艺精品数量较少。《金沙》《蜀风雅韵》《锦城云乐》《天地吉祥》《灵秀峨眉》《梦幻康巴》都是2015年之前制作的，近几年来基本没有具备强大影响力的演艺精品吸引市民、游客注意力。其次，四川演艺作品质量有待提升。表1对桂林、西安和成都演艺作品进行比较。成都在演艺作品的定位、规模和吸引力方面都有很大的提升空间。

表1　桂林、西安、成都演艺作品比较

城市名称	演艺作品定位	演艺作品规模	演艺作品吸引力
桂林	以山水文化为主	以大型作品为主	故事性较强 互动性较强
西安	以盛唐文化为主	以大型作品为主	故事性较强 互动性较强
成都	古蜀、三国、川剧、民族等文化混杂	以中小型作品为主	故事性较弱 互动性较弱

（三）龙头引领不足

桂林、西安演艺产业具有强大影响力和号召力，其中重要原因之一即是其龙头企业引领带动国内外演艺产业链、引领带动演艺市场的积极功能。桂林、西安打造的龙头企业主要有桂林旅游发展集团、桂林恒祥旅游开发公司、桂林浩森旅游投资有限责任公司、桂林旅游文化演艺有限公司、陕西旅游集团公司、陕西演艺集团公司、西安朗德演艺有限公司公司等，这些公司相继出品了《象山传奇》《山水间》《梦幻漓江》《长恨歌》《大唐女皇》《张骞》《马可·波罗》等具有国内国际知名度和影响力的演艺精品。

目前，成都规模大、精品多、效益好、带动性强的演艺公司缺乏，《金沙》由成都演艺集团公司、成都金沙太阳神鸟演艺文化有限公司创作，前期市场反响较好，但由于运营成本居高不下，在经过六次改版后，观众流失量逐渐增大，2017年后处于停演状态。

（四）专业人才不足

目前，由于四川演艺产业的“产学研”体系和文化产业体制机制还存在一系列不可忽视的问题，演艺产业的专业人才处于缺乏状态。

一是本土演艺精品原创团队不足。演艺精品的创作固然可以聘请高水平的优质“外援团队”，但演艺精品的本质是文化元素的深度渗透与拓展，特别是对本土文化的挖掘与提升。当前，四川演艺团队还未达到张艺谋、王潮歌、陈维亚、黄巧灵等著名演艺原创团队的高质量产出水平，亟须加大力度重点培育。

二是演艺精品高科技人才不足。进入互联网信息时代之后，市民和游客对视觉听觉的需求也进入了一个更深度体验的新阶段。演艺产业的新趋势也是采用 VR、AR、人工智能等高科技手段对受众的眼、耳、手、脑、心进行审美刺激，使受众全身心沉醉在演艺作品故事中难以自拔。当前，成都大规模的高科技人才尚未进入演艺产业一展身手。

三是演艺品牌经营管理复合型人才不足。这类型人才既需要有较深的文化演艺创作素质，又需要精通演艺发展布局、品牌推广、消费市场和资本市场运作、国际营销规则等重要知识技能，只有如此才能将一个个演艺精品打造为国内国际都具有美誉度的著名品牌。当前，成都演艺产业中最缺乏此类复合型人才。

四是知识产权型法律人才不足。文化演艺作品的知识产权往往受到复制、盗版等行为侵权，投资上千万元的作品在短时间内就被“山寨”，失去大部分市场，如成都的《千手观音》《六头变脸》等优秀作品一经面世就被大量复制扩散，知识产权难以得到保护。当前，成都缺乏知识产权型法律人才。

三 对策建议

演艺业是文化产业的核心层产业，是一项具有广泛社会性、能源消耗少、可持续性强的绿色产业。国际旅游发展经验表明，旅游与文化结合程度越高，旅游经济越发达。四川演艺产业应以《成都市文化产业发展“十三五”规划》《四川省“十三五”文化产业发展规划》《四川省“十三五”旅游业发展规划》为指导，在明确总体思路的基础上，探索演艺产业的发展实施路径，切实提升其在国内外的竞争力和影响力。

（一）影视造势

一是打造体现四川独特魅力的经典影视作品。现有的四川影视剧如《抓壮丁》《笑傲江湖》《哈儿师长》等塑造的四川形象偏于“丑、怪、土、俗、蛮”，蜚声国际的《卧虎藏龙》却对宜宾蜀南竹海只字不提。因此，有必要打造体现四川独特魅力的经典影视作品，以此创新传统和现代四川形象，突出四川古朴神秘、智慧灵巧、勤奋勇毅、休闲悠然、优雅时尚、乐观包容等美好特质。二是以影视作品为核心带动演艺产业。经典影视作品为演艺提供题材和形式，如都江堰水文化主题电影可以衍生出《大禹》《李冰》《水神》等演艺题材，衍生出山水盛典、剧场舞台、主题公园等演艺形式。经典影视作品为演艺提供影响力、美誉度，如神秘惊悚的古蜀文明题材影视剧必将培养国内外大量忠实粉丝，推动演艺作品《金沙》《三星堆》等吸引、留住更多潜在游客。

（二）节目跟进

深度挖掘四川传统文化精髓，以“四川魂”为主题打造演艺精品。巴山蜀水，钟灵毓秀，自古有“天下山水之观在蜀”之称。四川是我国拥有世界遗产和国家重点风景名胜区最多的省份。四川传统文化博大精深，内蕴丰富，应进行深度挖掘探索，打造系列演艺精品。建议重点关注的文化主题有三类。一是古蜀文化主题。金沙、三星堆遗址是国内国际上独一无二的远古文明，与半坡文明、良渚文明并称我国三大文明发祥地，集悠远、勇毅、神秘、幻想于一身。建议创作《神秘的金沙》剧目，尽力展现古蜀文化赋予四川的美好精神风貌，如智慧勤劳、风雅多情等。二是锦官城文化主题。蜀绣与湘绣、苏绣齐名，是蜀文化和“成都造”飞向世界的一张名片。建议创作《花重锦官城》剧目，可挖掘绣品、绣娘、绣艺等元素，打造精妙绝伦、以情动人的演艺故事。三是都江堰水文化主题。都江堰是世界唯一一个历经2000多年而不衰的水利工程，其中蕴含的治水思想、水文化是真正传承千年的文化精髓。建议创作《拜水都江堰》剧目，可以大禹、李冰、水神、文物等元素为核心，打造荡气回肠、气势恢宏的演艺故事，切实弘扬天府文化。

（三）平台推动

一是组建国有控股演艺平台。四川演艺产业发展的关键在于资产、资源的优化配置，组建以政府为主导的国有控股演艺平台公司势在必行。四川全省有艺术表演团体近500个、艺术馆近100个。四川人民艺术剧院、锦城艺术宫等演出场所众多；文艺作品项目众多，发展基础良好。并购重组是企业最快的转型升级方式，通过演艺团体、演艺场馆、中介机构联合运作，以兼并、重组、合作等多种形式组建技术含量高、发展质量好、产业带动力强的平台公司。公司成立后，将成为面向全省的演艺产业核心基地，成为集人才培养、剧目制作、演出中介、场馆经营、衍生产品开发等于一体的“行业大鳄”。

二是打造演艺产业发展融资平台。融资难、融资贵一直是制约演艺产业发展的最关键因素之一。目前可考虑以下举措。首先，注入资本金成立四川演艺产业发展基金。设立创新发展股权投资基金，由省级政府授权财政部门发起，联合各市、县出资，以参股投资、控股投资、并购、资产证券化等方式募集金融和社会资本，按适当比例共同设立四川演艺产业发展基金，重点聚焦演艺新内容、新技术、新人群、新周边等“四新”领域。其次，助力演艺企业进入资本市场，壮大“四川文化版块”。上市是企业最好的募集资金方式。如博瑞传播2008年上市后，公司总资产达13.92亿元，净资产达10.19亿元，实现归属于上市公司股东的净利润达1.92亿元[①]，在文化传播行业上市公司中以其综合效益指标排名第一。

① 叶颖:《博瑞传播：改革初见成效总体形势向好》，《证券市场周刊》2017年第3期。

（四）政策支撑

一是统揽演艺产业整体发展规划，为四川演艺产业提出阶段性发展的时间表，也为其发展绘制点面结合的产业与区域发展衔接呼应蓝图。在目标、政策、监管、服务四个维度进行总体规划。包括四川演艺产业发展总目标（打造世界一流、国内领先的文化产业）、政策支持（建设演艺龙头企业、重点演艺项目、文化演艺园区、专业演艺人才、演艺市场体系）、监管服务（增强市场主体活力、推动重大项目进度、创新金融服务体系、扩大对外演艺交流贸易、促进大众文化消费等）。

二是加强专业人才培养、引进和保障。着力培养原创型、复合型专业演艺人才。依托高校与研究机构实现“产学研”一体化建设，培养具有原创能力的研发人才、国内外演艺市场经营管理人才，作为四川演艺产业领先全国的人才储备。设立四川演艺人才支持基金，建立四川演艺人才评级机制，对演艺文化传承人进行资格认证和重点支持等。

三是多元化宣传提升演艺产业影响力。借助省内外主流媒体和新兴媒体平台进行有效宣传，如在目前的“三微一端”（微博、微信、微视频、客户端）平台发布演艺产品简介，以创意传播手法吸引国内外游客关注，覆盖面非常广。借助省内外、国内外大型展会、会议、节庆宣传，吸引国内外政府部门、文化团体、金融机构、企业集团等各界人士来川交流。演艺产业将推动营造国内外投资契机与合作前景，推动多边文化的交流及投融资服务，构建一个高层次的四川对外演艺投资、交流国际平台。借助四川城市全域化户外广告宣传，主要有静态的 LED 屏幕、海报、路牌、灯箱、霓虹灯、电梯视频和动态的公交车等交通工具载体，使整个城市都成为巨大的演艺宣传主体，以“润物细无声”的方式将信息传递给市民和游客。

B.14
四川电影业发展报告

黄维敏*

摘　要： 本文在全面把握当前四川电影产业发展趋势的基础上，从电影环境、影视产业和存在问题等三个方面对全省电影产业现状进行了梳理，同时借鉴国内先进省份山东、浙江的成功经验，提出了加强顶层设计，出台中长期规划；强化电影内容生产，打造国际大IP；培育发展网络电影，建设网络电影平台；壮大市场主体，培育领军型集团化企业；拓展“一带一路”沿线市场，推动电影产业“走出去”等五条路径选择和对策建议，以推进四川省电影产业的高质量发展。

关键词： 四川　电影产业　电影IP　文创产业

电影产业是文化创意产业中最具传播力和创造力的领域，其消费带动能力强，产业链条长，可关联动漫、游戏、旅游等诸多产业领域，也越来越与人民群众对美好生活的需要紧密相连，成为推动消费升级、促进经济高质量发展、提升人民生活品质的重要力量。同时，电影产业也是国家和地区软实力的体现，电影作品能够突破地域、语言的界限，在不同国家、地区产生强大影响力。最近数年，四川电影产业蓬勃发展，一大批具有竞争力的影视传媒和文化娱乐企业逐步成长，产业链条日趋完善，电影消费稳步增长，但与

* 黄维敏，文学博士，四川省社会科学院文学与艺术研究研究员，主要研究方向为中国文学，文化产业。

国内先进省区市相比，四川电影产业在总体实力、市场竞争力、发展环境等方面还存在明显差距。

一 四川电影产业发展现状

（一）电影环境

1. 制度环境：出台了相关的支持与资助政策

在“十二五”规划期间，四川省人民政府颁布了《四川省人民政府办公厅关于促进电影产业繁荣发展的实施意见》，提出“到2015年底，形成主业突出、品牌名优、实力雄厚、竞争力强的若干大型骨干电影企业，促进电影产业综合效益明显增长，实现电影经济总量年均增长速度达到20%以上，电影票房收入保持中西部第一”的总体目标。该政策于2011年制定实施，关注的发展时段为2011~2015年。2016年6月，省财政厅会同省新闻出版广电局研究制定《四川省国家电影事业发展专项资金预算管理办法》，明确制定了一系列财政政策用以支持四川省电影事业发展，资助范围涵盖了电影制作、发行、放映、人才培养等方方面面。2017年印发的《四川“十三五”文化发展规划》提出实施广播影视精品创作工程，在专业出版、网络剧、微电影、动漫、网络游戏等领域，打造一批具有自主知识产权和国际竞争力的文化产品。已经出台的三项与电影业相关的政策，分别侧重于发展目标、财政支持与内容生产等方面，显现出省委、省政府对影视业的重视，为四川电影业的发展明确了方向。

2. 消费环境：票房和院线数量位居全国前列

衡量电影消费需求的两大重要指标为院线与银幕数。我国在2002年开始实施院线制改革，院线制是指“以几个影院为依托，以资本和供片为纽带，由一个发行主体和若干影院组合形成，实行统一品牌、统一排片、统一经营、统一管理的发行放映机制”。院线制改革是我国电影发展的重要里程碑，为中国电影迎接产业化与市场化发展奠定了基础。2019年，四川有电影院线24条，其中四川太平洋院线公司为全国十强院线之一，太平洋院线共有影院297家（其中四川182家、省外115家）、银幕1667张、座位数19.93万个，覆盖11个省①。2018年四川票房总收入为34.62亿元，比2017年增长了2.72亿元，增速达8.5%，位列全国第五；观影人次1.02亿，人均观影次数为1.21次，人均票房为41.7元，位列全国第八（见表1）。

从2018年全省21个市州的票房情况来看（见表2），成都票房收入高达19.05亿元，占据了全省的58.63%，排全国第五名，仅次于上海、北京、深圳、广州，在中西部地区位列第一。紧随其后的是绵阳2.16亿元、南充1.46亿元、德阳1.27亿元、乐山1.24亿元。增长最快的是巴中，增速高达79.97%，其次是凉山29.63%、泸州29.55%。总体而言，经济总量大、人口多的市州票房收入相对较高，经济发展滞后的地区则表现出了较大的发展潜力和提升空间，但资阳、甘孜也出现了负增长的情况。最近数年，四川的球幕电影、3D电影、4D电影、IMAX电影等新型电影快速发展，成都IMAX电影院有22家，在全国数量仅次于上海的29家和重庆的23家，与广州（同样22家）并列第三。二级城市方面，除攀枝花、南充、广安、巴中四个城市外，其余二级城市均有IMAX影城入驻。

表1　2018年电影票房十强

序号	省区市	2018年总票房(亿元)	常住人口(万人)	人均票房(元)	说明
1	广东省	83.56	11169	74.81	人均两场
2	江苏省	55.97	8030	69.70	人均两场
3	浙江省	48.66	5657	86.02	人均两场多

① 谢世明：《2018年中国电影市场综述——增速放缓　趋于理性》，《中国电影市场》2019年2月。

续表

序号	省区市	2018 年总票房(亿元)	常住人口(万人)	人均票房(元)	说明
4	上海市	35.95	2418	148.68	人均四场
5	四川省	34.62	8302	41.70	人均一场
6	北京市	34.59	2170	159.40	人均四场
7	湖北省	26.87	5902	45.53	人均一场多一点
8	山东省	25.69	10006	25.67	人均一场不到
9	河南省	23.33	9559	24.41	人均一场不到
10	福建省	19.96	3911	51.04	人均一场半

表 2　2018 年四川各市州电影票房排行榜

城市	2018 年票房(万元)	2017 年票房(万元)	增量(万元)	增速(%)
成　都	190500	176300	14200	8.05
绵　阳	21607.3	19774.8	1832.5	9.26
南　充	14609.6	12401.5	2208.1	17.80
德　阳	12700.5	12024.6	675.9	5.62
乐　山	12440.9	10389.6	2051.3	19.74
宜　宾	10803.9	9197.7	1606.2	17.46
泸　州	9744.9	7522	2222.9	29.55
遂　宁	8996.1	8137.8	858.3	10.54
眉　山	8745.1	7481.3	1264.2	16.89
达　州	8075.9	6839	1236.9	18.08
自　贡	7511.3	6894.1	717.2	10.40
内　江	7406.4	6934.4	472	6.8
广　安	6614.9	5292	1322.2	24.98
广　元	5804.6	4800.8	1003.8	20.90
凉　山	4675.7	3606.8	1068.9	29.63
攀枝花	4494.8	3978.5	516.3	12.97
资　阳	3912.2	5215.7	-1303.5	-24.99
巴　中	3741.6	2078.9	1662.7	79.97
雅　安	3529.7	2808.6	721.1	25.67
阿　坝	287.4	261.6	25.8	9.86
甘　孜	77.6	101.2	-23.6	-23.32

3. 人才环境：影视学院众多，影视人才储备充裕

四川影视人才资源丰富，有四川大学、四川传媒学院、四川电影电视学院、四川师范大学、四川音乐学院等 20 多所影视院校和设有影视专业的院校，每年培养影视及相关专业人才 3 万余人。近年来，四川涌现了田羽生、卢恒宇、李姝洁等一批优秀的青年导演和编剧。2018 年获得超 19.4 亿元票房的电影《前任 3：再见前任》，导演田羽生、编剧大宽、制片周子健，主要演员曾梦雪、罗米等均来自成都。此外，四川的动漫人才也相当丰富，四川大学、电子科技大学、四川音乐学院、成都大学等高校均设有动漫游戏相关学院和专业，每年培养数千名动漫人才。成都还拥有北大青鸟、五月花、斯普培训等大批专业的职业培训机构，为影视动漫产业发展提供了充足的人才储备。2018 年由卢恒宇、李姝洁联袂执导的电影版《十万个冷笑话 2》在全国上映，凭借国民熟知的动漫、流行元素，创造了大量网络流行词汇，堪称二次元文化的开创者。2019 年票房收入排名第二的动漫电影《哪吒之魔童降世》，其导演饺子和配音导演陈浩都是四川人。据统计，在所有参与《哪吒之魔童降世》出品制作的公司当中，来自成都的团队有 12 家，仅次于首都北京。该电影的主创团队是在成都高新区的可可豆动画影视有限公司，配音团队是来自成都的声娱文化，《哪吒之魔童降世》充分体现了四川影视动漫人才的强大实力。

（二）影视产业

1. 影视企业数量众多，电影产业体系初步形成

四川电影文化深厚，电影产业发展的市场化程度较高，制作、发行、放映等核心环节完备，以影视制片、宣推发行、院线经营、影院放映、影视特效、版权运营、在线票务等为支撑的电影产业体系初步形成。四川影视企业众多，2017 年，仅成都就有制片领域的影视机构 471 家，在副省级城市中仅次于广州、深圳，与西安、杭州基本持平，影视制作机构总数在副省级城市中相对靠前。一批具有竞争力的影视企业逐步成长，峨眉电影集团、四川新华发行集团、四川星空影视文化传媒有限公司等国有机构领军影视产业发

展，四川光影深处文化传播有限公司、四川八骏联盟影视文化传播有限公司、成都艾尔平方文化传播有限公司等本地民营影视企业发展活力日益显现，为影视产业发展提供了重要支撑。2017 年四川光影深处文化传播有限公司出品的纪录片电影《二十二》，票房收入近 2 亿元，在 2017 年票房前 100 名影片口碑评分排名中，《二十二》以 8.87 分排名第一；2019 年票房收入高达 46.54 亿元的《哪吒之魔童降世》，无不彰显了四川电影产业的巨大潜力。

表 3　四川影视产业代表性企业和机构

类型	名称	说明
企业	峨眉电影集团	西南地区最大的影视产业集团，布局制、发、放全产业链，拥有 260 多家影院，创作生产多部影视精品。出品《第一次离别》
	四川光影深处文化传播有限公司	纪录片《二十二》
	四川诚诚影视文化传播公司	故事片《被偷走的那五年》
	成都魅力映象文化传播有限公司	系列纪录片《锦城忆巷》
产业平台	爱奇艺成都	网络视频平台
	四川剧能量文化传播有限公司	影视版权平台
	成都联影电子商务有限公司	在线电影票务平台
发行放映	成都星美影业发展公司	影院建设与院线发行
	四川峨影影视发行公司	电影宣推发行
	四川新天地农村数字电影院线公司	农村数字化电影传播、发行、放映
	四川太平洋影业公司	电影发行
行业组织	四川广播电视节目制作协会	会员 160 家
	成都电视电影家协会	会员 260 人

资料来源：成都市文化广电新闻出版局、成都市社会科学院编《成都影视产业发展现状调研报告》，内部资料。

2. 构建影视产业集聚区，形成融合发展新业态

影视业的融合与整合发展是当前电影产业发展的一大趋势，目前四川已经构建了四大与影视产业相关的集聚区：分别是少城视井文创产业园区、东郊文化创意集聚区、影视硅谷 · 府河源影视传媒科技产业园和峨眉 1958 国

际影视创意孵化园。这几大影视文创集聚区所涉及的重点产业包括影视制作、传媒、影视科技、影视博览等（见表4），将形成影视与创作拍摄、制作发行、创意设计、衍生品开发、科技开发、版权交易、互动体验等融合集聚发展的崭新生态。其中影视硅谷被列为四川省2018年重点文化产业项目，占地面积约1300亩，投资21亿元，是集电影技术、VR/AR和互动影视于一体的大型生态科技影视产业基地。成都影视硅谷将打造集人才培养、项目孵化、拍摄制作、技术研发于一的体产业链式综合服务环境，初步与数十家国内外知名公司达成签约意向。

表4　四川正在构建的影视产业集聚区

名称	主导产业
少城视井文创产业园区	影视传媒（创作拍摄、制作发行、创意设计、衍生品开发、新媒体）
东郊文化创意集聚区	影视传媒、音乐戏剧、电竞动漫、创意设计、展演博览及其他文化创意关联产业
影视硅谷·府河源影视传媒科技产业园	建设电影技术高新开发与应用基地和影视基地，创建国内一流的电影科技、VR/AR、互动影视一体化的大型生态科技影视产业基地
峨眉1958国际影视创意孵化园	区域规划为电影博物馆、嘉年华电影广场和电影互动体验区，峨影集团将通过构建影视娱乐、交流平台，搭建资本、版权、金融等交易服务平台，把这里打造为一个具有电影基因，体现城市功能的国际影视创意园区

3. 整合利用国际资源，搭建国际性电影交流平台

尽管四川本土电影公司规模较小，但近两年四川电影企业转变思维，加强与国际大企业合作，整合利用国际资源，运用国际先进手法，讲好四川文化故事，打造出国际水准动画电影。三星堆是四川最具地域文化特色的历史文化景观，是一个体量巨大的IP，2017年有三部以三星堆为题材的动漫电影亮相上海电影节，分别是四川出版集团打造的《金色面具》、剧能量制作的《重返三星堆》和眉山极杜文化传播有限公司出品的《寻宝之凸目黄金面具》。其中四川出版集团投资的3D动画电影《金色面具》，故事脱胎于著名小说家约翰·威尔逊的同名三星堆文化系列小说，在动画造型、电影叙

事、视觉特效、音乐音效、发行放映等方面与好莱坞的国际制作团队展开全面合作，充分展现出大片的“国际范儿”。《重返三星堆》邀请曾经执导过《2012》《哥斯拉》《独立日》等影片的著名导演罗兰·艾默里奇担任导演。《寻宝之凸目黄金面具》也将与好莱坞团队合作。四川还充分利用影视节等平台，吸纳世界各地的优秀电影成果与电影人才。2017 年成都承办了第二届金砖国家电影节，经国家新闻出版广电总局同意，金砖国家电影节长期落户成都，也将成为四川电影与国际电影交流合作的良好平台。

（三）存在问题

1. 电影制作精品少

四川出品的影视剧备案量较高，2011～2018 年，四川各类电影剧本（梗概）备案立项数年均增速超过 20%。2018 年通过备案审查的四川电影共 83 部，但获得发行许可的数量很少，能够播映并且叫得响的作品更是少之又少。2017 年四川本地电影票房仅占全国票房的 0.75%，单片最高票房不到 2 亿元。2018 年峨眉电影集团出品的《破门》票房收入仅为 37.8 万元，2019 年出品的《红星照耀中国》票房也只有 278 万元。2019 年的爆款电影《哪吒之魔童降世》虽然获得了 46 亿多元的票房，但最大的受益方为主出品方北京光线传媒，四川的 12 家制作公司获益很少。市场份额总体偏低，本地电影供给与四川“全国票仓”地位严重不适应。

2. 缺乏影视龙头企业

四川影视企业数量多但实力不强，缺少在国内具有重大影响力和行业资源整合能力的大型骨干企业，有持续出品能力的影视制作优质企业较少，总体实力不强。峨眉电影集团是四川影视企业中规模最大的，60 余年来，峨影生产制作或参与制作了《被爱情遗忘的角落》《红衣少女》《被告山杠爷》《十八洞村》《家园》《天上的菊美》《邓小平遗物故事》《红旗漫卷西风——红军长征在四川》《让子弹飞》《观音山》《周恩来回延安》《芳华》《流浪地球》《红海行动》等许多社会效益与经济效益良好的影视作品，但近年来峨眉电影集团从制作转向发行，以参与影视投资为主。

2018～2019年制作出品的电影只有《红星照耀中国》《破门》《第一次离别》《大路朝天》4部。峨眉电影集团对四川电影行业资源的整合能力弱，其他民营影视制作机构普遍规模较小，无法形成竞争合力。2018年，四川仅有四川星空影视文化传媒公司取得甲种电视剧制作许可证（连续两年制作完成六部以上单本剧或三部以上连续剧），2019年无一家企业取得甲种电视剧制作许可证，而同为西部省份的陕西则有两家企业，分别是西安曲江影视投资有限公司和陕西文投（影视）艺达文化传媒有限公司，相比之下四川差距明显。

3. 影视产业链条薄弱

四川在电影项目策划、剧本研创、后期制作、视觉特效、音乐配音、宣推发行、衍生品开发等环节较为薄弱，影视产业附加值和效益不高，配套服务支撑不力。由于缺乏足够的在地化制片项目、主创团队，四川影视产业专业基础人才外流。本土影视发行机构少且能力较弱，主要渠道均在四川省内，尚未形成全国性的渠道和网络，导致四川出品的电影大多只能依靠北京的发行公司完成。此外，四川大型专业影棚设施严重不足，后期制作、专业制景、服装、化妆、演员经纪等细分领域服务企业较少，提供影视剧摄制取景置景、器材租赁、道具服装等全流程协调服务的专业机构缺位，制约了影视产业的发展壮大。

4. 产业集聚能力较弱

四川尚未形成有规模、有影响力、产业配套完整的影视产业集聚区，拍摄场地和制作工作室等资源缺乏整合。全省现有的国家级、省级文化产业示范园区（基地）中，尚无1家以影视产业为特色定位的园区。目前，深圳、杭州、宁波、青岛、无锡等地都形成了若干新型影视产业园区（基地）、电影小镇和影视城，以此聚集影视资源，打造影视产业集群，延伸影视产业链，发展影视旅游综合体。相比国内先进省市，四川还缺乏影视产业集聚发展的承载空间，影视企业、创作机构之间信息沟通不畅，备案审查、版权交易、政策咨询等发展平台缺乏整合，产业融合度和辐射力较弱，影视产业难以形成规模效应和品牌影响力。

表 5　国内部分城市代表性影视产业集聚区

影视产业集聚区	所在城市	集聚效益
西溪湿地创意产业园	浙江杭州	2016 年园区实现总产值 30.5 亿元
东方影都	山东青岛	形成电影产业园以及万达茂、电影乐园、酒店群等商业和住宅综合体，以电影业上下游延伸的方式复合城市功能设施，成为城市新区的活力引擎
象山影视城	浙江宁波	2016 年总收入达到 5.4 亿元
国家数字电影产业园	江苏无锡	以“科技拍摄”和“后期制作”为核心，2016 年产值达 32 亿元
浙江横店影视产业实验区	浙江东阳	2016 年产业产值 180.90 亿元

资料来源：成都市文化广电新闻出版局、成都市社会科学院编《成都影视产业发展现状调研报告》，内部资料。

5. 产业要素供给不足

四川影视产业的要素供给短板突出。一是影视产业与资本对接的平台尚未建立，影视企业在吸纳社会资金、拓宽融资渠道、创新融资手段上，缺乏稳定有效的机制。二是影视人才供给存在结构性短缺，表现为高层次人才支撑不足，基础型人才供需脱节，无法满足影视产业高质量发展的需求。四川缺乏吸引高层次影视人才的有效措施，大量成熟的专业人才外流，全产业链影视人才紧缺。产学研合作对人才培养的作用不突出，高等院校对影视人才的培养，在专业设置、培训方向上与企业需求衔接不充分，影视企业引入本地院校影视专业毕业生，大多需要较长时间的岗位再培训。

6. 政策缺少顶层论证与宏观规划

四川出台的与电影产业相关的靶向政策十分有限，对影视产业未来发展目标、定位、行动举措还缺少科学明确的规划引导与设计论证。已经出台的政策着眼于短期的、具体的目标，缺乏宏观的、战略性的顶层设计，既无专项规划，也无着眼全省影视产业发展的指导意见。由于总体战略规划不清晰、目标导向不明确，政府对影视产业未来发展整体性、长期性、战略性的思考不充分，在一定程度上制约了四川影视产业的发展。

二　国内城市影视产业发展经验借鉴

自2002年中国电影改制以来，中国电影市场经历了长达16年的繁荣。在此发展背景下，全国各地都竞相发展影视产业，将影视产业作为地方经济发展的重点产业，出政策、建园区、强服务、造平台，助力影视产业发展推波，形成了良好的发展势头，尤其是山东、浙江在影视业上的成功经验值得四川借鉴。

（一）山东：一核＋多点＋融合

近年来，山东大力发展影视产业，充分发挥山东区位、资源优势，打造特色鲜明、全国领先、辐射带动作用强的影视产业基地（园区），逐步形成涵盖研发、制作、发行、交易、教育、衍生品的影视全产业链。2019年山东省政府印发的《山东影视产业发展规划（2018～2022年）》，确立了"1＋N"的影视基地布局，概括起来就是"一核＋多点＋融合"的布局。"一核"是青岛灵山影视文化产业区，以此为龙头，打造全国领先、世界水平的影视产业基地。由这一核心辐射带动一批主业明显、特色鲜明的影视产业园区，在全省形成一核引领、多点发力、融合发展的影视产业发展新格局，大力培育"世界电影之都""灵山湾影视文化产业区""东方影都"等品牌。

1. 强化青岛灵山湾影视文化产业区的核心地位

对标世界一流，建成国内顶尖的电影工业化、现代化生产基地。依托青岛灵山湾影视文化产业区，到2020年聚集影视文化企业超过500家，今后每年拍摄制作影视作品100部以上，实现影视文化产业总收入100亿元以上。

2. 设立影视产业发展基金，优化产业发展环境

山东省将每年投入10亿元，连续投入5年，在青岛市建立总规模50亿元的青岛东方影都影视产业发展专项资金，对在青岛灵山湾影视文化产业区

内完成主要拍摄制作的优秀影视作品给予最高40%的制作成本补贴。政策出台后，已吸引100余家影视机构入驻灵湾影视文化产业园。

3. 建立影视文化消费先行体验区，提升影视文化消费力

首先是推动大型影院建设，扩大山东的电影票房规模。其次是加大影视衍生品的开发力度，引进产业链末端的后期制作、影视制品、旅游产品、书刊、纪念品、日用品等影视衍生产品开发与经营企业，拓展衍生品的消费市场。最后是开发时尚娱乐、休闲旅游领域，培育影视产业的消费新业态与新热点。

4. 发展影视旅游综合体，推动影视业的融合发展

加强影视文化产业、智慧信息产业、时尚休闲产业的融合创新；构建影视产业管理服务平台，促进影视与科技、大数据的融合创新，打造影视文化与科技融合示范园区。充分利用“上合组织国家电影节”“2018青岛国际VR影像周”，构建世界级电影交流、研讨平台，增强国际竞争力与影响力。推动灵山湾影视文化产业区星光岛、灵山岛、竹岔岛三岛联动发展，影视文化、科技体验、海岛度假、海上运动四大精品项目组团发展，打造全域影视旅游综合体。

（二）浙江：创新+联动+人才

2017年浙江出台了《加快促进影视产业繁荣发展的若干意见》，提出了繁荣影视创作、培育市场主体、加强平台建设、提升产业价值、拓展对外贸易、培养影视人才等七大主要任务。要求到2020年，力争把浙江打造成全国影视产业副中心，影视产业规模和质量在全国名列前茅，影视产业成为浙江文化产业发展的重要增长点。

浙江的影视产业主要以杭州、横店、象山为中心。2017年在杭州西溪成立了浙江影视产业国际合作实验区，被称为“影视新硅谷”，集聚了全国10家代表影视产业中坚力量的媒体企业，包括华策、华谊、爱奇艺等头部公司。一个顶尖头部企业，可以串联带动起一个产业群。浙江横店是唯一被确立为国家级影视产业实验区的影视基地，被许多外媒赞誉为“中国好莱

坞”，诸如《鸦片战争》《荆轲刺秦王》《汉武大帝》《英雄》《无极》《满城尽带黄金甲》等经典巨作都在横店诞生。横店的业务也包括电影投资、院线建设，以及核心的影城运营。因为横店提供的优惠税收政策，华谊兄弟、新丽传媒、正午阳光、花儿影视，以及冯小刚、范冰冰的公司都选择注册在横店所在的东阳市。浙江象山影视城位于浙江省宁波市象山县新桥镇大塘港生态休闲旅游区块宁波影视文化产业区内，总占地面积1176亩。象山基地建有神雕侠侣城、春秋战国城、民国城、西游记乐园等景点园区。截至2017年底，象山基地拍摄了580余部影视作品，数量位列全国前三。象山也被列入中国十大影视基地和全国4A级景区，成为继东阳横店之后国内接待剧组规模最大的影视基地之一。

浙江的经验主要有以下三点。

一是敢于创新，抓住时机。从第一家大型电商平台阿里巴巴，到第一家全国性的影视基地横店影城，再到第一家上市的电视剧公司华策影视，以及第一家上市的演艺公司宋城演艺，浙江的发展靠的是敢为天下先。二是区域联动，由点及面。浙江以杭州为中心，周边绍兴、宁波、温州等地协同发展，不过分集中一地，而是全面开花，抓住不同区块的优势。横店和象山就是这样的经典例子，原本普通的小镇，因为有了前瞻的视野，带动了整个县乃至整个省的产业发展，所有的剧组到横店和象山都可以得利，无论是拍摄、取景、注册，有各种方式可以受惠。三是人才兴旺，以人为本。文化产业成功的关键还是在于“人”。若没有马云、郭广昌、赵依芳等领军人物，浙江的文化产业不会这么红火。滋养这些人的不仅是一方山水，更是烙印在浙江商人身上的商业精神：求同存异，互相帮助，勇于创新。

三　四川影视产业发展的路径选择

在借鉴山东、浙江等省先进经验的基础上，四川应明确影视产业在全省文化创意产业中的支柱地位和引领作用，加强顶层设计，出台中期规划，加快推进影视产业集聚发展；大力培养领军型集团企业，建立健全影视产业生态圈，尽快形成影视企业集聚、产业链完整的国际化影视创制中心和生产基地。

（一）加强顶层设计，出台中长期规划

党的十八大以来，中央对包括影视业在内的文化产业越来越重视。国家新闻出版广电总局和一些省市相继出台了一系列促进影视文化产业发展改革的政策文件，提出了推进和扶持精品内容制作、发展产业园区、推进产业集聚、推动跨区域整合发展、推动影视产业与其他业态深度融合发展、完善配套政策、强化政策合力等产业发展目标。推动融合与整合发展、做大做强影视产业，已成为影视业发展的新趋势，四川须尽快出台相关政策，加强顶层设计与中长期发展规划。

（二）强化电影内容生产，打造国际大 IP

从电影产业链的角度来看，该产业涉及三个主体：内容制造者、产品运营者与消费者。其中内容制造是核心，四川应加强影视 IP 运营，打造国际大 IP，强化电影的内容创作与生产。立足四川深厚的文化土壤，挖掘丰富独特的地域文化资源，如三星堆、金沙文化、三国文化、红色文化、休闲文化、民族文化等，围绕一些重大题材（如重大革命和历史题材、现实题材、农村题材），集中全省文学艺术创作人才，划拨专项资金支持他们进行集体创作，集中力量推出具有示范作用的拳头作品。以类型片、文艺片、纪录片为重点，鼓励支持创作四川题材影视作品，在全国乃至国际上讲好四川故事、传递四川声音，推动巴蜀文化“走出去”。

（三）培育发展网络电影，建设网络电影平台

在巩固院线平台优势的基础上，培育互联网电影业态，将互联网、移动互联网电影内容的创作生产作为增量空间。重点支持微电影、网络大电影等互联网内容创作生产，创建“互联网电影新业态试验区”，打造“圈层爆款”，抢夺产业发展先机。吸引在全国具有广泛影响力的互联网平台公司在

四川设立分支机构，支持市场主体在四川创建互联网影视运营平台，吸纳整合本地优质自媒体，营建开放的内容创作生态。

（四）壮大市场主体，培育领军型集团化企业

一是通过影视投资基金、债券融资、股权融资等方式，不断推动四川电影企业孵化、重组、并购与上市，培育一批旗舰型集团影视企业。二是聚集综合型影视企业，积极引进主业突出、核心竞争力强、市场占有率高的大型综合性影视企业集团，在四川设立区域总部或功能性总部。支持本地影视制作机构与国内外知名影视企业联动合作，增强四川影视行业的资源整合能力。三是培育专业型影视企业，发挥电影创作、动漫游戏、网络文学等方面的影视产业链上游优势，引入国内外排名靠前的影视发行企业。四是加强影视基地建设，打造若干个影视产业集群，推动四川电影业的集聚发展。重点打造成都—安仁—黄龙溪电影产业带，以成都为核心，辐射带动周边安仁、黄龙溪、乐山等地的电影基地建设。

（五）拓展“一带一路”沿线市场，推动电影产业“走出去”

四川电影产业应充分开拓“一带一路”沿线市场，加快落实“一带一路”倡议，通过出口退税、资金扶持、出口保险等举措，鼓励和支持四川电影产业重点开拓东南亚、南亚、非洲、中东欧等“一带一路”沿线国家市场，增强四川电影文化贸易的出口创汇能力，不断提升四川省电影产业的国际影响力。

区域报告

Regional Reports

B.15 四川长征文化资源保护与开发利用调研报告

裴亮亮　何凡佳*

摘　要： 四川是展现长征精神、长征文化、长征路线的重要舞台。拥有丰富文化资源的大省还不能称为文化强省，只有盘活文化资源，才能弘扬四川红色文化，推进文化强省工程。当前，深入挖掘和开发利用四川丰富的长征文化资源是当务之急。本报告对四川长征文化资源的生存现状进行调研，旨在摸清家底，盘活存量，及时抢救与保护，推动文化资源优势向经济优势转化，使文化资源产生良好的社会效益和经济效益双赢局面，既能推动四川省经济发展，又能全面提升四川精神

* 裴亮亮，四川省社会科学院副研究员，研究方向为科技管理与文化管理；何凡佳，四川省农村信用社联合社广元办事处副主任、电子科技大学硕士，研究方向为文旅经济与金融大数据。

文明建设载体的质量和品位。

关键词： 四川 长征文化资源 红色文化资源

为了促进四川省文化的繁荣和发展，推动文化产业成为国民经济支柱性产业，建设优秀传统文化传承体系，贯彻落实中央《关于实施革命文物保护利用工程（2018~2022年）的意见》，要求将长征文化线路整体保护工程列为重点项目，实施长征文化线路保护总体规划，四川于2019年7月印发的《四川省革命文物保护利用工程实施方案》明确将长征文化线路（四川段）整体保护工程作为重点工程。以红军长征在四川路线为基础，确定关联文物点，统一规划标识、统一保护标准、统一配套建设。加强鸡鸣三省会议、强渡大渡河、达维会师、彝海结盟、两河口会议等重大事件历史遗存调查和展览展示。重点推进飞夺泸定桥、爬雪山过草地、四渡赤水战役遗址、阿坝州红军长征遗址等长征文化线路展示利用示范段建设。开展长征文化公园（四川）建设，打造"重走长征路"红色旅游精品线路①。

本报告通过对近年来四川长征文化资源现状以及开发与利用状况进行深入的调查和研究分析，总结四川各地代表性长征文化资源开发利用工作取得的成效经验，发现存在的问题，并提出具体的改进对策。

一 四川长征文化资源基本概况

四川是展现长征精神、长征文化、长征路线的重要舞台。"长征"这个词就是在四川第一次提出来的。长征的起点是江西瑞金，而"长征"理念的明确提出、"长征文化"符号的提炼是从四川开始的。四川作为红色文化

① 四川省人民政府：《我省印发革命文物保护利用工程实施方案》，http：//www.sc.gov.cn/10462/10464/10797/2019/7/4/7e5bac5d2e704588b6404e52207737e1.shtml。

资源大省，最为丰富的资源是红军长征文化资源。中国工农红军长征所涉范围最广、时间最长的就是四川。二万五千里长征，历时两年，在四川的行程有一万五千里，途经 70 个县，时间长达一年零八个月。四川长征重大会议、战役、事件遗址众多，在四川进行的大小战役有数百次，四渡赤水、巧渡金沙江、强渡大渡河、飞夺泸定桥等著名战役都发生于此，彝海结盟、爬雪山过草地等重要事件和人类奇迹都发生于此，而且中共中央在四川召开了两河口会议、懋功会议等 14 次政治局会议和重要会议。四川有着丰富的长征文化资源（见表 1），对四川长征文化资源开发与利用状况进行深入的调查和研究，具有深远的意义。

表 1　四川各地区代表性长征文化资源

泸州				
序号	类别	名　称	地址	备注
1	遗址遗迹	红军四渡赤水战役遗址	四川古蔺县	2013 年 5 月 3 日归入第六批全国文物重点保护单位
2	遗址遗迹	双沙鱼塘湾中央红军四渡赤水毛泽东驻地	四川古蔺县	作为红军四渡赤水战役遗址的一个点,2012 年 7 月 1 日由四川省人民政府公布为省级文物保护单位。民房,仍有居民在使用
3	遗址遗迹	太平渡中央工农红军四度赤水毛泽东和红一军团部驻地旧址	四川古蔺县	作为红军四渡赤水战役遗址的一个点,2012 年 7 月 1 日由四川省人民政府公布为省级文物保护单位
4	遗址遗迹	红军四渡赤水龙山战场	四川古蔺县	作为红军四渡赤水战役遗址的一个点,2012 年 7 月 1 日由四川省人民政府公布为省级文物保护单位
5	遗址遗迹	观文云庄红军四渡赤水战斗遗址	四川古蔺县	作为红军四渡赤水战役遗址的一个点,2012 年 7 月 1 日由四川省人民政府公布为省级文物保护单位
6	遗址遗迹	鱼化红军村	四川古蔺县	作为红军四渡赤水战役遗址的一个点,2012 年 7 月 1 日由四川省人民政府公布为省级文物保护单位

续表

泸州				
序号	类别	名　称	地址	备注
7	遗址遗迹	二郎红军街	四川古蔺县	作为红军四渡赤水战役旧址的一个点,2012年7月1日由四川省人民政府公布为省级文物保护单位
8	遗址遗迹	太平镇中国工农红军驻地	四川古蔺县	
9	遗址遗迹	红军四渡赤水九溪渡口	四川古蔺县	
10	遗址遗迹	二郎镇红军四渡赤水开仓分盐旧址	四川古蔺县	
11	其他文化资源	红军长征四渡赤水博物馆	四川古蔺县	2001年被中宣部命名为“全国爱国主义教育示范基地”
12	遗址遗迹	石厢子会议旧址	四川叙永县	
13	遗址遗迹	《川南工农劳苦群众目前斗争纲领》及标语	四川叙永县	
14	其他文化资源	红军长征过永叙革命文物陈列馆	四川叙永县	

凉山				
序号	类别	名称	地址	备注
1	遗址遗迹	红军巧渡金沙江皎平渡和临时渡江指挥部山顶洞遗址	四川会理县	1980年7月由四川省人民政府公布为省级文物保护单位。2004年经国务院审定为全国100个重点红色旅游区及30条红色旅游精品线路之一
2	遗址遗迹	会理会议遗址	四川会理县	
3	其他文化资源	红军长征过会理纪念碑	四川会理县	
4	遗址遗迹	礼州会议遗址	四川西昌市	
5	遗址遗迹	西昌礼州镇西禅寺内周恩来下榻处	四川西昌市	
6	遗址遗迹	礼州镇文昌宫群众大会会址	四川西昌市	
7	遗址遗迹	礼州镇广生堂红军临时医院	四川西昌市	
8	遗址遗迹	礼州红军井	四川西昌市	
9	其他文化资源	西昌市彝海结盟纪念碑	四川西昌市	

续表

凉山				
序号	类别	名称	地址	备注
10	遗址遗迹	《中国工农红军布告》	四川冕宁县	
11	遗址遗迹	彝海结盟遗址	四川冕宁县	
12	遗址遗迹	冕宁毛泽东接见地下党和彝族代表处遗址	四川冕宁县	
13	其他文化资源	红军文化广场	四川冕宁县	
14	其他文化资源	红色冕宁纪念馆	四川冕宁县	
15	遗址遗迹	红军洞	四川越西县	
16	遗址遗迹	红军树	四川越西县	
17	遗址遗迹	红军标语	四川越西县	
雅安				
序号	类别	名称	地址	备注
1	遗址遗迹	安顺场中国工农红军强渡大渡河遗址	四川石棉县	1980年由四川省人民政府公布为省级文物保护单位。2001年被中宣部命名为“全国百个中小学爱国主义教育示范基地”
2	遗址遗迹	胡长保纪念馆	四川荥经县	
3	遗址遗迹	天全红四方面军总部、总政治部旧址	四川天全县	
4	遗址遗迹	红四方面军总医院旧址	四川天全县	
5	遗址遗迹	中国工农红军大学旧址	四川天全县	
6	遗址遗迹	中国工农红军大学《红炉》校刊	四川天全县	
7	其他文化资源	天全县红军纪念馆	四川天全县	
8	其他文化资源	天全红军图书馆	四川天全县	
9	遗址遗迹	中国工农红军总司令部旧址	四川芦山县	2007年由四川省人民政府公布为省级重点文物保护单位
10	遗址遗迹	红四方面军总指挥部旧址	四川芦山县	
11	遗址遗迹	红四方面军第三十军军部旧址	四川芦山县	2009年由四川省人民政府公布为省级文物保护单位
12	遗址遗迹	中国工农红军总卫生部旧址	四川芦山县	

续表

雅安				
序号	类别	名称	地址	备注
13	遗址遗迹	中共四川省委旧址	四川芦山县	
14	遗址遗迹	四川省苏维埃旧址	四川芦山县	
15	遗址遗迹	中华苏维埃抗日救国会旧址	四川芦山县	
16	遗址遗迹	青龙场战斗遗址	四川芦山县	
17	遗址遗迹	芦山红军标语	四川芦山县	
18	遗址遗迹	毛泽东、朱德故居	四川宝兴县	
19	遗址遗迹	陈云长征旧居	四川宝兴县	
20	遗址遗迹	红军长征翻越夹金山革命遗址	四川宝兴县	
21	遗址遗迹	灵关铁索桥遗址	四川宝兴县	
22	遗址遗迹	小沟子岗红军战斗遗址	四川宝兴县	
23	遗址遗迹	菩生岗红军战斗遗址	四川宝兴县	
24	遗址遗迹	红军栈道遗址(三处)	四川宝兴县	
25	遗址遗迹	红军三烈士墓	四川宝兴县	
26	遗址遗迹	红军井	四川宝兴县	
27	遗址遗迹	誓师坪遗址	四川宝兴县	
28	遗址遗迹	红军小道遗址	四川宝兴县	
29	遗址遗迹	龙包红军战斗遗址	四川宝兴县	
30	遗址遗迹	徐向前居住地遗址	四川宝兴县	
31	遗址遗迹	红军医院遗址	四川宝兴县	
32	遗址遗迹	大池区苏维埃遗址	四川宝兴县	
33	遗址遗迹	五龙乡苏维埃遗址	四川宝兴县	
34	遗址遗迹	唐包红军战斗遗址	四川宝兴县	
35	遗址遗迹	红军石刻标语碑	四川宝兴县	
36	遗址遗迹	若比红军标语	四川宝兴县	
37	遗址遗迹	百丈关战役遗址	四川名山县	
38	其他文化资源	红军百丈关战役纪念馆	四川名山县	
甘孜				
序号	类别	名称	地址	备注
1	遗址遗迹	泸定桥	四川泸定县	
2	遗址遗迹	红军飞夺泸定桥纪念碑	四川泸定县	
3	遗址遗迹	泸定桥革命文物陈列馆	四川泸定县	
4	遗址遗迹	红军飞夺泸定桥纪念馆	四川泸定县	

续表

甘孜				
序号	类别	名称	地址	备注
5	遗址遗迹	磨西会议遗址	四川泸定县	2004 年由四川省人民政府公布为省级重点文物保护单位
6	遗址遗迹	丹巴革命烈士纪念碑公园	四川丹巴县	
7	遗址遗迹	丹巴南街战斗遗址	四川丹巴县	
8	遗址遗迹	丹巴黄金寺突围战遗址	四川丹巴县	
9	遗址遗迹	丹巴藏民独立师指挥部遗址	四川丹巴县	
10	遗址遗迹	甘孜会师纪念地孜苏寺	四川丹甘孜县	
11	遗址遗迹	朱德总司令和五世格达活佛纪念堂	四川甘孜县	
12	遗址遗迹	甘孜波巴政府所在地遗址:白利寺	四川甘孜县	1980 年由四川省人民政府公布为省级重点文物保护单位
13	遗址遗迹	新龙红军桥	四川新龙县	

阿坝				
序号	类别	名称	地址	备注
1	遗址遗迹	达维会师桥	四川小金县	
2	遗址遗迹	达维会师纪念碑	四川小金县	
3	遗址遗迹	猛固桥遗址	四川小金县	
4	遗址遗迹	三关桥战斗遗址	四川小金县	
5	遗址遗迹	两河口会议遗址	四川小金县	
6	遗址遗迹	小金天主教堂	四川小金县	1961 年由四川省人民政府公布为省级重点文物保护单位,1993 年又被四川省人民政府确定为四川省青少年革命传统教育基地
7	遗址遗迹	达维喇嘛寺	四川小金县	
8	遗址遗迹	抚边红军标语群	四川小金县	
9	遗址遗迹	会师广场	四川小金县	
10	遗址遗迹	革命烈士塔	四川小金县	
11	遗址遗迹	卓克基会议遗址	四川马尔康县	
12	遗址遗迹	红军树	四川马尔康县	
13	遗址遗迹	卓木碉会议遗址	四川马尔康县	
14	遗址遗迹	大藏寺	四川马尔康县	
15	遗址遗迹	芦花会议遗址	四川黑水县	

续表

阿坝				
序号	类别	名称	地址	备注
16	遗址遗迹	瓦钵梁子纪念地	四川黑水县	
17	遗址遗迹	色尔古苏维埃旧址	四川黑水县	
18	遗址遗迹	维古红四方面军政治部旧址	四川黑水县	
19	遗址遗迹	黑水红军烈士墓	四川黑水县	
20	遗址遗迹	扎窝九道梯战斗遗址	四川黑水县	
21	遗址遗迹	茂县苏维埃政府遗址	四川茂县	
22	遗址遗迹	茂县城门洞红军标语	四川茂县	
23	遗址遗迹	茂县红军塔	四川茂县	
24	遗址遗迹	土门“三元桥”红军标语	四川茂县	
25	遗址遗迹	镇西桥红军标语	四川茂县	
26	遗址遗迹	飞虹乡“松茂保障”石碑坊	四川茂县	
27	遗址遗迹	卞家宗祠红军墨书标语	四川茂县	
28	遗址遗迹	土门战役遗址	四川茂县	
29	遗址遗迹	茂县三龙红军碉	四川茂县	
30	遗址遗迹	羌锋红军烈士纪念馆	四川汶川县	
31	遗址遗迹	郭竹铺石牌坊红军标语	四川汶川县	
32	遗址遗迹	桑坪革命烈士纪念碑	四川汶川县	
33	遗址遗迹	威州红军桥	四川汶川县	
34	遗址遗迹	雁门关战斗遗址	四川汶川县	
35	遗址遗迹	岭岗、板桥关战斗遗址	四川汶川县	
36	遗址遗迹	萝波寨	四川汶川县	
37	遗址遗迹	薛城城门洞红军石刻标语	四川理县	
38	遗址遗迹	杂谷脑喇嘛寺战斗遗址	四川理县	
39	遗址遗迹	红四方面军总医院遗址	四川理县	
40	遗址遗迹	红四方面军兵工厂遗址	四川理县	
41	遗址遗迹	红四方面军造币厂遗址	四川理县	
42	遗址遗迹	佳山寨红四方面军总部遗址及标语	四川理县	
43	遗址遗迹	晋绥红军城遗址群	四川金川县	
44	遗址遗迹	沙耳红军大学独立师师部遗址	四川金川县	
45	遗址遗迹	勒乌乡红军标语	四川金川县	

续表

阿坝				
序号	类别	名称	地址	备注
46	遗址遗迹	安宁红军遗址	四川金川县	
47	遗址遗迹	金川红军烈士墓	四川金川县	
48	遗址遗迹	沙窝会议遗址	四川松潘县	
49	遗址遗迹	毛尔盖会议遗址	四川松潘县	
50	遗址遗迹	红军长征纪念碑碑园	四川松潘县	19691 年由四川省人民政府公布为省级文物保护单位,2006 年 5 月又被国务院以“阿坝红军长征遗迹”之名公布为全国重点文物保护单位
51	遗址遗迹	巴西会议遗址	四川若尔盖县	
52	遗址遗迹	包座战役遗址	四川若尔盖县	
53	遗址遗迹	求吉寺西北局会议遗址	四川若尔盖县	
54	遗址遗迹	草地第一村:班佑寨	四川若尔盖县	
55	遗址遗迹	苟龚桥	四川若尔盖县	
56	遗址遗迹	古潘州遗址	四川若尔盖县	
57	遗址遗迹	亚克夏山烈士墓	四川红原县	
58	遗址遗迹	日干乔大沼泽	四川红原县	
59	遗址遗迹	农日坝战斗遗址	四川红原县	

广元				
序号	类别	名称	地址	备注
1	遗址遗迹	太公红军山	四川广元城区	省级重点文物保护单位
2	遗址遗迹	柳桥红军标语石碑坊	四川广元城区	
3	其他文化资源	红军文化园	四川广元城区	
4	其他文化资源	红星公园	四川广元城区	
5	遗址遗迹	木门会议遗址及石碑坊	四川旺苍县	1991 年由四川省人民政府公布为省级重点文物保护单位
6	遗址遗迹	红军城遗址群	四川旺苍县	
7	遗址遗迹	旺苍红军城史迹陈列馆	四川旺苍县	
8	遗址遗迹	血战剑门关遗址	四川剑阁县	
9	遗址遗迹	《中国共产党十大纲领》石刻	四川剑阁县	
10	遗址遗迹	秀钟大路河红军遗址	四川剑阁县	
11	遗址遗迹	红军渡	四川苍溪县	省级重点文物保护单位、全国爱国主义教育基地、全国红色旅游经典景区

续表

序号	类别	名称	地址	备注
广元				
12	遗址遗迹	川陕省苍溪县苏维埃政府旧址	四川苍溪县	
13	遗址遗迹	黄猫垭歼灭战遗址	四川苍溪县	
14	遗址遗迹	红军渡纪念园	四川苍溪县	
巴中				
序号	类别	名称	地址	备注
1	遗址遗迹	川陕总工会旧址	四川巴中城区	
2	遗址遗迹	川陕省苏维埃政府旧址	四川巴中城区	
3	遗址遗迹	恩阳红军遗址	四川巴中城区	
4	其他文化资源	川陕苏区将帅碑林	四川巴中城区	2003 年 8 月被四川省委、四川省政府和省国防教育委员会正式命名为“四川省爱国主义教育基地”,“四川省国防教育基地”,2005 年 11 月,由中共中央宣传部公布为全国爱国主义教育示范基地
5	其他文化资源	川陕总革命根据地博物馆	四川巴中城区	
6	遗址遗迹	红四门及城墙	四川南江县	
7	其他文化资源	巴山游击队纪念馆	四川南江县	
8	遗址遗迹	得胜北山寺红四方面军会议旧址	四川平昌县	
9	遗址遗迹	水司坟红军战场遗址	四川平昌县	
10	其他文化资源	刘伯坚烈士纪念馆	四川平昌县	
11	遗址遗迹	红四方面军总指挥旧址	四川通江县	1988 年 1 月 23 日由国务院公布为全国重点文物保护单位
12	遗址遗迹	红四方面军总政治部旧址	四川通江县	1988 年 1 月 23 日由国务院公布为全国重点文物保护单位
13	遗址遗迹	红四方面军总医院旧址群	四川通江县	
14	遗址遗迹	红军烈士墓及墓碑	四川通江县	1988 年 1 月 13 日由国务院公布为全国重点文物保护单位
15	遗址遗迹	中共川陕省委党校旧址	四川通江县	
16	遗址遗迹	得汉城诸革命遗址	四川通江县	
17	遗址遗迹	通江红军石刻标语群	四川通江县	

续表

巴中				
序号	类别	名称	地址	备注
18	其他文化资源	川陕革命根据地红军烈士陵园	四川通江县	1988年1月23日由国务院公布为全国重点文物保护单位,1992年,由国务院公布为全国重点陵园
19	其他文化资源	列宁公园	四川通江县	属全国重点文物保护单位

达州				
序号	类别	名称	地址	备注
1	遗址遗迹	红军遗址群	四川达州城区	
2	遗址遗迹	石桥镇石碑坊及红军标语	四川达州城区	2013年5月被列入全国重点文物保护单位
3	其他文化资源	红军文化陈列馆	四川达州城区	2011年4月被授予党史教育全国青少年爱国主义教育基地
4	其他文化资源	红军亭	四川达州城区	
5	遗址遗迹	中共绥定道委旧址	四川宣汉县	
6	遗址遗迹	宣汉苏维埃遗址	四川宣汉县	
7	其他文化资源	巴山红军公园	四川宣汉县	
8	遗址遗迹	万源保卫战大面山战场遗址	四川万源市	
9	遗址遗迹	万源保卫战军事会议旧址	四川万源市	
10	遗址遗迹	万源市川陕苏区中共红胜县委旧址	四川万源市	
11	其他文化资源	万源保卫战战史陈列馆	四川万源市	
12	遗址遗迹	超长石刻标语	四川万源市	

绵阳				
序号	类别	名称	地址	备注
1	遗址遗迹	红军桥	四川江油县	2007年被批准为四川省级文物保护单位
2	遗址遗迹	红军军部遗址:佛祖庙	四川安县	
3	遗址遗迹	马迎红军碑	四川梓潼县	
4	遗址遗迹	许州红军桥	四川梓潼县	
5	遗址遗迹	平武回族苏维埃旧址	四川平武县	
6	遗址遗迹	平南苏维埃政府旧址	四川平武县	
7	遗址遗迹	徐向前临时指挥所旧址	四川平武县	

续表

绵阳				
序号	类别	名称	地址	备注
8	其他文化资源	红军胜利纪念碑	四川江油县	1980年被批准为四川省级文物保护单位
9	其他文化资源	红军碑林馆	四川平武县	
邛崃				
序号	类别	名称	地址	备注
1	遗址遗迹	石塔寺区苏维埃政府旧址	四川邛崃	1985年由成都市人民政府公布为成都市文物保护单位
2	遗址遗迹	高兴村红军医院旧址	四川邛崃	
3	遗址遗迹	和尚崖红军战壕遗址	四川邛崃	
4	遗址遗迹	川主庙碉堡	四川邛崃	
5	其他文化资源	红军长征纪念馆	四川邛崃	
6	遗址遗迹	红军石刻标语	四川邛崃	

二　四川长征文化资源的保护与开发利用现状

（一）重视长征文化资源，保护与开发并驾齐驱

凉山为了纪念刘伯承与小叶丹歃血为盟，于1984年4月24日在西昌市大巷口长安东路与三岔口西路交汇口破土动工，投资10万余元兴建了彝海结盟纪念碑。纪念碑总高10米，其中基座高3米，雕像高7米，材料全部采用西昌本地特产朱砂石，材质硬度为5度，建筑占地面积30平方米，保护范围面积100平方米。1935年，中央红军长征经过四川省西昌市礼州镇，在这里住了6天。礼州镇是中央红军在西昌境内停留时间最长、驻军最多的乡镇。礼州至今仍保留着当年红军在田坝村边家祠召开礼州会议的会址、红军举行群众大会分发浮财地方的文昌宫和当年周恩来在西禅寺内住过的小屋，小屋至今保持当年原样。会理和冕宁建有专门的红军长征纪念馆，陈列着红军留下的文物、文献和凉山各族人民支援红军、参加红军的历史史迹。

冕宁县彝海结盟处和长征时毛主席接见彝族代表处原址保存完好。

雅安石棉县安顺场红军强渡大渡河纪念地的纪念碑由邓小平亲自题写碑名，纪念馆由江泽民同志亲笔题写馆名。安顺场红军强渡大渡河纪念地为全国爱国主义教育示范基地，被列为全国100个红色经典旅游景区，同时也被列为国家级文物保护单位。纪念馆内保存200多件文物。宝兴县建有红军翻越夹金山纪念馆。纪念馆位于宝兴县城西侧的青衣江畔，占地面积1200多平方米。天全县大力建设以红色文化为内涵的爱国主义教育基地、红军广场。在仁义乡程家村建立了爱国主义教育基地，以红军文化、川西民居、乡村旅游相结合的思路进行了打造，修缮修建了红军总部、红军总政治部、红军医院、红军大学、红军大道等设施。

（二）善于利用长征文化资源、遗址文物解读长征精神

达州、巴中、广元三地位于四川东北部，比邻渝陕，同属川陕苏区，川陕苏区是中央红军长征的巨大战略支撑。川陕革命根据地是中国近代化历史背景下苏维埃政权中国化的巴蜀试验地，红色文化资源遗存丰富系统，规模宏大，种类齐全。其中既有价值、品性独特的国家级遗迹遗址，也有数量众多，种类繁多的文献、文物，一起构成解读川陕苏区红军主要革命事迹、不朽功业和伟大精神的历史凭证与可靠依据。

1. 各级苏维埃政权机关原址旧貌

各级苏维埃政权旧址主要有巴中市通江县川陕边界第一个工农革命政权——赤北乡苏维埃政府旧址、恩阳区恩阳古镇苏维埃政权机关首府旧址、南江县苏维埃政权首府旧址，广元市苍溪县苏维埃政府机关旧址等。这些作为川陕苏维埃政权行政施政和组织管理的主要历史见证地，对研究、宣传川陕苏区红色政权的历史贡献具有重要而特殊的价值与意义。

2. 苏维埃建政后的历次重要会议会址

苏维埃建政后的历次重要会议会址主要有巴中市通江县中共川陕省第一次党员代表大会旧址、川陕省第一次工农兵代表大会会议旧址、广元市苍溪县木门寺会议旧址。这些是认识了解川陕苏区红军历次重要历史决定，如何

加强组织建设，统一思想扭转不利局面，增进干群关系、发动团结群众不断壮大自身力量的重要史迹。它们对进一步深入挖掘和宣传川陕苏区的红军精神、建政纲领和组织管理方式，具有重要的指导借鉴作用。

3. 著名的红军战场

著名的红军战场主要有达州万源县万源保卫战遗迹，广元旺苍县黄猫垭战斗遗址、渡江遗址，宣达保卫战遗址、通江空山坝战役遗址，陕南战役遗址。这是川陕苏区红军英勇杀敌、艰苦卓越保卫红色苏维埃政权的最好见证。不仅至今还保留着战时的自然形貌，还完好保存大量的战时战壕、土垒，后勤、医疗场以及武器、军械、文物等遗址、遗迹，具有相当高的军事和历史研究价值，具有深度开发和充分利用的巨大潜质。

（三）善于整合资源优势，“红”+“绿”开发潜力大

阿坝州就是举世闻名的红军二万五千里长征经过的雪山草地。从1935年4月到1936年8月，中国工农红军第一、第二、第四3个方面军和中共中央机关，先后经过并辗转驻留在阿坝州境内长达16个月之久，翻过了八座终年积雪的大雪山，走过了人迹罕至的草地沼泽。在这里，中央召开了十次政治局会议，进行了极其复杂的路线斗争，这里是长征途中自然环境最艰险，党内斗争最曲折，驻留时间最长，经过的红军人数最多的一个地区。阿坝州长征文化资源丰富，100多处长征历史遗迹文化底蕴深厚，且大多数景点还处于原始状态，开发潜力巨大。阿坝州长征文化资源具有三个显著的特点。

第一，资源丰富，文化价值突出。一是资源类型多样。既有重要的革命历史文化遗址，也有重要战役、战斗和会议遗（旧）址，还有红军烈士陵园、红军革命纪念建筑群、纪念碑碑园和各级各类红军文物陈列室。二是资源分布广泛。从全州长征文化资源的分布现状和部分专家的意见来看，阿坝州的长征文化资源可大致分为西北、西南、东北、东南四大区域。西北区域是以黄河大草原为代表的红军过草地文化景观；西南区域是以大渡河大雪山为代表的红军过雪山文化景观；东北区域是以川主寺红军长征纪念碑碑园为代表的

红军长征文化核心展示景观；东南区域是以岷江大峡谷为代表的红军过藏寨羌乡文化景观。四大区域风格各异而又互为补充。三是资源总体品质较高。阿坝州拥有“长征丰碑”旅游品牌，国家确定的12个重点红色旅游区中，“雪山草地红色旅游区”就主要分布在阿坝州。全州已被公布为四川省重点文物保护单位的有两河口会议会址、小金红一与红四方面军会师遗址、巴西会议会址、包座战役遗址、芦花会议会址、毛儿盖会议会址、红军长征纪念碑碑园、亚克夏山红军烈士陵园等8处11个点。

第二，特色鲜明，资源互补优势明显。阿坝州长征文化资源数量多、密度高、组合性强。着眼于实现旅游资源配置效益的最大化，结合建设大九寨国际旅游精品区实际，要充分开发阿坝州长征文化资源，整合长征文化资源与自然生态旅游资源、民族文化资源、宗教文化资源，开发出品质高、特色浓的旅游项目。

第三，资源组合优势明显，开发潜力大。阿坝州是红军长征途经的主要地区之一，自然景观与人文景观交相辉映、绚丽多彩，九寨沟、黄龙、四姑娘山、夹金山以及大草原、黄河九曲第一湾、卧龙大熊猫等丰富的自然旅游资源，星罗棋布地洒落在长征线路上，这既是阿坝州旅游资源的特色所在，又是开发全州旅游资源的优势所在。红色长征文化与绿色生态、民族风情的有机融合，有利于形成富有影响力和吸引力以及发展潜力的综合旅游景区。

三　四川长征文化资源保护与开发利用存在的主要问题

（一）遗址遗迹的保护力度不够，缺少专项保护资金

四川大部分地区长征遗址遗迹的保护状况比较好，大多数遗址遗迹仍具备真实性和完整性的特点。但保护资金存在缺口，特别是没有专项的保护资金。

比如，凉山、雅安都有着丰富而独特的红军长征遗址遗迹，但主要分布在经济欠发达、地广人稀之地，分布较散，有的遗址遗迹长年风化、损坏较为严重。这些区域财政都比较困难，投入大量的资金和人力来保存遗址遗迹

仅靠财政投入难以维系，加之各地政府对长征文化资源保护的投入力度大小不一，还存在着对遗址遗迹保护力度不够的情况，这是红军长征经过地带的一个普遍性的问题。雅安红军石刻标语最具特色，但部分石刻标语风化严重，急需抢救性保护。据调查，红军在芦山县、太平县錾刻的标语达 92 条（含今邛崃辖区内的 28 条），至今保存完好的石刻标语仅 45 条（不含邛崃境部分）。虽已将这些标语集中在东汉石刻馆，免去了人为的破坏，但皆为露天保存，无法避免风剥雨蚀带来的风化等自然损坏，这样的保护显得极为被动。又如凉山的礼州会议遗址，政府将礼州会议遗址的保护完全委托给当地的农民，将对遗址所处农院内农作物（主要是石榴树）的补贴作为保护文物的资金。这种保护方式对遗址的保护缺乏专项资金和专业技术，对于破损的部分缺乏专业的维修与复原，虽能在一定程度上避免人为破坏，但难以防止自然侵蚀。

（二）遗址遗迹的保护开发利用规划不妥，缺乏统筹

四川在对当地的红军长征遗址遗迹的保护开发利用上缺少统筹规划，在地址选择、品牌塑造、项目策划等方面缺乏宏观和长远规划，以致出现多次搬迁等情况。

如宝兴县红军翻越夹金山纪念碑原址之所以选定为喇嘛庙龙神岗，据悉是因为红军翻越夹金山前，曾于喇嘛庙住宿。但由于水库建设，原址将被淹没，纪念碑被移至和原址相望的对面山头上，与夹金山山脚相隔 10 公里之遥，人们在纪念碑前不能通过远眺的方式看到夹金山。调研组实地查勘认为，纪念碑的现在位置较为荒凉偏僻，地质条件较差。“4 · 20”芦山地震后出现了基础下沉松动、边坡滑坡、地面开裂、雕塑震裂的情况。又如处于宝兴县灵关小学的陈云长征住地，由于要建设新的教师宿舍，面临拆迁困境；曾担任护送陈云出川艰巨任务的原灵关小学副校长席懋昭烈士的塑像，被随意地丢弃于角落。通过走访和实地查看，调研组发现宝兴县没有对陈云长征住地、席懋昭雕像进行统一、合理的保护规划，红色遗址面临着被破坏和消失的尴尬局面。

（三）遗址遗迹的开发利用与市场结合不紧密，缺乏差异性开发思路

部分地方长征文化资源的特点不突出，宣传重点不明显，一些纪念馆内单纯讲述长征内容，没有体现本地红色文化的特色，以至于对游客的吸引力不强，对遗址遗迹的宣传力度不大，未能打造出自己的红色旅游品牌。一些地方未能将遗址遗迹的开发利用与市场紧密结合，旅游路线尚未打造，旅游产业未能兴起，相关附属产业如餐饮住宿服务业较为落后，这也在一定程度上影响了当地长征文化资源的保护与合理利用。

如天全县对长征文化资源宣传主要集中在红四方面军在天全的革命活动和红一方面军翻雪山前途经天全的准备，保护方法以建馆为主，但馆内文物和历史资料未能体现出红军长征在天全县的全貌和特点，而体现红军长征过天全县的红军图书馆却没有受到重视。又如泸州，红军长征“四渡赤水”有三渡发生在泸州境内。因此，“四渡赤水”是泸州最优质的长征文化资源，是“王牌”，更应树立成“品牌”。就泸州现有长征文化资源的开发来说，都是“散点开发”，渡口是渡口，红军领导人居住地是居住地，没有用“四渡赤水”这条主线串成一条线，形成“四渡赤水”的整体叙事。因此，长征在此的地域特色不突出，来此看到的和长征有关的东西，和在江西看到的、在贵州看到的几乎雷同，难免产生“审美疲劳”。更为重要的是，由于缺乏差异性开发的思路，对有些长征文化资源基本上就忽视了。比如毛泽东第一次踏入四川的地方，本可作为一个新的点来开发，一个有价值的点来打造，但由于思路没打开，就难免忽视了。

（四）一些重要遗址遗迹还鲜为人知，缺乏宣传的系统性

加强对长征文化资源的宣传工作是加强保护的重要手段之一，也是打造红色精品旅游线路，创建红色文化品牌的必然举措。调研小组通过实地调研发现，由于各种原因，凉山、雅安对一些重要遗址遗迹还缺乏必要的宣传工作，一些重要遗址遗迹鲜有人迹、鲜为人知。

如会理县会理会议遗址，其作为会理县最重要的长征文化资源之一却缺乏宣传。2007年，会理县人民政府在湖西小山上当年会理会议召开的遗址附近修建了红军长征纪念碑和红军广场。纪念碑记载了红军召开政治局扩大会议的史实，并塑有毛泽东、周恩来、朱德等人的铜质塑像，以及一组表现红军与会理人民血肉相连、鱼水情深的群雕。由于宣传不到位，现址位置偏僻，上山道路较为崎岖，山上除一座孤立的纪念碑和几座塑像外，缺乏必要的路标和更多的历史史实介绍。据调查，山上的道路和景区曾有过简单的打造，但由于山中红旗水库的修建和缺乏资金，目前景区已基本荒废。调研小组对当地群众进行访谈后发现，即使是当地人也难准确地描述会理会议情况和遗址的真实地点。

又如礼州镇礼州会议遗址。礼州会议遗址位于礼州土官庄（今田坝村七组）的边家祠堂内，通向遗址的乡路狭窄且无任何标识，遗址位于农院之内，如果不看门口的铭牌，很难想象一户普通的农院会是红军长征的重要遗址。礼州镇的其他几处长征文化资源如文昌宫、西禅寺也皆有相似的问题。文昌宫曾是红军打浮财派发物资给贫农的地点，但门口无任何标识且并没有对外开放。西禅寺作为红军领导人之一的周恩来长征途中住所，现主要作用为宗教事务，外界对红军住在西禅寺开展革命活动的历史知之甚少。

（五）长征遗址遗迹的保护与地方经济发展难以兼顾

一些地方出现了长征遗址遗迹的保护与地方经济发展相冲突的现象，保护被迫让位于经济发展。相应地，对于长征文化资源的保护方案也未能及时提出，对于新址的选择和以长征文化为特色的红色旅游景区的打造缺乏统一规划和指导。

如皎平渡口。从20世纪70年代以来川滇两省都对皎平渡口红军长征革命遗址倾力进行了保护，将它打造成著名的爱国主义教育基地，使之进入全国红色旅游经典景区第一批名录。1994年在川滇两地的支持下，集资投工，修通了杉乐、通安至渡口的公路，建成了皎平渡金沙江大桥，在皎平渡建成红军渡江纪念碑和纪念馆，修起了接待站。1980年7月7

日，四川省人民政府将皎平渡公布为省级文物保护单位，2004 年，皎平渡经国务院审定为全国 100 个重点红色旅游区及 30 条红色旅游精品线路之一。

目前，金沙江上乌东德电站项目已得到国家发改委批准，乌东德电站的修建可能会使距离江面仅几十米高的皎平渡遗址被淹没，红军长征时的这一重要遗址将不复存在，保护修复皎平渡渡口和山洞遗址面临严峻的挑战。

又如在古蔺县境内，还有一些红军战斗遗址散布在各个乡村，由于缺乏必要的保护和未进行开发，这些遗址慢慢因生产生活的影响而消失，或因城镇化进程而遭到破坏。因此，遗址遗迹的保护、开发与人民群众生活条件的改善和经济社会的发展存在一定的矛盾。

（六）各自为政，各地已建长征纪念馆之间联系不紧密，缺乏整体规划性

各个地区为了突出本地红军长征文化的特色，也为了打造属于自身的红色文化以吸引游客，只要当年有红军经过，这些地区基本上都建有自己的红军长征纪念馆。这些纪念馆虽各有特点（如宝兴县红军翻越夹金山纪念馆主要反映红军过雪山、陈云出川，石棉县安顺场纪念馆主要反映长征中红军强渡大渡河的战斗历史等），但是，各地纪念馆之间的联系不紧密，未能统筹开发，形成规模效应。许多纪念馆如凉山州西昌彝族奴隶纪念馆中的资料与文物和冕宁县彝海结盟纪念馆中的资料与文物重复程度较高。

（七）长征文化资料不全，展示手段单一，缺乏视听影像资料

四川涉及长征文化资源的地区基本上都编写了本地关于红军长征的书籍和资料，一些县市的资料与书籍较为具体，能全面地反映红军在当地的史实，为长征文化资源研究留下宝贵的第一手资料。但也有部分县市关于红军长征经过当地的资料不翔实、不具体，泛泛而谈红军长征的大体过程而没有深入研究，没有努力探索地方红军长征史实的特色和细节。一些县市只保存了红军长征的纸质材料，缺乏必要的影像资料，如对老红军的采访、地方红

色文化的宣传、红军长征在本地战斗细节等，致使对红色文化的宣传效果不佳，对长征遗址遗迹保护不力。

（八）区位优势不突出，长征文化资源开发受限

长征文化资源丰富的古蔺、叙永二县地处泸州市南端，与云南、贵州接壤，均为国家级贫困县，区位优势不明显。以交通条件为例，虽然到叙永、古蔺均有高速公路，即便如此，从成都出发到这两个县城都需要四个多小时，再到长征遗址遗迹分布的镇上，还需要一定的时间，且需要驾车经过路况不太理想的省道。从旅游的角度来说，长途跋涉容易增加游客的疲劳感，降低旅游带来的幸福感，如果长征遗址遗迹本身再缺乏吸引力的话，那么整个泸州的长征文化资源就缺乏了进一步开发的动力。

四　四川长征文化资源保护与开发利用的对策建议

（一）合理布局，统筹规划长征文化资源

当今，文化资源的发展已经成为经济发展过程中不可或缺的一环，传统的地方经济主导模式已经越发向经济搭台、文化唱戏的新结构转型。在转型的过程中，尤其应该注意的便是如何将长征文化资源进行统一规划和统筹，在文物保护中谋求经济发展，在经济发展中进一步推动遗址遗迹的保护工作，使得保护和发展取得平衡。要做到经济发展与文化资源保护相结合、特色文化与旅游景点相结合，统筹规划、合理布局，注重实效、着眼长远。①长征遗址遗迹不但有着文化价值，更有着旅游和纪念价值，景区的打造一定要尽可能地接近原址原貌；在打造长征文化资源旅游的同时，也要给长征文化的保护和发展留有相应的空间，积极发展交通、服务等方面的基础配套设施。②要做到合理布局，在保护长征文化资源和遗址遗迹完整性的情况下，将分散的、小规模的遗址遗迹集结于重点旅游景区之内。③将各类长征文化资源和遗址遗迹进行有组

织、有规划、有目的的划分，各地区的长征文化资源要成块、成片地进行结构调整，体现其各自的特色和重点，避免统一和重复的景区打造。④各地区要实现良性的统一规划和打造，加大对现有长征文化资源保护利用的投入力度，对现有的长征文化资源要加强研究、挖掘和整理。各地要将长征文化资源的开发工作统筹起来，作用互补、优势整合，打造出自己的长征文化旅游线路。

（二）结合市场，积极推进长征文化产业化步伐

要推动长征文化的保护发展，长征文化产业化是重要而坚实的一步。进一步结合市场、理顺关系，积极推进地方长征文化资源保护与管理的文化产业体制改革，是长征文化产业发展和遗址遗迹保护工作的关键。①进一步推动文化产业体制改革，形成政府引导、企业投资、市场运作相结合的新型产业结构。将地方特色与长征文化资源紧密结合，将地方传统文化艺术与红军长征历史史实紧密结合，积极打造带有地方印记的长征文化品牌，有力推动长征文化旅游品牌化、规模化、链条化发展。②积极结合市场，熟悉市场规则、了解市场需求，进一步提高地方的旅游接待能力和服务能力。努力发展相关产业，将地方的绿色自然景观与长征人文景观结合起来，将地方的长征遗址、自然景区、观光农业、特色产业结合起来，打造出带有强烈市场导向的精品旅游线路。

（三）加强宣传，提高地方长征遗迹知名度和群众保护意识

只有提高地方长征遗址的知名度，才能进一步发挥地方特色长征旅游资源的作用；只有加强群众对于长征文化资源的保护意识，才能真正让保护工作深入人心、落到实处。①加大长征资源保护的宣传力度，运用宣讲、电视、广播等形式的宣传手段，宣扬红军长征精神和红色文化资源的历史价值与现实意义，切实强化群众的保护意识。②要利用优秀的长征文化资源和长征史实，在群众中特别是中小学学生中开展以宣扬毛泽东、朱德、周恩来等领导人事迹以及长征精神为主要特色的爱国主

义教育。③搞好长征文化的推介活动。在宣传过程中找准项目，因地制宜，积极举办各类型的文化宣传推介活动，利用学术会议、文艺会演等一切形式推动地方特色长征文化的发展，探索社会参与长征文化资源宣传的新模式，将社会公益文化和长征文化结合起来，促进文化事业繁荣发展。

（四）树立品牌，增强长征文化的品牌效应和吸引力

任何一个地方的长征文化资源，都有其独特性。从某种程度来讲，打造长征文化资源的品牌效应，对于地方长征文化资源的宣传和保护，长征旅游的开发和地方文化软实力的提升，有着不可替代的作用。①推出大型情景歌舞剧、系列歌舞等特色活动。江西井冈山编排了《井冈山》歌舞剧，收到了良好的效果。凉山、雅安两地的地方政府可以仿照其模式，编排拥有自己特色的红色歌舞和情景剧，展现红色史诗的动人艺术魅力。②拍摄地方特色的专题纪录片，重现红军巧渡金沙江、强渡大渡河等经典的战斗史实，在让游人重温红军长征的宏伟史实中打造地方品牌。③举办有关长征精神的大型影展、红色博览会，将地方的人文资源同历史文化结合起来，将民族风情蕴含于长征文化旅游之中，打造富有川西特色的藏族、彝族品牌旅游。

（五）建立红军长征博物馆，集中打造加强凝聚力

红军长征遗址在四川的资源分布非常丰富。尤其是在凉山州这样的少数民族聚居地，红军长征遗址遗迹分布广而散（如会理会议遗址、金沙江皎平渡口等），且道路险峻，无法发挥弘扬长征精神的聚合效应，且不利于人们参观访问，应该借国家开展红色旅游和建设新农村的历史机遇，建立红军长征博物馆，将多处红色革命景点有选择性地集中在一地，以便于缅怀革命先烈，重温革命历史。建设品质高、特色鲜明、组合性强的博物馆，既可扩大长征文化的影响力，又可避免重复建设造成的资源浪费。

（六）长征红色旅游资源的保护利用要与当地绿色旅游资源相结合

红色旅游提供了现代人近距离感受长征精神的可能，而各地的旅游资源又提供给旅游者休闲度假的轻松选择，二者如能很好地结合，不仅是新形势下人文精神的回归，也是符合旅游产业的创新主题。这就要求各地政府主管部门要在加强基础设施建设、打造精品线路等方面做足功课，更须加大投入、精细规划、整合资源，在挖掘内涵、对外宣传、基地建设和从业人员培训等方面同步加强。根据这次调研的实际情况分析，雅安市在红绿色旅游资源结合开发上有天然的区位优势和历史条件，可进一步挖掘潜力继续完善。

（七）对省内一些缺乏保护的红军长征遗址遗迹进行系统梳理，拨专款予以保护修复

芦山县是革命老区，城中仍保留着大量红军时期的历史遗迹，如中国工农红军总司令部驻地、红四方面军总指挥部驻地、红三十军军部旧址等重点文物单位。芦山县又是4·20地震重灾区，可将灾后重建与历史遗址遗迹的修复结合起来，本着“保护为主，抢救第一，合理开发，加强管理”的原则，加强对红色文化资源的保护和管理。对一些石刻标语、土屋木楼、器物等进行专题论证专项保护。遗址遗迹缺乏保护是红军长征经过地的一个普遍性问题，这些遗迹遗址大多处于地广人稀之地，加之各地政府对长征文化资源保护的投入力度大小不一，如何抓落实就显得尤为重要。

（八）建议实施长征沿线两翼地区国家扶贫战略

除了要大力发展长征经过地的红色旅游、特色旅游，还要因地制宜，把经济性扶贫开发与社会性扶贫开发结合起来，形成长征路线生态经济产业带，以专题性、计划性的运作方式系统、全面、综合地根除长征沿线致贫的主客观因素。如建立长征沿线区域携手扶贫的发展协作机制，完善长征沿线公共产品供给的财政投入机制，实施区域开发扶贫发展机制，建立沿线优势产业发展基金，实施生态扶贫发展战略，完善沿线社会保障机制等，同时这些措施应与推进社会主义新农村建设、构建社会主义和谐社会和全面建成小康社会相结合。

B.16
四川安岳石刻保护与开发报告

李桂芳　黄俊棚*

摘　要： 近年来，资阳市与安岳县政府通过立法等诸多举措来加强对安岳石刻的保护与开发，石刻文化艺术再次呈现于世人眼前，再现了古代雕刻艺术的光辉，使得安岳石刻得到空前的保护与开发。同时，通过调查发现，目前安岳石刻在文物保护与开发利用上，尚存在一些不足之处，影响了对安岳石刻文化的传承和发展，致使安岳石刻的历史文化和社会价值未能得到充分发挥。因此，要在加强对安岳石刻的文物普查和整理研究、扩充提升安岳石刻科研队伍实力、创新安岳石刻文化的传播交流方式、加快安岳石刻文化文旅融合发展等方面努力下功夫，推动安岳石刻科学有效保护与开发。

关键词： 安岳石刻　石雕艺术　石刻艺术

安岳石刻历史悠久，艺术精湛，是中华古代石刻艺术的宝库，它“上承云冈、龙门石窟，下启大足石刻”，在我国石刻艺术史上占有重要地位。2000 年、2002 年、2011 年安岳县三度被文化部授予“中国民间艺术（石刻艺术）之乡”的称号。2008 年，安岳石刻工艺被列入第二批国家级非物质

---

* 李桂芳，硕士，四川省社会科学院历史研究所副研究员，研究方向为中国古代史、巴蜀文化；黄俊棚，博士，四川省社会科学院历史研究所副所长、副研究员，研究方向为中国近现代史、巴蜀文化。

文化遗产名录。2019年，安岳县因石刻艺术被文化和旅游部命名为2018～2020年度“中国民间文化艺术之乡”。安岳石刻的石窟造像以“古、多、精、美”而著称，被誉为“中国古代石刻又一伟大宝库”，其不仅是四川历史文化发展的实物见证和典型代表，也是中华文化自信、开放、包融与创新的象征，为中国乃至全世界人民留下了一笔宝贵的历史文化遗产。

习近平总书记指出：“优秀传统文化是一个国家、一个民族传承和发展的根本，如果丢掉了，就是割断了精神命脉”。为深入贯彻落实习总书记的讲话精神，更好地继承和发展中国优秀传统文化，资阳市与安岳县政府采取诸多举措来加强对安岳石刻的保护与开发，已取得初步成效。这不仅宣传了安岳石刻，扩大了社会影响，而且推进了文旅融合发展，促进了当地经济的发展。

本报告通过对安岳石刻的特点及其保护开发的重要意义的分析，结合安岳石刻的保护开发措施、成效和经验，总结发现当前石刻保护开发中的不足之处，并提出相关改进对策与建议。

一　安岳石刻的特点及保护开发的重要意义

安岳县古称普州，位于四川盆地东部，于北周建德四年（575年）正式置县，因其治所建在四面险固的铁峰山上，故取“安居于山岳之上”之义而得名。安岳历史悠久，文化璀璨，其境内历史文物古迹众多，尤以石刻著称于世。

（一）安岳石刻的特点

1. 历史悠久

安岳石刻是国内石刻中延续时间最久，连续性最强的，传承千年之久，具有丰富而浓郁的历史文化气息。据《安岳县志》载，安岳石刻正式开凿于南朝梁武帝普通二年（521年），距今已有近1500年的历史。事实上，根据考古发现，安岳石刻最早可溯源于东汉时期，在考古发掘的东汉崖墓中，留存有丰富的人物画像和建筑雕刻，被认为是安岳石刻的肇始。唐朝时，安岳石刻的造像规模大、数量多、价值高。五代时期，安岳石刻的造像规模更是居全国之首。北宋时，石刻造像最为精美，雕刻技艺达到顶峰，到南宋时期，安岳石刻逐渐走向衰落。明、清两代，安岳石刻的造像规模和数量都在减少。民国时期，仍有少量石刻造像。

2. 量多域广

安岳石刻数量多，分布广。据统计，安岳县现有石刻类不可移动文物230余处，石刻造像10万余尊，石刻经文40余万字①。其中有全国重点石刻文物保护单位9处，即卧佛院、玄妙观、千佛寨、圆觉洞、华严洞、毗卢洞、茗山寺、孔雀洞、木门寺；四川省级石刻文物保护单位19处，即庵堂寺、佛耳岩、高升大佛寺、西禅寺、塔坡、三仙洞、舍身岩、佛慧洞、佛济寺、毗卢沟、净慧岩、封门寺、半边寺、大佛寺、灵游院、石锣沟、菩萨湾、上大佛、木鱼山；市级石刻文物保护单位1处，即福应山唐代大佛；县级石刻文物保护单位13处，即三教寺摩崖造像、圣水寺摩崖造像、华阳寺摩崖造像、青竹寺摩崖造像、云峰寺摩崖造像、塔坡（大通寺侯家湾）摩崖造像、岩观音摩崖造像、朱家经堂摩崖造像、翰林洞石刻、佛洞岩摩崖造像、新安子庙摩崖造像、朝阳洞文物古迹风景区、狮子岩摩崖造像。

安岳石刻散布于全县69个乡镇，数百个村，又相对集中分布于县域西北部、中部和东南部。其中，县域中部以岳阳镇的石窟遗存最多；西北部的石刻主要分布于八庙、来凤、鸯大等镇；东南部的石窟集中分布于石羊、高升等镇；西南部的清流乡等地亦分布有少量石窟。

3. 技精艺湛

安岳石刻以摩崖造像著称于世，是对古代摩崖造像艺术传统的继承和创新，有圆雕、塔雕、壁雕、碑刻、镂空、线刻等技艺形式，雕工精细，刀法娴熟，匠心独运，每一尊石刻都神态各异，生动而富有情趣，显示了高超的

① 付远书：《四川安岳石刻走出“深闺”》，《中国文化报》，2019年4月10日。

工艺水平。尤其是宋代，安岳石刻造像的雕刻技术达到中国石窟艺术的巅峰。在这些石刻造像中，代表雕刻艺术最高水平的，当数毗卢洞的水月观音，被誉为“中国最美观音”，具有极高的艺术价值。

4. 内涵丰富

文化上具有多样性。安岳石刻独具匠心，造像内容极为丰富，题材多样，承载着博大精深的文化内涵。安岳石刻文化的多样性，体现在政治文化、宗教文化、地域文化的多层次性上。佛教自传入中国以后，其传播与发展一直同政治进程和经济发展水平影响密切相关。安岳石窟在7～10世纪出现罕见的区域性繁荣，既是隋唐以来佛教发展的历史性结果，也是会昌灭法和唐朝皇帝两次入蜀等历史性契机的产物。佛教传入巴蜀地区比较早，而巴蜀崇尚巫鬼，民间神仙信仰丰富，佛教和巴蜀文化长期融合，从而产生了具有地域特征的文化形态。安岳石窟造像以佛教石窟为主，也有部分道教造像，三教合一的造像也不在少数。可以说，安岳石窟及大足石窟是中国佛教史上最为民族化、本土化、世俗化的石窟代表，是巴蜀文化的重要组成部分。同时，安岳石窟造像的发展还体现了当地的经济状况，大量的供养人造像和题记，涵盖了皇室、官员、商人、僧侣乃至普通民众，是古代巴蜀包括安岳地区经济、社会状况的生动记录。既有宗教上的，又有世俗化的，还有社会经济生活方面的。

（二）安岳石刻保护开发的重要意义

安岳石刻具有“上承云冈、龙门石窟，下启大足石刻”的重要地位，是我国唯一一处保存最完整、集中连续反映石刻艺术变迁的石刻群，具有独特的文化艺术与美学成就，集多种荣誉于一身，但无法像云冈石窟、龙门石窟一般声名远播，蜚声海内外；也不如近邻大足石刻那样游客云集，人气兴旺。

党的十八大以来，就如何传承和弘扬中华优秀传统文化，习总书记发表了一系列重要论述，提出了“推动中华优秀传统文化创造性转化、创新性发展，不断提高人民思想觉悟、道德水平、文明素养，不断铸就中华文化新辉煌”重要论断。安岳石刻是中华石刻文化精粹，深入挖掘其背后的历史文化和社会价值，对于社会主义先进文化建设具有积极的作用，对其进行科学保护与合理开发具有十分重要的意义。

1. 安岳石刻具有重要的历史学术价值

安岳石刻历史悠久，艺术精湛，是中华古代石刻艺术的宝库，因此，研究安岳石刻的兴衰变化，对认识古代四川在中国文化发展史上的地位和影响具有独特的价值。安岳石刻兴盛于唐宋时期，其原因在于安史之乱后，北方大规模的开窟造像活动逐渐衰落。唐玄宗入蜀避难时，大批工匠随之而来，这就使得佛教艺术能够在巴蜀地区得以存续。到宋代，中原地区工匠再度南下，于是巴蜀石窟与摩崖造像的开凿绵延不断，日益兴盛，并书写下了辉煌的篇章。唐宋时期是安岳石刻的鼎盛时期，此时四川的文化艺术也较为发达，包括石刻在内的佛教文化出现了很多新的题材和形式，影响波及全国各地，尤其是对南诏、敦煌产生了很大影响，甚至影响到邻近的朝鲜、日本和越南等国。此外，大量的唐宋（包括部分明代的）造像碑刻题记，为考石断代以及研究四川地方史和宗教发展史等提供了可靠的证据。因此对安岳石刻加以保护开发，以及开展深入研究，有利于重新评估四川在中国古代史乃至整个东亚古代史上的重要地位和影响。

2. 安岳石刻具有重要的文化艺术价值

安岳石刻“上承云冈、龙门石窟”，早期沿袭中原北方地区石窟艺术范式。盛唐以后，在吸收借鉴的基础上逐渐自成体系。晚唐至两宋，安岳石刻造像地方化、世俗化的艺术特色走向成熟，其极高的艺术价值表现在丰富的题材、多变的构图、生动的造型与高超的雕刻工艺等多个方面。安岳石刻在古典文化和外来文化的基础上进行了发展和创新，在中国石刻艺术中独具魅力。安岳石刻中一些造像和刻经更是具有无与伦比的独特文化艺术价值，如开凿于盛唐时期的卧佛院，其中的“释迦牟尼涅盘图”为中国唯一一处左胁卧的“涅盘图”，也是全国现存最早、最完整的全身卧佛像，具有极高的美学观赏价值和历史研究价值。卧佛院的第46号经窟所刻唐代著名高僧静泰撰写的《一切经论目序》，是中国石刻佛经中留存的孤本，被方家称为

"普天下仅此一刻"；第 73 号经窟所刻的《檀三藏经》，是中国藏经中的绝版[1]。与此同时，卧佛院的唐代石刻经文，是我国现存的两处大规模石刻佛教经文地之一（另一处为北京房山云居寺），这也是四川目前发现的最早的石刻经文，为研究我国佛教史、书法史、中外关系史和校正佛经版本等提供了重要的历史文献，是不可多得的文物珍品[2]。这些石刻经文皆为唐代书法名家用楷书与行书所书写，其刻工和书法被公认为举世双绝，是欣赏、学习唐代书法真迹和刻字艺术的重要范本。

安岳石刻是中国佛教史上最为民族化、本土化、世俗化的石窟代表，如安岳宋代石窟造像，从其艺术表现风格来看，佛、菩萨的形象造型、身躯与真人同大，或者大于真人，其脸形既不是云冈石窟造像的印度人或西域人面相，也不同于龙门石窟造像形象的丰满脸形，而是地地道道的中国人形象[3]。安岳石刻中有数量较多的观音菩萨造像，这些造像无论站或坐，都给人一种亲切感，身上披饰的缨络或轻纱，都深深地打上中华民族的烙印，是佛教本土化和世俗化的重要体现。如圆觉洞的西方三圣，清丽典雅，内敛温婉，其线条造型表现了唐代的丰腴之美，而衣饰则又有宋代华美的特征。

此外，现存石刻造像中大量的工匠题记，反映出了巴蜀地区造像匠人的家族式传承和石窟技术的延续性发展。安岳石窟艺术审美的地域性流变，也在一定程度上反映了中国佛教文化和石窟造像艺术的发展历程。

3. 安岳石刻具有重要的宗教研究价值

安岳石刻造像内容虽以佛教造像为主，但还有为数不少的佛道合龛，即在佛教寺庙中有道教造像，在道教宫观中也有佛教造像，二者融合并存。此外，还有少数的儒、释、道三教合龛造像。安岳石刻的佛道合龛和儒、释、道合龛像在国内最多，这些合龛造像是研究我国儒释道"三教合一"历史

---

① 《【石刻景区】卧佛院——国家重点文物保护单位》，安岳人民政府：http：//www. aysc. gov. cn/31125/31212/201510/MIT54730. shtml。

② 邓国军、顾恒：《大足石刻与安岳石刻之比较》，《文艺争鸣》2012 年第 11 期。

③ 李官智：《简述安岳石窑艺术造像风格》，《四川文物》2000 年第 1 期。

文化现象的珍贵资料。

石刻造像内容中的佛、菩萨、天尊、老君、真人等形象，是我国古代石窟寺雕刻艺术的宝贵遗产之一，也是研究古代宗教艺术和雕刻史的珍贵实物资料。与此同时，安岳石刻中的“经变”（即佛经的图像化）造像，是研究唐宋时期佛教文化的重要历史资料。

安岳石刻中所保存的40余万字的石刻佛经，被盛赞为“国之瑰宝”，是研究佛教经典、校正佛经版本的珍贵历史文献。石刻经文也为论证四川佛教由北到南的传播提供宝贵的文字依据。

4. 安岳石刻具有重要的经济价值

安岳地处南北交通的要冲，处于成渝经济区的腹心地带。国道319、省道206以及内资遂、成安渝高速公路穿境而过。其地理优势十分突出，充分挖掘安岳石刻的文化内涵，将安岳建设成为成渝中部的旅游资源大县、文化强县具有十分有利的区位优势。因此，把安岳石刻保护和文化产业旅游资源结合起来，对安岳旅游业发展具有不可估量的推动作用。

二　安岳石刻保护与开发的现状

安岳石刻数量多、分布广而散，使得保护与开发都存在不少困难。近年来，资阳市以及安岳县政府采取诸多举措保护石刻，并通过加快旅游资源整合、大力发展全域旅游等途径来推动安岳石刻的保护与开发，使得安岳石刻的保护与开发初显成效。

（一）政府实施多举措推进石刻的保护与开发

1. 出台法规，石刻保护有法可依

为科学保护、合理开发安岳石刻，2018年12月，资阳市公布了《资阳市安岳石刻保护条例》。该条例不仅是资阳市首部地方性实体法规，也是四川省首批出台的石刻类文物保护地方性实体法规。此条例已于2019年2月1日正式施行。《资阳市安岳石刻保护条例》对安岳石刻的保护范围、保护方式、禁止行为、处罚规则等方面都做了较为细致具体的规定。该条例的颁布实施，为安岳石刻的保护管理提供了法律依据。

《资阳市安岳石刻保护条例》对安岳石刻的开发利用也做了相应规定："市、县人民政府应当加强安岳石刻文化价值挖掘，整合安岳石刻资源，加强旅游公共服务和旅游形象包装和推广，促进文化旅游产业发展。鼓励社会资本参与安岳石刻文化旅游开发。鼓励公民、法人或者其他组织依托安岳石刻资源，开发、经营石刻文化创意产品。"①

2. 创建"三防"，多手段保护石刻文物

安岳石刻由于点多、面广，又分散，保护起来十分困难。在资金、技术以及人才都十分缺乏的情况下，安岳县利用独具特色的"三防"（即"人防"、"犬防"和"技防"）来对石刻加以综合保护。"人防"即聘请文物守护员对全县重要文物保护点进行24小时看守。多年来，安岳县在文物点配备了文物守护员，对重要文物进行保护。他们的年龄一大半在60岁以上，故被称为"银发护卫队"。"技防"即在全县重要石刻文物点和文物库房安装防盗监控设备和红外线报警器。"犬防"即在石刻文物重点区配备狼狗，以协助文管员保护石刻文物，提高了文物的安全系数。"三防"对石刻的保护起了重要的作用。

3. 加强合作，推进石刻的科学保护利用

安岳石刻文物众多，文物价值非常高，但是面临风化、渗水、裂隙、危岩等众多保护难题。对此，安岳县政府积极采取措施，不断探索保护新路子。其中一项重要的举措就是积极引进先进技术，与国内外科研机构合作，对石刻进行科学的保护与开发。目前，安岳县已与北京大学、四川大学、成都文物考古研究所合作开展安岳石刻考古调查研究；引进国外研究力量，与德国海得堡艺术学院合作，对卧佛院刻经开展专项研究。德国专家常驻卧佛沟，经过努力，目前已解决崖顶的排水问题。2018年底，安岳县与成都市文广旅

---

① 《资阳市安岳石刻保护条例》，《资阳日报》数字报，http：//paper. zyrb. com. cn/html/2019-02/01/content_ 3_ 3. htm。

局就石刻文物本体稳定性、渗水、风化、生物侵蚀等方面进行了探讨交流，双方约定就石刻文物保护项目申报和本体维修方面开展实质性的合作。

为科学有效地保护开发石刻，2017 年 8 月，安岳县与四川出版集团签订了战略合作协议，共同致力于安岳石刻的保护以及安岳石刻文化旅游的开发与发展。

4. 统筹规划，提升石刻的保护利用水平

为科学合理地对石刻进行保护和开发，安岳县在省委、省政府的关心支持下，委托省考古研究院和同济大学建筑设计研究院（集团）有限公司、上海同济城市规划设计研究院共同编制了《安岳石窟保护利用总体规划》，并聘请清华大学专家完成了《安岳石窟数字信息化工程方案》的编制工作。

（二）安岳石刻的保护开发成效

为推进文化与旅游的协调发展，2009 年 9 月，文化部与国家旅游局发布了《关于促进文化与旅游结合发展的指导意见》，提出“文化是旅游的灵魂，旅游是文化的重要载体”，文旅融合发展成为大势所趋。安岳石刻作为中国石窟艺术的璀璨明珠，其文化艺术内涵博大精深，具有十分重要的文化旅游价值。对此，安岳县积极着手将安岳石刻的本体保护与合理开发有效结合，推动安岳石刻从单纯的保护向保护性开发转变，并取得了一定的实效。

1. 保护为主，启动了石刻文物本体保护项目

近年来，安岳县文物局启动了石刻文物本体保护项目，通过多方筹措资金，展开对部分国家级、省级文物保护单位的安防、抢险加固、排危、防渗水、防雷等工程。如完成了中德文物保护科技合作项目“圆觉洞 10 号窟防风化保护工程”；完成了卧佛院、毗卢洞等处文物的抢险加固、维修保护以及环境整治工程，木门寺二期工程，华严洞渗水治理工程；启动了毗卢洞抢险加固（二期）工程、净慧岩抢险加固工程、毗卢寺保护房建设工程等。文物本体保护项目的实施，使文物得到抢救性保护，为后续的合理开发创造了条件。

2. 把握政策，大力推进文旅融合发展

2015 年，资阳市入选国家旅游局“首批国家级旅游业改革创新先行

区”。资阳市以此为发展契机，于2016年出台了《资阳市建设国家级旅游业改革创新先行区实施方案》，该方案以“创新统筹职能、创新政策措施、创新产业引导”为主线，着力打造以“蜀人原乡、红色帅乡、石刻之乡”为品牌的乡村休闲度假旅游目的地。资阳市以改革创新为动力，以全域旅游发展理念为引领，深入实施“旅游+”产业融合发展战略，突出成渝走廊优势，着力推进成资、资渝、川南地区的旅游项目产业合作，如推出了安岳县毗卢洞－华严洞景区建设项目等。同时强化招商引资政策配套，形成了《资阳市促进旅游业发展的实施意见》《资阳市促进乡村旅游产业发展十条政策》等一系列配套优惠措施，努力营造优势突出、服务全程、环境怡然、配套全面的旅游产业投资大环境。2019年6月，资阳市召开了文化和旅游发展大会，确定了“长寿之乡、石刻之乡、柠檬之乡、红色帅乡”的特色文化旅游主题，把建设“巴蜀生态康养文化旅游目的地”作为其发展定位，以此引领推进文旅融合发展。

安岳县抓住四川省政府“做好‘中国石刻艺术之乡’旅游大文章”的历史契机，以彰显石刻文化为重点，在景区文物保护、旅游基础设施等方面加大投入力度，分别对卧佛院、圆觉洞、毗卢洞等国家级重点文物保护单位进行了抢救性保护，并通过构建旅游综合服务体系、完善景区的各项基础设施建设等措施，有力地推动了安岳石刻旅游业的发展。2012年，安岳石刻·圆觉洞景区被批准为国家4A级旅游景区，填补了县域无4A级景区的空白，在安岳县旅游发展史上具有里程碑意义，对推动安岳旅游经济快速健康发展有着十分重要的作用。与此同时，《资阳市建设国家级旅游业改革创新先行区实施方案》颁布后，安岳县把打造国际石刻文化旅游中心和建设成渝中部休闲度假旅游目的地作为其重要发展目标，全面深化旅游业改革，助推旅游产业成为县域经济支柱性产业[①]。

此外，资阳市和安岳县政府充分利用安岳石刻工艺进入第二批国家级非

① 《旅游改革释放活力　创新举措推动发展》，安岳人民政府，http：//www.aysc.gov.cn/31125/31213/201707/MIT76326.shtml。

物质文化遗产名录的契机，积极推进文旅融合发展。通过安岳石刻传统工艺等文化资源拓展人文旅游市场，丰富、提升旅游文化内涵，借助旅游提升安岳石刻的知名度，让石刻文化艺术为旅游发展注入文化精髓。

通过多管齐下，安岳石刻的影响在不断扩大。2019 年 10 月，“西部力量品牌榜样”第二届西三角品牌大会在成都举行，“安岳石刻”被评为 2019 年四川“一城一品”金榜品牌。西三角品牌大会是中国西部品牌的盛宴，安岳石刻的成功入选，使得安岳石刻不仅成为四川重要的文旅品牌，还使其影响力不断扩展到整个西部，乃至全国。

3. 打造石刻旅游小镇，带动城镇经济发展

安岳县依托丰富的石刻文化资源，深入挖掘石刻文化的艺术内涵，积极完善旅游基础设施，努力提升城镇旅游形象，着力打造石刻旅游小镇，以此带动城镇经济的发展。安岳县石羊镇是全国重点小城镇、全省百镇建设行动试点镇、市级工业重镇，其域内有毗卢洞、华严洞两处国家级重点文物保护单位。对此，石羊镇党委、政府围绕建成特色旅游小镇的发展战略，立足毗卢洞和华严洞国家级精品石刻资源优势，科学规划、合理布局，着力把石羊镇打造成以特色石刻文化为中心的川渝旅游核心景区，将石羊镇建设成集石刻文化、佛雕艺术、佛教文化于一体的中国佛雕文化古镇①，成为名副其实的石刻旅游重镇，增强镇域经济发展竞争力。

4. 申报世界文化遗产，促进文旅发展

安岳石刻在我国石窟艺术中居于重要地位。2016 年 12 月，资阳市旅游局重启安岳石窟申报世界文化遗产工作。2017 年，安岳县文物局恢复了安岳石窟申遗工作领导小组及办公室，成立了安岳石窟申遗专家委员会，并到石窟申遗成功的地方考察、编发安岳石窟申遗宣传手册等，做好申遗工作的基础工作。与此同时，为做好申报世界文化遗产的技术支撑，专门成立了安岳石刻考古研究所，充实专业技术人员。积极努力，目前，安岳石刻已成功

① 《走进石刻旅游重镇石羊》，资阳日报数字报，http://paper.zyrb.com.cn/html/2019－05/27/content_3_1.htm。

跻身于《中国世界文化遗产预备名单》。通过申报世界文化遗产，不仅提升了安岳石刻的知名度，促进了对安岳石刻的保护，而且带动当地基础设施建设的完善以及游客的剧增，从而为安岳县旅游业的发展增长提供新的动力。

（三）安岳石刻的保护开发经验

资阳市和安岳县政府在对安岳石刻进行保护开发的过程中，始终坚持“保护为主、抢救第一、合理利用、加强管理”的工作方针，采取分级监管、严格执行、层层负责的安全监管模式，实行石刻文物安全监管分区负责制、日报制、巡督查制等制度，取得了显著成效。当地政府努力做到在保护基础上的开发，深入挖掘石刻的文化内涵，将石刻的文化价值合理有效地转化为社会经济价值，这些都为进一步保护开发安岳石刻提供了经验。

1. 重视宣传，提升安岳石刻的知名度

为扩大和提升安岳石刻的知名度和影响力，当地政府不遗余力地通过多途径进行宣传。一是组织石刻书画展宣传保护石刻。为了更有效更直接地向本地群众宣传安岳石刻文化，挖掘安岳石刻的文化内涵，2014 年，当地与四川博物院共同举办了“涅槃——李耘燕巴蜀石窟绘画作品展”，该画展以华严洞石窟为题材。2018 年 12 月，安岳县举办了“【对话·匠心】纪念改革开放四十周年暨‘名家画安岳’石刻主题画展”。画展邀请了苏茂隆、邓敬民、范澍宁、陈野平、周天、辜毅、叶莹、何景春、何志勇、李显波等国内著名画家，并展出他们此前在安岳圆觉洞、毗卢洞、华严洞、卧佛院等地的写生作品。当地通过举办画展，宣传并扩大了安岳石刻的社会影响力，促进石刻保护与旅游发展。

二是举办石刻文化活动，吸引市民积极参与。2011 年 10 月 26 日，安岳县开展了“千年石刻古韵，寻找最美观音”评选活动。评选活动的主旨是全方位展示，并进一步传承和发扬安岳石刻艺术。此次活动形式新颖，如活动期间赠石刻景区门票、石刻邮资信封、石刻明信片等特色旅游纪念品，激发市民参与的积极性。近年来，安岳县在每年春节前后举办以石刻、柠檬等地域文化资源为主题的书法、美术创作展览比赛，通过这些活动，将石刻

文化推向普通民众，使普通大众能够更好地体验到安岳石刻的千年古韵和雕刻艺术的神奇魅力，从而进一步宣传推介了安岳的石刻文化旅游。

三是借力媒体宣传报道安岳石刻。2012 年，中央电视台财经频道《消费主张》栏目组记者实地拍摄石刻艺术，还走访拍摄了安岳县的石刻艺人，并对安岳县“古、多、精、美”的石刻艺术和石刻技艺进行了报道，把安岳的旅游资源介绍给全国观众，在一定程度上提高了安岳石刻的知名度。近年来，安岳充分利用传统媒体和网络新媒体加大对石刻的宣传力度，如在《普州文学》《柠都书画》《安岳摄影》等文艺期刊上开设专栏宣传石刻文化；在官方网站开辟“特色安岳”（下设安岳石刻）“视频安岳”“旅游安岳”“文化安岳”专栏介绍安岳石刻景点以及石刻旅游路线等。此外，还充分利用各大商业平台宣传安岳石刻。如通过国内知名网站视频爱奇艺、搜狐视频、腾讯视频、优酷土豆等发布央视 4 套录制的《北纬 30°·中国行》《柠檬来了》等来宣传石刻、柠檬文化旅游。2018 年，安岳县组织拍摄了《安岳老文物工作者口述史》《安岳石刻宣传片》等纪录片，加强对石刻的宣传。

四是开发石刻的附加旅游产品。安岳石刻历史悠久，文化内涵极为丰富，石刻文化旅游产品的开发也具有重要的价值。目前，安岳石刻衍生的文创产品也在焕发新的活力。旅游产品开发已经成为宣传安岳石刻文化的一个重要途径。如著名画家苏茂隆将其创作的安岳石刻造像白描画授权给美国芝宝（ZIPPO）打火机品牌制造商，将其复刻于打火机上，通过国际品牌把中国文化带向世界，让更多外国人能关注中国传统艺术，从而将安岳石刻文化推向世界。

2. 多渠道筹集资金，用以保护开发石刻文物

资金投入是文保工作的关键。在资金投入上，安岳县财政设立文化发展基金，每年投入 1000 万元，主要用于石刻文化品牌打造、石刻文化旅游发展、石刻工艺研发等项目。此外，还通过多种方式、多种渠道调动社会力量参与文物保护，从社会、企业、个人多方面筹集文物保护资金，鼓励各种社会资金修缮保护文物。如著名画家苏茂隆，成立了“茂隆保护安岳石刻基

金”，其基金所募得的款项全部定向用于保护安岳石刻。

3. 分步推进，合理规划石刻精品景区建设

近年来，安岳县为提升旅游形象，进一步打造安岳旅游品牌，分步推进安岳精品旅游景区建设。经过积极的建设规划，2012 年 8 月，安岳石刻·圆觉洞景区成功创建为国家 4A 级旅游景区。随后，安岳县乘势而上，不断加快安岳石刻的开发建设步伐，分步推进安岳石刻文化精品旅游景区建设，完善优化景区基础设施，加大宣传推荐力度，提升旅游服务水平，力争再次打造国家 4A 级旅游区，以吸引更多的游客来安岳观光旅游。

4. 挖掘石刻文化内涵，着力石刻文化的品牌建设

近年来，安岳县充分利用丰富的石刻资源，深入挖掘其文化内涵，注重石刻文化融合发展，大打石刻文化牌，高度重视石刻文化的品牌建设，取得初步成效。打造了一批石刻艺术精品，如邀请国内外知名艺术家打造了《黄玉谣》《石刻之乡誉世界》《水月观音》等原创石刻类节目，先后出版了《安岳石刻》《安岳古建筑》《安岳古寨》《安岳古题刻》等反映安岳石刻文化的作品，编撰《安岳石刻研究文集》等，全面提升石刻文化品牌的影响力。

三 安岳石刻保护与开发中存在的问题

安岳县属亚热带季风气候，温暖湿润，雨量充沛，年降雨量在 1000 毫米以上，而石刻（窟）多分布于冲沟（或季节性河流）崖壁沟谷地区（如卧佛院摩崖造像、宝顶山摩崖造像等），当地岩体多为中生代砂岩；石刻造像分布广泛、数量众多，大多露天保存：这些因素导致石刻极易受到自然及人为活动的破坏，保护与开发困难重重。近年来，资阳市与安岳县政府虽采取了诸多措施对安岳石刻进行保护与开发，并取得了一定的成效，但从目前对安岳石刻的保护、开发效果来看，尚存在着一些不足之处，影响了对安岳石刻文化的传承和发展，也使安岳石刻的历史文化和社会价值未能得到充分发挥。这些不足之处总结起来主要体现在以下几个方面。

（一）保护力度有限

安岳县人民政府和文物部门作为最基层的文物主管单位，在人力、财力的投入上受到比较大的限制。一是缺乏相应的专业人才，文物保护人力严重不足。据了解，目前安岳县文物局仅20余人，他们主要负责对文物的保护和宣传，面对规模庞大的石刻群，人员配置严重不足，全县大量文物点面临着守护空白的问题，文物保护队伍亟待扩充。同时，工作人员年龄相对老化，专业人员十分匮乏，对文物保护的研究、发掘等往往“心有余而力不足”。此外，“三防”工作中的“人防”人员，大多年龄在60岁以上，被称为“银发护卫队”，急需找到接班人。接班人难找，往往与安岳文管员收入低密切相关，据了解安岳文管员的收入最多只有1000元。

二是缺乏强有力的财政支持，没有全面规划和保护安岳石刻的能力与条件。据了解，安岳县每年用于石刻保护的经费只有100万元左右。经费上的不足使对安岳石刻能做的大多保护工作就只能停留在防渗水和防风吹、加盖并修缮保护房以延缓石刻的损坏等基础性保护方面，而无法对风化、渗水、崖体滑坡以及各种生物病害等综合治理的项目提供资金支持。与此同时，在目前文旅融合发展的大背景下，安岳石刻要成为四川乃至全国著名文旅品牌，必须要有强大的财力支撑。完善各石刻景区的基础设施建设、修建串联各石刻景点的旅游环线，以及完善各景区内的各种配套设施等都需要雄厚的经济实力，靠目前的保护经费实在难以支撑。因此，必须在政府的调控下，以市场需求为基础，以艺术文化为后盾，多渠道寻找资金支持，以提高石刻旅游的开发应用水平。

（二）文化研究不足

安岳石刻的学术研究力量单薄。2017年，安岳县文物管理局新设立了安岳石刻研究所、安岳博物馆，但仅定编5人，对于庞大的石刻群来说显然是远远不够的。人员的不足使得对石刻的文化内涵、历史地位、文化价值的宏观性阐释及深入系统的微观研究成果极为缺乏，进而使安岳石刻缺乏明晰精准的文化定位和市场定位，造成安岳石刻的整体推介和宣传工作都遭遇瓶颈。

（三）文旅开发缺乏总体的规划设计

安岳石刻经过多年的开发，目前虽已经建成了一个 4A 级国家旅游景区，即安岳石刻·圆觉洞景区，但这对于有 10 处全国重点文物保护单位、29 处省级重点文物保护单位的安岳来说，其文旅开发总体上来说是滞后的，县域内的景区缺乏总体规划和顶层设计，致使安岳石刻的开发利用也一直徘徊在比较低的水平，缺乏文化号召力和市场吸引力。与此同时，由于缺乏文物保护专项规划，目前安岳石刻的保护、研究、开发、利用均处于点状分割状态。

四　安岳石刻的保护与开发的建议

（一）加强对安岳石刻的文物普查和整理研究，打造四川乃至中国石刻石窟研究传承的新高地。

安岳石刻“上承云冈、龙门，下启大足”，具有极高的观赏价值，体现了古代四川石窟开凿的精湛技艺和深厚传统。

一是要组织和动员各级力量，开展对安岳石刻的调查，摸清安岳石刻的分布、数量、保护等情况，并建立详细的档案资料库。成立安岳石刻保护和开发工作组，建立并打造一支稳定、专业、创新的工作队伍，完善安岳石刻遗产保护的领导和管理体制，推动安岳石刻遗产的保护利用和传承发展，形成四川石刻石窟保护传承的样板工程。

二是构建安岳石刻文化学术研究体系，充分利用整合川渝高校和科研院所等科研力量，凝聚国内外相关学术机构和学者，搭建开放共享的安岳石刻文化学术研究平台，系统组织开展历史学、宗教学、社会学、艺术学、文旅产业等方面的专题研究，整理出具有重要价值的安岳石刻研究资料以及文旅产业规划。

三是加强石刻文化价值研究。重点组织和动员川渝两地高校，充分发挥高校的科研力量和科研实力，可以以课题设置的形式，对安岳石刻做全方位的研究，广泛征求安岳石刻开发利用的意见和建议，深入挖掘安岳石刻文化的精神内容，提炼契合时代需要的人文精神和价值追求。此外，筹备以安岳石刻为研讨对象的定期学术会议，组织国内石窟研究、文化产业、旅游产业等领域的专家和企业从安岳石刻的历史价值、文化地位、市场定位、开发利用战略等方向出发，深入分析安岳石刻的文化内涵，对安岳石刻的价值和意义做出宏观性阐释，同时做好精细的微观研究，充分挖掘安岳石刻的特色。结合安岳石刻的实际情况，有效地借鉴和吸收其他地区石刻文化发扬传承的经验。

（二）培养升安岳石刻科研队伍

一是引进培养石刻科研人才。针对石刻文化研究专业人才匮乏问题，积极研究政策，不断完善和充实安岳本地石刻科研队伍力量，加大对专业人才的引进力度，以深入挖掘其价值。同时改善文保科研人员的待遇，打造一支结构合理、结构优化的科研人才队伍，为增强安岳石刻的研究保护以及开发提供人才支撑。二是逐步加强与省内及国内外有关安岳石刻研究的学术力量的合作与交流，加强保护技术研究及学术研讨。

（三）创新安岳石刻文化的传播交流方式

一是利用现代整合营销的理念和方法，对以安岳石刻为核心的安岳乃至资阳市文化、旅游资源进行整体性营销，在吸收传统宣传推广形式的基础上，充分利用互联网技术和新媒体技术，创新营销手段。

二是确立营销定位，在充分研究安岳石刻文化的基础上，客观研判其优势和劣势，确立安岳石刻特色文化旅游资源的营销定位，形成高度概括的推介主题和符号。

三是搭建营销平台，选择一家国家级权威媒体（如新华网、人民网等）作为战略合作方，建立以该权威媒体为核心，包括省、市、县三级宣传媒体在内的营销平台，重点发挥该营销平台的品牌策划能力、新媒体运营能力、产业集聚能力、渠道传播能力，有目的、有计划、分阶段地宣传和推广以安岳石刻为核心的地方文化、旅游资源，吸引社会资源，扩大品牌影响力。

四是打造营销品牌。结合本地资源情况，集中力量策划和举办一两种具有广泛参与性的群众性活动，增强安岳石刻的品牌辐射性和扩散效应，形成品牌营销高地。可以根据本地实际情况，策划具有广泛影响力的马拉松运动或自行车、汽车越野运动等，并提升其品牌价值，形成具有本地特色的品牌营销模式。

五是重视石刻传统工艺传承发展。安岳石刻传统工艺被评为国家级非物质文化遗产，应充分打好非遗这张牌，通过鼓励与支持非遗传承人的石刻传习和生产活动，在扩大安岳石刻传统工艺影响的同时扩大安岳石刻的品牌影响。

六是加速科研成果转化，充分利用互联网传播渠道和新媒体制作技术，将有关科研成果转化为群众喜闻乐见的安岳石刻故事。同时，可以组织和动员各界力量，共同创造和传播安岳故事。

七是充分借鉴大足石刻和敦煌石窟保护传承和传播利用的有益经验及做法，充分挖掘安岳石刻的独特魅力和潜在价值，立足安岳石刻在中国佛教文化传播史中承上启下的地位，开发其造像艺术所具有的“古、多、精、美”等丰富的文化内涵。

（四）加快安岳石刻文化文旅融合发展

加强安岳石刻文保和文旅体系建设发展，打造中国石刻艺术新地标。

一是按照文物保护的级别，分别邀请具有文物保护规划资质的单位，制订相应级别的专项文物保护规划，以争取各级部门对安岳石刻文物保护的支持。特别是针对全国重点文物保护单位的保护规划，要充分理解和运用文化和旅游部、国家文物局等部门的文物保护政策，争取文物保护技术、人才和资金的支持。

二是认真分析安岳石刻在中国佛教文化艺术系统中的地位，研判安岳石刻在四川和资阳市文化、旅游事业中的定位以及在安岳文化资源中的作用，制订以安岳石刻文化为中心的综合性发展规划，充分发挥安岳石刻造像的市场价值，打造安岳石刻文化旅游圈。

三是全面整合安岳县的特色旅游资源。结合安岳柠檬之乡、历史文化以及革命文化，分析各种资源之间的联系和区别，形成以安岳石刻为核心的文化、旅游事业发展战略，分阶段完成相关的配套设施，形成规模化效应，打造旅游精品线路，扩大市场辐射面。同时推进与重庆大足石刻的合作，联动打造中国石刻艺术精品旅游线、中国西南石刻佛教艺术文化旅游线等。

四是完善石刻旅游交通体系。安岳石刻广泛分布于城乡各地，同时有若干核心和中心，具有在城乡统筹建设背景下实现城乡资源优势互补的良好条件。建议大力推进“旅游畅通升级工程”，加快旅游景区的环线路网建设，解决石刻景点的分散问题。与此同时，努力推动沿途的景观整治，以形成独具特色的文化旅游环线。

五是加强安岳石刻旅游产品的开发研究。安岳石刻具有极高的艺术品位和水平，其附加旅游产品具有研发空间和价值。旅游文化产品开发不仅是传播安岳石刻文化的一个重要途径，还有利于提升石刻文化旅游的档次，对安岳旅游业的发展具有重要的推动作用。在开发旅游文化产品时应结合政府政策、本地资源以及市场需求，如在石刻旅游产品开发设计中，要充分利用安岳的特色资源，并将其融入石刻文化艺术中。

我们相信，通过科学合理的保护与开发，安岳石刻将在我国石窟艺术的文化传承和产业发展中占有越来越重要的地位，成为中国石刻艺术的新地标。

B.17

四川绵竹年画产业发展报告

孙 婧*

摘 要： 绵竹年画在文化产业建设中呈现出独特的活力与价值。“年画村”“年画上墙”“年画博物馆”“年画活态传承”“文化+”等既是绵竹年画传承的形式，也是当代绵竹年画产业发展和文化建设的重要手段。本文基于绵竹年画与产业发展的状况，针对绵竹年画产业的发展举措和面临的现实问题，提出创新“酒乡画城、山水绵竹”城市形象品牌建设、加强年画文化生态环境建设、以政策扶持促进产业发展、促进传统年画的现代转换、嫁接旅游开拓市场、加强人才培养与引进等对策建议。

关键词： 绵竹年画 产业 发展对策 乡村振兴

一 绵竹年画产业发展概况

绵竹年画也被称为绵竹木版年画，是中国四大年画之一，与山东潍坊杨家埠木版年画、苏州桃花坞木版年画、天津杨柳青年画齐名，也是国家级非物质文化遗产代表性项目之一。在积极保护非遗项目的同时，绵竹大力发展年画特色文化产业。截至 2019 年，绵竹年画销售额由 2002 年的不

---

* 孙婧，博士，成都理工大学传播科学与艺术学院副研究员，硕士生导师，研究方向为文化研究与艺术批评。

足40万元已达到3700余万元；直接或间接从事年画创作的从业人员由不足100人已达到1500余人；全市有年画省级非遗传承人3人，市、县级非遗传承人18人；共注册绵竹年画相关品牌商标12个，涌现出以四汇斋、三彩画坊、轩辕年画等为代表的年画作坊39家。在产业发展的过程中，绵竹年画充分运用"互联网+""文化+""旅游+"等融合发展形式，推进绵竹年画产业发展，以"绵竹年画节"为平台，推进品牌文化活动与旅游的深度融合。绵竹年画还与其他非遗项目相结合进行文创开发，与年画、蜀绣、彝绣等相结合创作的桌旗、抱枕、床品等居家产品受到市场青睐。共开发年画伞、年画酒、年画旗袍等年画设计制作创意系列产品衍生品1000余种，广泛应用于家居生活、食品饮料、室内外装饰、风貌打造等领域，产值达6000余万元。通过融合发展，绵竹年画文创产品及系列旅游产品正受到越来越多游客的喜爱。绵竹年画全世界共有50多家博物馆和数以万计的专家、学者等收藏，并先后在美国、法国、英国等30多个国家和地区展出。

目前，为进一步加强绵竹年画品牌建设，绵竹将投资建设"绵竹·中国年文化旅假度假区"，建设内容包括年文化特色小镇、年画村、年俗村、田原综合体等，预计总投资30亿元，于2025年建成。

二　绵竹年画产业发展举措

近年来，绵竹年画文化产业坚持以保护非物质文化遗产为核心，认真贯彻并执行"保护为主、抢救第一、合理利用、传承发展"的指导方针，通过一些有益的积极探索，在年画文化产业建设方面取得了一些成效。

（一）"年画村""文化+旅游、农业"新业态

绵竹市结合灾后新农村建设，于2010年底在孝德镇——绵竹年画的发源地——建立了独具特色的"中国·绵竹年画村"。坚持以艺术乡建和文艺自主、推崇民间工艺、内容创新为探索方向，村内基础设施完善，旅游景点

众多。

根据年画村的发展思路和整体布局，年画村深挖景区潜力，注重内外结合，引进轩辕年画、四汇斋、陶板年画等10余家年画文化企业入驻年画街坊，引进明清园、上闲居、年画食府、花样年画等餐饮和观光农业企业，同时引导村民自主创业，创建了缤纷种植合作社等知名农业专合社。年画村还引进和开发了一大批具有地方特色的农家乐、农家居，如八大碗、殷牛排、江家大院、年画土鸡馆、乡缘客家、寻根文化等，并通过对入驻企业实行减免租金的政策吸引了13家各具特色的年画企业入驻，形成了一街十三景的繁荣景象。企业年产值约为5亿元人民币，解决6000余人就业。年画村打造了以年画为产业符号的年画湖、轩辕年画展示馆、年画街坊、年画村居民聚居点、年画桥等村落景观，形成了以年画创意生产加工为主的乡村民间工艺文化；万福广场、二十四孝雕塑、年画广场、廉政景观、年画钢雕、民间年画艺术馆等艺术景观分布其间；修缮了年画湖、年画桥，恢复了传统的年画上墙习俗，形成了完整的以绵竹年画为特色的民俗文化村落。年画村打造出以年画创意生产加工为主，集休闲度假、农业观光体验、美食娱乐、文化体验交流、养老养生、科学教育于一体的精品型乡村民间工艺文化旅游景区。2011年，年画村荣获“国家AAAA级旅游景区”称号；同年被评为“四川省省级文化产业示范基地”以及“国家级非物质文化遗产生产性保护基地”；2013年获得“四川省绵竹年画社科普及基地”称号；2014年10月获得“四川省廉政文化进景区示范点”称号；2015年8月，被授予“中国乡村旅游模范村”称号；2015年11月，被评为“中国美丽新村”；2017年3月取得“四川省乡村旅游创客示范基地”。

自成功创建国家AAAA级旅游景区以来，依托年画景区，年画村当地村民大力发展第三产业。从事旅游行业的个体商户逐渐增多，到2017年，已经有78家。其中，农家乐商户40家，农家居商户4家，旅游纪念商品销售商户13家，年画培训学校1所，现代农业专合社3家，农业采摘园2家，直接受益农户达615户，占年画村总户数的30.9%。年画村的成功打造，直接带动了当地老百姓增收。统计数据显示，2011～2016年，全村人均纯收入从0.98万元增长至1.71万元，增幅达74.5%；年接待游客量从17.2万增长到65.8万人，增幅达282%；年画创意产品收入从480万元增加至3700万元，增幅达670%；村域经济总收入从7400万元增加至11000万元，增幅达49%。

经近几年的发展，年画村已形成以年画体验观光为主、生态农业观光为辅的景区游览模式。随着全域旅游的大力推进以及年文化特色小镇的打造，年画村凭借独特的民俗文化和便捷的交通，吸引了成都、德阳、绵阳的一大批固定客源群，成为成德绵城市经济区周边短途休闲旅游的热点景区之一。

如今的绵竹年画村不断对绵竹年画资源进行整合、优化、开发和利用。年画村商业组建形式多样，有以家庭为单位的年画作坊，也有以企业为单位或以公司加农户为单位发展的年画产业。年画村景区从仅在绵竹当地小有名气，一跃成为全四川乃至全国知名的中国传统文化体验基地和短途休闲旅游度假目的地。

（二）年画博物馆基地建设

绵竹年画博物馆成立于1993年，是国家级非物质文化遗产项目——绵竹木版年画的专题保护单位，从事绵竹年画的抢救、保护、收集、整理、收藏、展览、创作、研究、开发、推广等工作。绵竹年画博物馆新馆总投资3000万元，建筑面积4000平方米，是全国建立最早的非物质文化遗产博物馆之一，收集有大量的清代以来的传统木版及手绘年画，包括全国最大的挤粉门神年画、最长的风俗年画《迎春图》3D版、最大的手绘年画门券等，1995年被列为四川省首批爱国主义教育基地，平均每年接待中外各界客人约6万人次。

绵竹年画博物馆作为爱国主义教育基地，本着博物馆公益性特点，为丰富和活跃群众文化生活，提高群众欣赏水平，认真全面地做好各项开放工作。每年接待中央、省、市领导，世界各地来访宾客，新华社、中央电视台、省市电视台等媒体记者，专家学术考察团等，充分发挥了地方文化的窗口作用。年画博物馆在对非物质文化遗产绵竹年画进行宣传的同时，还将年画展览、活态传承技艺演示、民间年画刺绣工艺进行公益化展示。其中，年画作品多次参加省市各级非遗展览、非遗展示会、非遗博览会等活动，并取得了良好的社会效果。

年画博物馆以创新的思维，积极探索对绵竹年画的保护和传承方式，在继承和弘扬绵竹年画这一传统民间艺术方面发挥出重要作用，体现了年画传承人的坚持，建立了绵竹木版年画的活态传承体系。如 2011 年年画博物馆举办了以“传承中华文化，展示绵竹年画风采”为主题的绵竹年画及刺绣免费培训；2012 年开展了“绵竹市廉政年画创作青年画师培训班”免费培训；2013 年进行了“绵竹市孝德镇年画女艺人技能培训活动”免费培训；2014 年 3 月开展了第一批次农民工免费培训活动，6 月在广济镇开展了第二批次农民工免费培训活动；2015 年开展了全市专项职业能力免费培训等。

作为绵竹木版年画的保护单位，绵竹年画博物馆在上级文化主管部门的指导下，认真执行落实《非物质文化遗产法》，坚持“保护为主、抢救第一、合理利用、传承发展”的指导方针，同时，根据财政每年安排的非遗保护专项经费，制定了非遗保护工作规划，以“原真性传承保护”为理念，加大对绵竹年画的全面保护和传承工作。从设立传习教学室，到开设年画培训班，再到请国家级、省市级年画传承人和省内外专家学者进行分类辅导和免费培训，绵竹年画博物馆始终把年画制作学员的培训作为一项基础工作。全馆现有省级传承人 3 人，市级传承人 8 人、县级传承人 17 人从事着年画传承活动。一些有天赋、学习优秀的学员不断被推荐到年画企业或年画生产单位就业。

年画博物馆通过活态传承推广年画艺术，延续非遗项目生命力，鼓励热爱绵竹年画的年轻一辈的优秀艺人，以个人、家庭或企业为单位，传承发展年画文化。年画博物馆基地建设不仅带动了当地居民从事家庭绘画生产，实现了农民的增收致富，而且拓宽了保护非遗项目的途径。

（三）恢复传统的“年画上墙”习俗

年画作为一种典型的民间艺术，体现了民间文化以及民间审美的观念，是具有明显物化形态的艺术。它不仅具有审美及文化功能，同时参与了民俗生活的部分，具有通俗的特征。绵竹年画这一传统民间工艺随着社会的变迁、人们生活方式的改变以及现代科技文化的发展受到严重冲击，但是，危境面前绵竹年画是继续蓄势发展的。

一是道路交通基础设施提档升级。2016 年以来，政府累计投入 1300 余万元进行了年画村绿道及年画路拓宽，进一步完善了四川环龙门山骑游带绵竹段的线路体系，为游客更加深入地探索、了解和欣赏年画村提供了基础与便利。二是环境风貌的提档升级。从 2015 年至今，投入近百万元对年画邨集中点等景点景观进行了提档升级，对上墙年画进行翻新修复，对沿线绿化进行美化补植，新建景观墙，打造微田园，实现了年画与景区的有机融合。三是文化产业业态的提档升级。引进了以明清古旧家具展览为特色的明清园、以休闲农场生态体验为主打的花样年画，46°咖啡和墨啡咖啡馆、四川省妇女居家灵活就业基地——三彩画坊。

恢复传统的“年画上墙”习俗及落实相关举措，一方面，增强了绵竹年画的独特性和开放性；另一方面，就其文艺追求和探索方向而言又与现实相结合，贴合了新兴的传统文化复兴的政策导向。

（四）“绵竹年画节”特色民俗节庆活动

自 2002 年起，绵竹市坚持举办以宣传、保护绵竹木版年画和发展年画产业为核心的特色民俗节庆文化活动。已连续举办十七届“绵竹年画节”，并荣获文化和旅游部节庆文化活动“群星奖”，响亮提出“到绵竹过中国年”“在年画背景上灿烂”的宣传营销口号，为非遗的宣传、保护和推广发展提供了舞台，进一步弘扬和传承了优秀传统文化。如为实现绵竹年画与主流价值观的融合，四汇斋创作了社会主义核心价值观 24 字主题年画公益广告，创作了社会主义核心价值观主题动漫片《年画村的故事》；年画博物馆集体创作了《学习贯彻省十一次党代会精神》年画主题导读本和《喜迎十九大系列年画主题公益宣传广告》；绵竹美术家协会创作了《绵竹年画释法系列口袋书》以及廉政年画、法治年画、家风家训主题年画公益广告，打造了年画主题公益自行车等。其中，社会主义核心价值观 24 字公益广告被中宣部、中央文明办在全国广泛推广使用。年画展览、活态传承技艺演示等对绵竹年画现代转换的创造性阐释，借助民俗节庆活动传播的方式，扩大了绵竹年画的影响力，吸引了越来越多的艺术创作者和研究者的关注。

三　绵竹年画产业发展特点

（一）丰富非遗保护手段提升产业发展平台

绵竹市成立了非遗保护中心、非遗工作领导小组、非遗文产股梯级工作机构，为绵竹年画非遗工作提供有力保障。这些非遗保护机构通过收集整理保护资源，积极有效地保护了优秀的民间文化；通过培训进行活态传承，不断培育出年画人才队伍；对传统年画进行发展利用，研制衍生品，进行市场开发，促进年画产业的发展。以三彩画坊、四汇斋年画公司、轩辕画坊为代表的 39 家年画作坊、企业，规模较大，从业人员达 1500 余人，研制和开发了 600 余种年画衍生品，截至 2019 年底，年画产值达 3000 余万元。投资建设年画博物馆，集抢救、保护、收集、整理、研究、收藏、陈列、创作、推广、宣传、展览等功能于一体，将绵竹年画的抢救、保护和年画古版的收集、整理作为一项重要的工作来进行。同时加强活态传承，不断培育年画人才队伍，常年开设年画培训班，邀请国家级、省级年画传承人及省内外专家学者对学员进行免费培训和分类辅导。在大力培养本土年画人才的同时，积极引进现代美术专业人才进行年画创作，以丰富和充实传统年画的内容和技艺；并且进一步加强对民间老艺人的重点保护，不仅在生活和工作上给予补助，还通过收集、推介老手艺人的作品形式，宣传他们的年画传承活动。

目前，已经搜集到绵竹年画原作 1000 余件，经绵竹年画管理机构整理、复制的传统年画资料有200多件，寻回散失的年画珍品55件，收藏清代老版80多块，翻刻制作新版100张（双面），编写《绵竹年画资料汇编》6部。绵竹年画有代表性传承人国家级2人、省级4人、市级12人、县级28人，还有大量艺人从事绵竹年画的传承、开发、创新等工作，建立了年画产业阶梯式传承人体系。

（二）推动跨界发展，“文化+旅游”推进文化产业融合发展

按照大力弘扬优秀传统文化、鼓励产业转型升级的要求，绵竹市通过科学规划合理布局，创新建设了绵竹年画博物馆、盛世华章年画一条街、遵道镇棚花村年画传习所等年画传承物质载体。通过在百姓民居外墙绘制年画，恢复传统的“年画上墙”习俗，总计达到3万余幅。多种“文化+旅游”手段不但使年画艺术得到了广泛的传承，也推进了文化产业的融合发展，为乡村休闲旅游注入了新的活力。

绵竹市政府高度重视文化产业工作，采取积极有力措施，鼓励扶持年画产业发展。其一，制定专门针对年画产业的特色产业奖补办法，每年拿出40万元，补贴年画商家企业；其二，要求年画企业练好内功，在年画产品和衍生品研发上下功夫。近年，年画企业重点开发与老百姓美好生活相关的产品，销售有所好转。其中，三彩画坊的居家生活产品（桌旗、板凳、服装、刺绣、钱包等），四汇斋开发的年画酒、年画烟，轩辕发展的体验经济，陶板年画的室内外装修、新农村建设等都是年画跨界发展、推进年画文化产业融合发展的典型个案。

（三）打造品牌文化活动为产业发展创设契机

从2002年起，绵竹采取政府推动、社会参与、市场运作的方式，成功举办了十七届“中国·绵竹年画节”。绵竹市人大通过决议，把每年腊月二十三作为“中国·绵竹年画节”开幕日，在年画节上进行开幕式表演、《迎春图》大型巡游、年画精品展销等以绵竹年画为元素的特色民俗活动，并提出“到绵竹过中国年”“在年画背景上灿烂”等响亮口号，为绵竹年画的保护、宣

传和推广提供广阔的舞台。“中国·绵竹年画节”连续两次被中华节庆办评为“全国十佳节庆活动”，2010年荣获文化部第15届“群星奖”。

1. 尊重传统，开拓创新

多年来，年画传承人、艺人在传统年画的基础上进行开拓创新，年画被不断应用到生活的各个领域，出现了交叉服装、册页、手绘折扇、手绘挂历、贺卡、雨伞、桌布、玩具等系列年画产品。年画制品的工艺也被不断开发，出现了刺绣、陶版、金丝、银丝、葫芦、竹编、木雕、水晶等各种创新工艺，使年画产品更具市场潜力和竞争力。

2. 主动出击，寻找产业发展平台

绵竹年画鼓励年画企业、非遗传承人、年画艺人参加各级各类展示展演、文化产品创意设计、美术工艺大赛等活动。截至目前，共参加了历届成都国际非遗节、上海世博会、各级各类民俗艺术展演活动，并受邀多次前往世界各国展出，在世界上产生了较为重要的影响，为年画发展搭建了国际化产业平台。

3. 科学规划、文旅融合，形成年画产业链

灾后重建绵竹年画博物馆；以及打造盛世华章年画一条街，集合酒、画、茶等浓郁地方特色文化的剑南老街，独具特色的国家AAAA级景区“中国·绵竹年画村”、民俗风味浓郁的年画街坊；恢复传统的“年画上墙”习俗都是绵竹市委、市政府大力扶持绵竹年画壮大发展、形成产业发展链的重要举措。

4. 争取资金、以政策为导向，为产业发展提供保障

近年来绵竹市委、市政府、宣传部、文体局等各级单位积极争取各级各类资金，对绵竹年画企业进行奖补。同时，市政府出台《绵竹市产业发展奖励补助资金管理办法（试行）》，对绵竹特色文化产业（绵竹年画）进行了专项奖补。2019年出台的《绵竹市第三产业发展奖励补助资金管理办法》中，《绵竹市文化产业发展奖励补助资金管理暂行办法》成为重要组成部分，对绵竹年画企业、非遗代表性传承人、非遗项目进行奖励性补助。

（四）运用法律武器，为非遗传承保护、产业发展筑起安全防护网

2017 年绵竹年画全面开展版权登记工作，大量年画作品受到版权登记保护。同时绵竹市已将《绵竹年画保护和发展条例（草案）》纳入地方性立法范围并已启动前期准备工作。为进一步保护年画及年画产业技艺和从业人员的创造性、积极性，绵竹市文体广电出版局于 2017 年启动了“绵竹年画”地理商标申请项目，目前国家工商总局已经受理并进入审核阶段。

（五）加强对外交流合作，为产业发展提供更高平台

绵竹市坚持以“请进来，走出去”的方式促进绵竹年画的保护发展，鼓励年画企业、年画保护单位加强对外交流与合作，参加了成都国际非遗节、上海世博会、各级各类民俗艺术展演活动，产品行销美、英、法、日、韩等 50 多个国家和地区，如参加美国“欢乐中国四海同春”文化交流活动、韩国江陵市“国际非遗展演”活动、澳大利亚墨尔本“中国木版年画联展”、西班牙“中国木版年画联展”、波兰年画展等展演交流活动。

四　绵竹年画产业发展存在的问题和原因

（一）人才储备不足，严重缺乏文创产品研发的人才

首先，绵竹年画的从业人员中，缺少原创人才，从业人员知识结构单一重叠。大多数年画从业者还处于复制或模仿的阶段，这种人才结构势必导致原创作品数量少，年画品牌建设更缺乏根基。其次是管理人才不足。目前绵竹年画生产管理仍以家庭作坊为主，这种传统经营模式对现代的管理理念、方式提出挑战。再次是依据绵竹年画跨多重产业的性质，紧缺各类复合型人才。年画产业是涉及经济、文化、技术等的复合型产业，这样的产业综合性就要求从业人员要深厚的文化内涵、较高的技术操作水平。而当前的年画从业人员培训时间较短、传授内容单一，缺乏年画制作技能和文化知识方面系

统、规范的培训，充斥其中的往往是有创意而技术不足、懂技术又缺乏创意的单一式人员。绵竹木版年画作为中华优秀传统文化的一部分，凝聚民间技艺和民俗风情，是一种生命力极强的艺术，只要不断在新时代创新，就能走向世界。

（二）企业缺乏资金运作、融资困难

目前，扶持绵竹年画文化产业的发展，在政策扶持、资金配备上的力度还不够大，这在一定程度上也影响和制约着年画产业的发展。同时，文化产业创新力度不足，绵竹市虽然提出了“文化+旅游”“文化+体育”的融合发展路线，但缺少与金融的深度融合，使绵竹年画产业的融合发展存在较大的困难。

（三）文化产业统计力量薄弱

绵竹年画文化产业是一个涉及领域极为广泛的产业。按照国民经济行业的类别，绵竹年画产业分跨第二、第三产业，包括了从文化产品的生产到进入商品流通和社会服务的全过程。而且年画产业单位众多、地点分散、开停业、变更情况频繁，统计总体难以掌握情况，数据质量很难把握。很多单位为私营企业，财务制度不够健全，数据质量普遍偏低，不少单位还存在瞒报行为。调查任务艰巨，调查核实难度大。文化产业的单位大多为规下、限下企业，规模小，而且大部分为私营企业，财务制度不健全，没有固定调查报表，配合程度普遍较低，导致调查难度增大。统计力量薄弱，制约整体工作质量提升。文化产业统计工作人员力量非常薄弱，加强统计人员力量，是今后开展文化产业统计工作重点需要解决的问题。

（四）国家战略层面缺席

迄今为止绵竹年画参加了文化和旅游部组织的各类展示展演活动，但在现有国际文化交流活动和代表国家战略层面的文化活动中，绵竹年画始终处于战略缺席地位。

五　绵竹年画产业品牌建设发展战略

绵竹年画在国际上已经具有一定的知名度，但被世界认知的程度还不够。建立绵竹年画产业品牌，需要做好向更高层次发展的各项工作。借助于当前媒体如央视等主流媒体和新媒体对绵竹年画的关注，加强对绵竹年画的宣传、推广，总结绵竹年画在文化产业发展中的经验教训，以具有针对性的发展战略带动绵竹年画产业发展，是一项艰难而亟须努力进行的工作。

（一）创新“酒乡画城、山水绵竹”城市形象品牌建设，加快年画产业发展

绵竹素有“酒乡画城”的美誉，有年画的地方就应该有剑南春酒。人们应以年画为背景品味酒的醇香，在酒的恣意中感受年画的民俗，年画与酒的融合发展将是两项国家级非物质文化遗产获得长足发展之路。在今后的展示活动中，可以将绵竹年画和剑南春酒作为不可分割的整体进行宣传展示。抓住绵竹年画特色优势，创新制作和产业营销手段，充分运用“互联网+”“文化+”等融合发展形式，积极推进年画创意产业发展。加快年画文化与旅游、农业、科技等产业的融合发展，在继续办好一年一度“绵竹年画节”等品牌节庆活动的基础上，进一步深化“酒乡画城、山水绵竹”城市形象品牌。积极参加国内外各级各类展示展演活动，包括与全国其他年画的交流、研讨、联合推广等活动；组织年画企业走出四川、走向国际，如在京沪穗等一线城市建立年画销售基地；组织特色文化企业进一步加强文创产品的开发、销售，积极尝试与浙江义乌小商品批发中心合作推广绵竹年画；积极筹备“首届中国年画贸易博览会”，助力绵竹年画产业的宣传和推广等战略。

（二）加强年画文化生态环境建设

在绵竹木版年画品牌发展过程中利用已有的年画资源，挖掘出年画发展

的源动力，从中开发设计出能满足现代需求的产品，是创新发展的关键。在绵竹年画产业品牌的建设过程中，非物质文化既要充分保护，又要合理开发，使之持续发展。保守的保护、自我封闭的保护、与世隔绝的保护，不符合文化的发展规律，也与社会发展规律相背离。只有加强年画文化生态环境的建设，才能使非物质文化焕发出鲜活的生命力，促进民族民间文化的进步和发展。

因此，在具体的实施手段中，除了对民间年画艺术进行记录、收集和抢救保护外，还需要努力为民间艺术培育一个良好的文化生态环境。如以扶持民间传统年画再生产的形式，接力南北派年画老艺人，鼓励年轻人进行年画技艺传承；以遵道镇棚花村年画传习所为基地，鼓励农户进行一年多批次年画刺绣、年画技艺等工艺培训；以组织开展销售、指导经营为目的，参加金川梨花节、四川年画节、成都灯会、黄龙溪火龙节、新津龙舟会等节庆商品交易活动，打重拳组拳，形成品牌效应；组织年画艺人参加各种文化活动，积极让年画生产经营户进入年画产品产业的各个环节；通过注册绵竹年画品牌商标，加强行业品牌保护；奖励国内成功进行艺术乡建的画师及乡村艺术品牌商家入驻孝德镇年画村及南派年画基地，进行新产品开发；鼓励专家、学者、企业或个人对绵竹年画进行研究、传承、合作与交流，并用研究成果指导和支持绵竹年画产业的发展。

（三）以政策扶持促进产业发展

作为文化产品，绵竹年画的大力开发一方面可以直接促进经济效益的生成转化，另一方面可以带动绵竹市整体经济水平的健康增长，因此需要利用现有向开发优秀传统文化产业倾斜的政策，加大资金投入并优先扶持年画产业。政府在给予积极支持的同时，研究制定在地型地方文化保护政策，使年画产业更好更快地转化为社会资本。

首先，逐步优化和完善绵竹年画产业链。例如以年画村为中心，成立“绵竹年画产业发展促进会”，以中心辐射和带动周边，形成年画研究策划、生产以及市场推广机构，建立容纳旅游、娱乐、服饰、培训、箱包、文具、纪念品等附属产品的产业群，促进产业结构的升级。其次，有效整合相关社会文化资源，提升绵竹年画资源附加值。以年画节、会展等节庆活动，展示和宣传年画文化，引起观众的情感共鸣和社会文化价值认同，实现文化增值。最后，加强基础设施建设，以当地年画作坊为发展基地，提高当地百姓的经济收入，激发年画创作者的热情和积极性，实现经济增值。鼓励和支持民间年画作坊发展，让年画回归民间。支持绵竹年画实体“走出去”，鼓励企业以产业发展形势“走出去”，对于在海外设立分支机构、销售站点的，建议政府以给予政策性奖补。继续开展版权登记工作，为绵竹年画版权登记开通绿色通道，全面启动《绵竹年画保护和发展条例》立法程序，积极跟进“绵竹年画”地理商标申报事宜，完善推进绵竹年画特色文化产业政策性奖补。

（四）促进传统年画的现代转换

绵竹年画艺术中蕴含着中国传统优秀文化，是理解中国文化的入口，而其作为传统文化的现代化转型发展，将为乡村振兴注入更多文化动能。绵竹年画作为公众艺术，其与艺术前沿地带的街头艺术文化共通的地方就是公众的参与。“年画上墙”就表明其不再是艺术家小圈子里的、学院里的艺术，而是进入日常的居住环境，有了公众的参与，即可以实现对传统文化空间的复兴和对年画艺术的现代转换。

因此，应与时俱进，进行时代主题新年画创作，比如《圆梦之歌》《我们的价值观》等。以设计创意进行创新，在信息科技高速发展的数字化时代，以科学技术为依托，建立绵竹年画市场档案，加快数字化技术在年画创作上的运用，搭建年画数字博物馆，与数字化技术合作。借助现代新媒体传播方式和影响力，将年画文化品牌的有效传播推广出去，吸引更多的年轻群体关注。

（五）嫁接旅游开拓市场

从历史的角度来看，绵竹年画是中国年文化的产物，其悠久的民间性传统和工艺，承载着深厚的历史内涵和丰富的民俗文化意蕴。然而民间文化、民间艺术并非从创造之初就为旅游而存在，它们借助经济发展来带动传统文化的现代化转换。因此，需要以科学有效的评估手段，积极开发绵竹年画的民间艺术资源，努力构造四川地域特色和年画文化体系，加大对绵竹木版年画这一非物质文化遗产的保护和宣传力度，提高人们的保护意识，在保护的前提下，对年画进行传承、研究和创新。同时，规范公平竞争和有序竞争，加强对绵竹年画品牌的保护，为行业提供良性引导和服务，培育自己的有世界竞争力的年画企业，是促进绵竹木版年画创造性转化和创新性发展长期且重要的工作。将绵竹年画文化产业与绵竹旅游业关联起来，使年画产业成为对外文化交流、旅游开发的抓手，最终实现双赢。

下一步开发的产品要考虑与时俱进，特别是做好年画与文创的结合，瞄准“90后”“00后”，研发文创产品，拓展销售，做好文化与旅游融合的大文章。充分利用优秀的传统文化（年画文化、三国文化、酒文化、理学文化、道教文化），走“文化搭台，旅游经济唱戏”之路。利用年画文化，吸引全国各地及世界各地客人来享受绵竹文化，做好吃住行等旅游经济文章。鼓励绵竹年画与数字化技术、动漫、影视、微电影合作，鼓励年画专利、商标的申请，积极鼓励绵竹年画与装饰材料、汽车领域合作，不断开拓国内外市场。

（六）加强对非遗艺人、传承人的培训力度，特别是文创人才的引进和培养

绵竹年画是四川民俗文化的重要符号，除了继续加强非遗项目的抢救、保护、传承工作，还要加强对非遗传承人、艺人的培训培养，尤其是文创人才的引进和培养。绵竹年画必须后继有人，应加强对非遗艺人、传承人的培训力度，切不可丢失了人才阵地。如建立文化产业部门和非遗传承人的联动机制，充实调整非遗艺术创作人员，加强业务培训和指导，做好文化产业概念和年画创新创造相关指标的解读工作，使其准确掌握新时代的艺术要求和制作方法，以保证绵竹年画创作工作有效开展。习近平总书记曾指出，民族

的进步和国家的强大，不仅需要一代又一代人的持续接力努力，更需要方方面面的力量来推动，其中，社会主义核心价值观是最持久也是最深沉的力量。传承和创新绵竹年画“非遗 +”文化，挖掘提炼绵竹年画育人功能，加强未成年人品格教育是践行社会主义核心价值观的有效抓手和重要载体。不断培育壮大传承人才队伍，推动年画活态传承，还应该进学校、进社区，这样，文化瑰宝的技艺才能在无数个匠人的匠心中传承与发展。

附　　录

Appendix

B.18
2019年四川文化产业大事记

闫现磊　邱明丰*

1月11日　由四川大学与中国智慧旅游控股集团、成都智慧全域信息技术有限公司联合建立的中国首家校企合作旅游大数据研究中心——四川大学“中国旅游与大数据研究中心”在成都正式成立。

1月14日　四川省人民政府下发了《关于公布第九批省级文物保护单位的通知》（川府函〔2019〕8号），核定公布了196处省级文物保护单位，其中古遗址25处、古墓葬18处、古建筑97处、石窟寺及石刻16处、近现代重要事迹及代表性建筑40处。

1月15日　省政协十二届二次会议举行联组讨论会，省政协民盟、民

* 闫现磊，文艺学在读博士，四川文化产业职业学院、四川省社会科学重点研究基地文化产业发展研究中心助理研究员，研究方向为文艺学、文化产业；邱明丰，文学博士，四川省社会科学院副研究员，四川省社会科学重点研究基地文化产业发展研究中心特约研究员，研究方向为文艺学。

进、无党派人士、文化艺术界委员围绕推动四川文化旅游发展建言献策。中共四川省委书记彭清华到会听取意见建议并讲话。他指出，要坚定以习近平新时代中国特色社会主义思想为指导，认真贯彻落实习近平总书记“牢固树立和践行绿水青山就是金山银山的理念”等重要指示要求，立足四川资源禀赋和文旅产业基础，深入调查研究、积极献计出力，共同推动四川省文化旅游产业高质量发展。

2月16日 省委办公厅、省政府办公厅印发了《关于开展天府旅游名县建设的实施意见》，这是四川省以两办名义出台的第一个关于促进县域旅游发展的文件，具有里程碑意义。开展天府旅游名县建设，是四川省深入学习贯彻习近平总书记对四川工作系列重要指示精神、落实“一干多支、五区协同”“四向拓展、全域开放”战略部署、推动县域文化旅游经济高质量发展、整体提升四川旅游品质的重要举措。

2月27日 2019年四川省文化和旅游工作会议在蓉召开。此次会议是四川省及各市（州）文化和旅游系统完成机构改革、领导班子正式到任后的首次全省文化和旅游工作会议。

3月12日 四川文化和旅游厅印发《关于进一步促进民营文化旅游企业健康发展的实施意见》，通过拓宽投资领域、促进公平竞争、培育市场主体、支持市场拓展、降低准入门槛、鼓励创新创业、强化服务保障、优化金融服务、加强人才培养、加强统筹协调等举措，着力从简政放权、资金支持、金融服务、人才保障等方面为民营文化和旅游企业健康发展提供全链条的服务，促进四川省民营文化和旅游企业健康发展。

3月19日 按照文旅部非遗司关于开展传统工艺工作站2019年“传承人对话”活动的相关要求，为搭建设计师与非遗传承人跨界合作平台，落实《中国传统工艺振兴计划》，推动传统工艺功能转型和审美价值提升，着力弘扬优秀传统文化的当代价值，主题为“竹生态·竹生活”的传承人对话活动在四川成都传统工艺工作站驻地崇州市道明镇竹艺村成功举办。

3月21日 省委副书记、省长尹力主持召开省文化和旅游产业领导小组2019年第一次全体会议，强调要深入学习贯彻习近平总书记关于文化和旅游发展系列重要论述精神，全面落实党中央国务院部署要求，发挥四川省文化、旅游资源优势，遵循产业发展规律，以科学、扎实、有力的工作，积极促进文化旅游产业联动发展，推动四川省文化旅游经济做大做强。

3 月 26 日 在国家主席习近平访问法国之际，《中国日报国际版》第 10 版刊发半版深度报道，聚焦四川新名片“三九大”，向全球读者展示了古蜀文明的内涵和魅力。“古蜀文化”“大熊猫”“神奇瑰丽的自然风光”已成为位于中国西南的“天府之国”——四川的“三大名片”。

3 月 29 日 2019 西安丝绸之路国际旅游博览会在西安曲江国际会展中心启幕。展会上，三星堆、九寨沟、大熊猫元素巧妙结合，让四川展馆脱颖而出，声光电技术及新媒体平台结合的互动体验活动，配以穿插其间的蜀绣体验、北川草编、川剧变脸、羌笛演奏、古蔺花灯等特色表演，不仅展示了四川文旅融合后的新貌，更以创新的方式诠释着“天府三九大·安逸走四川”这个全新主题。

4 月 10 日至 11 日 省委常委、宣传部部长甘霖在雅安市调研媒体融合和文旅发展工作时，强调要坚持以习近平新时代中国特色社会主义思想为指导，深入贯彻落实中央和省委决策部署，加快推进媒体深度融合发展，突出抓好文化旅游发展这件大事要事，不断满足人民日益增长的美好生活需要。

4 月 15 日 省文化和旅游厅召开新闻发布会，宣布四川省文化和旅游新版宣传口号，新口号为“天府三九大，安逸走四川”。

4 月 17 日 2019 年首场文化和旅游产业专项债券及投资基金融资对接交流活动在成都举办。

4 月 24 日 省委宣传部、省文化和旅游厅、省财政厅印发《四川省非物质文化遗产传承发展工程实施方案》。《实施方案》是为贯彻落实中央办公厅、国务院办公厅《关于实施中华优秀传统文化传承发展工程的意见》（中办发〔2017〕5 号）以及中宣部、文化和旅游部、财政部《关于印发〈非物质文化遗产传承发展工程实施方案〉的通知》（文旅非遗发〔2019〕15 号）精神，作为省委办公厅、省政府办公厅《关于传承发展中华优秀传统文化的实施意见》提出的 17 个传承发展优秀传统文化重点工程，统一部署、组织实施的。

4月25日 中共四川省委、四川省人民政府印发《关于大力发展文旅经济 加快建设文化强省旅游强省的意见》。

4月27日 由文化和旅游部、中国国际贸易促进会和浙江省人民政府主办的第14届中国义乌文化产品交易博览会和第11届中国国际旅游商品博览会在浙江义乌国际博览中心举行。四川精心组织了非遗文创、文旅创新以及藏羌彝地区特色商品等20余家企业、400多件商品参展，同时组织羌绣、藤编、竹编和蜀绣非遗传承人现场展演。充分展示了我省特色文旅商品的品牌性、民族性和地域性，以及传统非遗手工艺和乡村振兴产品的文旅融合创新成果，凸显出四川乡村生态优美、民族特色浓郁等特点，以及独具特色的商品文化底蕴和文旅创意商品产业振兴发展成果。

4月29日 四川省文化和旅游发展大会在成都召开。省委书记彭清华出席大会并讲话。他强调，要坚持以习近平新时代中国特色社会主义思想为指导，深入贯彻习近平总书记对四川工作系列重要指示精神，顺应大势、把握机遇、创新机制、形成合力，大力推动文化旅游融合发展，加快建设文化强省旅游强省，为推动治蜀兴川再上新台阶提供强劲动能。大会命名表彰了四川省首批天府旅游名县、文化旅游特色小镇，文化旅游产业优秀龙头企业和四川省“金熊猫”奖，出台了促进四川省文旅发展的一系列政策和措施。大会上，提出了“开放包容、崇德尚实，吃苦耐劳、敢为人先，达观友善、巴适安逸”的24字四川人文精神，引发广泛关注。

5月5日 四川省印发《建设文化强省中长期规划纲要（2019～2025年）》，要求全面提升四川文化软实力，奋力创造巴蜀文化新辉煌，以文化强省建设助推治蜀兴川再上新台阶。意见提出了发展目标：实现文化建设由“大”到“强”的根本转变，到2025年基本建成文化强省。《纲要》提出了建设文化强省的总体要求，包括准确把握新时代人民群众对美好生活的文化需要，准确把握新一轮科技革命带来的深刻变革，坚持在中华优秀传统文化传承发展中固本培元，坚持在治蜀兴川生动实践中创新发展，坚持在对外文化交流互鉴中汲取养分，实施“八大工程”，强化“两个保障”，着力推动党的创新理论成果深入人心，着力打造社会主义核心价值观培育践行创新区和中华优秀传统文化传承发展示范地，着力构建现代舆论传播高地和文艺繁荣发展高峰，着力促进公共文化服务和文化产业发展进入全国第一方阵，全面提升四川文化软实力，奋力创造巴蜀文化新辉煌，以文化强省建设助推治蜀兴川再上新台阶。

5月9日 省委宣传部、省文化和旅游厅、省文物局近日联合印发《古蜀文明保护传承工程实施方案》，制定了2025年建立起较为完善的古蜀文明保护传承体系、古蜀文明国际影响力进一步扩大等发展目标。其中，加快推进古蜀文明遗址（三星堆遗址、金沙遗址）申报世界文化遗产写进方案。

5月13日 由四川省旅游投资集团有限责任公司、四川日报报业集团、成都文化旅游发展集团有限责任公司、腾讯科技（成都）有限公司、华侨城西部投资有限公司、咪咕音乐有限公司、四川省峨眉山乐山大佛旅游集团总公司、峨眉山旅游股份有限公司等8家第一批“四川文化旅游产业优秀龙头企业”共同发起，全川77家文旅企业联合组建的“四川省文化旅游企业联盟”在四川锦江宾馆授牌成立。

5月14日 为贯彻落实彭清华书记在四川省文化和旅游发展大会上的讲话精神，推动文化旅游融合发展，发挥好文化旅游特色小镇的引领带动作用，促进全省文化旅游特色小镇健康发展，四川文化旅游特色小镇文旅发展联盟成立暨提升建设推进会在大邑县安仁镇召开。

5月16日 “亚洲文明对话大会”子活动之一的亚洲文化旅游展在北京揭幕，以“三九大”为主的四川文旅组团亮相，得天独厚的自然资源和多姿多彩的人文底蕴，吸引着来自亚洲各国的旅行社和参展商。

5月19日 中国旅游日四川分会场·2019四川甘孜山地旅游文化节在素有“美人谷”之称的甘孜藏族自治州丹巴县盛大开幕，来自全球可持续发展旅游委员会、亚太旅游协会、国际山地旅游联盟等国际旅游组织的负责人及国内外专线旅行社、自驾车俱乐部、旅游摄影俱乐部的2000余名嘉宾应邀参会。

6月10日 由联合国教科文组织主办，住房和城乡建设部、四川省人民政府、中国联合国教科文组织全国委员会支持，省外事办、省住房和城乡建设厅、省文化和旅游厅、眉山市人民政府共同承办的“历史村镇的未来”国际会议在眉山开幕，来自43个国家和地区的嘉宾聚焦传统村落，共话乡村振兴与文化传承。

6月15日 “2019世界工业互联网大会”在成都拉开序幕。

6月17日 由四川省文化和旅游厅组织的全省文化和旅游资源普查专家委员会成立大会在成都召开。

7月2日 全国首家省级文旅职教集团——四川文旅职业教育集团正式成立。该集团是在省文旅厅、省教育厅等有关部门指导下，由四川艺术职业学院、四川省旅游投资集团、四川省旅游学校共同发起，联合相关高校、文艺院团、文旅企业、科研机构等共同组建的职业教育联合体和利益共同体，是深入贯彻习近平总书记关于“完善职业教育和培训体系”的重要指示和全省文化旅游发展大会精神，主动适应文旅融合发展新形势，推动“产教融合、校企合作”的具体行动。

7月3日 由四川省文化和旅游厅指导，九寨沟县人民政府发起，中国大熊猫保护研究中心、广汉市人民政府共同主办的“三九大”文化旅游联盟品牌战略发布会在成都举行。发布会上，“三九大”文化旅游联盟正式成立，三方将系统梳理以三星堆、九寨沟、大熊猫为代表的四川文化和旅游资源，探索跨区域协同发展新模式，按照“品牌共建、宣传共推、市场共享、项目共进、人才共用”的理念，携手将“三九大”打造成国家旅游“金名片”。

7月16日 第二届四川艺术节在成都开幕。本届四川艺术节由省政府主办，是四川省庆祝中华人民共和国成立70周年系列活动的一项重要内容，将举办主体活动、专业赛事和延伸活动三大板块共19项活动。

7月19日 四川省大数据中心在成都挂牌成立。中心成立后，将整合共享数据资源，通过整合实现开放共享，为企业发展提供便利，为群众办事提供便利。同时，对数字基础设施建设进行统筹，为数字经济的发展提供支撑。

7月28日 全国乡村旅游（民宿）工作现场会在四川成都战旗村召开。会议旨在坚持以习近平新时代中国特色社会主义思想为指导，全面贯彻落实党的十九大和十九届二中、三中全会精神，贯彻落实乡村振兴战略，不断深化旅游业供给侧结构性改革，推广乡村旅游成熟经验做法，促进乡村民宿健康发展，更好地满足人民群众日益增长的文化和旅游美好生活需要。

7月30日 以“川来蜀往 AI 万象”为主题的2019四川成都全球人工智能峰会暨四川省人工智能研究院揭牌仪式在成都高新区菁蓉汇成功举行。

8月29日 为深入贯彻省委十一届三次、四次全会精神，全面落实全省文化和旅游发展大会工作部署，加快推进全省文化和旅游资源普查工作，全省文化和旅游资源普查工作培训会在成都市召开。

9月3日 以“新技术、新体验、新发展”为主题的四川省第三届文化旅游新技术应用大会在绵阳市北川县拉开序幕。本次大会主要围绕5G等新技术在文化旅游领域的应用、智慧文化旅游公共服务平台建设两大重点展开，一个大会、两个主题对话会、8个专题展成为关注焦点，并宣布四川文化旅游新技术孵化（产业园）正式开园。

9月5日 由科技部和四川省人民政府主办的第七届中国（绵阳）科技城国际科技博览会今日在绵阳开幕。本届科博会主要活动有两大类25项，其中重大活动包括开幕式、中国（绵阳）科技城创新发展论坛、主宾国奥地利科技日等7项重要活动；专题活动包括中国5G应用产业高峰论坛等18项专题活动。本届科博会突出科技创新、深化改革、开放合作，围绕电子信息、装备制造、节能环保等领域，进行战略性新兴产业和高新技术产业成果及产品展示。重点央企和微软、腾讯、阿里巴巴等世界500强企业走进科技城，带来前沿科技信息与成果。

9月6日至9日 第五届中国（四川）国际旅游投资大会、第六届四川国际旅游交易博览会在乐山市、峨眉山市开幕。本届大会共有64个重大文旅投资项目集体签约，签约金额1224亿元。

9月10日至10月7日 以“锦绣天府·龙腾自贡”为主题的“2019四川国际文化旅游节暨第二届华侨城·自贡国际恐龙灯光节”在自贡举行。

本届国际文化旅游节按照“立足川南、辐射全川、影响全国”的原则，以自贡独有的“盐、龙、灯、食”四张旅游名片为重要支撑，以“恐龙”“彩灯”为活动要素，将进一步发掘自贡文化旅游优势。

9月17日 以“新时代、新丝路、新未来”为主题的2019中国西部丝绸博览会在四川省南充市正式开幕。本次丝博会共促成合作项目30个、协议总投资315.4亿元，涉及丝纺服装、现代农业、电子信息等多个领域。

9月20日 以“开放创新·合作共赢”为主题的第三届中国西部国际博览会进出口商品展暨中国西部（四川）国际投资大会在成都开幕。四川与国内外投资者共签订投资合作项目489个，投资金额6166.25亿元。

9月26日至29日 第七届四川农业博览会在成都中国西部国际博览城举行。本届农博会以“深化开放合作，推动乡村振兴”为主题，阿根廷为本届农博会主题国，遂宁市为主题市。博览会期间，举办了第七届四川农业合作发展大会暨农博会开幕式、第九届国际农业保险论坛、首届四川国际乡村艺术发展论坛等8项重大活动，农产品线上展销等3项配套专项活动。

10月10日 魏明伦碑文馆在内江正式开馆。这是继张大千纪念馆、张大千美术馆、张大千博物馆、范长江纪念馆、邱笑秋艺术馆后，内江又一名人馆正式对外免费开放。

10月11日 四川大剧院正式迎客。

10月17日 第七届中国成都国际非物质文化遗产节在成都非遗博览园开幕。本届非遗节以“传承多彩文化　创享美好生活”为主题，设立1个主会场和28个主题分会场，来自86个国家的1100余个非遗项目5600余名代表共襄盛会，开展国际展览、国际论坛、国际竞技、国际展演和互动体验等各类活动540余场。本届非遗节期间设有五个专业平行论坛，以“非遗走进现代生活”为主题，围绕新媒体语境下的非遗传承创新实践、传统工艺促进乡村振兴、非遗在城市社区的传承、非遗动漫化的探索与应用、美食类非遗项目的活化保护与可持续发展等论题，多角度探索非遗传承创新发展路径。此外，道明国际竹文化节论坛、桂陶艺术节论坛等分会场论坛也陆续举行。

10月19日至28日 第12届中国音乐金钟奖在成都举行，作为中国音乐界唯一的国家级艺术大奖，它衡量并引领着国内音乐成就的最高水准。这也是金钟奖自2001年创立以来首次在成都举办。

10月22日 第七届中国成都国际非物质文化遗产节落下帷幕。数据显示：非遗节期间，500余家参展单位现场销售额达5000余万元，签约金额超1亿元；吸引570余万人次参与；吸引媒体报道5000余次，其中非遗节的微博相关话题点击量达到1.6亿人次。

10月25日 第二届四川最美古镇古村落创新发展论坛在阿坝州理县举办。本次论坛上，四川古镇古村落数字博物馆正式开馆。作为首个省级层面成立的古镇古村落数字博物馆，四川古镇古村落数字博物馆打开了一扇展示四川古镇古村落的窗口。四川古镇古村落数字博物馆通过信息技术手段对四川古镇古村落资源进行挖掘、梳理、保存、推广，以文字、图片、视频、音频、VR等形式，集中展示四川古镇古村落的自然地理、传统建筑、村落地图、民俗文化、特色产业等，探讨四川古镇古村落传承与保护的新模式，推动古镇古村落保护发展。

11月1日 2019李白故里文化旅游节在绵阳江油市青莲镇拉开序幕，来自10余个国家和地区的400余名嘉宾齐聚江油。本次文化旅游节以“世界的李白　李白的江油”为主题，除开幕式外，还举办了包括李白故里诗词曲学术研讨会、“文化产业的国际合作——全球青年精英对话、全球的李白”中泰诗歌文化交流会等学术交流活动，以及李白重要游踪地联盟书画展、中泰及“一带一路”沿线非物质文化遗产展等文化展示展演。

11月1日 由文化和旅游部、四川省政府主办，文化和旅游部艺术司、四川省文化和旅游厅承办的第五届中国西部交响乐周正式启动。

11月4日 四川省人民政府第35次常务会议决定设立四川艺术基金，这是四川省深入学习贯彻党的十九届四中全会精神和习近平总书记系列重要讲话精神的具体举措，也是四川省深化文化体制改革、转变政府职能、推动艺术治理体系与治理能力现代化的具体实践。

11月6日 “大九寨”文旅发展联盟在四川省阿坝州九寨沟县成立。

九寨沟县、汶川县、都江堰市、舟曲县等川甘两省15个县（市）以及九寨沟风景名胜区管理局、四川省旅行社协会等5家单位（企业）成为首批联盟成员。

11月7日至8日　“一带一路·世界城市文化旅游论坛”在成都大邑安仁古镇召开。本次会议由全球顶级文化、文博、文创、旅游行业专家领衔的国际专家组与来自中央党校等国内政策、文化旅游行业多名专家的共同交流讨论下，给出在“一带一路”倡议背景下，中国文化旅游融合发展的未来建议。

11月8日　由成都市人民政府主办的第六届成都创意设计周在世纪城新国际会展中心开幕。德国、英国、芬兰、美国、意大利、荷兰等30余个国家，以及中国香港、中国澳门、中国台湾等地区参与到本届成都创意设计周的各项活动之中。本届成都创意设计周的三大主体活动之一——第六届成都创意设计产业展览会在世纪城新国际会展中心2~5号举行，设置工业创意设计（国际）馆、时尚（生活）创意设计馆、文旅创意设计馆、数字创意设计馆四大展馆。活动期间，挖掘天府文化创意内涵梳理出的10条“新旅游·潮成都”精品文化旅游线路发布，“寻找最潮玩的100个绿道文化旅游创意地标”名单同步出炉。

11月10日　为深入实施艺术“蓉漂”计划，推动成都创意人才工作纵深发展，由成都市文化广电旅游局支持与指导，由四川大学、台湾实践大学、北京大学、同济大学、西南交通大学、电子科技大学、广州美术学院、四川音乐学院等高校共同发起的金熊猫创意人才培养联盟在成都许燎源现代设计艺术博物馆宣告成立。

11月11日　为期4天的第六届成都创意设计周在世纪城新国际会展中心闭幕。本届成都创意设计周共接待观众15.1万人次，780家文创企业及机构带来了20000余件创意设计作品，让观众享受了一场创意与设计的盛宴。本届成都创意设计周，27个文创产业项目还在活动期间签约，签约金额达到130亿元。

11月11日　四川省文化和旅游创意产业联盟在成都成立。该联盟是在四川省文化和旅游厅的指导支持下，由业内多家重点企业发起，联合省内外200余家艺术设计高校、创意设计机构、文创企业、文化文物单位、景区、产业园区、文旅企业、文化和旅游产业社团组织等共同组建的创意产业联合体和利益共同体。联盟将打通“产学研用”大文创产业链条，相应的专委会也将按业态细分，如文博、文创园区、乡村文创、精品住宿等，为文创产业营造更大的应用场景，把游客流量转换为文创消费人群。

11月22日至24日 第五届中国（成都）国际科幻大会在成都举行，本次大会以“多元幻想、多彩未来”为主题，邀请了14个国家近60位国际嘉宾和300余位中国知名科幻作家、相关学者及科幻产业精英出席。本次大会共有5大类专题，分别是科幻产业类、科幻文化类、科幻学术类、科幻教育类、申办世界科幻大会等专题，比往届大会更加多元化。大会期间，四川大学、四川科幻世界杂志社和四川省科幻学会举行了共建“中国科幻研究院”的签约及授牌仪式，以后研究院将围绕科幻文学、科幻文化、科幻传播、科幻产业等领域，培养一支中青年学术队伍，建立具有中国特色的科幻理论体系。

11月27日 由四川省文化和旅游厅、雅安市人民政府主办的“茶马古道”文旅发展联盟成立大会在雅安举行。该联盟成员单位涉及成都、雅安、甘孜、阿坝、凉山、攀枝花6个市（州）33个县（市、区），旨在建立“茶马古道”文旅品牌服务标准体系、区域间旅游市场互惠机制、资源共享平台与共享机制，进一步推动四川省全域旅游发展。

11月29日 首届天府书展在成都世纪城新会展中心拉开序幕。全国29家出版集团、近300家单体出版社、17家民营图书策划单位、30余家非书文创企业齐聚成都，展示展销图书11万种，打造出版发行行业盛会和阅读嘉年华。“爱阅读，会生活”是天府书展的永久主题，“诵读新时代，礼赞新中国”为今年天府书展的年度主题。本届天府书展通过主会场和全省200余个分会场，为读者带来500余场阅读活动，包括作家见面会、新书发布会等形式。除图书外，文创展区也是本届书展的一大亮点。展区面积达600平米，分为“生活美学馆”“文房四宝馆”“学生文具馆”“AI体验馆”四个展馆，带给书友们好看、好玩的美学体验。

12月1日 2019首届中国西昌·大凉山国际戏剧节在四川省凉山州西昌市精彩上演。据了解，中国西昌·大凉山国际戏剧节由23位中外知名艺术家共同策划发起，以“回归和凝望”为主题，旨在回归戏剧初心，凝望生命本真。戏剧节期间，来自8个国家的312场戏剧活动在火把广场（火空间）、听涛小镇（木空间）、邛海宾馆（水空间）、邛海17度（金空间）、建昌古城（土空间）5个“金木水火土”为主题的表演空间进行展演。

12月2日 2019天府书展在成都落下帷幕。书展历时4天，展出11万种图书，举行500余场阅读活动，接待读者110余万人次，销售图书2992万码洋。2019天府书展在成都世纪城新国际会展中心设主会场，在全省21市（州）书店和相关阅读场馆设200余个分会场。主会场接待读者11.5万人次，销售图书405万码洋，销售文创产品近百万元；分会场接待读者100万人次，销售图书667万码洋。此外，文轩在线销售图书1920万码洋，其中省外1410万码洋。

12月3日 中国西部国际博览城推介会在京举办。近年来，成都会展品质、会展规模、会展影响力持续提升，在商务部中国会展经济研究会发布的中国城市会展业竞争力指数排行中，成都连续两年排名全国第四、中西部第一。而随着国际会展东进、中国会展西移、成都会展经济地理重心南移的趋势，天府新区的西部国际博览城正成为成都会展业发展的核心驱动引擎。

12月10日至11日 四川省艺术创作培训会议在成都举办。本次会议深入学习贯彻习近平总书记关于文艺工作的系列重要论述精神，以问题为导向，以打造精品力作为目标，围绕提升艺术创作管理水平，深入探讨总结我省艺术创作发展路径，研究部署下一步艺术创作工作。

12月11日至13日 为实施四川省委省政府文旅强省战略，助力文旅融合，推动文旅数字产业的发展，由四川省文旅厅主办、省文旅信息中心、省智慧城乡大数据研究会、电子科技大学联合承办的“四川省智慧文旅建设工作推进会暨2019年文旅融合信息化建设专题培训会”在成都成功举办。

12月13日 由四川省社会科学界联合会、四川省教育厅联合指导，四川文化产业职业学院、文化产业发展研究中心联合主办，四川省社会科学高水平研究团队“四川非物质文化遗产教育传承与发展研究团队”、四川文化产业普及基地、四川文化产业职业学院文化旅游学院承办的“融合视域下四川文化旅游产业高质量发展·学术论坛”暨文化产业发展研究中心2019年学术研讨会在成都举行。

12月19日 由四川省文化和旅游厅和四川省发展和改革委员会共同主办的藏羌彝文化产业走廊产业政策和重点项目发布活动在成都举办，活动上四川省文化和旅游厅发布了《藏羌彝文化产业走廊发展指南》，指南共推出文旅招商项目189个、项目投资总额1459亿元。藏羌彝文化产业走廊要将科技智能与文化旅游融合、民族文化和优美生态环境融合、大型复合项目和小型精品项目融合的三大产业模式。在走廊发展中，重点推动新模式、新业态、新金融。

12月19日 国家文物局与四川省人民政府在成都签署《深化四川文物保护利用改革战略合作协议》。根据合作协议，国家文物局与四川省人民政府将加强协作，深化文物保护利用改革，探索文物保护利用改革新路径，共同推动四川文物事业高质量发展，助力四川文化强省旅游强省建设。

12月20日 由中国考古学会、省文化和旅游厅、省文物局、四川大学、德阳市人民政府主办的纪念三星堆发现90周年大会在广汉召开。国家文物局局长刘玉珠、副省长杨兴平出席大会并讲话，并为新成立的三星堆研究院揭牌。

12月22日 四川省第十届乡村文化旅游节（冬季）在凉山州宁南县开幕，本次乡村文化旅游节以“宁静致远康养福地·南国天府阳光香城”为主题，旨在以节会友、以节兴业，全面深入地展示宁南乡村文化旅游发展成果，汇集和交流全省乡村旅游发展方面取得的丰硕成绩，有力推动地方文化旅游发展和乡村振兴。

12月25日 文化和旅游部正式公布首批7个国家级文化生态保护区名单，四川省国家级羌族文化生态保护区名列其中。国家级文化生态保护区是指以保护非物质文化遗产为核心，对历史文化积淀丰厚、存续状态良好，具有重要价值和鲜明特色的文化形态进行整体性保护，并经文化和旅游部同意设立的特定区域。

12 月 25 日　“大熊猫”文旅发展联盟成立大会在成都市召开，发布《“大熊猫”文旅发展联盟宣言》。宣言提出推进“大熊猫”资源共享、品牌共创、客源共推、市场共治、人才共育、基础共建、区域共治的运行机制，联盟将重点建立“大熊猫”文旅品牌服务标准体系、区域间旅游市场互惠机制、资源共享平台与共享机制等。

皮 书

智库报告的主要形式
同一主题智库报告的聚合

皮书定义

皮书是对中国与世界发展状况和热点问题进行年度监测，以专业的角度、专家的视野和实证研究方法，针对某一领域或区域现状与发展态势展开分析和预测，具备前沿性、原创性、实证性、连续性、时效性等特点的公开出版物，由一系列权威研究报告组成。

皮书作者

皮书系列报告作者以国内外一流研究机构、知名高校等重点智库的研究人员为主，多为相关领域一流专家学者，他们的观点代表了当下学界对中国与世界的现实和未来最高水平的解读与分析。截至2020年，皮书研创机构有近千家，报告作者累计超过7万人。

皮书荣誉

皮书系列已成为社会科学文献出版社的著名图书品牌和中国社会科学院的知名学术品牌。2016年皮书系列正式列入“十三五”国家重点出版规划项目；2013~2020年，重点皮书列入中国社会科学院承担的国家哲学社会科学创新工程项目。

中国皮书网

（网址：www.pishu.cn）

发布皮书研创资讯，传播皮书精彩内容
引领皮书出版潮流，打造皮书服务平台

栏目设置

◆ **关于皮书**

何谓皮书、皮书分类、皮书大事记、
皮书荣誉、皮书出版第一人、皮书编辑部

◆ **最新资讯**

通知公告、新闻动态、媒体聚焦、
网站专题、视频直播、下载专区

◆ **皮书研创**

皮书规范、皮书选题、皮书出版、
皮书研究、研创团队

◆ **皮书评奖评价**

指标体系、皮书评价、皮书评奖

◆ **互动专区**

皮书说、社科数托邦、皮书微博、留言板

所获荣誉

◆ 2008 年、2011 年、2014 年，中国皮书网均在全国新闻出版业网站荣誉评选中获得“最具商业价值网站”称号；

◆ 2012 年，获得“出版业网站百强”称号。

网库合一

2014年，中国皮书网与皮书数据库端口合一，实现资源共享。

S 基本子库
UB DATABASE

中国社会发展数据库（下设 12 个子库）

整合国内外中国社会发展研究成果，汇聚独家统计数据、深度分析报告，涉及社会、人口、政治、教育、法律等 12 个领域，为了解中国社会发展动态、跟踪社会核心热点、分析社会发展趋势提供一站式资源搜索和数据服务。

中国经济发展数据库（下设 12 个子库）

围绕国内外中国经济发展主题研究报告、学术资讯、基础数据等资料构建，内容涵盖宏观经济、农业经济、工业经济、产业经济等 12 个重点经济领域，为实时掌控经济运行态势、把握经济发展规律、洞察经济形势、进行经济决策提供参考和依据。

中国行业发展数据库（下设 17 个子库）

以中国国民经济行业分类为依据，覆盖金融业、旅游、医疗卫生、交通运输、能源矿产等 100 多个行业，跟踪分析国民经济相关行业市场运行状况和政策导向，汇集行业发展前沿资讯，为投资、从业及各种经济决策提供理论基础和实践指导。

中国区域发展数据库（下设 6 个子库）

对中国特定区域内的经济、社会、文化等领域现状与发展情况进行深度分析和预测，研究层级至县及县以下行政区，涉及地区、区域经济体、城市、农村等不同维度，为地方经济社会宏观态势研究、发展经验研究、案例分析提供数据服务。

中国文化传媒数据库（下设 18 个子库）

汇聚文化传媒领域专家观点、热点资讯，梳理国内外中国文化发展相关学术研究成果、一手统计数据，涵盖文化产业、新闻传播、电影娱乐、文学艺术、群众文化等 18 个重点研究领域。为文化传媒研究提供相关数据、研究报告和综合分析服务。

世界经济与国际关系数据库（下设 6 个子库）

立足“皮书系列”世界经济、国际关系相关学术资源，整合世界经济、国际政治、世界文化与科技、全球性问题、国际组织与国际法、区域研究 6 大领域研究成果，为世界经济与国际关系研究提供全方位数据分析，为决策和形势研判提供参考。

法律声明